La formación medieval de España
Territorios. Regiones. Reinos

Miguel Ángel Ladero Quesada

La formación medieval de España
Territorios. Regiones. Reinos

Alianza editorial
El libro de bolsillo

Primera edición: 2004
Segunda edición: 2014
Sexta reimpresión: 2025

Diseño de colección: Estrada Design
Diseño de cubierta: Manuel Estrada
Ilustración de cubierta: Cubierta del sepulcro de un caballero de Santiago, iglesia de Vilar de Donas (Palas de Rey, Lugo)
© Adam Woolfitt / Corbis / Cordon Press
Selección de imagen: Carlos Caranci Sáez

Reservados todos los derechos. El contenido de esta obra está protegido por la Ley, que establece penas de prisión y/o multas, además de las correspondientes indemnizaciones por daños y perjuicios, para quienes reprodujeren, plagiaren, distribuyeren o comunicaren públicamente, en todo o en parte, una obra literaria, artística o científica, o su transformación, interpretación o ejecución artística fijada en cualquier tipo de soporte o comunicada a través de cualquier medio, sin la preceptiva autorización.

© Miguel Ángel Ladero Quesada, 2004
© Alianza Editorial, S. A., Madrid, 2004, 2025
   Calle Valentín Beato, 21
   28037 Madrid
   www.alianzaeditorial.es

PAPEL DE FIBRA
CERTIFICADA

ISBN: 978-84-206-8736-0
Depósito legal: M-5.832-2014
Printed in Spain

Si quiere recibir información periódica sobre las novedades de Alianza Editorial, envíe un correo electrónico a la dirección: alianzaeditorial@anaya.es

Índice

13 Introducción

19 Capítulo primero. Conquistar y poblar
21 1. «Reconquista» y conquistas: ideas y realidades
25   1. Los orígenes en los siglos VIII al X
30   2. La gran conquista (mediados del siglo XI a mediados del XIII)
41   3. La Baja Edad Media, nuevo tiempo histórico
46 2. Los procesos de colonización
46   1. Las tierras originarias
47   2. Las tierras incorporadas entre 1085 y 1213
49   3. Las tierras incorporadas entre 1213 y 1266
53 3. De al-Andalus a Europa
53   1. Formas de relación con el mundo islámico
57   2. Formas de integración en la cristiandad latina
63 4. La idea de España en la Edad Media

71 Capítulo segundo. Tierras originarias
73 1. La Alta Edad Media. Territorio, poblamiento y colonización en los siglos VIII a XI
73   1. El reino astur-leonés
79   1. El siglo VIII
83   2. El siglo IX y los comienzos del X
85   3. De comienzos del siglo X a mediados del XI
93   4. Desde mediados del siglo XI: la cristalización de la «sociedad feudal»
98   2. El reino de Pamplona. Aragón

113	3. Los condados catalanes
120	2. La plena Edad Media
122	1. La función repobladora del Camino de Santiago
123	1. Descripción del Camino
128	2. Francos y burgos
131	3. Aragón y Navarra
133	4. Rioja, Castilla, León
138	5. Galicia, Asturias
140	2. Colonizaciones y modificaciones del poblamiento en los siglos XII y XIII: Castilla, León y Portugal
144	1. El impulso urbanizador en tiempos de Alfonso VI
146	2. La gran época colonizadora, 1157-1230
148	1. El sector central de la cuenca del Duero
153	2. Galicia. El Noroeste
156	3. El Noreste
159	3. Continuidad de las transformaciones del poblamiento en la orla cantábrica hasta mediados del siglo XIV
164	4. Portugal entre Miño y Duero
165	3. Navarra. Aragón
168	4. Cataluña

Capítulo tercero. Del Duero a Sierra Morena (Castilla y León. Portugal)

171	
173	1. Castilla y León
174	1. De una frontera a otra
178	2. La Extremadura
178	1. La situación anterior al último cuarto del siglo XI
181	2. La repoblación de la plena Edad Media. Épocas, ámbitos y características
181	1. La época inicial
184	2. Pobladores y aldeas

190	3. Las ciudades y villas
196	4. La expansión de Segovia y Ávila al sur del Sistema Central
200	5. El ordenamiento jurídico y político. Estructuras y tendencias sociales
218	3. El reino de Toledo, la Transierra leonesa y la actual Extremadura
218	1. De la época andalusí a la de la frontera
222	2. Las etapas de la repoblación
222	1. La época de Alfonso VI (1085-1118)
230	2. La época de Alfonso VII (1118-1157)
239	3. La época almohade (1157-*ca.* 1230)
258	4. Las colonizaciones del siglo XIII (1220-1275)
275	3. Organización político-administrativa y jurídica. La nueva sociedad
275	1. Territorios y repartimientos
279	2. Régimen concejil y foral
285	3. Señoríos
288	4. La organización eclesiástica
289	5. Los grupos de población
300	2. Portugal
300	1. Portugal, entre Duero y Tajo
305	2. Portugal, entre Tajo y Guadiana
311	**Capítulo cuarto. Del Ebro al Mediterráneo (Aragón. Cataluña. Mallorca. Valencia)**
315	1. Aragón
315	1. La conquista del valle medio del Ebro
320	2. La repoblación. La nueva sociedad
321	1. Los musulmanes mudéjares. Mozárabes. Judíos
324	2. Los repobladores y su régimen jurídico y administrativo

328	3. Nobleza e Iglesia
331	4. El nuevo orden territorial y social
334	3. El Bajo Aragón y el macizo de Teruel
334	1. Circunstancias generales
337	2. Las conquistas
338	3. La Extremadura aragonesa
343	2. La Cataluña Nueva
343	1. Las conquistas de la primera mitad del siglo XII
344	2. La colonización al sur del Llobregat. Tarragona. Tortosa
349	3. La colonización en la cuenca del Segre. Lérida
354	3. Las Islas Baleares
354	1. La conquista
357	2. La creación del nuevo reino. Repartimientos y organización institucional
362	3. Ibiza y Formentera. Menorca
364	4. El reino de Valencia
364	1. La conquista
371	2. La organización del nuevo reino
373	3. La repoblación
375	1. Procedencia de los pobladores
377	2. Los repartimientos: poblamiento y paisajes. Realengo y señorío
386	4. La colonización a escala local: las cartas pueblas
389	5. Mudéjares y repobladores
393	Capítulo quinto: El Sur (Andalucía. Murcia. Granada. Canarias)
395	1. Andalucía y Murcia
398	1. Rasgos de conjunto
398	1. Los pobladores

404	2. El régimen de la tierra. Cultivos y paisajes. Poblamiento rural. Propiedad y usufructo
412	3. Las ciudades. La organización de la actividad mercantil
419	4. Jerarquías sociales
421	5. Demarcaciones territoriales. Iglesia. Fueros. Concejos. Señoríos
431	2. Zonas y épocas de la repoblación andaluza
431	1. El reino de Jaén
434	2. Córdoba y la Campiña
437	3. Sevilla y su región
444	4. Las zonas costeras
448	5. Evolución bajomedieval
455	3. El reino de Murcia
455	1. La época de protectorado castellano (1243-1265)
459	2. Los repartimientos a partir de 1266: Murcia, Orihuela, Lorca
465	2. El reino de Granada
468	1. Las capitulaciones como punto de partida
471	2. Los mudéjares granadinos
475	3. Defensa del reino y procesos de colonización
485	4. Municipios. Señoríos. Diócesis
495	3. Las Islas Canarias
495	1. La expansión atlántica en sus orígenes medievales
497	2. Exploradores y misioneros en el siglo XIV
500	3. El señorío sobre las islas en el siglo XV
503	1. La rivalidad ente Castilla y Portugal
505	2. Integración religiosa y cultural
509	4. La conquista de las islas de realengo
513	5. Colonización y organización económica
521	6. Las instituciones del reino

525 Conclusión
531 Notas
589 Bibliografía
597 Índice de mapas

Introducción

En el verano de 1947, don José María Lacarra, catedrático de la Universidad de Zaragoza, convocó en Jaca a una decena de profesores para que expusieran sus investigaciones acerca de la historia militar y de las colonizaciones territoriales en el Medievo español[1]. Muchos de aquellos profesores eran pioneros de una vasta empresa de exploración del pasado que animaron durante decenios con su trabajo y que no ha dejado de dar frutos espléndidos desde los años cuarenta del siglo pasado hasta la actualidad. Recordar ahora aquellas conferencias de 1947 viene a ser un reconocimiento de nuestros propios orígenes profesionales: «no carecerán de interés para un público más variado de lectores», estimaba modestamente Lacarra. Ya lo creo.

«Reconquista» y «repoblación» se han convertido, con el paso de los años, en categorías centrales de explicación histórica y, pese a los contenidos tópicos o claramente superados

---

1. *La reconquista española y la repoblación del país,* Zaragoza, 1951.

que encierran ambos conceptos, siguen siendo el punto de partida de las mismas investigaciones que han contribuido a sustituirlos por otros seguramente más adecuados y comprensivos de la realidad histórica que estudian. Los fenómenos de expansión y conquista, así como los de colonización del territorio, son fundamentales para entender el Medievo hispánico: su estudio y valoración ha sido una de las grandes tareas de la investigación durante más de medio siglo, con resultados renovadores, y con frecuencia revolucionarios, para el conocimiento cabal de aquellos tiempos. Su explicación no falta en ningún programa de estudios universitarios y, de hecho, estas páginas tienen su punto de partida en uno de ellos.

Pero, como sucede tantas veces, la investigación va muy por delante de la síntesis y la renovación de ésta es necesaria siempre por dos motivos: para recuperar la dimensión global del objeto de estudio, sumamente desmenuzado en monografías locales o regionales, de modo que se puedan plantear mejor algunos aspectos de la tarea a desarrollar, y para poner a disposición de quienes no son especialistas una suma de conocimientos y puntos de vista que de otra manera no podrían alcanzar, dispersos como están por muchas publicaciones, a veces de difusión reducida o de acceso difícil. Cualquier síntesis está sujeta a riesgos y limitaciones: los medios intelectuales y literarios del autor, sus criterios de selección, las dimensiones a que debe ceñirse, los problemas de clasificación de conocimientos y de presentación material, la evidencia del pronto envejecimiento del escrito si las investigaciones prosiguen, como debe ser. Pese a todo, merece la pena aceptar el reto, como lo hicieron otros autores hace ya bastantes años.

Los temas propios de este libro no son, por su misma naturaleza, adecuados para un elegante y sutil tratamiento ensayístico que pretenda crear sus argumentos moviéndose a través de tiempos y espacios etéreos o poco precisos. Son, por el contrario, densos e incluso áridos porque es inevitable escribir sobre fechas y épocas concretas, sobre localidades y regiones, sobre protagonistas políticos y colectividades que existieron en tiempos y lugares bien determinados. El premio del lector consiste en que acaba sabiendo mucho más sobre su propio país, descubriendo los aspectos profundos de la realidad que se ocultan bajo el nombre de un pueblo, la apariencia de un paisaje o lo anecdótico de una historia lejana. Ésa es la poesía de la historia, su capacidad para hacer inteligible el pasado, para incorporarlo a nuestra memoria y a nuestra imaginación mediante el uso metódico y tenaz de la razón aplicada al estudio.

Nos moveremos siempre dentro de los mismos o parecidos términos de explicación: cómo se produce la conquista o la expansión y cómo el control del territorio por la sociedad que se instala en él aplicando y desarrollando unos criterios de poblamiento y unos principios de organización económica que, a su vez, forman parte del orden y las jerarquías sociales propias de un sistema que, como todos, estaba abierto a modulaciones y cambios internos, y más en las zonas de nueva colonización, sobre las que podían gravitar menos algunos elementos del pasado, sin olvidar que, desde el primer momento, la articulación de los procesos colonizadores se efectuaba mediante la creación o aplicación de normas legales, de marcos institucionales político-administrativos y eclesiásticos, que hemos de integrar en la explicación. Se trata, en suma, de mostrar cómo nace una nueva sociedad en un nuevo espacio, qué debe al pasado y al orden social vigente en las tierras de las que proceden sus componentes y qué toma del territorio en el que se instala y de su historia anterior.

Para conseguir este objetivo principal, me ha parecido lo más claro comenzar con un encuadre general, en el capítulo primero, que permite presentar algunos conceptos amplios y líneas argumentales relativas al Medievo hispánico, así como desarrollar el hilo cronológico principal en su conjunto, porque en otros capítulos este hilo se adapta al enfoque regional propio de cada uno de ellos y, por lo tanto, aparece fragmentado por épocas o zonas. De todos modos, el predominio del punto de vista geográfico-regional, que es propio de este libro, también responde a criterios históricos porque parte de la idea de que cada conjunto posee unas características propias en función de la época en que comienza su evolución en el seno del Medievo hispánico y de las circunstancias peculiares de esa evolución en los siglos siguientes, en relación con las de otros conjuntos territoriales, aunque también las hay, y muchas, comunes a todos ellos. Se han distinguido tres conjuntos, según se explica en el primer capítulo, y en los siguientes se trata predominantemente de cada uno de ellos, para recuperar la visión sincrónica en una breve conclusión.

Por lo demás, estas páginas no pretenden ser una historia general de la Edad Media española. Se limitan a poner las bases sobre las que construir, con ayuda de otros libros, una historia de las estructuras y tendencias sociales, económicas, políticas y culturales con un planteamiento principal temático, en cada una de las grandes épocas o tiempos que cabe distinguir en la Edad Media, y prestando, dentro de ese enfoque predominante, la atención necesaria a las variedades y singularidades de cada ámbito. Pero sería imposible llevar a cabo esta última operación si previamente no se hubiera efectuado la que propone este libro: explicar cómo se formó España a lo largo de la Edad Media, en sus territorios, regiones y reinos, para disponer del instrumento intelectual que nos permita armonizar en cada caso la explicación de lo que es común con la de lo que es peculiar. Confío en que, a pesar de los defectos y limitaciones del libro, los lectores hallarán en él elementos para llevar a cabo este ejercicio de sensatez.

Capítulo primero
Conquistar y poblar

1. «Reconquista» y conquistas: ideas y realidades

Aunque la palabra «reconquista» es un neologismo, difundido en los primeros decenios del siglo XIX, el concepto ha sido un núcleo principal de interpretación de la historia española, desde el siglo XII, e incluso antes, hasta tiempos recientes. Con él se expresaba la idea de que en la Edad Media hispánica había ocurrido un gran proceso de recuperación del territorio perdido a causa de la invasión islámica del siglo VIII, proceso que, a través de las conquistas, culminó en la restauración de la Hispania o España «perdida» entonces, según la expresión que ya utilizó un cronista cristiano en torno al año 754.

Desde luego, la idea de reconquista no se puede aceptar hoy de manera tan simple y escueta, pero hay que tener en cuenta dos puntos de reflexión: primero, que el concepto de recuperación/restauración fue el motor ideológico y el elemento de propaganda más importante de los utilizados por los dirigentes de los reinos de España en los siglos medievales y, segundo, que, evidentemente, las guerras de conquista, los procesos de colonización y la condición de tierras de frontera marcaron durante siglos la realidad de aquellos reinos.

Algunos escritores, en general no historiadores, buscaron en las circunstancias propias de la «reconquista» medieval los orígenes tanto del espectacular auge español del siglo XVI como de la «decadencia» que siguió[1]. No me detendré ahora a exponer sus ideas salvo dos que han tenido mucha influencia, al margen de que sean ciertas o no: una, la crítica de José Ortega y Gasset a lo que, en su opinión, era un concepto demasiado impreciso (no es posible resumir la historia de ocho siglos bajo el concepto común de reconquista) y nada adecuado para explicar la raiz de la «invertebración» española, que habría sido la «defectuosa embriogénesis», desde época visigoda, y la ausencia de un régimen feudal pleno[2]. Otra, la afirmación de Américo Castro, para quien, más que enfrentamiento radical de cristianos «reconquistadores» contra musulmanes ajenos a la verdadera sustancia histórica de España, habría habido simbiosis cultural, a la que se añadieron los judíos, y de tal simbiosis nació el ser histórico de España y sus peculiaridades más duraderas, pese a la ruptura impuesta por el triunfo de la intolerancia en la época moderna[3]. Ambas ideas fueron convenientemente criticadas y replicadas por Claudio Sánchez-Albornoz, preocupado por estas cuestiones fundamentales desde su juventud[4]. Me parece que nada nuevo se ha añadido a los términos de aquella polémica desde hace medio siglo.

Un punto de vista más reciente, de raíz ideológica marxista, critica el concepto de reconquista/restauración como inadecuado y engañoso –sobre todo por ser una representación mental destinada a la propaganda– y lo sustituye por una explicación basada en el choque entre dos formaciones económico-sociales: la andalusí, de tipo tributario-mercantil, y la norteña, de tipo feudal[5].

Desde el punto de vista de la historia de las civilizaciones, es evidente que la cuestión debe encuadrarse en el análisis de la realidad tanto del Islam como del Occidente medievales y de sus relaciones, en este caso a través de la frontera de contacto establecida en la Península Ibérica, pero es preciso tener también en cuenta lo específico de la situación, es decir, la herencia de la Hispania anterior en ambas sociedades, la andalusí y las hispano-cristianas, y las peculiaridades que hubo en las relaciones entre ambas y en sus influencias mutuas.

En consecuencia, también es preciso emplear un esquema de periodificación de la larga época medieval para plantear bien las cuestiones que el historiador debe estudiar. Entre los siglos VIII y XI, es la época de predominio de al-Andalus, en la que las luchas y relaciones con los países cristianos del norte peninsular son, más bien, un asunto interno. Desde mediados del XI hasta mediados del XIII se produce la gran expansión territorial de la España cristiana, impulsada por los motores ideológicos de la reconquista y la cruzada, y por su plena incorporación al Occidente medieval, mientras que al-Andalus replica con la islamización radical bajo el dominio de los almorávides y almohades norteafricanos. A partir de la segunda mitad del siglo XIII, la época de la reconquista ha concluido, aunque la idea se mantiene con referencia al último reducto andalusí, el reino de Granada, cuya existencia se prolongó hasta finales del siglo XV. Por otra parte, en la Baja Edad Media se desarrolla la relación sociocultural entre los cristianos y la minoría de musulmanes sometidos o «mudéjares», con características diferentes según las diversas regiones peninsulares[6].

Capítulo primero: Conquistar y poblar

Teniendo en cuenta las ideas expuestas en esta introducción, sintetizaremos algunos aspectos de la historia medieval española con el propósito de elaborar un breve esquema de las realidades complejas y diversas subyacentes en el viejo concepto de «reconquista», que sirva también como introducción a los temas específicos tratados en los capítulos siguientes del libro.

* * *

La comparación de dos mapas políticos de la Península Ibérica, uno de en torno al año 1050 y otro de hacia 1300, permite entender la gran importancia de los cambios ocurridos. A mediados del siglo XI existía al-Andalus, aunque ya dividido en reinos de taifas, un extenso reino de León con diversas regiones bien singularizadas desde Galicia hasta Castilla y Álava, desigualmente poblado, que sólo sobrepasaba la línea del río Duero hacia el sur en su zona portuguesa, y, en tercer lugar, una franja al sur de los Pirineos en la que se yuxtaponían el reino de Pamplona, el recién nacido reino de Aragón y los condados de la Cataluña Vieja. Hasta el siglo XII, los cristianos, sobre todo los pirenaicos, denominaban con frecuencia «Hispania» a las tierras de al-Andalus, y tambien lo hacían así, a veces, los «goticistas» leoneses, puesto que lo consideraban territorio irredento.

En torno a 1265, había concluido la gran reconquista; pocos años después, entre 1297 y 1304, ocurrirían los últimos ajustes de fronteras entre los reinos cristianos. De al-Andalus sólo quedaba Granada –los 30.000 km² de la actual Andalucía oriental–. Portugal tenía ya el perfil que hoy conserva. La Corona de Castilla y León, desde Galicia hasta Murcia, agrupaba las dos terceras partes del territorio peninsular, y existían claramente en ella los conjuntos regionales que han llegado a la actualidad. Navarra, Aragón, Cataluña, Valencia y Mallorca eran territorios que apenas o nada han cambiado en su extensión y realidades que han venido evolucionando sin rupturas hasta la España de nuestros días.

Es decir, la España en la que vivimos hoy se hizo en aquellos siglos: en su territorio, en sus regiones –sólo Granada y Canarias son algo más recientes–, en su forma geohistórica. Ningún otro período de la historia española tiene tanta importancia en estos aspectos. Pero, además, la conquista, el dominio y la regionalización del territorio son sólo el aspecto externo, el más visible; hay otros mucho más complejos y profundos –sociales, políticos, culturales– que hacen de la plena Edad Media el tiempo en el que nacieron o maduraron verdaderamente la inmensa mayoría de los elementos que componen la realidad histórica originaria de la España actual. Para entender situaciones que llegan, con frecuencia, hasta nuestros días, como son los ámbitos regionales originados en los hechos de conquista y por los procesos de colonización, es preciso, ante todo, tener presente una sucinta visión global de la evolución político-militar.

1. Los orígenes en los siglos VIII al X

La conquista islámica de Hispania (711-714) produjo el hundimiento del reino visigodo de Toledo, pero el dominio político y militar del territorio por los musulmanes no fue homogéneo, pues apenas se extendió al norte del Sistema Central, ni tampoco a las tierras pirenaicas en el norte de las actuales provincias de Huesca, Lérida o Gerona, salvo en

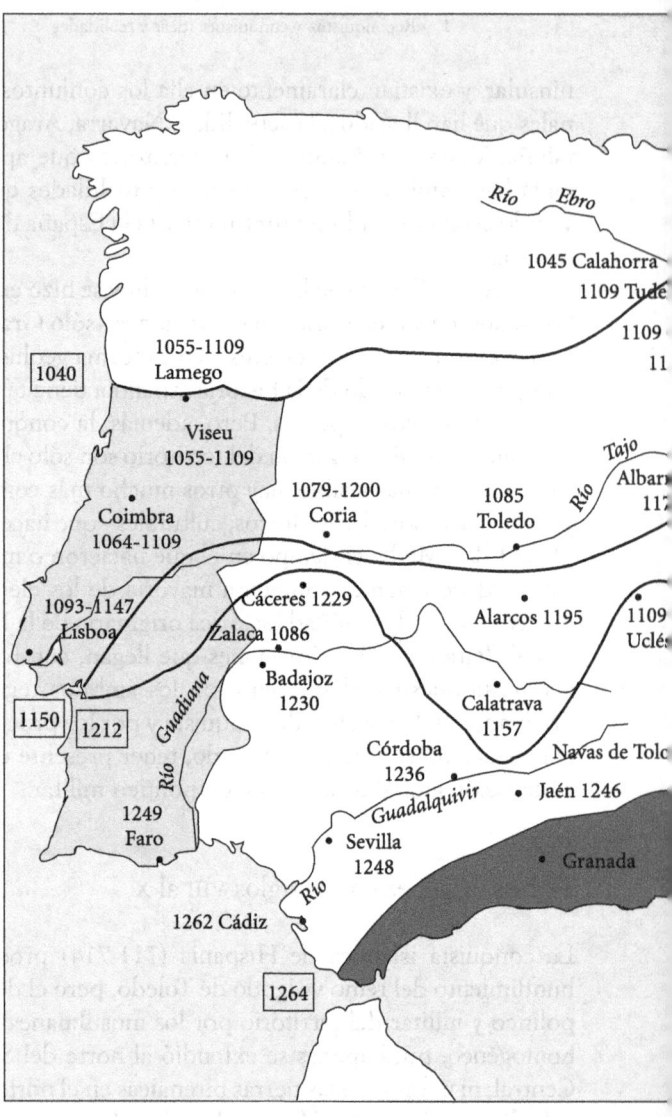

Mapa 1. Avance de las conquistas hispano-cristianas. (Según J. A. García de Cortázar)

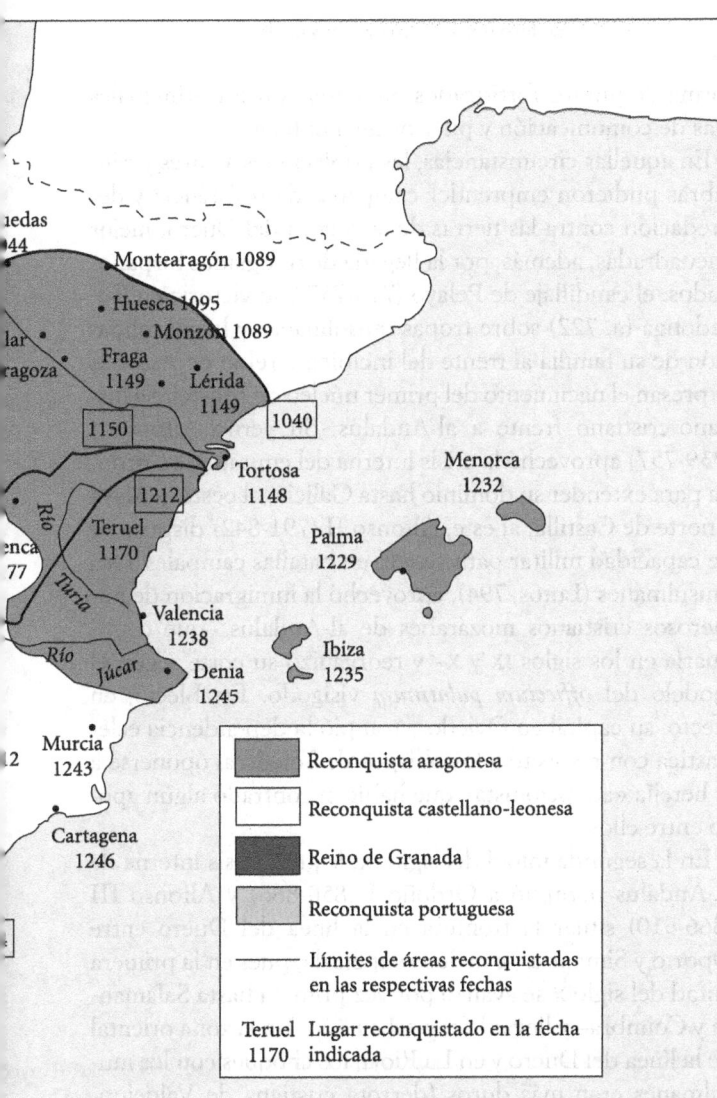

forma de puntos fortificados para asegurar las principales vías de comunicación y puertos de montaña.

En aquellas circunstancias, las poblaciones astures y cántabras pudieron emprender campañas de resistencia y depredación contra las tierras de la cuenca del Duero, mejor encuadradas, además, por la llegada de refugiados hispanogodos: el caudillaje de Pelayo (718-737), su victoria en Covadonga (a. 722) sobre tropas musulmanas y la consolidación de su familia al frente del incipiente reino de Asturias expresan el nacimiento del primer núcleo de resistencia hispano-cristiano frente a al-Andalus. Su yerno Alfonso I (739-757) aprovechó la crisis interna del emirato de Córdoba para extender su dominio hasta Galicia, al oeste, y Álava y norte de Castilla; al este, Alfonso II (791-842) dispuso ya de capacidad militar para vencer en batallas campales a los musulmanes (Lutos, 794), aprovechó la inmigración de numerosos cristianos mozárabes de al-Andalus –que continuaría en los siglos IX y X– y reorganizó su corte según el modelo del *officcium palatinum* visigodo. Estableció, en efecto, su capital en Oviedo y rompió la dependencia eclesiástica con respecto a los obispos de Toledo al oponerse a la herejía «adopcionista» que había encontrado algún apoyo entre ellos.

En la segunda mitad del siglo IX, la gran crisis interna de al-Andalus permitió a Ordoño I (850-866) y Alfonso III (866-910) situar la frontera en la línea del Duero entre Oporto y Simancas –e incluso superarla, pues en la primera mitad del siglo X se avanzó por vez primera hasta Salamanca y Coimbra– y llevar la capital a León. En la zona oriental de la línea del Duero y en La Rioja, los choques con los musulmanes eran más duros (derrota cristiana de Valdejunquera, 920; victoria de Simancas, 939), pero en época de

1. «Reconquista» y conquistas: ideas y realidades

Ramiro II (931-951) y del primer conde independiente de Castilla, Fernán González, se consolidó definitivamente la colonización del territorio al norte del río Duero, a pesar de las ofensivas lanzadas por el califa Abderramán III y, sobre todo, por Almanzor entre 976 y 1002, y de la decadencia del reino de León: en aquellas circunstacias, sin embargo, se perdieron las plazas situadas al sur del Duero y la mayoría de las ciudades cristianas, desde Santiago y León hasta Barcelona, sufrieron asaltos y daños muy considerables.

El desarrollo de núcleos de resistencia en los Pirineos fue más tardío, debido a la fuerte presencia de los musulmanes –muchos de ellos «muladíes» hispanos– en el valle del Ebro. En Pamplona, independiente desde fines del siglo VIII, se consolidó la dinastía de Íñigo Arista (820-852), que rechazó los intentos de control carolingio, aliada a los Banu Qasi del valle medio del Ebro. Carlomagno y Luis el Piadoso consolidaron su dominio, en cambio, tanto en los condados de Aragón, Sobrarbe y Ribagorza como en la «Marca» formada por los condados de la futura Cataluña (conquistas de Gerona, 785, y Barcelona, 801; fijación de la frontera en los ríos Llobregat, Cardoner y la sierra del Cadí). La situación territorial apenas cambió a lo largo del siglo IX, pero la desintegración del Imperio carolingio propició la independencia de los condados tanto en Cataluña (Vifredo el Velloso, conde de Urgel, 873, y Barcelona, 878) como en Aragón, donde se había consolidado la dinastía indígena de los Galindo.

El siglo X fue una época de fuerte reorganización y colonización interior en el reino de Pamplona y en la Cataluña condal: Sancho Garcés I (905-925) inició una nueva dinastía en Pamplona, conquistó la Alta Rioja y estrechó relaciones con el reino de León. El nuevo reino de Pamplona anexionó Aragón y, bajo Sancho Garcés III (1002-1035), Sobrarbe, Ribagorza y, por vía matrimonial, Castilla. La división de reinos dispuesta por este monarca –Sancho el Mayor– entre sus hijos es clave para comprender las nuevas formas de reconquista en el XI: Pamplona fue para su hijo mayor legítimo, García, pero estableció reinos en Aragón para Ramiro, en el antiguo condado de Castilla para Fernando –que también fue rey de León desde 1037– e incluso un efímero dominio independiente para Gonzalo en Ribagorza, pronto unido a Aragón.

Mientras tanto, los condados catalanes obtenían la independencia de hecho frente a los reyes de Francia sucesores de los carolingios: este proceso culminó en tiempos de Berenguer Ramón I, conde de Barcelona (1018-1035), y de su consejero Oliba, abad de Ripoll y obispo de Vich. Los condes llevaron a cabo una intensa obra de colonización interior y en las zonas de frontera hasta definir plenamente las características de la llamada «Cataluña Vieja», entre los Pirineos y el río Llobregat.

2. La gran conquista
(mediados del siglo XI-mediados del XIII)

La desintegración del califato de Córdoba, que fue sustituido por una treintena de reinos de taifas, coincidió con la reorganización política del espacio hispano-cristiano y con su creciente vinculación al Occidente europeo, que comenzaba una fase larga de expansión demográfica y económica y de madurez en su organización social, cultural y de poder. La guerra con al-Andalus se plantea ya claramente como una reconquista, a través de diversas modalidades pero con

1. «Reconquista» y conquistas: ideas y realidades

una finalidad global que influye sobre muchos otros aspectos: la provisionalidad de las fronteras establecidas en cada momento, la relación entre conquistas y procesos de colonización y nueva organización del territorio por los cristianos, la mayor movilidad social en relación con ambos hechos, guerra y colonización. En aquellos dos siglos, desde mediados del XI hasta mediados del XIII, la realidad de la frontera marcó profundamente la organización de las sociedades hispano-cristianas en todos sus aspectos y dejó influencias y huellas duraderas para los tiempos posteriores.

En una primera época, Fernando I de Castilla y León (1035-1065), Sancho Garcés IV de Pamplona (1054-1076), Sancho Ramírez de Aragón (1064-1094) y Ramón Berenguer I de Barcelona (1035-1076) aprovecharon la debilidad de los taifas para someterlos a protectorado militar a cambio del pago de parias, que eran fuertes cantidades de dinero en moneda de oro y plata. Esto implicaba también indirectamente la influencia política sobre nuevos territorios: Tortosa, Lérida, Valencia, en el caso catalán; Zaragoza, Toledo, Badajoz, Sevilla, e incluso Granada, en el castellano-leonés.

Fernando I reanudó la actividad conquistadora al tomar Lamego, Viseo y Coimbra (1064), y su hijo Alfonso VI (1065-1109) dio un paso decisivo al ocupar por capitulación Toledo, la antigua capital visigoda y sede arzobispal primada de Hispania, y su «taifa» (1085), y proclamarse habitualmente «emperador» desde 1077, e incluso a veces «de las dos religiones», después de la toma de Toledo. Mientras tanto, Rodrigo Díaz de Vivar, el Cid, desterrado de Castilla por el rey Alfonso, se hacía con el dominio de Valencia (1094), que se mantuvo en manos cristianas hasta 1102. La conquista de Toledo y de las poblaciones de su reino al norte del Tajo (Talavera, Madrid, Guadalajara) permitió, por una parte, la repoblación de las tierras situadas entre el Duero y el Sistema Central y el restablecimiento de ciudades como Soria, Sepúlveda, Segovia, Ávila o Salamanca desde finales del siglo XI; por otra, la de Castilla la Nueva al norte de los Montes de Toledo, aunque los musulmanes se mantuvieron algunos años más en Alcalá de Henares y Sigüenza, pero la estratégica línea de comunicación entre Toledo y Zaragoza se había roto y las relaciones entre el valle del Guadalquivir, centro principal del dominio islámico, y el Levante y noreste fueron desde entonces precarias.

Cuando Alfonso VI entró en Toledo, hacía ya algunos decenios que el equilibrio militar entre al-Andalus y los reinos y condados cristianos se había roto a favor de estos últimos. Los norteños se convertían en protectores –a cambio de tributos o parias–, en dominadores y, a más largo plazo, en conquistadores del al-Andalus que antaño los había contenido o sojuzgado. No hay que esperar a la intervención de los almorávides norteafricanos en al-Andalus para observar en la España cristiana la aparición de las justificaciones ideológicas que sustentaron el impulso conquistador: puede ser que cierta idea de cruzada estuviera ya presente entre los nobles pirenaicos que ayudaron a Sancho Ramírez de Aragón en la conquista de Barbastro, en el año 1064. Pero lo más importante en aquel momento era la maduración de la teoría de la reconquista, que reforzaba la conciencia goticista de los reyes leoneses.

Desde luego, la «africanización» de al-Andalus y la agresividad bélica practicada por los almorávides y, después, por los almohades –en respuesta a la de los cristianos– endurecieron el proceso de conquista de al-Andalus, hicieron que fuera mucho más largo, rompieron las posibilidades de desarrollo de una coexistencia política, y también contribuyeron indirectamente a fragmentar la unidad de acción hispano-cristiana, que todavía giraba a fines del siglo XI en torno a la figura de Alfonso VI. La entrada en escena de los norteafricanos contribuyó, en definitiva, a que desapareciera cualquier proceso de fusión panhispánico, que tal vez todavía era el designio de Alfonso VI, bajo dominio cristiano, claro está. Por el contrario, se desarrolló una oposición irreductible entre al-Andalus y los reinos cristianos, a lo largo de una frontera de guerra, que dejaba muy poco espacio a la coexistencia entre ambas sociedades.

Además, los reinos cristianos no siempre actuaban en común frente al Islam peninsular. Los choques entre ellos eran frecuentes y en su transcurso se dibujaron fronteras entre los reinos y se atribuyeron territorios a conquistar por cada uno de ellos, especialmente a lo largo del siglo XII, entre la muerte de Alfonso VI (1109) y las de Alfonso VIII de Castilla (1214) y Pedro II de Aragón (1213). Así, a medida que la reconquista proseguía, maduraba también la diferenciación política entre los reinos cristianos y el proceso de delimitación de fronteras, que llegaría a su plenitud en el segundo tercio del siglo XIII, con algunos reajustes en torno a 1300[7].

* * *

Las victorias de los almorávides sobre Alfonso VI (Zalaca, junto a Badajoz, 1086; Consuegra, 1097; Uclés, 1108) y su dominio político en la parte islámica de la península frenaron la expansión y el hegemonismo castellano-leoneses tanto como la crisis del reino a la muerte del rey cristiano, sucedido por su hija Urraca (1109-1126), al mismo tiempo que los reyes de Aragón, Pedro I (1094-1104) y Alfonso I (1104-1134), conseguían ampliar su reino en el valle medio del Ebro mediante una política tenaz (conquistas de Huesca, 1096, y Zaragoza, 1118); Balaguer, llave del avance sobre Lérida, caía en 1105 por obra del rey de Aragón y el conde de Urgel, y Ramón Berenguer III, conde de Barcelona, asediaba Tortosa sin éxito, lanzaba una primera expedición contra Mallorca y comenzaba la ocupación del territorio y la ciudad, casi vacíos, de Tarragona entre 1116 y 1126.

La debilitación del poder almorávide permitiría nuevos avances cristianos desde la cuarta década del siglo XII, pero el equilibrio político entre los reinos había comenzado a modificarse por entonces: tras la muerte de Alfonso VI, fracasó el intento de unión dinástica que se había procurado mediante el matrimonio de Urraca I de León-Castilla y Alfonso I el Batallador de Aragón, en medio de desavenencias y guerras. El Batallador consiguió un gran éxito al conquistar Zaragoza y otras plazas del valle medio del Ebro, porque así consolidó la misma existencia y expansión de su reino, pero sufrió una derrota al final de su vida frente a los almorávides (Fraga, 1134) y, al morir sin heredero directo, se produjo la restauración de la independencia del reino de Pamplona, que a partir de ahora puede llamarse propiamente de Navarra, y una fuerte crisis política en Aragón. Navarra volvió, por lo tanto, a tener rey propio desde 1134 en la persona de García Ramírez, aunque perdió definitivamente la frontera con al-Andalus, mientras que Aragón y Cataluña iniciaron su unión política desde 1137 bajo Ramón Berenguer IV, conde de Barcelona, y su mujer, Petronila, hija de Ramiro II, que había heredado a su hermano Alfonso I.

El hijo y sucesor de Urraca I, Alfonso VII de Castilla y León (1126-1157), mantuvo el título de emperador, se coronó como tal en León en 1135 y ejerció su hegemonía política sobre otros reyes y poderes cristianos y musulmanes –caso de Zafadola, señor de Rueda de Jalón– basada en pactos vasalláticos, pues tanto García Ramírez de Navarra como Ramón Berenguer IV de Barcelona fueron sus vasallos, este último en reconocimiento del derecho eminente de Alfonso VII al *Regnum Caesaraugustanum* (Zaragoza y su antiguo reino). Pero, al mismo tiempo, el condado de Portugal, hasta entonces parte de León, pasó a ser reino independiente desde 1139-1143 bajo el mando de Alfonso I Henriques. A la muerte de Alfonso VII, León y Castilla se separaron, hasta 1230: Sancho III (1157-1158) y Alfonso VIII (1158-1214) reinaron en Castilla, y Fernando II (1157-1188) y Alfonso IX (1188-1230) en León, de modo que aquella época de la reconquista estuvo protagonizada por la colaboración y, a la vez, la competencia y las pugnas entre varios ámbitos de poder cristianos, los llamados, por algunos cronistas posteriores, «cinco reinos».

Durante la gran ofensiva de los años cuarenta, que coincidió con el hundimiento del dominio de los almorávides en al-Andalus, Alfonso VII tomó Oreja (1139) y Coria (1142), completó el dominio de la cuenca del Tajo en su sector castellano y conquistó por unos años Baeza y Almería (1147), mientras que Alfonso I de Portugal tomaba Santarém y Lisboa (1147) y Ramón Berenguer IV Tortosa, Lérida y Fraga (1148-49), completando así el dominio del valle del Ebro, y establecía con Alfonso VII el tratado de Tudellén (1151) que aseguraba un espacio de futuras conquistas catalanas y aragonesas en Denia, Valencia y Murcia.

Entre tanto, los almohades, después de sustituir a los almorávides en el norte de África, hacían lo propio en al-Andalus, aunque en Valencia y Murcia se instaló como poder independiente, y a menudo aliado de los cristianos, Muhammad ibn Mardanis, el Rey Lobo, hasta su muerte en 1172. Los almohades restablecieron el equilibrio militar con los cristianos en torno a los cursos alto y medio del Turia, Júcar y Guadiana, en el Tajo extremeño y el actual Alentejo portugués, aunque no lograron frenar completamente los avances ni dominar de nuevo los territorios perdidos salvo en Andalucía, donde recuperaron las conquistas de Alfonso VII: Almería cayó en su poder en 1157.

Por entonces, las combinaciones de alianzas y guerras entre los reinos cristianos y la presión creciente de los almohades frenaron parcialmente el avance conquistador y obligaron a nuevos esfuerzos de organización militar: fue en aquel momento cuando las Órdenes Militares se hicieron cargo de defender amplios sectores de la frontera, donde levantaron castillos y mantuvieron guarniciones de sus caballeros o «freires», que seguían una regla monástica compatible con sus deberes militares, bajo la dirección suprema de un maestre o, en el caso de órdenes con sede principal en Jerusalén, de un prior. Entre las de origen hispánico destacaron la de Calatrava, fundada en 1157 para la defensa de esta plaza manchega; Santiago, que nació en 1171 para defender Cáceres a raíz de su primera y efímera conquista, aunque se extendió por todos los reinos hispano-cristianos; Alcántara, también en la actual Extremadura, y otras cofradías locales de *fratres* guerreros que pronto desaparecieron o se fundieron con las anteriores (Belchite en Aragón, Trujillo, Ávila, Monfragüe, Évora, etc.). En Aragón tuvieron importancia desde 1130 las órdenes militares originarias de Tierra Santa, que eran las del Templo, el Hospital de San Juan y el Santo Sepulcro: sólo las dos primeras adquirieron responsabilidades guerreras, y los templarios las ejercieron también en Portugal, mientras los sanjuanistas lo hacían en Castilla, donde tuvieron el importante castillo de Consuegra.

Las Órdenes Militares facilitaban una defensa y control estables del territorio y cuerpos armados permanentes que completaban la capacidad guerrera de los castillos a cargo directamente del rey, de los grandes nobles o de las ciudades, y se sumaban al grueso del ejército real cuando el monarca lo convocaba. También tenían capacidad operativa propia en Castilla las «milicias» formadas por los caballeros y otros vecinos de las ciudades situadas a ambos lados del Sistema Central, en especial Ávila, Segovia, Salamanca y Toledo: unas u otras hicieron numerosas incursiones o «algaradas» en territorio de al-Andalus para capturar personas, ganado y botín y destruir cosechas, de modo que aquel tipo de guerra, al que los musulmanes correspondieron, causó también muchos daños y un estado de inseguridad que acabó minando la resistencia musulmana.

En la segunda mitad del siglo XII no hubo grandes anexiones de territorio, pero sí algunas conquistas significativas, a modo de jalones en las líneas de avance que seguían los cristianos. Alfonso II de Aragón (1162-1196) pobló Teruel en 1171, con lo que ganó aquellas tierras del Sistema Ibérico y preparó la futura incorporación del señorío independiente de Albarracín, cuyo titular era el noble navarro Pedro Ruiz de Azagra. Alfonso VIII de Castilla, después de rechazar los ataques almohades contra Huete, ganó el sector castellano de aquellas tierras al asediar y tomar Cuenca (1177). Dos años después estableció con el rey aragonés el tratado de Cazola, que delimitaba las fronteras de ambos reinos y sus zonas de expansión futura: Valencia, hasta la línea entre Bíar y Calpe, sería para Aragón, y las tierras situadas más al sur para Castilla. En los años siguientes, Alfonso VIII conquistó plazas fortificadas al sur de Cuenca para marcar la frontera y apoyar futuros avances: Alarcón (1183), Moya (1210), Alcaraz (1213). Al otro extremo de su reino, fundó Plasencia en 1186, para defender mejor la línea del Tajo y apoyar los puntos avanzados que se mantenían en poder de los cristianos desde 1170 (Trujillo, Montánchez). Pero los almohades lograron mantener posiciones –por ejemplo, conservando Badajoz en 1169 con ayuda leonesa frente al ataque del rey de Portugal– y lanzaron varias ofensivas que culminaron con su victoria de Alarcos (1195), muy dañina para los avances castellanos en La Mancha; a raíz de aquella victoria recuperaron las fortalezas de la cuenca del Guadiana que jalonaban el camino entre Toledo y Córdoba, así como las extremeñas al sur del Tajo, pero Plasencia resistió.

La reacción cristiana tardó en llegar por las divisiones y luchas entre los reinos y por causa de los largos períodos de tregua que separaban las guerras contra los almohades. La preparación de una gran campaña, a la que se otorgó la condición de cruzada, comenzó en 1209 y culminó el 16 de julio de 1212 cuando Alfonso VIII, con apoyo de Pedro II de Aragón y Sancho VII de Navarra, obtuvo una gran victoria en Las Navas de Tolosa, junto al puerto del Muradal. La batalla consolidó el dominio castellano sobre los pasos de Sierra Morena hacia la Alta Andalucía aunque apenas fue seguida de conquistas territoriales inmediatas, salvo las de Alcaraz por Alfonso VIII, Alcántara en 1213 por Alfonso IX de León y Alcácer do Sal, en 1217, por Alfonso II de Portugal. Pero poco después se iniciaba el desmoronamiento interno del Imperio almohade tanto en el norte de África como en al-Andalus, donde su poder desapareció completamente desde 1229: las divisiones de los musulmanes facilitarían el rápido avance conquistador de los cristianos, que pudieron negociar o combatir, alternativamente, con unos y otros jefes de aquellas efímeras «terceras taifas»: el más importante de ellos, Abu Abd Allah ibn Hud, llegó a dominar Murcia y buena parte de Andalucía hasta su muerte en 1238.

Las conquistas de los cristianos en los años veinte a cincuenta del siglo XIII produjeron la rápida incorporación de grandes extensiones territoriales y la casi total extinción de al-Andalus. El reino de Portugal pasó de los 55.000 a los 90.000 km², Aragón de 85.000 a 106.000, Castilla y León de 235.000 a 355.000 km². Sólo Navarra, al no tener frontera de conquista, permaneció en la extensión que tenía hacia 1134, algo más de 10.000 km², puesto que, a finales del siglo XII, Álava y Guipúzcoa se integraron definitivamente en el espacio político de Castilla, al que ya habían estado vinculadas hasta el año 1037, lo mismo que Vizcaya, después de un largo período de oscilación entre el ámbito de poder de los reyes navarros y el de los castellanos. Estas cifras no lo son todo, desde luego, pues importa más conocer las características de las ciudades y tierras ganadas, los procedimientos de organización y población aplicados por los conquistadores, y la aparición de nuevas fronteras y problemas de defensa a raíz de tan rápida expansión.

El Portugal de Sancho II, después de la concordia y delimitación fronteriza alcanzada con Fernando III de Castilla y León (Sabugal, 1231), completó la conquista del Alentejo (Serpa, Moura, 1232) y la del Algarve al este del Guadiana (Ayamonte, 1239). Después de 1249 sólo hubo algunos reajustes fronterizos con Castilla-León, que desde 1232 había puesto bajo su protección al reino taifa de Niebla para evitar la posible conquista por los portugueses.

En el ámbito leonés, Alfonso IX prosiguió el avance por la actual Extremadura, zona de máxima resistencia militar musulmana: Valencia de Alcántara (1221), Cáceres (1229), Mérida y Badajoz (1230), Trujillo (1232, tras la unión castellano-leonesa en la persona de Fernando III, rey de Castilla desde 1217 y de León a partir de 1230). Mientras tanto, se progresaba en la otra gran línea de avance, específicamente castellana, a partir de La Mancha y Alto Guadalquivir: Quesada y Cazorla (1224), Baeza (1232) y Córdoba (1236): la caída de esta ciudad, que era un símbolo del pasado esplendor de al-Andalus, permitió el rápido dominio de la campiña del Guadalquivir. Mucho más difícil fue la toma de Jaén (1246), conseguida por pacto, a cambio de reconocer la existencia del emirato de Granada, que había nacido en 1232 por obra de Muhammad I, iniciador de la dinastía nazarí. Granada sería un país vasallo de Castilla, sujeto a treguas y pago de parias, el último reducto de al-Andalus en los algo más de 30.000 km² de tierras montañosas de la Andalucía oriental.

Dos años antes del «pacto de Jaén», el infante Alfonso, hijo y heredero de Fernando III, había sujetado el reino taifa de Murcia a protectorado militar y establecido con Jaime I de Aragón el tratado de Almizra (1244), que señalaba los límites de su expansión hacia el sur con más precisión que la alcanzada en Cazola: en efecto, el rey de Aragón y conde de Barcelona había llevado a cabo ya la conquista de su zona de influencia: tomó Mallorca e Ibiza entre 1229 y 1235 –Menorca fue un protectorado hasta 1287– y, en la península, ocupó entre 1232 (toma de Morella) y 1246 (Denia) todo lo que sería el nuevo reino de Valencia, cuya capital cayó en 1238.

La culminación de las conquistas correspondientes al ámbito castellano-leonés ocurrió en 1248, cuando Fernando III tomó Sevilla, antigua capital andalusí de los almohades, después de dos años de asedio. Cuando el rey murió, había también guarniciones cristianas en Jerez, Lebrija, Cádiz y otros puntos de la Baja Andalucía, pero pasó algún tiempo hasta que, en 1262-1263, su hijo y sucesor Alfonso X (1252-1284) las incorporó por completo, al poblar con cristianos Cádiz y conquistar el reino taifa de Niebla (1262). La revuelta de los mudéjares andaluces y murcianos en 1264, con apoyo del emirato de Granada, y su derrota consumaron los efectos de las conquistas anteriores: Alfonso X expulsó a casi todos los musulmanes de la Andalucía cristiana y, con ayuda de Jaime I, completó el dominio de Murcia, cosa imprescindible para el rey aragonés tanto por asegurar su victoria sobre los mudéjares valencianos, que produjeron revueltas parciales hasta 1276, como para señalar sus pretensiones más allá de los límites fijados en Almizra: años después, Jaime II, tras una guerra con Castilla que concluyó con la sentencia arbitral de Torrelas, anexionó en 1304 la mitad norte del reino de Murcia, donde había localidades tan importantes como Orihuela, Elche o Alicante. Poco antes, la delimitación fronteriza entre los reinos de Castilla y Portugal establecida por Alfonso X y Alfonso III (tratado de Badajoz, 1267) se había modificado en algunas zonas a favor de los intereses lusitanos (tratado de Alcañices, 1297).

3. La Baja Edad Media, nuevo tiempo histórico

Desde la segunda mitad del XIII comenzó la formación de un nuevo tiempo histórico en el que se desarrollaron los caracteres del Antiguo Régimen europeo hasta los siglos XVIII e incluso XIX. En los reinos hispánicos, como en el resto de Europa,

Mapa 2. España en torno a 1475. (Según M. A. Ladero, *La España de los Reyes Católicos,* Alianza, Madrid, 1999)

la Baja Edad Media fue un tiempo de maduración político-institucional, de apertura a las relaciones mercantiles y políticas con otros espacios y poderes europeos, y de participación en sus conflictos. Lo fue también de deterioro de las antiguas formas de coexistencia con hombres de otras religiones –judíos y musulmanes en suelo peninsular– y de auge del exclusivismo religioso que triunfaría desde finales del XV. Pero, al mismo tiempo, se mantenían abiertas puertas hacia el mundo islámico –como lo demuestra la aculturación fronteriza con Granada– o se abrían otras nuevas en el Atlántico, que permitirían la exploración e incorporación de las Islas Canarias.

En lo que se refiere a las conquistas en suelo peninsular, el cambio general de circunstancias políticas y económicas y la dificultad para completar la colonización de las tierras ya ganadas pusieron fin al avance de los reyes cristianos en el último tercio del siglo XIII. Los dos siglos siguientes estuvieron caracterizados por el desarrollo de fuertes crisis económicas y sociales, cambios en las estructuras políticas y frecuentes situaciones de violencia y guerra entre los reinos de España. A ello se unió la eficaz capacidad defensiva del emirato de Granada y el apoyo que recibió de los meriníes norteafricanos entre 1275 y 1350, de modo que la reconquista se limitó a guerras y encuentros de frontera y a pequeños avances locales. Hasta 1350, se libra la batalla por controlar el estrecho de Gibraltar (toma de Tarifa por Sancho IV en 1292, batalla del Salado en 1340 y toma de Algeciras en 1344 por Alfonso XI) y, también, por el dominio de los pasos de montaña que comunicaban Granada con la Andalucía del Guadalquivir y que, paulatinamente, fueron cayendo en manos cristianas (Alcalá la Real, 1341).

Entre 1350 y 1406 apenas hubo guerra, debido a la profundidad de la crisis interior en Castilla, pero Granada perdió el fundamental apoyo norteafricano. En el siglo XV las guerras se reanudaron (conquista de Antequera, 1410), los reyes castellanos obligaron a Granada a pagar parias e intervinieron en las luchas políticas del emirato con el propósito declarado de conquistarlo: las campañas de Juan II entre 1431 y 1439 produjeron algunas victorias (batalla de La Higueruela) y tomas de castillos fronterizos, así como las de Enrique IV entre 1455 y 1462 (conquista de Archidona y Gibraltar, 1462).

Pero la guerra final no ocurrió hasta que los Reyes Católicos, Isabel I y Fernando V, consiguieron movilizar grandes ejércitos y recursos financieros y logísticos y mantener las operaciones ininterrumpidamente durante diez años, desde la conquista de Alhama (febrero 1482) hasta la toma de la ciudad de Granada (2 enero 1492). En el desarrollo de la guerra combinaron la diplomacia, mediante pactos con Muhammad XII, Boabdil, que dividían a los granadinos entre sí, con grandes campañas en las que conquistaron Ronda (1485), Loja (1486), Málaga (1487), Baza, Guadix y Almería (1489) y por fin Granada después de un bloqueo de diez meses. Desde 1485 se procedió a la nueva población y organización del territorio a medida que se ganaba, con procedimientos semejantes a los empleados en el valle del Guadalquivir durante el siglo XIII, aunque se respetó la presencia de mucha población musulmana, bautizada desde 1500-1502: aquellos moriscos eran todavía cerca de cien mil personas cuando Felipe II ordenó su expulsión tras la revuelta de los años 1569-1571.

2. Los procesos de colonización

Las conquistas de los siglos XI al XIII fueron acompañadas y seguidas por grandes procesos de colonización y organización del territorio, que también ocurrieron en las zonas ya habitadas por los cristianos del norte antes del XI, donde la tarea colonizadora se había desarrollado desde los siglos IX y X. Para entender mejor la formación espacial de la España medieval y los hechos de regionalización es preciso hacer una distinción entre zonas, de norte a sur, que se añade a la que ya hemos establecido entre reinos, de oeste a este.

1. Las tierras originarias

La zona o franja situada más al norte comprende los territorios que ya formaban parte de los reinos y condados cristianos antes de mediados del siglo XI. En ellos había tenido lugar una densa colonización rural durante los siglos anteriores que sirvió como vivero de emigrantes a las tierras de nueva conquista y, también, como punto de partida para los grandes cambios que ocurrieron en la misma zona norte entre mediados del XI y mediados del XIV, cambios que se refieren al mismo poblamiento rural y, especialmente, al renacimiento de las ciudades: todo esto no tiene que ver, al menos directamente, con las conquistas militares en otras zonas, sino con el crecimiento de la población y con hechos de colonización interior y de reagrupamiento de habitantes en pueblos mayores dotados de franquezas. Tiene que ver con las posibilidades que abre el Camino de Santiago –inmigraciones de «francos» y de campesinos del propio país, urbanización, mejoras jurídicas– y también con la necesidad de defender las fronteras entre los reinos cristianos. Y tiene que ver, igualmente, desde el último tercio del siglo XII, con el desarrollo de la navegación y el comercio en el mar Cantábrico. Aquellos hechos de colonización, fundaciones de ciudades y transformaciones del poblamiento se produjeron en todas las viejas tierras leonesas y castellanas, gallegas, asturianas, cántabras y vascongadas, desde Valladolid hasta La Coruña, desde León o Burgos hasta Bilbao. También afectaron a las tierras navarras y aragonesas (Pamplona, Jaca, Estella) y a las de la Cataluña Vieja, donde Barcelona creció como gran puerto mediterráneo.

2. Las tierras incorporadas entre 1085 y 1213

La relación entre conquistas militares y colonizaciones es muy estrecha en la segunda zona, donde las conquistas comenzaron en el último tercio del siglo XI (Coimbra, 1064; Toledo, 1085; Huesca, 1094) y se sucedieron a lo largo del siglo XII (Zaragoza, 1118; Coria, 1142; Lisboa y Santarém, 1147;

Tortosa y Lérida, en 1147 y 1149; Cuenca, 1177; Plasencia, 1186). Los avances cristianos permitieron la repoblación de una retaguardia antes casi completamente vacía: en Castilla y León son las tierras llamadas entonces «Extremaduras», entre el río Duero y el Sistema Central, con la población de ciudades como Salamanca, Ciudad Rodrigo, Ávila, Segovia, Sepúlveda o Soria. En Portugal se poblaron la Beira, la Extremadura y la región del Tajo. Las conquistas produjeron, además, la incorporación de Toledo y su reino (Castilla la Nueva), y de Zaragoza (valle medio del río Ebro), de la Cataluña Nueva, entre los ríos Llobregat y Ebro, y de la Extremadura aragonesa de Teruel, llamada así porque en su colonización se aplicaron procedimientos semejantes a los de la castellana, lo mismo que ocurría en la actual Castilla la Nueva.

En esta segunda zona o franja, la colonización se efectuó a partir de ciudades, ya existentes o pobladas de nuevo, que controlaban amplios territorios o «tierras» donde establecieron miles de aldeas y organizaron el espacio según criterios de racionalidad económica relacionados con el nuevo orden social, en el que predominaban grupos de caballeros sobre una población libre que disponía de ordenamientos jurídicos favorables –fueros de la Extremadura, derecho de Toledo, etc.– y de una considerable autonomía administrativa gracias al nuevo régimen municipal (concejos). Aunque la economía era casi exclusivamente agraria, los nuevos pobladores de Toledo y de las ciudades del valle medio del Ebro mantuvieron un tipo de economía urbana, artesanal y mercantil, de origen andalusí, que sirvió de modelo en muchos aspectos para lo ocurrido más adelante en otras ciudades. Otra realidad socioeconómica propia de esta zona, que se extenderá a las otras dos más adelante, fue la relativa disociación entre agricultura y ganadería: esta última disponía de amplios espacios de pastos no integrados en el terrazgo cultivado, y en ella comenzó el desarrollo de la trashumancia, que alcanzó su máxima extensión en la Corona de Castilla a partir de las conquistas del siglo XIII, y lo mantuvo durante muchos más[8].

3. Las tierras incorporadas entre 1213 y 1266

Las conquistas del siglo XIII, entre 1213 y 1266, produjeron la incorporación de territorios muy extensos que componen la tercera de las zonas a estudiar. Al sector de expansión catalano-aragonesa corresponde Valencia, y el nuevo reino creado por Jaime I en torno a ella, y Mallorca. En Valencia fue preciso aceptar la permanencia de mucha población musulmana, debido a la escasez de nuevos pobladores cristianos –algo semejante había ocurrido un siglo atrás en el valle medio del Ebro–. En Mallorca, por el contrario, los musulmanes libres desaparecieron y la colonización se hizo con los inmigrantes cristianos.

En el ámbito de expansión castellano y leonés, y en el portugués, permanecieron pocos musulmanes libres como mudéjares: casi toda la población musulmana emigró al emirato de Granada o bien al norte de África y abandonó las tierras de la Andalucía del Guadalquivir, de Murcia y del Algarve.

Al mismo tiempo que se procedía a la conquista y primera colonización de la Andalucía bética y de Murcia, se llevaba a cabo la colonización de la cuenca del Guadiana y de casi toda la actual Extremadura española y Alentejo portugués, cosa que hasta entonces había sido imposible debido al peligro militar. En estas tierras, la escasez de colonos consolidó como grandes señores a las órdenes militares de Calatrava, Alcántara, Santiago y San Juan, que habían tenido antes la responsabilidad principal en la defensa de la frontera.

La centralidad de las ciudades en los procesos de colonización y organización del territorio fue muy grande, desde el primer momento, en muchas de las tierras conquistadas en el siglo XIII: Valencia, Sevilla, Córdoba, Murcia, Jaén se contaron rápidamente entre las ciudades mayores de la península. En el caso de Sevilla, la apertura al comercio atlántico fue muy rápida, obligada, además, a la defensa del estrecho de Gibraltar. Pero la colonización rural resultó insuficiente; en general, no llegó a cubrir los objetivos que se fijaron al planearla, y esto ha dejado una huella de larga duración en las formas de poblamiento, en los tipos de paisaje y en las características de las explotaciones agrarias. Por otra parte, la primera oleada colonizadora duró poco tiempo, debido al cambio de tendencia demográfica desde finales del siglo XIII y, en el caso andaluz, a la guerra contra granadinos y meriníes norteafricanos, que comenzó con gran dureza desde 1275.

Sin embargo, la nueva población de la franja o zona sur había triunfado, a pesar de sus limitaciones. Una vez superados los malos tiempos del siglo XIV, la Andalucía del Guadalquivir vivió un siglo XV de fuerte crecimiento demográfico y mejora de su actividad económica. Sólo así puede explicarse que, entre 1480 y 1500, salieran de allí la mayoría de los inmigrantes que colonizaron el reino de Granada y las Islas Canarias inmediatamente después de su incorporación a la Corona de Castilla. En aquellas repoblaciones se pusieron en práctica, de nuevo, los procedi-

2. Los procesos de colonización

mientos de colonización que ya habían mostrado su eficacia en el siglo XIII.

* * *

Para concluir, entre los siglos XI y XIII, con una secuela tardía a fines del XV, se produjo una nueva organización general del territorio en función de la diversificación política, de las circunstancias y épocas de incorporación de cada ámbito regional y de su manera de integrarse en el nuevo sistema social que sustituía al andalusí. Las realidades regionales que nacieron durante aquel largo proceso de conquista y colonización han permanecido hasta nuestros días: los mismos reyes y dirigentes políticos contribuyeron a su creación o a su mejor definición. En el modelo propio de León y Castilla, las realidades regionales, a menudo con título de reino, se integraron en un espacio político homogéneo, y los reyes dispusieron en casi todas partes de las mismas instituciones y resortes de poder[9]. En Portugal esto mismo ocurrió con mayor sencillez, dadas las condiciones de desarrollo del reino, incluso si el Algarve tuvo denominación propia como reino en la intitulación de los documentos regios. En cambio, en el modelo de la Corona de Aragón, cada componente tuvo características político-administrativas propias, y las consolidó, precisamente, en el siglo que siguió al final de la reconquista, entre mediados del XIII y mediados del XIV[10].

La propuesta de división que acabo de esbozar en las páginas anteriores es la utilizada en los siguientes capítulos del libro, con algunas matizaciones de tipo práctico para dar mayor homogeneidad a la explicación. Dedicaré uno a las tierras originarias. Incluiré en los dos siguientes lo relativo a las incorporadas entre 1085 y 1214, pero añadiendo en un caso –«Del Duero a Sierra Morena»– las pobladas ya en el siglo XIII en la cuenca del Guadiana, Extremadura y Portugal, y en otro –«Del Ebro al Mediterráneo»– las tierras de Baleares y Valencia. En el último capítulo se integran las colonizaciones del sur, tanto en el siglo XIII como a finales del XV y comienzos del XVI.

3. De al-Andalus a Europa

No es posible estudiar aquí todas las características de las nuevas sociedades que se formaron ni cómo se organizaron políticamente. Eso equivaldría a convertir estas páginas en un resumen de historia medieval española, lo que es evidentemente imposible, ni siquiera para poner de manifiesto las singularidades que se observan con respecto a otras modalidades regionales, aunque siempre dentro del ámbito común de la cristiandad latina. Pero algo se puede añadir sobre dos puntos: primero, sobre las consecuencias que tuvo aquella relación multisecular con el mundo islámico para los habitantes de la España cristiana y, segundo, sobre los diversos aspectos de la integración de ésta en el Occidente europeo medieval.

1. Formas de relación con el mundo islámico

La situación general de confrontación y diferenciación con respecto al mundo islámico se agudizó, ya lo hemos señalado, desde finales del siglo XI, debido a la confluencia de varios factores: primero, el motivo territorial, que era permanente, como recordaba don Juan Manuel, hacia 1340, en un texto muy conocido:

> [...] et por esto ha guerra entre los cristianos et los moros, et habrá fasta que hayan cobrado los cristianos las tierras que los moros les tienen forzadas; ca cuanto por la ley nin por la secta que ellos tienen, non habrían guerra entre ellos, ca Jesucristo nunca mandó que matasen ni apremiasen a ninguno porque tomase la su ley, ca él non quiere servicio forzado[11].

Sin embargo, el motivo religioso de enfrentamiento sí que existía, en especial desde el siglo XII, tanto por la radicalización europea (cruzada) como por la islámica (guerra santa de almorávides y almohades; deportación o expulsión de los cristianos mozárabes y de los judíos de al-Andalus), y fue ampliamente utilizado desde entonces por ambas partes.

Hay que añadir otro elemento de diferenciación, como es el desarrollo de la teoría de la misión por diversos autores del siglo XIII, como Ramón Martí, Ramón Llull o Pedro Pascual. Aunque el objetivo declarado era atraer a los musulmanes a la conversión, la reflexión de estos autores marcaba con claridad posiciones y distancias religiosas, que se añadían al conjunto de imágenes mentales con las que los cristianos de la península se representaban al mundo islámico próximo.

La larga confrontación provocó, por otra parte, la exacerbación de algunos aspectos de lo que se podría definir como personalidad específica de la cristiandad hispánica. Si en su seno se acentuaron algunos rasgos frente al infiel o, más adelante, frente al apóstata, fue por la proximidad del

Islam o del judaísmo, y como reacción ante ellos, lo que, sin duda, es también una influencia, pero no un dato de aculturación.

El hecho de que en las fronteras haya habido siempre una débil franja de contactos intensos y pacíficos, sobre todo en la frontera de Granada durante los siglos XIV y XV, o, también, el hecho más importante de la permanencia de mudéjares en los reinos cristianos no modificaron la realidad fundamental: las personalidades colectivas de ambas partes permanecieron distintas, por motivos religiosos y también culturales[12].

¿Cuáles eran, entonces, las posibilidades o los límites de las relaciones interculturales? Es evidente que durante la Edad Media hubo fenómenos de transferencia cultural, en los más diversos niveles, entre al-Andalus y la España cristiana, pero no lo es menos que no hubo convivencia ni fusión: los cristianos de la península recibieron bajo diversas formas influencias de la cultura andalusí, pero las integraron sin perder por ello sus rasgos culturales propios y su condición de conquistadores, colonos y miembros de otro ámbito cultural.

Esta afirmación no debe llevar a ocultar las numerosas influencias culturales que España y también Occidente, a través de la península, han recibido de al-Andalus o, más ampliamente, del Islam medieval. He aquí una breve enumeración[13]:

a) Influencias intelectuales y literarias, con precedentes desde el siglo X (Gerberto de Aurillac), especialmente importantes en los siglos XII y XIII, debido a las traducciones al latín de textos filosóficos y científicos, casi siempre de origen griego, a partir de sus versiones en árabe, lo que incluía las de los comentaristas musulmanes. Este procedimiento se aplicó también a la difusión de temas literarios orientales (Pedro Alfonso; obras de literatura sapiencial) y de escritos de tipo esotérico y escatológico (posible influencia de los escritos de Ibn Arabí de Murcia sobre Dante)[14]. El prestigio de la figura del «moro sabio», dueño de conocimientos superiores y ocultos a los cristianos, permaneció en España durante varios siglos. En otro nivel, popular y folclórico, la presencia de músicos y cantores mudéjares era muy apreciada entre los cristianos todavía en el siglo XV.

b) Influencias estéticas y de técnicas de construcción, de decoración y de uso de materiales (yeso, madera, tapial, adobe, ladrillo...), a través del llamado «arte mudéjar», cuyo apogeo ocurrió desde mediados del siglo XIII hasta comienzos del XVI, aunque duró mucho más tiempo en la arquitectura popular a través de las artes de la albañilería, alfarería, yesería y carpintería. Hubo también influencias, diferentes según regiones y épocas, en otros aspectos de la vida material, como la alimentación o el vestido, aunque siempre minoritarias con respecto a los usos de tipo europeo. Es de notar que algunas de aquellas modas moriscas conocieron su mayor aceptación entre la nobleza castellana del siglo XV, precisamente durante la última gran confrontación con lo que restaba de al-Andalus, que era Granada, e incluso tiempo después.

c) Influencias técnicas e institucionales en la economía agrícola y urbana. Por ejemplo, en las técnicas de regadío, en la reglamentación del uso del agua para riego, en las técnicas de aprovechamiento de la energía hidráulica. En el ámbito de la economía urbana: lugares de actividad artesana y mercantil (alhóndigas, alcaicerías, tiendas-taller), organización corporativa de los oficios bajo la dirección de «alamines», control institucional de las actividades a cargo del «almotacén», institución que fue incluso implantada en algunas ciudades que no tuvieron una época andalusí, como es el caso de Barcelona.

d) Influencias en el ámbito monetario y hacendístico. Conservación de tipos monetarios de origen islámico («mancusos» en la Cataluña del siglo XI; «morabetinos» en la segunda mitad del XII, en Castilla, León y Portugal; «doblas» en el siglo XIII y, en Castilla, hasta finales del XV), y de buena parte de los sistemas de pesas y medidas de origen islámico. En el plano hacendístico: tipos de derechos y rentas integrados en los antiguos «almojarifazgos» andalusíes, en especial aduanas y «alcabalas» sobre las compraventas; herencia de la práctica del «quinto real» sobre el botín.

2. Formas de integración en la cristiandad latina

Sea cual sea el punto de vista o el aspecto de la realidad que consideremos, el hecho dominante fue la pertenencia de los reinos de España al mundo religioso, político y cultural del Occidente medieval como consecuencia de la herencia romana y germánica y, sobre todo, por la integración en la Europa de la plena Edad Media desde el último tercio del siglo XI. El sistema social, los fundamentos económicos y las formas de reparto y ejercicio del poder son homologables con las del resto de Europa, lo que no quiere decir que fueran idénticas a las del norte de Francia o a las de cualquier otra parte de Occidente, que ha sido siempre una civilización rica en diferencias regionales.

1) El punto de partida fue la situación de aislamiento propia de los siglos altomedievales (del VIII a mediados del XI). Las relaciones con la Europa carolingia y poscarolingia

existen pero, salvo en el ámbito de la futura Cataluña, son esporádicas. No sólo se refieren a los territorios cristianos del norte, sino también a las embajadas e intercambios con el califato de Córdoba. Otro tipo de contactos es el relativo a las incursiones de normandos en las costas gallegas y cantábricas, desde mediados del siglo IX hasta comienzos del XI, que debemos considerar como una forma de relación con otra periferia europea, la situada en torno al mar del Norte, externa también al mundo carolingio. Respecto a la situación eclesiástica, la Iglesia astur-leonesa se organizó en torno a la protección de los reyes –lo que es muy visible todavía en el Concilio de Coyanza del año 1055– y, por lo que sabemos, durante los siglos VIII al X, lo que más importa son sus relaciones con los cristianos de al-Andalus y, a través de ellos, la permanencia de la herencia eclesiástica de la Hispania visigótica y, tal vez, las influencias que recibía de las iglesias de Oriente Próximo.

2) El gran giro hacia Occidente ocurrió en la segunda mitad del siglo XI. Por una parte, la puesta a punto del Camino de Santiago y, también, de las rutas marítimas que llevaban al sepulcro del apóstol, en Galicia. Por otra, la recepción de la «reforma gregoriana» por Alfonso VI de León y Castilla y por Sancho Ramírez de Aragón, que ocurrió cuando comenzaba la restauración de sedes episcopales, a partir de Toledo (1086), y se manifestó en el fin de la antigua liturgia «hispana», en la entrada de clero «franco», en la presencia de legados pontificios en los reinos de España y en la de clérigos españoles en concilios generales y grandes escuelas y universidades, ya desde el siglo XII, así como en la buena acogida de las reformas del benedictismo cluniacense y cisterciense, y a comienzos del XIII, en la gran participación española en el éxito de las órdenes mendican-

tes; una de ellas, recordémoslo, fundada por Domingo de Guzmán, que era castellano. Fue una revolución profunda, relativamente silenciosa, tal vez la mayor por sus consecuencias o vinculaciones de orden político, cultural y social.

Entre sus efectos se cuenta la introducción de la idea de «cruzada» en la confrontación con los musulmanes, desde el segundo cuarto del siglo XII, como ideología de apoyo, complementaria de la idea restauradora-reconquistadora. La idea de cruzada permitió acoger sin reservas a las órdenes militares de Tierra Santa en suelo hispánico y crear otras específicas de la península (Calatrava, Santiago, Alcántara), así como obtener recursos financieros procedentes de las rentas de las iglesias y de las limosnas de los fieles de los reinos españoles. Además, las motivaciones religiosas atrajeron a gentes de otros países: peregrinos a Santiago, cruzados a la frontera, que, con alguna frecuencia, se convertían en inmigrantes definitivos.

3) Por otra parte, los reinos de la España cristiana establecieron relaciones continuas con otros poderes políticos europeos desde el último tercio del siglo XI. Los matrimonios sucesivos de Alfonso VI, muy influidos por su alianza con Cluny, son el ejemplo mejor y el más antiguo, pero la política matrimonial de los reyes castellanos desde mediados del siglo XII muestra la continuidad de aquellas prácticas, después de una primera mitad de siglo en la que predominaron las alianzas con Aragón y Barcelona: a partir del segundo matrimonio de Alfonso VII con Rica de Polonia y de su aproximación a Luis VII de Francia, se estrechan lazos con los Plantagenêt anglo-normandos y con los Capeto parisinos: los matrimonios de Alfonso VIII con Leonor Plantagenêt y de su hija Blanca con Luis VIII son los mejores ejemplos. Y, en el siglo XIII, se añade la aproximación a

los Staufen con el matrimonio entre Fernando III y Beatriz de Suabia: el hijo de ambos, Alfonso X, combinó cierta actitud gibelina, como candidato a la corona imperial entre 1257 y 1274, con una nueva aproximación a la Francia de Luis IX mediante el matrimonio de su primogénito, Fernando, con Blanca, hija del rey francés, y a Inglaterra, como cuñado de Eduardo I.

La relación de los reyes de Aragón y de los condes de Barcelona con grandes nobles y señores del norte de los Pirineos era estrecha desde tiempos anteriores, pero se reforzó en el siglo XII a partir de la conquista del valle medio del Ebro por Alfonso I y de la política occitánica de sus sucesores, Ramón Berenguer IV y Alfonso II, continuada hasta la batalla de Muret (1213). Y, en el caso de Portugal, basta recordar la importancia que tuvo la ayuda de los cruzados venidos por vía marítima en las conquistas de Lisboa y Santarém (1147) y en la de Alcácer do Sal (1217), o el protagonismo pontificio y francés en la sustitución de Sancho II por su hermano Alfonso, conde de Boulogne, en 1245-1248. En conclusión, a mediados del siglo XIII, los reinos de España estaban ya plenamente integrados en la red de relaciones políticas del Occidente europeo.

4) Esta integración se refiere también al conjunto del orden social, en sus diversos aspectos: es cierto que la guerra y la colonización produjeron mayor movilidad social y situaciones singulares en muchas regiones y en determinadas épocas. Así, por ejemplo, la mayor importancia y extensión de las libertades urbanas y campesinas, vinculadas a la capacidad militar de todos los hombres libres, dotados de armamento individual y obligados a acudir a las convocatorias de movilización promulgadas por el rey. Pero también es cierto que los marcos generales de organización son los

mismos que en el resto de Occidente: fundamento religioso del orden social, puesto que sólo los cristianos pueden integrarse plenamente en él; sistema estamental o de «órdenes» sociales; privilegios particulares de grupo o de ciudadanía local; tendencia a la hereditariedad de las situaciones sociales, a pesar de la presencia de caballeros a título personal (caballería villana), y mismos repartos porcentuales de los grupos sociales, con un aplastante predominio del campesinado (se supone que más de un 80% de la población).

También es cierto que la monarquía, sobre todo la castellano-leonesa, conservó siempre en sus manos muchos resortes de poder, de tipo judicial, fiscal y militar, y que en sus relaciones con la nobleza pagaba servicios, muchas veces, con dinero o con contraprestaciones temporales («prestimonios», «tierras») y no con feudos hereditarios, salvo en el caso catalán, pero las estructuras de relación política seguían modelos vasalláticos, y en los siglos XII y XIII se desarrolló plenamente una nobleza de linaje, como en otras partes de Europa. Tal vez lo más peculiar es el precoz desarrollo de la autonomía municipal en muchas ciudades de León y Castilla, y la aparición de asambleas estamentales (Cortes) a fines del siglo XII, algunos decenios antes que en otros reinos europeos.

5) En fin, la España cristiana se incorpora a las corrientes artísticas europeas desde el último tercio del siglo XI, como lo muestra perfectamente la difusión del arte románico y, después, del gótico. Y a las literarias, ya en el siglo XII: a la poesía épica autóctona –temas literarios de Bernardo del Carpio, Fernán González, el Cid– se añade la aceptación de la francesa de tema carolingio, difundida a lo largo del Camino de Santiago. Y a la lírica de tradición andalusí se une la aceptación de la provenzal trovadoresca en las

cortes regias y aristocráticas. Todo ello expresado en las lenguas romances peninsulares –castellano, gallego, catalán-occitánico–, cuyo uso literario fue muy precoz y, en el caso del castellano y del gallego, contó con la ayuda de las magníficas iniciativas culturales de Alfonso X, el Rey Sabio (1252-1284), del mismo modo que las de los reyes de Aragón, entre Jaime I y Pedro IV, consolidaron el uso del catalán.

* * *

Sería absurdo olvidar todo esto, que es la mayor parte del patrimonio cultural hispánico en aquellos siglos, o no valorarlo adecuadamente cuando se trata de obtener una visión equilibrada de los fundamentos históricos medievales de España.

4. La idea de España en la Edad Media

El recuerdo del reino hispano-visigodo no dejó de estar presente sobre los dirigentes hispano-cristianos desde el mismo siglo VIII. Comenzando por el plano jurídico, el *Liber Iudiciorum,* código de leyes promulgado por el rey Recesvinto a mediados del siglo VII (654), continuó utilizándose, en su forma breve o «vulgata» *(Liber Iudicum* o *Forum Iudicum),* en el reino de Asturias y León y también entre los *hispani* de los condados de Cataluña. Los reyes de Asturias, por su parte, pretendieron recoger la herencia política y la legitimidad de los visigodos: las crónicas de finales del siglo IX atribuyen a Alonso II (791-842) la restauración en su capital, Oviedo, del orden palatino que había sido propio de los reyes visigodos en Toledo.

Hubo, sobre todo, una herencia o utilización ideológica a partir de aquella pretensión restauradora. El goticismo o neogoticismo fue una realidad de primera importancia y de larguísima duración en la configuración de ideas e imágenes sobre España[15]. Su punto de partida fue una realidad originaria, es decir, la misma resistencia contra los conquistadores islámicos, y su presencia se percibe en diversos cronistas altomedievales, e incluso en al-Andalus, donde un cronista, a comienzos del siglo XI, afirmaba que Alfonso V de León era «el rey de los godos de entonces».

Cuando Alfonso VI de León y Castilla tomó Toledo (1085), se tituló *Imperator totius Hispanie,* es decir, se definió como poder político superior sobre los otros que había en la península, reclamando la condición de heredero de los reyes godos. En aquel momento todavía habría sido posible la aplicación política práctica de su «idea imperial», pero tal posibilidad se deshizo debido a los acontecimientos de los decenios siguientes, y se extinguió después de la muerte de su nieto Alfonso VII (1157), que se había coronado emperador en León el año 1135. Por el contrario, se consolidó la existencia de varios «reinos de España» –Aragón y Cataluña, Navarra, Castilla y León, Portugal–, pero la idea dejó una sólida herencia: por una parte, la afirmación de la precedencia castellano-leonesa sobre los demás reinos, aunque éstos procuraron siempre que no tuviera ninguna consecuencia práctica[16]. Por otra, la imagen compartida de una realidad histórica o ámbito común, en el que se integraban aquellos reinos, realidad a la que todos denominaban España. Me parece importante llamar la atención sobre este último aspecto.

El Papado, que era la máxima instancia organizadora de la cristiandad latina, actuó siempre, a partir de la reforma gregoriana, en la segunda mitad del siglo XI, con esta idea de Hispania, que hizo compatible con la realidad de una progresiva diversificación política en la península. Por otra parte, las imágenes mentales de restauración del orden político hispano-gótico también estaban presentes en la consideración de la sede arzobispal de Toledo como primada de España, y en la restauración de sedes episcopales en los territorios conquistados, que se quiso inspirar en la antigua división de época hispano-goda contenida en un texto, llamado *División de Wamba,* que en sí mismo es falso pero que recoge los nombres de auténticas diócesis de los siglos V al VII[17].

Fue a fines del siglo XI cuando comenzó a difundirse la palabra «español», de origen occitánico por cierto, empleada antes fuera de la península tal vez porque, como suele suceder con frecuencia, la visión de lo que es común o propio de una sociedad se obtiene más fácilmente desde fuera de ella[18]. A partir de entonces, bastantes clérigos de los reinos españoles frecuentaban las escuelas y universidades más famosas de Europa –Bolonia, París–, y en ellas participaron de una cultura teológica y jurídica común, a la vez que contrastaban y defendían las singularidades de la condición hispánica, tal como lo hizo, por ejemplo, el canonista Vicente Hispano, que fue deán de la catedral de Lisboa, hacia 1215, y defendía que España era *imperium* por sí misma, al haberse restaurado por el valor y los méritos de conquista de sus habitantes: *meritis et probitate [...] Sed soli Yspani virtute sua obtinuerunt imperium et episcopos elegerunt.* Así, pues, la teoría imperial seguía viva y se basaba en la no inclusión de Hispania en el Imperio Romano-Germánico, por haber conseguido sus habitantes independientemente su propio espacio de poder político. El jurista italiano Baldo de Ubaldis recogió esta idea más de un siglo después al afirmar que Hispania no estaba bajo el «dominio natural del emperador»; por el contrario, *est talis provincia quae non subsit imperatori [...] si dominus Castellae deficeret in to-*

tum regnum regnicolae possent sibi eligere regem de iure gentium[19].

El *dominus Castellae* como emperador de España: es la misma idea que aún tenía Fernando III, quien: «En razón del imperio quisiera que fuera así llamado su señorío e non regno, e que fuese él coronado emperador según lo fueron otros de su linaje»[20]. De esta idea se hacen eco cronistas de otros países como Alberico de Trois Fontaines o Mateo París, quien afirma que Fernando III «se llama rey de toda España por causa de su eminencia». Algunos historiadores actuales sostienen que Alfonso X, cuando aceptó la nominación como candidato al Sacro Imperio en 1257, en realidad lo que pretendía era utilizar aquel título para ejercer la primacía imperial en la península[21].

En el siglo XIII, por otra parte, estaban ya fijados los rasgos tópicos de los caracteres nacionales de los pueblos europeos, como lo demuestra la lectura de textos literarios e incluso el mismo testamento de Alfonso X, en 1284, donde reflexiona sobre la complementariedad de los caracteres de españoles y franceses.

Aquellas nuevas circunstancias intelectuales hicieron posible una intensa renovación de las ideas goticistas, en coincidencia con las grandes conquistas ocurridas entre 1212 y 1266, y la consolidación de la «concepción unitaria del grupo humano español más allá de las diferentes organizaciones políticas» (Maravall). Así lo expresan los grandes historiadores del siglo XIII: Lucas de Tuy *(Chronicon Mundi,* 1236), Rodrigo Jiménez de Rada *(De rebus Hispaniae,* 1243) y Alfonso X el Sabio, autor de la primera historia general de un país europeo redactada en lengua vernácula, el castellano en este caso *(Estoria de España* o «Primera Crónica General», hacia 1270-1280)[22], que escribe:

4. La idea de España en la Edad Media

Esta nuestra estoria de las Espannas general la levamos nos de todos los reyes et de todos los sus fechos que acaescieron en el tiempo pasado, et de los que acaescen en el tiempo present en que agora somos, tan bien de moros como de christianos et aun de judíos si y acaesciere.

Y, así, comienza con Tubal, nieto de Noé, continúa con la acción de Hércules, que situó como rey a su sobrino Hispan, y sigue con los diversos pueblos invasores y colonizadores hasta comenzar el tiempo histórico que él consideraba como propio en el reino cristiano hispano-visigodo.

Estas ideas se difundieron en la historiografía posterior. Todavía en vida de Alfonso X las expresó muy bien Juan Gil de Zamora en su *Liber de Preconiis Hispaniae,* dirigido al infante don Sancho. La «Primera Crónica General» tuvo continuaciones y refundiciones tanto en Castilla como en Portugal, Navarra y Corona de Aragón. Su concepción historiográfica penetró en crónicas generales y particulares de todos los reinos hispánicos, en los que la conciencia común de saberse españoles era compatible con la defensa y exaltación de la singularidad de cada territorio[23].

En resumen, el goticismo contribuyó durante siglos a mantener la noción de un denominador común histórico hispánico «por detrás de la división en reinos particulares» (Maravall). Inspiró el desarrollo de la idea imperial leonesa entre los siglos X y XII. Fue el principal motor ideológico de la reconquista, al que se añadió desde el siglo XII la noción europea de cruzada, y el más importante de ambos por ser el más antiguo y porque se refería a una situación específicamente peninsular. Al revivir en la historiografía del siglo XIII, el goticismo sirvió para subrayar la conciencia de especificidad española en Europa, mostrando la imagen de una nación con raíces antiquísimas que se había rehecho a sí misma a través de la reconquista.

Aquello podía beneficiar políticamente a los reyes de Castilla y León, porque se consideraban herederos de los visigodos, en un momento en que su acción se abría ampliamente a las relaciones exteriores, pero las ideas goticistas se extendieron también a otras historiografías peninsulares, fueron asumidas por los demás monarcas y alcanzaron un nivel nuevo de influencia práctica desde el segundo tercio del siglo XV, en los primeros pasos que llevaron a la transformación de la «nación de España» histórica medieval en la España política moderna, y así se puede leer en todos los historiadores y cronistas de la época de los Reyes Católicos, e incluso antes, a partir de la *Compendiosa historia hispánica* de Rodrigo Sánchez de Arévalo, escrita en Roma entre 1462 y 1469, o de la *Crónica Abreviada* de Diego de Valera, donde leemos:

> so la nación de España se cuentan la Francia gótica, que es Lenguadoque, Narbona, Tolosa e toda su provincia, e los reynos de Castilla, de León, de Aragón, de Navarra, de Granada e de Portugal.

Era, de nuevo, la evocación del mapa de época visigoda[24].

Se puede opinar, en resumen, que en España, como en otras partes, entre la conciencia medieval de su realidad histórica y la contemporánea de nación-estado, se han interpuesto y desarrollado constituciones políticas variadas, conceptos y sentimientos complejos, muchas veces referidos a ámbitos menores o particulares. Pero no hay motivo para ignorar o negar que existió una España medieval, igual que hubo una Alemania, una Italia, una Inglaterra o una Francia medievales, todas en proceso formativo, con independencia de los grados de cohesión o disgregación política que se dieran en ellas[25].

Conclusión

Bajo la palabra «reconquista» se ocultan realidades históricas complejas y diversas, relativas a los fenómenos de confrontación y relación entre dos sociedades, incluso dos ámbitos de civilización, en torno a una marca militar o frontera móvil, sobre los restos y el recuerdo de la Hispania romanogótica. En estas realidades, junto a elementos permanentes, hay muchos otros que cambian según la época que consideremos: los siglos VIII al XI por una parte, los siglos XII al XIII, con prolongaciones hasta el XV, por otra.

Las consecuencias de la reconquista en la historia española han sido muchas y duraderas, comenzando por la misma constitución territorial de reinos y regiones y por los resultados peculiares de los procesos colonizadores. En aquellos siglos se construyó un concepto de España y se diseñó un nuevo orden social, político y cultural dentro del ámbito de Occidente pero con peculiaridades que influyeron en la manera de ser europeos que han tenido, y todavía tienen, los españoles. Entonces se formó también un tipo de relación con el mundo islámico próximo, a partir de la conciencia aguda de su alteridad, relación marcada, de una parte, por la familiaridad que producía la frecuencia de trato pero también, de otra, por desconfianzas derivadas de los frecuentes enfrentamientos. A partir del conocimiento de estas realidades del pasado, junto con el de otras más recientes, se puede imaginar un futuro mejor para todos. Ignorarlas o falsearlas sólo puede contribuir a que resulte más difícil conseguir ese objetivo.

Capítulo segundo
Tierras originarias

1. La Alta Edad Media. Territorio, poblamiento y colonización en los siglos VIII al XI

Trataremos en este capítulo sobre la situación de las tierras donde se mantuvieron o establecieron núcleos políticos independientes de cristianos después de que los musulmanes invadieran la península, y sobre la de los territorios que fueron incorporando aquéllos a sus dominios antes de que comenzara la gran expansión conquistadora en los últimos decenios del siglo XI.

1. El reino astur-leonés

El reino astur-leonés, a partir de su primer núcleo en las montañas cantábricas, integró paulatinamente, desde mediados del siglo VIII hasta finales del XI, una extensión de 130.000 km². J. A. García de Cortázar, a quien seguimos principalmente en estas páginas, describe el territorio como una «media luna montañosa que tratara de encerrar por el este, norte y oeste la meseta en suave descenso hasta el curso del río Duero». La «media luna» ocupa unos 100.000 km², y el resto, la zona llana meseteña[1].

Las investigaciones y los debates entre historiadores sobre la formación y desarrollo del reino astur-leonés, entre el Cantábrico y el Duero, han dado lugar a diversas hipótesis en los últimos decenios, en las que se manejan categorías interpretativas de alcance muy distinto, tales como las características de la ruptura que la invasión islámica produjo en el siglo VIII, las consecuencias de la crisis del Bajo Imperio romano, en los siglos III al V, la pervivencia de elementos prerromanos y las condiciones en que se habría producido la «transición de la antigüedad al feudalismo». Las interpretaciones, en síntesis, combinan aspectos relativos al poblamiento, al tipo de sociedad y al orden institucional: algunos autores admiten la continuidad institucional del orden hispano-visigodo, pero niegan la del poblamiento y afirman que hubo ruptura respecto a la sociedad antigua[2]. Otros defienden una continuidad social de raíces prerromanas, y la de poblamiento en bastantes casos, al tiempo que afirman la ruptura institucional[3]. Una tercera posición insiste en la ruptura institucional, pero también en la social, debido a los procesos de colonización[4]. El punto de vista de otros autores prima la continuidad social e institucional del modelo romano e hispano-visigodo hasta la rápida «mutación feudal» del siglo XI[5].

Frente a la interpretación que defiende la despoblación del valle del Duero a poco de la invasión islámica y la formación en él de un «yermo estratégico» (Sánchez-Albornoz) se oponen las evidencias de continuidad a través de datos toponímicos[6] y arqueológicos –excavaciones en algunos poblados, referencias dispersas a eremitorios y centros de culto–[7], ampliadas luego en la tesis que defiende la continuidad demográfica y social, distinta según zonas, si bien muy degradada y desestructurada, especialmente en el plano de la organización institucional, puesto que los cuadros organizativos hispano-visigodos quedaron desarticulados tras la invasión, de tal modo que los procesos de colonización y reorganización altomedievales produjeron el nacimiento de un nuevo orden: el motivo principal de debate se refiere más bien a la definición de cuáles fueron sus antecedentes o puntos de partida y la valoración de cada uno de ellos.

Así, respecto al tipo de sociedad que inició aquellos procesos, prevaleció durante mucho tiempo la idea de que entre las poblaciones norteñas habría permanecido una organización sustancialmente indígena y tribal o gentilicia, prerromana, en un medio «fundamentalmente montañoso» y, en aquella época, «culturalmente arcaico», donde el retroceso de la romanidad desde la crisis del siglo III había ayudado a que se mantuviera mejor la «herencia histórica de los pueblos del norte», con una economía rural basada en el aprovechamiento del bosque, la ganadería y la agricultura itinerante, complementada con intercambios, que a veces eran correrías y depredaciones, con las zonas próximas meseteñas donde predominaban las explotaciones agrarias cerealistas.

Durante siglos −continúo con la exposición de esta tesis en su variante más matizada−, los esfuerzos de contención y las empresas de absorción e integración cultural y política del mundo norteño se articularon a partir de la calzada romana, especie de «bisagra entre dos mundos»,

> que de Roncesvalles, por Pamplona, Briviesca, León, Astorga, se internaba hasta Lugo y de aquí empalmaba con Iria

Flavia [...] En ella se apoyarán, a fines del Imperio romano y durante el período visigodo, las guarniciones que traten de limitar las correrías montañesas. Siglos después, se consagraría definitivamente como trazado del Camino de Santiago. (J. A. García de Cortázar.)

La ruralización acentuada desde el siglo III y, más aún, con las invasiones germánicas del V propició una «renovación de las estructuras tradicionales» y el retorno a la «percepción del espacio sobre la base de grupos gentilicios asentados en determinadas comarcas», sobre todo en las menos aculturadas respecto al modelo romano-cristiano, pues había notables diferencias. Para el noroeste, por ejemplo, el llamado *Parroquial suevo (ca.* 600) permite reconstruir un «gradiente de menor a mayor aculturación» romano-cristiana desde Mondoñedo, al norte, hasta Braga, al sur.

De todas maneras, la permanencia de los antiguos pueblos del norte, y de sus denominaciones, era desigual ya entonces. Se mantenían los de galaicos y astures, pero había desaparecido el uso de otros en la zona cántabra entre los ríos Pas y Asón y en su inmediato traspaís interior: autrigones, caristios, várdulos. Es difícil precisar, más al este, cuál era el territorio habitado por vascones, aunque parece que hubo una expansión o, tal vez, un desplazamiento hacia el oeste que les llevó a instalarse por primera vez en la actual Álava desde sus tierras pirenaicas de origen.

En el último cuarto de siglo ha crecido la crítica a la interpretación basada en la idea de permanencia de sociedades gentilicias y la transición lenta a las de tipo feudal a partir de ellas: muchos autores defienden la importancia e intensidad de la influencia romana en el norte desde el siglo I, de modo que allí también se habría consolidado un modo de organización social como el de otras zonas del Imperio y, en los aspectos esenciales, esa «sociedad de tipo antiguo», dotada de instituciones públicas de gobierno, y con cierta permanencia del esclavismo, aunque en claro retroceso, después de ser la base del reino hispano-visigodo, «pervivió hasta, más o menos, el año mil». El tránsito rápido a tipos de sociedad feudal se habría producido en el transcurso del siglo XI.

Las hipótesis sobre continuidad o ruptura de las formas de poblamiento están también en el centro del debate. Los defensores de la interpretación gentilicia propusieron un modelo explicativo que defendía una «percepción del espacio sobre la base de grupos gentilicios asentados en determinadas comarcas» del área montañosa, posible gracias a la larga continuidad de la jerarquía de los asentamientos gestada en la Edad de Hierro y en la época romana. Tal jerarquía estaría basada, hasta finales del siglo XI, en la hegemonía visual, social y política del *castrum* –poblado fortificado– sobre el resto de los tipos de establecimiento humano, generalmente aldeas, «aunque no cabe excluir caseríos dispersos», de modo que habría habido una «pervivencia y acomodación de las viejas sociedades gentilicias, organizadas en comunidades de aldea». Por el contrario, otros historiadores han mostrado el paso del «modelo de asentamiento en castros» prerromano al de *villae* y aldeas asentadas en valles y zonas llanas, a través de varios períodos que se suceden desde el Alto Imperio romano hasta los primeros siglos medievales, a tenor de los avatares de seguridad o inseguridad del orden político, de modo que también en este aspecto hubo una continuidad entre el mundo romano, y luego hispano-visigodo, y el altomedieval hasta el tránsito al orden propio de las sociedades feudales en el transcurso del siglo XI.

En cualquier caso, en la zona meseteña, «el marco organizador era la comarca» desde tiempos romanos, de modo que el encuadramiento social y político era de base territorial. Predominaban las «grandes explotaciones –*villae*– y aldeas» y la vida urbana se había degradado hasta casi desaparecer, aunque se mantuvieron las sedes episcopales en *civitates* y hubo un grado mayor que en las montañas del norte tanto de cristianización como de uso del derecho romano. Esto se reflejaba en una mayor estratificación y jerarquización tanto de la sociedad como de los núcleos de población, según denominaciones que todavía se conservaban en el siglo VIII: urbanos *(civitates)*, fortificados *(castra)*, rurales bajo la forma de grandes explotaciones *(villae)* o de aldeas *(viculi)*.

* * *

Al iniciar la exposición de «un posible argumento del proceso de organización social del espacio entre Cantábrico y Duero», y hacer una propuesta de periodificación, J. A. García de Cortázar resume sus puntos de partida teóricos y metodológicos:

> La organización social de un espacio puede entenderse como la traducción de la estructura de poder de una sociedad en el ámbito en que se halla instalada y que, con su acción, contribuye a acotar [...] El espacio, que es en principio un dato de la naturaleza, se convierte en un producto de la sociedad respectiva [...] La convicción sobre la existencia de la relación dialéctica entre sociedad, poder y espacio debe traducirse en un conocimiento simultáneo de la estructura de la sociedad y de los testimonios de organización del espacio[8].

1. El siglo VIII

El siglo VIII fue, en líneas generales, un tiempo de «desestructuración social y política» en las tierras entre Cantábrico y Duero, de «desarticulación social del espacio», subrayada por la «movilidad de la población» y la «modificación de las pautas de instalación humana».

La invasión islámica propició la instalación de beréberes y, mucho menos, de árabes, hasta «el límite de la antigua bisagra»: Lugo, Astorga, León, Amaya, La Bureba «y las puertas de entrada en Álava o el valle del Ebro» serían los puntos más norteños de instalación fija, aunque pudiera haber guarniciones de los conquistadores en otros por su valor estratégico, como ocurrió en Gijón durante unos años. Mientras tanto, el naciente reino astur, sobre todo durante la época de Alfonso I, organizaba su territorio, con la participación de poblaciones emigradas del valle del Duero. Fue una franja

> de unos 300 kilómetros de largo por 60 de ancho, que se extiende entre el Navia y el Nervión y entre el mar y la cordillera [...] Una serie de comarcas sustituyen, definitivamente, en ese espacio a los antiguos étnicos como formas de denominación: Asturias, Primorias[9], Liébana, Trasmiera, Sopuerta, Carranza, Castilla,

que entonces era «un pequeño rincón» situado «a lo largo y al pie de la cordillera Cantábrica, al oeste del valle del Mena. En el sentido este-oeste comprendería desde el extremo de los valles de Losa y Valdegovia hasta el pie meridional de la sierra del Escudo, dejando a occidente la comarca de Campoo».

Capítulo segundo: Tierras originarias

Para conseguir una primera organización hubo que proceder a la

> aclimatación de las pautas culturales propias del reino hispanogodo en el espacio norteño que, hasta aquel momento, sólo había recibido, como mucho, un ligero barniz: [...] catolicismo, cereal, propiedad privada, derecho escrito de tradición romana, estructura social jerarquizada, vinculaciones privadas de dependencia y encomendación, señorialización [...] La aclimatación de tales pautas se desarrollará en ondas concéntricas a partir del espacio central de la nueva monarquía asturiana.

En época de Fruela I, entre 759 y 768, se incorporó plenamente al reino asturiano la parte noreste de Galicia, hasta Finisterre, mientras que, en el extremo este, «la onda concéntrica de organización astur del espacio [...] topó con los vascones» y Álava se consolidó como «polo de poder autónomo» entre los dos ámbitos, aunque sujeta al astur, con mayor claridad desde tiempos de Alfonso II, hijo de Fruela I y de la alavesa Munia.

Las condiciones de ocupación y colonización del territorio tuvieron muchos rasgos comunes, pero también peculiaridades:

> En general, los colonos del sur llegan al norte según líneas meridianas: del valle del Mondego a Galicia, de Astorga y León a Asturias, de los valles del Carrión y el Pisuerga a Liébana, de Ubierna y Bureba a Trasmiera, de Miranda y La Rioja a Castilla y Carranza o Sopuerta.

A Galicia llegaron muchos inmigrantes desde la meseta y las tierras, hoy portuguesas, de entre Duero y Tajo, porque

1. La Alta Edad Media, territorio, poblamiento y colonización...

era una región más aculturada, de mayor riqueza agraria y más accesible:

> tempranamente ofrecerá la imagen de área muy poblada por gentes ya relativamente estables en sus dedicaciones económicas. Esta situación, al reforzar ciertos rasgos individualizadores ya antiguos, contribuiría a fortalecer la existencia de un poder regional poco dispuesto a aceptar sin más el dominio de los asturianos...,

y más si se tienen en cuenta las necesidades específicas de organización militar propia que tuvo todo el noroeste, más sujeto a ataques habituales de los musulmanes[10].

Por motivos distintos, también se produjo una singularización al este de la línea formada por los cursos de los ríos Nervión y Bayas, tierra de vascones, donde la tarea colonizadora era más difícil debido al «bajísimo nivel de aculturación de la población alavesa y vizcaína»[11]. El proceso avanzó merced

> al lentísimo trabajo desplegado desde los asentamientos de repobladores durienses y riojanos de Carranza, valle del Mena y la primitiva Castilla, en la segunda mitad del siglo VIII, y los más tardíos, de mediados del siguiente, de emigrantes leoneses instalados en las hoces del Arganzón. Desde allí avanzarán hacia la Llanada alavesa y, por el puerto de Altube, hacia Vizcaya.

Los inconvenientes tenían que ver, también, con lo peculiar de la situación política y militar: a la relativa inestabilidad del dominio de los reyes astures en Álava se unió la mayor frecuencia de ataques e intervenciones musulmanes en la zona castellano-alavesa: el acceso a ella era más sencillo, y también los beneficios inmediatos –sal, hierro– que se podían obtener en expediciones depredadoras. Así, todavía entre 868 y 873 tuvo Alfonso III que recuperar el control sobre Álava, donde se había producido una revuelta que contó con el apoyo de los Banu Qasi de Tudela.

Entre los rasgos comunes, destaca la forma de apropiación de la tierra yerma, casi siempre sin dueño *(nemine possidente),* por los colonos según el régimen de «presura», que también se emplearía en el valle del Duero hasta el siglo X e incluso XI, en que fue sustituido como procedimiento de la *populatio patriae* por el otorgamiento de «cartas pueblas» y, desde el XII, por «repartimientos» sistemáticos, bajo control, en ambos casos, de la autoridad regia o señorial. En muchas ocasiones, la presura ocurrió durante procesos de colonización dirigidos por el rey o por un «magnate» o «conde» en su nombre, o por un obispo, con acompañamiento de signos públicos de poder *(per iussionem regis, cum cornu et albende de rege):* cada colonizador tomaba las tierras que era capaz de cultivar con sus medios personales, familiares, siervos, etc., de modo que la presura oficial estuvo en el origen de muchos grandes dominios de la aristocracia, aunque también asentó numerosos colonos. Entre las presuras colectivas o de grupo más antiguas que se conocen podemos mencionar las del obispo Odoario en la zona de Lugo, Máximo en la de Oviedo o el obispo Juan en el valle del Mena. Pero hubo también formas de presura espontáneas y privadas, a cargo de individuos integrados en grupos familiares de campesinos del norte o, más adelante, de cristianos mozárabes venidos de al-Andalus, y también de comunidades monásticas, que ocupaban y roturaban la tierra sin dueño *(scalio, ruptura)* y obtenían así «un derecho amplio de dominio [...] con facultades de transmisión y disposición del predio» (García de Valdeavellano). Esta forma de presura dio lugar, sobre todo, a formas de mediana y pequeña cuasipropiedad, incluso cuando la efectuaban colectivamente grupos humanos más amplios. La presura fue, en definitiva, la manera de ocupar la tierra yerma propia de unas «sociedades de frontera» en las que predominaban los grupos campesinos libres jurídicamente, con capacidad suficiente para superar las dificultades y oponerse a los ataques o razias musulmanas, frecuentes hasta la caída del califato de Córdoba.

2. EL SIGLO IX Y LOS COMIENZOS DEL X

Fue aquélla una época de crecimiento de la población y fuerte progreso en la colonización y explotación de tierras, con uso mucho más frecuente y continuo del procedimiento de presura desde que comenzó el avance colonizador hacia el sur. Primero, con fuerza insuficiente, en los últimos años de Alfonso II (acaso, población de Brañosera en 824; dotación de la sede de Compostela en 834). Luego, desde mediados del siglo IX, con mayor ímpetu durante los reinados de Ordoño I y Alfonso III hasta conseguir el dominio de la antigua «bisagra»: Braga, Tuy, Astorga, León, Amaya, Briviesca, Miranda y, después, con la llegada a la línea del Duero: Oporto (868), Simancas (889) y Zamora (893), y con algún retraso debido a la mayor presión militar musulmana, en la zona castellana: Clunia, Roa, San Esteban de Gormaz (912) y Osma[12]. A lo que se añadirá en 924 la conquista de la Alta Rioja por Sancho Garcés I de Pamplona, que incorporó al reino pirenaico durante siglo y medio su territorio y, en él, las plazas de Viguera, Grañón, Cerezo y Nájera[13].

«La extensión del reino astur hasta la línea del Duero —escribe García de Cortázar— suponía un paso más, y muy importante, en la dinámica de ondas concéntricas de control de las distintas áreas circundantes, que había iniciado ciento cincuenta años antes», y produjo la incorporación de 20.000 km² de territorio del macizo galaico-duriense y otros 30.000 de la meseta propiamente dicha, mediante la colonización protagonizada por gentes del norte y, también, por mozárabes del sur, «fugitivos de la cristalización de una cultura decididamente árabe e islámica, que arrumba la tradición hispanogoda». Fue entonces, también, cuando se consolidaron en los ámbitos meridionales de aquellos espacios, los más próximos al Duero, características propias de una sociedad de frontera, sobre todo en el sector castellano: una sociedad habituada a la guerra y al botín, pero también a las relaciones mercantiles con al-Andalus, con tendencia a jerarquizarse según la capacidad militar de sus miembros, a aceptar antes el caudillaje de sus condes que el poder lejano del rey leonés y a crear instituciones y normas específicas de su situación fronteriza[14].

Al mismo tiempo se produjo una profunda reorganización política, que se refiere al poder de los reyes asturianos para encuadrar el territorio en unidades administrativas —*mandationes, commisos,* alfoces— y organizar una red de puntos fortificados[15]; en la capacidad de los reyes y de algunos monasterios y aristócratas para obtener mayor nivel de rentas, lo que permite su empleo no sólo en el consumo directo o en empresas militares, sino también en la promoción de obras de arquitectura y arte al servicio del poder político o de la fe religiosa. El reino de Asturias se define entonces plenamente como heredero del reino de Toledo y de la Iglesia hispana, mediante la «elaboración de representaciones mentales [...] cuyos testimonios más conocidos fueron: el himno al apóstol Santiago, escrito hacia el año 780, la "invención" [hallazgo] de su sepulcro hacia 825 y, sobre todo, la redacción de las "Crónicas asturianas" en los años 880».

Anotemos aquí la inmediata fundación de una iglesia en el lugar del sepulcro de Santiago, dotada de un territorio o «giro» que pronto tuvo 180 km². «En el transcurso de los siglos X y XI, el *locus* rural primitivo se transformará en una ciudad episcopal y la iglesia de Santiago en la cabecera de la diócesis iriense», con fundación de nuevas iglesias y conventos dependientes de ella, tanto en el espacio urbano como en el conjunto del giro, antes de la nueva organización creada por el obispo Gelmírez entre 1104 y 1124[16].

3. DE COMIENZOS DEL SIGLO X A MEDIADOS DEL XI

Al control militar y primera organización y apropiación del territorio, conseguidos ya a comienzos del siglo X, aunque hubo diversos altibajos en su transcurso, le siguió un vasto proceso de colonización que hizo de aquella centuria un «inmenso quicio, tanto en las dimensiones espaciales como en las del tiempo. Espacialmente, al integrar variadas tierras; históricamente, al proponer las bases de un paso hacia sistemas económicos, sociales y políticos más complejos», bajo la dirección de una monarquía que poseía ya un «más hondo sentido del territorio, compartimentado éste en una serie de condados». «La instalación repobladora fue la segunda y más definitiva etapa en el proceso de integración

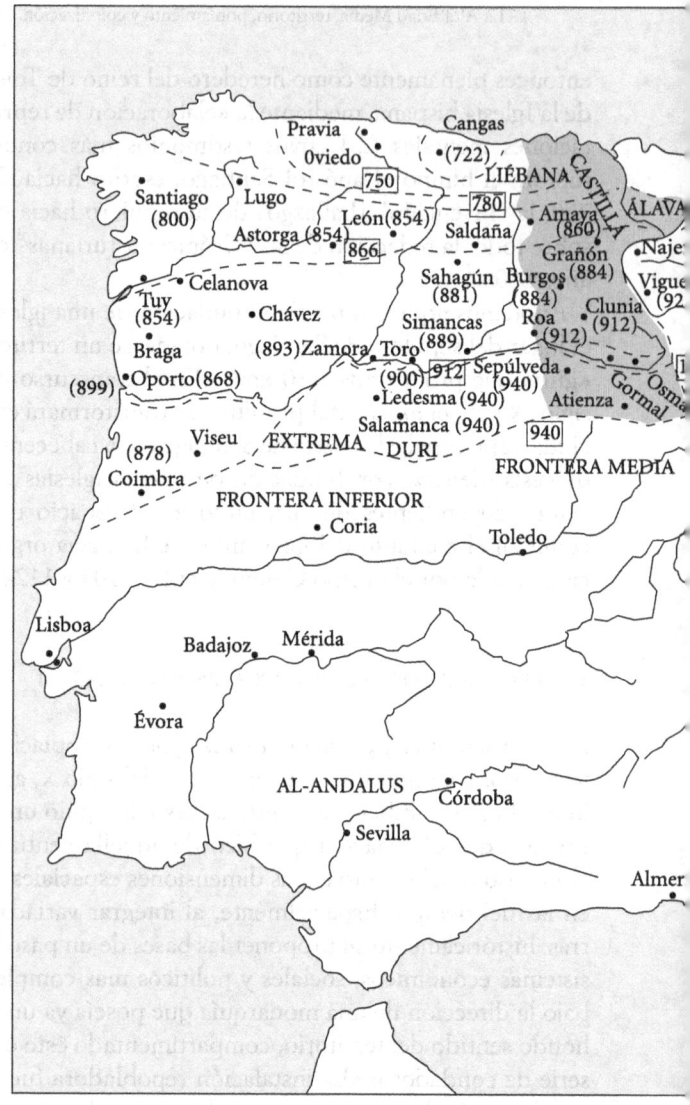

Mapa 3. La situación a mediados del siglo X. (Según Luis A. García Moreno)

del valle del Duero al reino astur», propició un gran aumento de población y se expandió a zonas limítrofes, en especial la Alta Rioja, entonces integrada en el reino de Pamplona, donde Nájera fue sede habitual de la corte regia, lo que se tradujo en la construcción de castillos y murallas y en cierto auge económico que propició la creación de nuevos barrios en el primer tercio del siglo XI (Las Peñas, San Miguel, Mercado), cuando Sancho Garcés III otorgó el primer fuero a la ciudad e hizo pasar por ella el incipiente camino de peregrinación a Santiago.

El siglo X fue, por lo tanto, un tiempo «clave en el proceso de colonización» de las tierras así incorporadas, cuya población anterior debía de ser muy escasa y carente de organización –lo que no quiere decir que no hubiera alguna, sobre todo en las zonas meridionales y más occidentales–; así lo demuestra, entre otras cosas, que la toponimia hoy conservada sea la de los colonizadores. Éstos «aportaban en su movimiento hacia el valle un variado repertorio de modelos culturales» debido a la diversidad de procedencias: asturianos y gallegos, alaveses, mozárabes del sur, formando siempre grupos de tipo familiar o asimilable –caso de las «familias» monásticas, con diverso grado de jerarquización interna–. Pero, en cualquier caso, el proceso colonizador era parte de «la expansión dinámica de una sociedad coherente o en camino de adquirir esa coherencia hasta hacerla cristalizar tanto en formas de poblamiento como en formas de pensamiento» y organización comunes. En su transcurso, por otra parte, se fueron consolidando las diversas manifestaciones y singularidades territoriales de los poderes que actuaban bajo la cúpula de la monarquía, desde Galicia y el futuro Portugal hasta la naciente Castilla.

1. La Alta Edad Media, territorio, poblamiento y colonización...

Después de la concesión o de la presura de la tierra, era preciso organizar la instalación. Predominaron las aldeas y escaseó la forma de poblamiento rural disperso o desorganizado, salvo en la primera época. El modelo teórico nos presenta a la aldea rodeada de huertos en sus proximidades, con la mayor parte del terrazgo dedicado a los cereales, y zonas de bosque y pasto más alejadas y menos importantes, salvo en los asentamiento efectuados en tierras de montaña. Hay, no obstante, variedades según las zonas colonizadas, y así lo señala la toponimia: caseríos y organización en «valles» permanecieron en las zonas norteñas; en el ámbito galaico-portugués hay muchos topónimos que integran los términos «castelo» y «castro», tal vez como señal «de una permanencia de la población en ellos, donde vendría a unírsele la población colonizadora o a ocupar ésta los espacios intercalares». En la zona leonesa y en Tierra de Campos son frecuentes los topónimos formados por la palabra «villa» más un nombre de persona, o sólo éste, como posibles «testimonios de una colonización desarrollada por grupos jerarquizados, al frente de los cuales figura un jefe reconocido, distante ya de los meros vínculos de parentesco». Y, en fin, en la castellana abundan los topónimos que se refieren sólo a accidentes geográficos,

> testigos de una colonización de grupos menos jerarquizados [...] en que el elemento fundamental lo otorga la acción sobre el nuevo espacio y las realidades físicas sobre las que se actúa [...] En tales grupos, los vínculos de parentesco mantendrían mayor fortaleza que en los de los ocupantes de las dos franjas situadas más al oeste[17].

De modo que habría variedad de «situaciones socio-culturales entre las distintas áreas», dentro de sus características comunes como tierras de colonización situadas al norte de la frontera defensiva del Duero, desde los lugares que contaron con una cabeza visible, a veces su señor, hasta los organizados como «comunidades de aldea». En las aldeas de las zonas leonesa y gallega solía suceder que

> la ruptura más precoz de los vínculos de parentesco distancia al jefe de sus dependientes. Ello hace necesario cubrir esa distancia con la aceptación de una normativa aparentemente exterior al grupo [...] el *Liber Iudiciorum,* que los grandes propietarios defienden como signo e instrumento de su aculturación superior.

En cambio, más al este, las relaciones de parentesco, más estrechas entre los habitantes de la aldea, «permiten relaciones consuetudinarias, con fuero de albedrío, no fijadas por escrito», aunque se constata también una jerarquización interna de la sociedad campesina según la capacidad militar de sus miembros, que permite la promoción de «infanzones» y *boni homines*. En líneas generales, la tendencia a la «afirmación del poder de las aristocracias» parece ser común a todas las regiones durante la segunda mitad del siglo X y primeros decenios del XI, coincidiendo con un retroceso o crisis del antiguo sistema de poder público, de origen hispano-romano y visigodo, aunque todavía continuó vigente algún tiempo más[18]. Un poder encarnado en la realeza leonesa, o en los condes independientes castellanos a partir de Fernán González (920-970), o en el condado portucalense, en la primera dinastía condal, desde 931 –Mendo Gonçalo y Hermenegildo Gonçalves– hasta 1071 –muerte de Nuno Mendes–.

1. La Alta Edad Media, territorio, poblamiento y colonización...

En relación con lo anterior, y también con la forma de acceder al uso y disfrute de la tierra, se debe definir el concepto de «comunidad de aldea»:

> hablaremos de *comunidades de aldea* sólo cuando encontremos una agrupación de células familiares de pequeñas dimensiones, nucleares, cada una de las cuales es titular de un derecho individual de explotación de parte del área atribuida al conjunto y la totalidad de ellas posee la titularidad o, al menos, la capacidad de gestión de la parte del área atribuida pero no repartida individualmente.

A esta situación se llega o bien mediante «la ruptura de los viejos vínculos del gran grupo de parentesco para formar pequeños núcleos familiares» o bien, en el caso de los asentamientos dirigidos originariamente por un *dominus* o «jefe indiscutido», que forma la aldea con dependientes o siervos suyos, mediante la fijación de éstos en casa y con explotación propia o, al menos, como *servi casati*.

«En los dos casos, la gestión de sus explotaciones y, sobre todo, la de los espacios de bosque no repartidos y las relaciones entre los distintos habitantes del núcleo exigen acuerdos, compromisos, validaciones, en una palabra, la sanción jurídica del conjunto de la comunidad. Nace así el órgano capaz de realizar esa función, el *concilium*», o bien de aldea, o bien de territorios mayores, caso de los «valles» en Asturias de Santillana y Trasmiera. Sólo en Vizcaya y Álava no lo hay y conservan el control los *seniores terrae*, al frente de grupos gentilicios.

«El resultado más aparente del proceso colonizador del siglo X lo constituye [...] la creación de una red de unidades de asentamiento homólogas: las aldeas», formadas por viviendas unifamiliares rodeadas de pequeñas parcelas cercadas de huerto o cereal en cultivo intensivo («solar» leonés y castellano; «quintana» asturiana), y con un término o territorio donde se distingue el espacio de uso agrícola del ganadero y forestal, este último en las zonas más alejadas pero guardando siempre equilibrio entre ambos según las posibilidades de cada zona. En casi todas hay ya una iglesia, «centro del ejercicio de la sociabilidad de la aldea», que funciona en régimen de «iglesia propia», bajo control de la comunidad o del señor. Precisamente, el dominio de «iglesias propias» y de monasterios de tipo familiar fue uno de los medios utilizados por las aristocracias para articular mejor sus vínculos sociales y sus formas de percepción de renta[19].

La abundancia de testimonios documentales, casi todos de origen eclesiástico, es algo mayor en el siglo X, y, tal vez, ello impulsa a veces a los historiadores a situar en este siglo tendencias que ya se habían iniciado en el anterior. Por otra parte, la terminología empleada en los documentos no ayuda, con frecuencia, a definir bien estas realidades, y ha dado lugar a polémicas sobre el o los significados de varias palabras, pues pueden tenerlos distintos según el caso. No tanto las de ámbito más general, que se refieren a las circunscripciones o distritos territoriales del reino *(mandationes, commisos, territoria,* condados, alfoces, tenencias), sino las que aluden a realidades locales. *Villa,* por ejemplo, puede ser, como en tiempos anteriores, una gran explotación, pero también una aldea o, más adelante, un núcleo urbano o en vías de serlo, y en Trasmiera la palabra designa más bien al valle. *Hereditas* hace referencia a una propiedad de tipo familiar, que en ocasiones puede ser antigua, datable en el siglo IX, cuando todavía «había más poblamiento disperso y un paisaje más desorganizado, con pocas aldeas». *Monaste-*

rium puede ser a veces una iglesia local de aldea, y de ahí derivaría en Vizcaya la denominación «anteiglesia» para designar aldeas que no alcanzaron la categoría de villas más adelante. *Serna,* prestación laboral en tierra del señor más adelante, pudo significar, en un principio, «trabajo en la de explotación conjunta de la comunidad de aldea». Es conveniente recordar estas cuestiones, que derivan de la misma escasez y opacidad de los documentos, para tener siempre presente el margen de hipótesis con que han de trabajar quienes investigan sobre aquella época.

4. Desde mediados del siglo xi:
La cristalización de la «sociedad feudal»

En aquella época de «plena cristalización del sistema feudal» entendido «en cuanto sociedad global», no como generalización homogénea de instituciones feudo-vasalláticas según el modelo del norte de Francia, se aprecia la actuación sobre el mundo rural ya constituido a comienzos del siglo xi de fuerzas y elementos diversificadores y, hasta cierto punto, jerarquizadores de lo que en principio aparecía como un conjunto de «unidades homólogas», que eran las aldeas. Se produjo o se intensificó el desarrollo de una «doble red de encuadramientos» institucionales: el realengo por un lado, que interesaba tanto a reyes como a aristócratas, y el eclesiástico de nuevo cuño, derivado de la aceptación de la reforma gregoriana, o adaptado a ella, por otro. Al mismo tiempo, el desarrollo de ejes de comunicación como el Camino de Santiago, y de algunas ciudades, contribuyó a que comenzaran a modificarse las formas de articulación y organización del territorio.

Se observa cierta evolución del poblamiento rural que, en el norte, dio lugar a la aparición de formas dispersas –«caseríos» vizcaínos, «casales» gallegos, «solares» cántabros–, aunque «sigan en la órbita comunitaria de la aldea» o, en algunos casos, de «comunidades de valle» –por ejemplo, en las Asturias de Santillana[20]–, y en la Meseta estimuló la «compactación» en núcleos mejor organizados, tanto ellos mismos, habitados por familias cortas o «nucleares» de campesinos y dotados ya de *concilium* vecinal, como el paisaje agrario a su alrededor: diferenciación de «pagos» de viñedo, organización, más adelante, de «hojas de cultivo» en los campos de cereal, reserva de espacios para uso comunal con mejor equilibrio entre agricultura y ganadería y aceptación de determinadas prácticas o regulaciones comunitarias en el trabajo rural, aunque lo cierto es que, en la mayoría de los casos, no se observan claramente estos cambios o sus efectos hasta los siglos bajomedievales.

En el plano local, también, las consecuencias de la reforma eclesiástica se hicieron presentes en la sustitución del régimen de «iglesias propias» por el de parroquias dependientes del obispo respectivo, desde fines del siglo XI, aunque la red parroquial se fue construyendo a lo largo del XII. Fue más sencillo el cambio cuando los patronos de las iglesias propias eran seglares, y menos cuando eran monasterios, a los que estaban vinculadas bastantes debido a donaciones efectuadas en los siglos X y XI, porque era preciso resolver la cuestión del reparto del diezmo eclesiástico correspondiente.

La parroquia contribuyó a «reforzar la cohesión física y social de las aldeas que evolucionan hacia la compactación», y así, en la Meseta, ambas realidades «se identifican en sus términos y en sus habitantes». Pero también sirvió «para prender en su red a las unidades dispersas, sobre todo en la zona cantábrica, donde la parroquia acoge varias aldeas y se convierte en la unidad de referencia social y política».

Por encima del marco local, la administración del reino consolida desde el siglo XI distritos más estables, sobre bases anteriores: tenencias, alfoces, tierras, merindades, a los que corresponden, en el ámbito eclesiástico, los obispados territoriales bien delimitados y sus subdivisiones, los arciprestazgos, que engloban varias parroquias.

Al mismo tiempo, la consolidación de una sociedad jerarquizada según principios nobiliarios y señoriales se percibió en el mundo rural, donde residían los infanzones, *boni homines* y *hereditarii* meseteños o los infanzones, *seniores* y *potestates* cántabros, alaveses y vizcaínos, en las modificaciones de la manera de poseer divisas —bienes desgajados del antiguo patrimonio familiar— o de ejercer derechos sobre los campesinos de «behetría». E igualmente se observa el cambio en su aspecto territorial, con la formación de grandes dominios que «reorientaron los destinos sociales, económicos y políticos» de muchísimas de aquellas aldeas surgidas del proceso colonizador. En Tierra de Campos, por ejemplo, se generaliza el «régimen de gran propiedad desde los años medios del siglo XI», combinado con el mantenimiento de gran cantidad de campesinos como pequeños explotadores de tierra ajena, señorial o de behetría (Martínez Sopena). La presura desaparece definitivamente ante las empresas de colonización organizadas por reyes y señores poderosos.

El caso mejor conocido es la evolución de los dominios monásticos. Si hasta mediados del siglo X había habido cierta «espontaneidad social» en la instalación y organización de monasterios, desde entonces hasta fines del XI se produjo la formación de grandes dominios monásticos, que incluyó la absorción o afiliación de monasterios menores, al tiempo que se generalizaba la aceptación de la regla benedictina y en algunos casos, ya en la segunda mitad del XI, se introducía la reforma cluniacense. Samos, Sobrado y Celanova en Galicia, San Vicente de Oviedo en Asturias, Eslonza y Sahagún en León, Oña, Cardeña y Arlanza en Castilla, San Millán de la Cogolla en La Rioja son ejemplos destacados[21]. A lo que se vendrá a añadir desde la cuarta década del siglo XII la creación de monasterios cistercienses, cuyos dominios y «granjas» tuvieron especial importancia en Galicia y norte de Portugal[22].

En aquel momento, los principales «grupos de beneficiarios» del excedente de la renta producida por el trabajo de los campesinos instalados en las aldeas eran las aristocracias locales o comarcales –en Trasmiera, Vizcaya, Álava y Guipúzcoa actuaban sin competencia–, el clero secular, como consecuencia de la organización de la red parroquial, del cobro habitual del diezmo eclesiástico –que se va imponiendo desde finales del siglo XI– y de las tierras atribuidas a sedes episcopales y cabildos catedralicios, y los monasterios. El crecimiento de los núcleos de población urbanos añadió desde el siglo XII, y sobre todo desde el XIII, novedades y condicionamientos al mundo rural: nuevos tipos de propietarios y beneficiarios de rentas de origen agrario, nuevos incentivos a la producción y nuevas posibilidades de mercado e intercambio, nuevos horizontes de emigración a veces para algunos campesinos[23].

Por eso, el estudio de los cambios en la «organización social» de aquellos espacios rurales colonizados en la Alta Edad Media hay que hacerlo desde la segunda mitad del siglo XI en relación con el desarrollo de la vida urbana en sus diversos aspectos, y de los nuevos instrumentos jurídicos de organización, en especial los fueros, aunque partiendo de la idea de que el mundo rural así constituido era lento en sus transformaciones y tenía raíces profundas de permanencia, de modo que la antigua existencia de aldeas como «unidades homólogas» resistió en gran medida a los cambios y a los procesos de jerarquización y «acabó haciendo cristalizar una red de municipios más numerosos y minúsculos que en cualquier otra área de la Península», en especial en las tierras cantábricas y gallegas del norte, además de propiciar el que los términos o alfoces dependientes de las ciudades y villas fueran pequeños: en general, las relaciones ciudad-campo y la ordenación del territorio circundante a la primera fueron muy diferentes de las ocurridas en las Extremaduras y otros ámbitos de nueva conquista de los siglos XII y XIII, debido precisamente a la especificidad de la época anterior de colonización rural. Pero, a la vez, la expansión territorial y la incorporación de nuevas tierras incidieron sobre la situación económica, social e institucional de las antiguas, al facilitar nuevos espacios para los emigrantes, nuevas posibilidades de comunicación e intercambio y modelos de organización que podían aplicarse también al norte del Duero.

En conclusión:

al mundo del siglo IX, de dispersión del poblamiento y de desarticulación social, había sucedido el mundo de comienzos del siglo XII. Un mundo de concentración en aldeas y ciudades, de territorialización de las unidades de organización del espacio y de articulación de los efectivos demográficos y las estructuras sociales. El mundo de los señores y de las redes de acogimiento de la población, de sus rentas y de los excedentes generados en una etapa de crecimiento y captados a través de instrumentos cada vez más precisos y atentos. Tanto en el ámbito eclesiástico (obispados, más tarde arciprestazgos y parroquias) como en el realengo (alfoces, tenencias, más tarde, merindades) o en el de los señores laicos. Un mundo de señoríos y vinculaciones personales. Un mundo feudal[24].

2. El reino de Pamplona. Aragón[25]

El territorio vascón de época romana se dividía en dos áreas, una en el valle del Ebro, en torno a Calahorra y Tarazona (Calagurris, Turiaso), y otra en la actual Navarra media y montañas, en torno a Pamplona y, hasta el siglo IV, Andión (Pompaelo, Andelos). Pamplona era la «única verdadera ciudad al norte del Ebro»[26]. Después de la invasión islámica, la región de Calahorra y Tarazona se integra en al-Andalus, merced a la islamización del conde Casius y otros aristócratas seguidores de los hijos de Witiza, mientras que la de Pamplona se libera de cumplir cualquier pacto tributario desde la segunda mitad del siglo VIII, si bien hasta finales del IX hubo gran «permeabilidad de la frontera [...] lazos de todo tipo entre los Banu Qasi y los que gobiernan Pamplona». Hacia el año 800, según Lacarra, la frontera entre territorios pamploneses y aragoneses y territorios andalusíes, bajo control de los Banu Qasi en su mayor parte, corría

desde la Sierra de Codes, en los confines de Álava, valle de Berrueza –frente al castillo de Monjardín (Deyo), avanzada de los Banu Qasi de Tudela–, estribaciones de Montejurra, el Carrascal, hasta el río Aragón, con una posición destacada en Ujué, que permitía avisar por medio de señales cualquier irrupción peligrosa por el curso del Aragón hasta Leire; desde el río Aragón, y ya en territorio aragonés, iba la frontera a la altura de la sierra de la Peña, por la línea que establecen las sierras de Luesia, Salinas, Loarre, Guara, Olsón a enlazar con la Sierra del Castillo, sobre Benabarre.

Por otra parte, los Pirineos no eran en los siglos romanos una barrera, sino más bien un eje de unión entre sus dos vertientes, las cuencas del Ebro y del Garona, reforzado por la presencia de la calzada romana Burdeos-Astorga. El protovasco se mantenía «entre el río Adour y la montaña, al norte de los Pirineos; en lo que hoy es Navarra norte y media, Guipúzcoa y la mayor parte de Vizcaya y Álava, más un enclave entre las provincias de Burgos y La Rioja, todo ello rodeado por un océano de latín». Pero

> la presencia del vasco no es de ninguna manera una especie de indicador a la inversa del grado de romanización, como se ha supuesto a menudo anacrónicamente [...] Los historiadores de la lengua saben desde hace mucho que la continuidad del vasco nunca ha hecho del país un vaso cerrado [...] La geografía lingüística y onomástica refuerzan la idea de un territorio vascófono muy particular pero en comunicación permanente con sus vecinos lingüísticos altomedievales, el gascón y el castellano. En Pamplona y su región convivían a fines del Imperio romano el vasco como lengua materna y el latín como lengua urbana, comercial y de administración (J. J. Larrea).

Capítulo segundo: Tierras originarias

Desde el punto de vista social, económico o político, la Vasconia romana «no presenta ninguna particularidad». Frente a teorías antiguas, parece hoy cierto que no hubo supervivencias prerromanas en una supuesta organización «tribal» de la sociedad, sino que,

> bajo el imperio, la población de Vasconia [...] se organizó en función de las ciudades de los *conventus,* de la provincia [...] todo lo que se ha encontrado, y lo que se descubre cada día, en el *saltus Vasconum* –la zona más montañosa y boscosa del territorio– es romano: cerámicas y monedas, caminos, minas, hábitats, monumentos conmemorativos, etc.

Tampoco parece cierta la supuesta expansión territorial de los vascones durante la crisis del Imperio romano, ni es probable una relación entre ellos y las revueltas bagaudas de la Tarraconense entre 441 y 454.

Conviene recordar, también, que el término «vascón» se empleaba en textos literarios de los siglos V al VII para demonimar a los habitantes, y de ahí lo heredaron autores posteriores, pero en la terminología común sólo se refería a la lengua *(vasconeus).* Por eso,

> la entidad política que nace en la región después de la conquista musulmana [...] toma con toda naturalidad el nombre de la ciudad: reino de Pamplona. No sólo el resto de la España cristiana no utiliza jamás tales palabras –vascones– para referirse a los navarros, sino que los mismos navarros no las emplean para identificarse [...] para los navarros, los vascos, como pueblo, eran las gentes de más allá de los Pirineos.

En resumen, no hay que aceptar confusiones: «cuando se otorga crédito sin crítica a las fuentes literarias y se confunde lengua y pueblo –en el sentido de formación histórica–, se desemboca en una especie de magma tribal que invade territorios diversos».

* * *

A partir de las bases descritas, tomó forma el reino de Pamplona en la Alta Edad Media, gobernado sucesivamente por las dinastías de los Íñigo y los Jimeno, con tres zonas: la más poblada y cultivada era el «corredor transversal» formado por la tierra de Sangüesa, las cuencas de Lumbier-Aoiz y Pamplona, el valle de Araquil y, en el suroeste, la región de Estella: esta zona era el corazón de la «Navarra primordial» (A. Martín Duque). Al norte, el espacio forestal y montañoso del antiguo *saltus vasconum,* «desde los últimos valles pirenaicos hasta los valles cantábricos». Y, al sur, las «tierras de frontera», llanas, «que separan las sierras de la Navarra media de las orillas del Ebro»[27].

En la primera zona, «tierras de ocupación antigua», la colonización agrícola se extiende desde el año 800, aproximadamente, «como una mancha de aceite desde las llanuras para progresar hacia lo alto de los valles», con «una cronología que cuadra bien con el conjunto ibérico, desde la Cataluña Vieja a las llanuras del Duero». El resultado final, hacia el año 1000, era un conjunto de pequeñas aldeas *(villae),* distantes entre sí de uno a tres kilómetros, «que cubre hasta el último rincón del espacio situado a una altitud por debajo de 600-700 m», cada cual con su iglesia, construida en general cuando la aldea ya existía, con su término de hasta 400 hectáreas repartido entre terrazgos de secano, regadío y tierra de monte y pastizal. «Esta morfología campesina se ha perpetuado hasta nuestros días», y manifiesta la «cohesión de cada comunidad» local en aquella época, como en muchas otras tierras de la España cristiana donde «la red apretada de pequeñas aldeas es un rasgo principal del poblamiento en torno al año mil»: en la vecina Álava, a comienzos del siglo XI, el 75% de 307 aldeas conocidas tenía menos de 10 familias, y sólo un 5% superaba las 30 (García de Cortázar): la situación navarra sería similar.

La situación era distinta en los valles pirenaicos del norte, zonas casi desiertas cuando comienzan a ponerlas en explotación los reyes de Pamplona y, más al este, los condes de Aragón, como «tierras fiscales» que eran:

> el desarrollo del proceso colonizador pone en evidencia que condes y reyes disfrutan de derechos propios de la autoridad pública sobre esta inmensa reserva de tierras baldías que son las montañas [...] los valles pirenaicos son tierras fiscales (*ager publicus, ager compascuus*).

> Desde la segunda mitad del siglo IX, menudean en los valles las empresas de colonización. Siguiendo el curso de los ríos, los campesinos abren claros en el bosque y se instalan allí de manera estable. Ya sean familias o grupos de colonos, talan, rozan pastos, construyen iglesias [...] una polvareda de villas se extiende por los valles, como si el modelo de ocupación de las tierras antiguas desbordase por encima del frente de las montañas [...] El movimiento colonizador se desplaza hacia lo alto de los valles y hacia las laderas, al precio de esfuerzos cada vez más arduos para crear terrazgos agrícolas en suelos cada vez más difíciles [...] Asistimos así a la puesta en cultivo de superficies considerables, organizadas en torno a un tejido de pequeños hábitats.

Los actores de la colonización fueron grupos de pastores, ya instalados en la zona, y otros campesinos atraídos por la obtención de las tierras en pleno dominio (alodio), al modo de la presura, aunque los reyes o condes conservaban ciertos derechos fiscales. Pero también, al mismo tiempo, se instalaron grandes propietarios, casi siempre monasterios, cuyo auge se observa desde la primera mitad del siglo IX: San Salvador de Leire, San Pedro de Siresa, Santa María de Fuenfría, Cillas... El dinamismo de los pequeños colonos campesinos era mayor, y roturaban a veces en tierras yermas monásticas, lo que dio lugar a disputas y pleitos hasta fines del siglo XI[28].

La economía de los valles pirenaicos experimentaría fuertes cambios en los siglos XII y XIII debido al «desarrollo de los mercados urbanos y la conquista cristiana de las llanuras del Ebro», al establecimiento paralelo de un régimen de trashumancia entre estas llanuras y los valles, a la puesta a punto de «formas de organización comunal características de los valles pirenaicos» y a la concentración de la población en pueblos de mayor tamaño y «burgos», lo que modificó la red de poblamiento anterior.

Las fronteras meridionales de Navarra comenzaron a modificarse debido al avance pamplonés de los años 907 a 918, y pese a la reacción de Abderramán III en 920: se ganó «la región de Estella hasta el Ebro, el valle de Funes, la comarca de Arbas y la Alta Rioja (Nájera, Viguera) [...] Los territorios más prometedores eran los de los bajos valles del Arga, Ega y Cidacos», pero apenas hubo colonización hasta mediados del siglo XI, cuando el peligro de guerra disminuyó y se controló bien el valle de Funes, frente a los musulmanes; en aquel momento, los reyes promovieron el asentamiento de campesinos que recibían tierra a cambio del pago de un noveno o novena de la cosecha al fisco regio.

* * *

Durante todo el período altomedieval, el protagonismo de los procesos colonizadores correspondió a los campesinos libres, entre los que había ya grupos de notables o *boni homines,* y a una realeza –los Íñigo, los Jimeno– dueña de recursos fiscales de naturaleza pública y enraizada en las antiguas concepciones isidorianas sobre la institución; los miembros de la aristocracia de *seniores* actuaban en ámbitos y situaciones diversos como delegados de la *potestas* regia: «el derecho a mandar está monopolizado por un grupo limitado de familias, más o menos bien delimitado, pero pequeño. Su cohesión se asegura mediante una red estrecha de relaciones de parentesco cuyo eje es la corona y la familia real». Sus recursos económicos dependen de una gran propiedad todavía «escasa y sobre todo muy compartimentada e inorgánica», y de «los beneficios del dominio real, del ejercicio del poder». En un nivel muy inferior al de los *seniores,* se perfilaba ya avanzado el siglo X el de los *filii bonorum patrum* o infanzones, surgidos del seno del campesinado más rico, o segundones de la aristocracia, capaces de mantener caballo y armas adecuadas.

A partir del segundo tercio del siglo XI y durante un siglo, desde la muerte de Sancho Garcés III hasta la restauración de la realeza navarra en 1134, se produjo la «ruptura del orden antiguo» y la forja de una nueva constitución política, la propia de la «monarquía feudal», en la que la alta aristocracia de *seniores* o barones consiguió apropiarse de una buena parte del poder público de la realeza, y de

1. La Alta Edad Media, territorio, poblamiento y colonización...

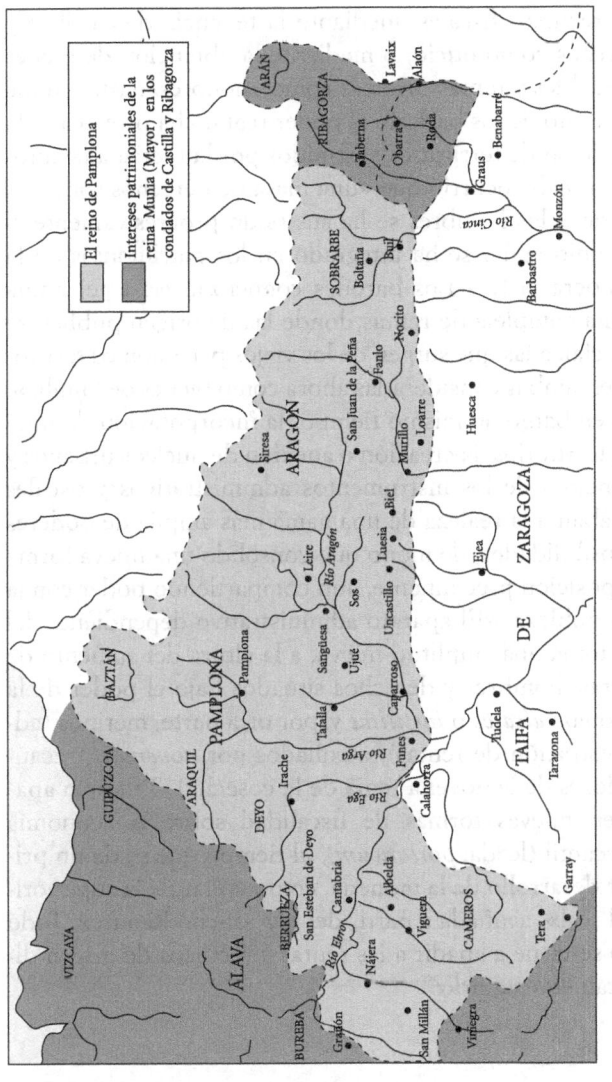

Mapa 4. Los dominios de Sancho Garcés III de Pamplona. (Según Ángel J. Martín Duque)

sus recursos fiscales, mediante la tenencia de castillos y distritos como oficio, o mediante la obtención de bienes inmuebles y rentas diversas como «honores»: así, aunque «el asalto de los barones al poder real no ha provocado la aparición de territorios sustraídos por la fuerza a la autoridad real», ocurrió que «una masa de derechos sobre las tierras y los hombres se ha sustraído progresivamente al dominio real y se ha integrado en los patrimonios de la aristocracia [...] Los barones comienzan así a tejer una trama compleja de rentas donde las de origen público se mezclan a las que surgen de los viejos patrimonios territoriales, ambas consideradas ahora como bienes de familia». Sin embargo, al mismo tiempo, la incorporación de nuevos territorios, la creación o anexión de núcleos urbanos y la mejora de los instrumentos administrativos y fiscales dotaban a la realeza de una gama más amplia de poderes y posibilidades, de modo que consolidó una nueva forma de posición preeminente, aun compartiendo poder con la alta nobleza. «El aparato administrativo dependiente del rey toma una amplitud nueva, a la altura del aumento de tierras, hombres y derechos situados bajo el poder de la corona»: *alcates* o *iustititas* y, por otra parte, merinos (administración de rentas), auxiliados por *novenarii* (recaudadores de la novena regia de la cosecha). También aparecen nuevas formas de fiscalidad sobre la economía mercantil (lezda, *portaticum*), al tiempo que se da un primer desarrollo de la moneda, como «pilar de la superioridad real», acuñada a partir del rey Sancho Ramírez. Todo ello se viene a añadir a las rentas y recursos de origen directamente agrario[29].

* * *

1. La Alta Edad Media, territorio, poblamiento y colonización...

Los efectos de aquella revolución sociopolítica sobre los campesinos y sobre el poblamiento navarro se pueden sintentizar así: para los campesinos, fue la progresiva sujeción a una fiscalidad de tipo señorial, de la que participaban los propios reyes en las zonas donde gobernaban directamente, en sustitución o como añadido a las antiguas cargas públicas, y la homogeneización social en la denominación *mezquinus, homo mezquinus* (del árabe *miskîn:* pobre), con la que se designó a todos desde mediados del siglo XI, «con independencia de la condición económica de cada uno». Al mismo tiempo, se consolidó el grupo social de los *milites,* no nobles, al servicio de los reyes, de los grandes aristócratas, de monasterios, que se diferenciaron definitivamente del campesinado mediante el ejercicio profesional de las armas, aunque muchos procedían de él, mientras que otros eran «miembros de ramas secundarias de la aristocracia de sangre», o bien *filii bonorum patrum: milites* e «infanzones» tendían a fundirse en una sola realidad social.

Las transformaciones del poblamiento fueron distintas, según las zonas:

El proceso de patrimonialización de los derechos públicos se ha iniciado cuando el reino permanecía confinado en sus territorios originales, mientras que sólo en los años 1070 comienzan los pactos feudo-vasalláticos a articular las relaciones del rey con los poderosos. La consolidación de este último proceso coincide con la expansión territorial. La originalidad navarra consiste en el hecho de que, en lugar de fundirse en el crisol de un sistema único, cada una de estas dos vías de acceso a la producción campesina –patrimonialización de los derechos públicos y redistribución a través de una red feudal– se ha desarrollado especialmente en un cuadro territorial diferente. Si la primera constituye la clave del paisaje señorial de la Navarra Vieja, en cambio los territorios colonizados al sur de las montañas, la Navarra Nueva, se articulan en un sólido edificio feudal construido sobre el rico patrimonio real.

En la Navarra Vieja, hasta 187 aldeas habían salido fuera del dominio real hacia 1200; el «dominio real» se mantuvo mejor en las zonas pirenaicas que en «las regiones agrícolas de ocupación antigua», pero la dispersión y la fragmentación caracterizaron a los dominios y derechos señoriales. «La estructura del poblamiento y la morfología campesina engendradas en el crecimiento de la Alta Edad Media se conservaron, como fosilizadas», y los castillos «no jugaron ningún papel en la estructuración del hábitat». Las únicas novedades fueron la creación de algunos burgos durante el siglo XII, a menudo en relación con el Camino de Santiago, y de unas pocas «bastidas» a mediados del XIV –Burunda, Araquil–. Hubo, es cierto, despoblados, debido a la emigración, pero muchos menos que en los siglos XIV y XV, durante la crisis bajomedieval, cuando desaparecieron hasta la tercera parte de las aldeas existentes hacia 1300 (M. Berthe).

La Navarra Nueva, por su parte, es resultado de la gran expansión conquistadora iniciada en el reinado de Sancho Ramírez, que incorporó definitivamente los valles del Arga, Ega, Cidacos y Funes, en las décadas de 1070 y 1080, además de integrar en el reino de Navarra a Tudela y su territorio (1119), según se estudia más adelante. Los fértiles espacios de aquellos valles «son la base de un dominio real rico y compacto», forman parte de la *honor regia,* y «el rey ejerce las funciones características de la autoridad pública [...]

1. La Alta Edad Media, territorio, poblamiento y colonización...

La interpretación tradicional, que ve en el poder real a comienzos del siglo XII la prolongación, sin ruptura, de la antigua soberanía pública, parece imponerse sin lugar a dudas», pero este poder se ejerce a favor de una sociedad feudal porque

> la masa de rentas y tierras de la *honor regalis* constituye la base de una estructura feudal de redistribución de rentas y de lazos vasalláticos [...] Lacarra muestra cómo las tenencias [dadas por el rey a nobles] se dividen, a efectos de renta, en dos partes: la *dominicatura regis* y las «laborancias» o dominios reservados al rey por un lado, y por otro la *honor* del tenente, que presta homenaje al rey por ella: la proporción del reparto es variable (la mitad, dos tercios...).

Los derechos y obligaciones de los vasallos se codifican entre 1076 y 1134 *(Usos del rey Pedro),* al mismo tiempo que se va restringiendo de hecho la facultad regia para recuperar o transferir a otras manos las tenencias cedidas.

En aquellas circunstancias, «la Navarra meridional conoció el reagrupamiento de los hombres en grandes pueblos, en general al lado de ríos, fortificados en torno a un castillo, dotados de extensos términos». A veces heredan el emplazamiento de antiguos *husun* andalusíes o aprovechan viejas fortificaciones romanas, pero otras son totalmente nuevos. Corresponden a este tipo, entre otras poblaciones, Artajona, Olite, Miranda, Ujué, Tafalla, Funes, Milagro, Larraga, Falces, Peralta, Mendigorría, Marcilla... Los fueros, más antiguos y precoces que en la Navarra Vieja, fueron un elemento importante en el crecimiento de aquellos núcleos, algunos de los cuales, gracias al desarrollo de su mercado, alcanzaron categoría urbana (Olite, fuero de 1147)[30]. En todas partes la condición campesina se sujetó al nuevo orden señorial y a su sistema fiscal, ejercido conjuntamente por el rey y por sus barones beneficiarios de tierras y honores.

Al mismo tiempo, dio comienzo el renacimiento urbano y el otorgamiento de franquezas por la monarquía, que así encuadra «el desarrollo de centros urbanos, poblados en buena parte por gentes de procedencia occitana»: fueros de Estella (1090), Sangüesa (antes de 1117), burgo nuevo de Sangüesa (1122), Puente la Reina (1122), burgo de San Sernín en Pamplona (1129), Monreal (1149). Y, por entonces, la conquista de Tudela (1119) añadió al ámbito navarro una ciudad andalusí de importancia. Pero sobre todo esto se escribirá más adelante.

* * *

En lo que respecta a Aragón, su núcleo inicial estuvo formado por la región pirenaica y prepirenaica limitada al sur, según antes se indicó, por las sierras de Santo Domingo, Guara y del Castillo. La independencia del núcleo pirenaico aragonés frente a Huesca y Zaragoza, integradas en al-Andalus, se manifestó ya durante el gobierno del conde Aureol, a comienzos del siglo IX, y con motivo de la expedición de Luis el Piadoso, hijo de Carlomagno, sobre Zaragoza, en 812. Unos años más tarde, las *Genealogías de Roda* mencionan la figura del conde independiente Aznar Galíndez, cuyos sucesores continuaron al frente del condado hasta la muerte de Galindo Aznárez II en 922, sin hijo varón legítimo, momento en el que Aragón pasa a dominio de Sancho Garcés III de Pamplona, cuyo hijo García Sánchez estaba casado con Endregoto Galíndez, hija del conde difunto.

Poco antes, en 917, Sancho Garcés había anexionado el condado de Ribagorza, a la muerte del conde Guillem Isarn. El rey pamplonés estableció castillos, más para que fueran puntos avanzados de aviso que para defensa, en los puntos débiles de la frontera, tanto en su sector navarro como en el aragonés: cursos del Ega, Arga y Aragón; entre el Aragón y el Gállego, garganta de Riglos, Sierra de Guara y curso del Cinca[31].

Tales son las circunstancias que le permitieron legar Aragón a su hijo Ramiro, que pronto se tituló rey, y Ribagorza a otro hijo, Gonzalo, a cuya muerte en 1045 pasó este condado a poder de Ramiro y se integró en su naciente reino, que alcanzó así los 5.000 km². Sancho Ramírez sucedió a su padre en 1064 y, desde 1076, fue también rey en Pamplona, tras la muerte de su primo Sancho Garcés IV y el reparto del territorio de su reino entre el rey aragonés y Alfonso VI de León y Castilla.

En aquel momento, antes de que comenzara su expansión territorial, el poblamiento y la sociedad aragonesas habían evolucionado de manera semejante a la navarra, aunque en un territorio mucho menor y sin los recursos agrarios de un «corredor transversal» comparable al que hizo la primera riqueza del reino pamplonés. Las noticias se refieren, sobre todo, a los siglos IX y X, época en la que hay datos de al menos 32 villas o aldeas y crecen los dominios de los monasterios en los valles pirenaicos de Echo y Ansó. El crecimiento demográfico y el movimiento roturador de tierras «se afianzó en el siglo XI. Los textos mencionan, hasta el momento, 143 nuevos núcleos de población, y otra veintena que no han podido localizarse con precisión», con una media de 20 hogares campesinos, según Ph. Sénac, que multiplica por cuatro la estimación de núcleos de población del reino al añadir «las poblaciones de los valles pirenaicos más septentrionales, las de las Cinco Villas, Sobrarbe y Ribagorza occidental», de modo que estima una población total de entre 51.000 y 68.000 habitantes en el último tercio del siglo XI. Al igual que en el reino de Pamplona, cada aldea contaba con su pequeña iglesia, de las que son muestra la veintena construida en la región del río Gállego, entre 1050 y 1070, cuyos vestigios han sido objeto de estudio arqueológico[32].

Además, desde los primeros decenios del siglo XI había comenzado la construcción de castillos y fortificaciones en determinados lugares: el *castrum* de Jaca se menciona desde los años 1020-1030. Por entonces estarían ya fortificados Uncastillo, Sos, Riglos, Loarre y algunos otros puntos de especial interés defensivo.

Las transformaciones sociales serían, también, iguales a las de otras tierras de la España cristiana, aunque con tiempos de realización específicos: desarrollo de la alta aristocracia de *seniores,* beneficiarios de honores en tenencia; su número aumenta a partir de los cuatro o cinco personajes citados, a comienzos del XI, especialmente durante el reinado de Sancho Ramírez. Aparición y auge de grupos de *milites* que forman en la clientela armada del rey o de los grandes. «Degradación apreciable de la condición de las comunidades rurales de campesinos, y auge de una nueva forma de servidumbre» o, más bien, de sujeción al poder y la fiscalidad señoriales de aquellos «villanos» o «mezquinos» –términos que se utilizan con mayor frecuencia desde mediados del XI–. Al mismo tiempo, «cambios importantes en las formas de poblamiento y organización del espacio. El primero reside en la reagrupación de las viviendas campesinas en torno a las residencias de los señores», dando forma a pueblos mayores. Respecto al espacio, una «característica de esta época fue la desaparición progresiva de las tierras alodiales en provecho de los señores». Las tensiones sociales serían menores, tal vez, debido a las posibilidades de emigración a las nuevas tierras durante el tiempo de grandes conquistas que comenzó entonces[33].

Jaca, capital del nuevo reino, contó con sede episcopal desde 1063 aproximadamente. Hasta entonces, los protagonistas eclesiásticos habían sido exclusivamente los monasterios: San Pedro de Siresa, San Martín de Cillas, Santa María de Fuenfría, a los que se añadió San Juan de la Peña, desde 1020-1025, muy protegido por Ramiro I[34]. En aquel momento comenzó la «reforma y occidentalización de la Iglesia aragonesa», hasta entonces, como todas las de la España cristiana, vinculada exclusivamente a la autoridad regia, reforma que culminó en tiempos de Sancho Ramírez, que se hizo vasallo de la Santa Sede en su viaje a Roma, año 1068, refrendándolo con un censo anual de «500 mancusos».

3. Los condados catalanes

En la futura Cataluña no fue el impulso o idea reconquistadora el que actuó como promotor del nuevo país y de su expansión, sino la intervención carolingia, que dio lugar a finales del siglo VIII a la formación de una frontera o «marca» donde, más allá de los condados organizados y en curso de población, había una franja vacía *(terra nullius, terra de ningú)* correspondiente a dicha frontera o *tagr*. Por lo general, las relaciones de los condes catalanes con los emires y luego califas de Córdoba se basaron más en intentos de coexistencia que en confrontaciones abiertas. Los avances de frontera catalanes sobre la «Hispania» andalusí se realizaron en los siglos IX y X sobre territorios vacíos o desorganizados, aunque la conciencia de la frontera, su existencia y peculiaridades marcaron toda la política condal. Hasta bien entrado el siglo XI no comenzó el desarrollo de una política de protección y cobro de tributos y, después, de conquistas a costa de las tierras y habitantes del noreste de al-Andalus[35].

La abundancia de documentos –unos 5.000 anteriores al siglo XI– y el mayor desarrollo de la investigación arqueológica han permitido avances importantes del conocimiento en los últimos años, y también obtener estimaciones más precisas sobre la población: a finales del siglo X habría en los condados una población de unos 83.750 habitantes, y Barcelona contaría con 1.250[36].

La expansión territorial y colonizadora de la Cataluña Vieja o de los condados tuvo un período inicial de crecimiento en el siglo IX y primeras décadas del X, que produjo la «intensificación del poblamiento y organización condal del espacio» entre los ríos Llobregat-Cardoner y la Cordillera Litoral o «Serralada Transversal», mediante «procesos de expansión del espacio agrario por medio de la aprisión y roturación de tierras por los campesinos desde su mismo ámbito familiar» (F. Sabaté), organizado ya en familias cortas o nucleares, aunque también participaban en el fenómeno los titulares de grandes patrimonios, que procuraban absorber en su seno a las pequeñas explotaciones «aprisionarias» cuyo carácter alodial o de plena propiedad se consolidaba después de 30 años de ocupación ininterrumpida[37].

El apogeo de las aprisiones había ocurrido en Aquitania entre mediados del siglo VIII y comienzos del IX, en el norte de los Pirineos a mediados del IX, antes de intensificarse en la zona que ahora estudiamos en su segunda mitad, sobre todo en el último cuarto del siglo, aprovechando la capacidad colonizadora de «las poblaciones acumuladas en los altos valles pirenaicos» (Zimmermann). Se trata, por lo tanto, de un fenómeno en desplazamiento desde el norte hacia el sur. Esta meridionalización de las aprisiones se acentuaría en el siglo X, pero la mayoría se dieron en el interior de los condados, contribuyendo así a la «organización del espacio condal», a su «cohesión político-administrativa», que permite articular «la proyección territorial del poder condal y eclesiástico» como se muestra, por ejemplo, en la restauración de la diócesis de Vich a finales del siglo IX. La mejor organización del espacio se refleja, también, en la consolidación de la frontera, lo que sucede también en el lado musulmán, por ejemplo en Lérida y su territorio, como consecuencia de las luchas internas propias de la segunda mitad del IX en al-Andalus[38].

Un nuevo período en la expansión y organización del territorio se extiende desde el segundo o tercer decenio del siglo X hasta el mismo momento del XI. En él, se incorporaron a los condados las comarcas del Penedés, valle del Llobregós y entorno del Montsenc; el condado de Barcelona aumentó 1.900 km², el de Manresa, 820, el de Urgel, 1.050, el de Pallars, 930, y el de Berga, 150. Las aprisiones fueron el método seguido para colonizar, pero generalmente bajo dirección de señores, de modo que hubo un «control aristocrático de la expansión y de la apertura del espacio de frontera», a cargo de vizcondes, *vicarii*, obispos (Barcelona, Vich, Urgel) y centros monásticos o de canónigos regulares.

Fue entonces cuando se formó una «red castral homogénea y sistemática», en la que cada castillo era centro de «unidades físicas homogéneas, orográficamente bien definidas y defendibles», y estaba separado de sus castillos vecinos por distancias medias de 7 a 10 km. En aquellas zonas de colonización fronteriza, junto a antiguos topónimos y restos de hábitats desaparecidos, se constata el emplazamiento de los pueblos en lugares «bien protegidos, elevados y retirados», con complemento de fortificaciones auxiliares de vigilancia *(miralles, guaites, guardioles, torres...).* Los colonos solían proceder de comarcas más interiores y eran o bien campesinos libres propietarios de sus tierras alodiales tomadas en aprisión, o bien enfiteutas en tierra organizada por los señores, que todavía no ejercían una presión fuerte con sus exacciones, «en gran contraste con el aumento de épocas posteriores», aunque tienden a absorber la pequeña propiedad alodial.

Aunque el conde respectivo «se beneficia inicialmente del respeto teórico a su potestad sobre los espacios vacíos, donde hace donaciones o concede derechos», el poder más próximo y efectivo corre a cargo de los titulares de dominios eclesiásticos en aquellas zonas de frontera y de los «linajes de frontera surgidos de familias vizcondales o vicariales del interior, lo que prepara las bases de la posterior eclosión feudal». A lo largo del siglo X, en efecto, se organizaron las zonas o marcas fronterizas de cada condado –Barcelona, Osona-Manresa, Cerdaña-Berga, Urgel–, *in extremis finibus marchiarum contra Ispaniam,* aunque, en general, los condes no actuaban más allá de la *terra de ningù* y no lucharon habitualmente contra el califato de Córdoba aunque sufrieron expediciones de castigo en tiempos de Abderramán III y de Almanzor.

Desde la segunda y tercera décadas del siglo XI se precisa un nuevo período caracterizado, por una parte, por la expansión de la feudalidad, el aumento de población y de riqueza disponible y, por otra, por los avances territoriales a costa de al-Andalus de carácter «abiertamente militar», lentos pero sistemáticos. Los primeros ocurrieron en la zona central-occidental a partir de la toma de Guissona por el obispo Ermengol de Urgel entre 1018 y 1024, plaza que se convertiría en los siguientes decenios en un importante centro eclesiástico, y de la conquista de Áger a mediados de siglo, protagonizada por el vizconde Arnau Mir de Tost, con lo que pasó a manos cristianas el primer círculo de puntos defensivos o *husun* que protegía a Lérida; el segundo tenía como centro a Balaguer, y el tercero, a la misma Lérida.

El avance fue más lento en la zona litoral, en dirección a Tortosa. El norte y este del Campo de Tarragona, entonces prácticamente despoblado, estaba en manos cristianas ya en la segunda mitad del siglo XI, y Tarragona misma al alcance, aunque era en aquel momento «una pequeña aldea o pueblo», pero no así Tortosa. Por otra parte, a los condes de Barcelona les interesaba tanto o más el objetivo de limitar los avances de los de Urgel y obtener más y mejores parias, cuyo importe y continuidad fueron de especial importancia entre 1048 y 1070.

Las anexiones territoriales del siglo XI tuvieron notable importancia, aunque todavía no eran, en muchos casos, el objetivo principal: 2.150 km² incorporados al condado de Urgel, a los de Barcelona y Manresa –bajo el mismo titular–, 660 y 1.050, respectivamente, 140 al de Berga y 90 al de Pallars. Por otra parte, el poder condal se reafirma gracias a los avances en la frontera: «la imbricación de la situación fronteriza con el auge feudal coetáneo es plena. El aumento del matiz bélico coincide con la aparición de las formas de relación y de control del territorio basadas en los nuevos lazos personales», que se concretan en la formación de pirámides vasalláticas en torno a los condes, en especial los de Barcelona y Urgel, de tal modo que el «proceso expansivo sirve para reafirmar el poder "soberano" [del conde], no sólo al aportarle un aumento patrimonial sino al favorecer su consolidación como vértice de la sociedad piramidal feudal».

A finales de la Alta Edad Media, la red de poblamiento de la Cataluña Vieja estaba bien constituida en el marco de cada «distrito castral» (Riu), agrupada en *vici, villares* o *vilarunculi,* con hasta 10 o 15 familias cortas o nucleares cada uno, en *sagreras,* que «agrupan pobladores en torno de iglesias parroquiales, canonicales o conventuales en los siglos XI y XII [...] fomentadas por el desarrollo de los cementerios parroquiales y por la paz que las protege», a lo que se pueden añadir «barrios» de cuatro o cinco casas, agrupadas bajo la protección inmediata de algún castillo, y los primeros «burgos» situados extramuros de antiguas *civitates* y que aprovechan el incipiente «desarrollo de nuevas actividades económicas» o «la fundación de nuevos centros religiosos». En los siglos XII al XIV, continúa Riu, se añadirán las «poblas», villas nuevas, villas francas, etc., privilegiadas y dotadas de nuevas libertades. «Esa población agrupada, multiforme como ya revela su diversa nomenclatura, se desarrollará en el marco del señorío rural y, naturalmente, en el marco urbano, sin que quepa disociar ambos procesos»[39].

Por otra parte, ya antes del segundo tercio del siglo XI, la sociedad campesina de los condados catalanes, habitante en *villae* o aldeas, estaba formada por familias nucleares exógamas, de campesinos libres que eran dueños alodiales de sus tierras. «Es el modelo propio de una sociedad pionera en la que era fácil encontrar tierras y establecer una nueva explotación [...] dotada de gran movilidad...», donde la *aprisio* y la compra eran formas de adquirir tierra más frecuentes que la herencia. La generalización de la «mutación feudal» o nuevo régimen de dominio señorial sobre las poblaciones rurales en la Cataluña de la segunda mitad del siglo XI tuvo como efecto, por una parte, el aumento de la dependencia campesina hasta situaciones de servidumbre en muchos casos, la desaparición casi total de las tierras poseídas por los campesinos en «alodio» y la modificación de sus estructuras familiares, con la aparición de la figura del *hereu* o hijo destinado a heredar el patrimonio, las fincas cultivadas y las cargas del padre y, por otra, produjo efectos en las formas de poblamiento al generalizar el castillo como lugar de residencia y control señorial, las *sagreras* o núcleos en torno a parroquias rurales, junto a las antiguas «villas» y «villares», y la promoción del *mas* o manso como forma de poblamiento disperso que era, a la vez, «unidad de percepción de renta» para el señor, al ser el marco de vida y trabajo de una familia campesina. Los mansos, como unidades de explotación, proliferaron entre 1050 y 1150 y su auge «se puede relacionar también con la creación de nuevas explotaciones agrícolas a costa de yermos y bosques»[40].

2. La Plena Edad Media

Las iniciativas colonizadoras, pobladoras y transformadoras de los territorios estudiados en este capítulo contaron, desde finales del siglo XI, con instrumentos jurídicos y modalidades más perfectas y precisas que las del Alto Medievo. En el ámbito leonés y castellano, la presura prácticamente desapareció ante procedimientos más planificados: las «cartas pueblas» fueron un primer escalón, el más sencillo, pero, en los casos de mayor importancia, se procedió a la redacción y otorgamiento de fueros, por parte del rey o de sus delegados, como forma de derecho local que no se refería sólo a cuestiones de poblamiento, reparto de tierras y condiciones económicas y tributarias de los campesinos, sino a los más variados aspectos de organización y convivencia de la comunidad local o «concejo». Los fueros, completados desde la segunda mitad del siglo XIII por ordenanzas promulgadas por el concejo mismo o por el rey, permitieron también a los concejos continuar las tareas de colonización y repoblación en el territorio sujeto a ellos, cuando era posible o adecuado, una vez pasado el momento inicial de organización, en el que, a menudo, se había producido una tarea sistemática de atribución de lotes de bienes raíces por medio de repartimientos llevados a cabo por orden y bajo control regio. Cuando se conservan los registros o libros de repartimiento –casi siempre ya en el siglo XIII y en tierras al sur del Duero– se observa cómo este acto inicial es «la base estructural de la nueva sociedad hispano-cristiana». Más adelante volveremos sobre este asunto.

Por otra parte, junto a la acción de los reyes, siempre la más importante aunque a menudo a través de las ciudades y villas, cuyo auge es un aspecto fundamental de los siglos XI al XIII en todas partes[41], hay que considerar las iniciativas que se llevan a cabo en señoríos de nuevo cuño cuyos titulares tienen capacidad jurisdiccional sobre la población además de disponer también, a menudo, de la propiedad eminente de la tierra y de derechos sobre la persona y trabajo de los campesinos, como ya ocurría en muchos grandes dominios altomedievales. Estos señoríos son ya un aspecto notable de los procesos repobladores, sobre todo en algunas tierras de nueva ocupación, y a menudo los mismos reyes los fomentan como forma preferible para llevar a cabo la tarea. Sus titulares son sedes episcopales y cabildos catedralicios, monasterios, órdenes militares y familias de la alta nobleza, en diversa proporción. En las zonas señoriales se dan fenómenos de otorgamiento de fueros, formación de concejos y repartimiento de tierras similares a los propios del realengo, aunque con varios matices que iremos mencionando en cada ocasión.

El crecimiento de la economía agraria y de la población, que ya se había manifestado en el siglo X, continuó con mayor fuerza, según los ejemplos que conocemos, desde mediados del siglo XI y se mantuvo sostenido a lo largo del XII y en la primera mitad del XIII, a pesar de momentos de crisis o retroceso. Luego, las coyunturas de crisis y las de recuperación se sucedieron hasta mediados del XIV, aunque predominaron las primeras desde 1282-1295, al menos en Castilla y en combinación con situaciones políticas. El crecimiento de la plena Edad Media había llegado a su fin, en todos los casos, en vísperas de las grandes epidemias de peste que comenzaron en 1348. Por lo demás, es casi inútil intentar cálculos globales de población o de su evolución: hay que limitarse a extrapolar, en lo posible, datos de los siglos XIV y XV, señalar magnitudes generales en relación con la extensión territorial y con un régimen demográfico que sería básicamente el mismo en todas partes y citar alguna cifra o estimación local, cuando haya fundamento suficiente para hacerlo. El papa Gregorio VII afirmaba en una carta que Alfonso VI gobernaba, hacia 1080, sobre más de un millón de hombres, pero es una estimación cuya certeza no se puede verificar; es razonable pensar, por otra parte, que a finales del siglo XIII la población de los reinos de Castilla, León y Portugal estuviera situada entre los tres y los cuatro millones de personas. La catalana habría alcanzado los 167.500 a mediados del XII, después de la incorporación de la Cataluña Nueva, y llegaría a los 335.000 hacia 1340.

1. La función repobladora del Camino de Santiago[42]

El Camino de Santiago ha sido considerado como un «instrumento de articulación y jerarquización de espacios (económicos, sociales, políticos, culturales...) en el sentido este-oeste»[43], sobre todo entre La Rioja y Galicia. También como un potente estímulo para la urbanización, aunque no el único, en una época de fuerte «inurbamento»[44] de los reinos occidentales hispánicos, coincidente con su gran crecimiento demográfico y territorial, desde el último cuarto del siglo XI hasta el mismo período del XII. Y, desde luego, como medio de relación interregional entre las tierras norteñas, al crear una línea de comunicación dominante en el sentido este-oeste que, durante algún tiempo, contrapesó el predominio habitual que tenían las de dirección norte-sur.

1. Descripción del Camino

El Camino, «poderoso factor de articulación del espacio, eje urbanizador, vertebrador de un nuevo modo de poblamiento y cauce de circulación de personas, mercancías e ideas y de una intensa corriente repobladora y comercial»[45], fue fruto de uno de los impulsos de peregrinación religiosa más importantes que conoció la cristiandad del Occidente medieval donde, sobre los lugares de peregrinación local o regional, destacaban tres de alcance general: Jerusalén, Roma y Santiago. Palmeros, romeros y peregrinos, que tales son los nombres respectivos, dirigieron hacia cada uno de dichos lugares en la plena Edad Media las más potentes corrientes de intercambio y comunicación humanas que conoció la Europa de entonces.

No trataremos aquí sobre los orígenes del culto jacobeo en Compostela, sino de la época en que comenzó a convertirse en foco internacional de peregrinación. Los primeros peregrinos ultrapirenaicos de que se tiene noticia vinieron en la segunda mitad del siglo X, pero el trabajo sistemático de organización y propaganda de la peregrinación se reali-

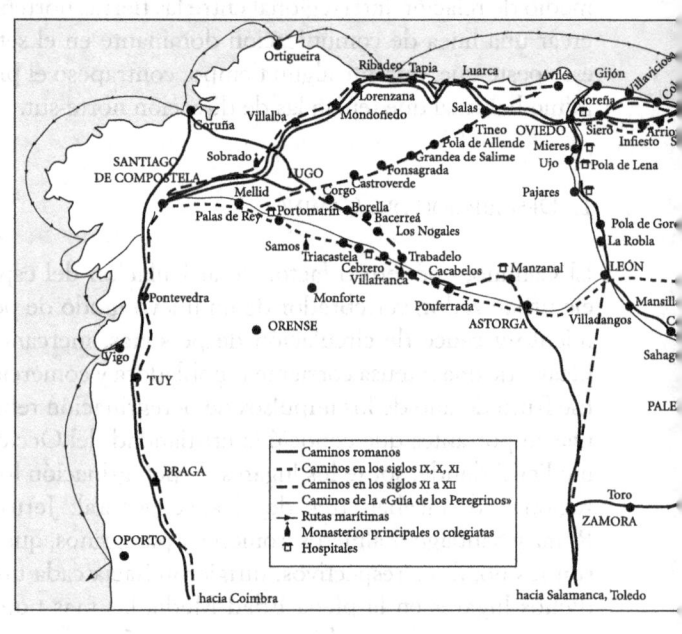

Mapa 5. El Camino de Santiago

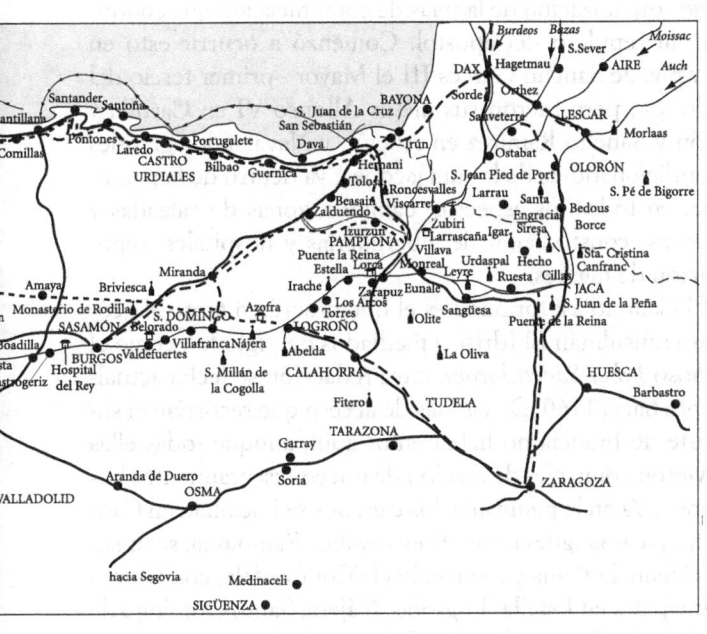

zó en la segunda mitad del siglo XI. En esta tarea tuvo un papel muy destacado el clero francés y, en especial, los cluniacenses, que dieron mucho valor a la peregrinación como penitencia y ayuda para la salvación eterna.

La primera consecuencia del auge compostelano fue la mejor organización de las vías de comunicación que conducían al sepulcro del apóstol. Comenzó a ocurrir esto en tiempos de Sancho Garcés III el Mayor –primer tercio del siglo XI–, pero fueron sus nietos Alfonso VI en Castilla y León y Sancho Ramírez en Aragón y Navarra los grandes acondicionadores de la ruta jacobea, ya dentro de la península, en todos los aspectos: caminos, zonas de calzadas y puentes, construcción de alberguerías y hospitales, repoblación de lugares.

El Camino así formado es el que describen tanto el geógrafo musulmán El Idrisí, a mediados del siglo XII, como el famoso *Liber Sancti Iacobi,* cuya redacción se fecha actualmente hacia 1160. De las vías de acceso que recorrían el suroeste de Francia no hablaremos aquí, aunque todas ellas sirvieron como ejes de fijación de nuevos asentamientos humanos. Ya en la península, los caminos se iniciaban en Canfranc-Jaca-Sangüesa, o en Roncesvalles-Pamplona, se unían en Puente la Reina y seguían hacia Compostela, con jalones principales en Estella, Logroño, Nájera, Santo Domingo de la Calzada, Burgos, Carrión, Sahagún, León, Astorga, Ponferrada, Cacabelos, Cebrero, Triacastela y Mellid.

Esta ruta principal, que se formó en la segunda mitad del siglo XI, tenía sus variantes y complementos. El principal de ellos conducía de León a Oviedo, pasando por el puerto de Pajares, y atrajo a muchos peregrinos deseosos de visitar las reliquias de la Cámara Santa ovetense. Además, ya en la segunda mitad del siglo XII, comenzaron a tomar forma otros caminos secundarios, como el que, por Bayona y San Juan de Luz, entraba en la península hasta unirse al principal en Burgos, pasando por el desfiladero de Pancorbo, o el que bordeaba todo el litoral cantábrico hasta Mondoñedo.

El Camino descrito en primer lugar fue el que canalizó a la gran masa de los peregrinos: «Camino de Santiago», «Camino de los Peregrinos», *Iter Francorum,* en referencia al origen de la mayoría de ellos. Es una obra miscelánea, de origen francés, la que mejor refleja el atractivo y las leyendas nacidos en torno al Camino en los medios ultrapirenaicos. Me refiero al *Liber Sancti Iacobi,* más conocido por el nombre de *Liber Calixtinus,* debido a la atribución dudosa de una de sus partes a la pluma del papa Calixto II. En el *Liber* se compendia, en gran medida, lo que la peregrinación jacobea significó para la España cristiana: la exaltación de Compostela como uno de los grandes polos de atracción de la cristiandad, la penetración de una fuerte corriente cultural, literaria y artística, la constitución de una gran vía para los intercambios humanos y los desplazamientos de población.

Sin duda, la «Guía del Peregrino» es la parte del *Liber* que presenta mayor interés para nuestro actual objeto, porque constituye la fuente principal de conocimiento sobre la condición y actividades del peregrino, sobre la organización de los que viajaban y de los que recibían a los viajeros. Los peregrinos, como los mercaderes, podían circular libremente con sus personas y bienes. El origen de este derecho se encuentra en un concepto jurídico particular, el de la «paz del camino», similar a los de «paz de la casa» y «paz del mercado». Gracias a la aplicación de este principio, respaldado por la autoridad pública, los peregrinos pudieron circular a cubierto, al menos en parte, de malos tratos, robos y engaños.

2. Francos y burgos

Y con los peregrinos, los mercaderes. A menudo, ambas funciones se mezclaban en las mismas personas, aunque el fin del viaje siguiera siendo principalmente religioso. Los peregrinos estaban exentos de pagar derechos de tránsito por las bestias y bienes que transportaran para atender las necesidades del viaje, pero los peregrinos-mercaderes sí tenían que pagar esos derechos, y el análisis de un arancel de portazgo de Jaca, de finales del siglo XI, y de otro pamplonés un poco posterior sugiere que debían de ser abundantes. Ambas plazas eran las puertas hispanas del Camino y por ellas pasaban, al filo del año 1100, armas europeas, ropas, paños flamencos y, desde al-Andalus y el mundo mediterráneo, púrpura, sederías, especias, pieles finas, oro y cautivos, caballos castellanos. Al otro extremo del Camino, Compostela se había convertido en uno de los centros de comercio y servicios importantes en la España cristiana. Y todo a lo largo del recorrido, los inmigrantes francos contribuían al fuerte y rápido crecimiento de la vida y de los mercados urbanos que se produjo en aquellos decenios. También es significativa la temprana instalación de comunidades judías en las principales plazas del Camino.

Entre otros indicadores, la presencia de los inmigrantes se expresa en la onomástica «franca» presente en documentos de la época y la toponimia local, en la que se encuentran términos tales como *vicus francorum, rua francorum, burgo francorum, via francorum,* etc. Pero, antes de entrar en detalles, conviene precisar el significado de tres palabras que aparecen estrechamente relacionadas con el fenómeno inmigratorio: «francos», «burgos», «burgueses». La palabra «franco» se empleó en el sentido de extranjero. Como casi todos ellos se asentaron en ciudades, en Navarra surgió la costumbre de llamarlos también «ruanos». Pero «franco» quiso decir también libre, con un claro sentido jurídico relacionado con las libertades otorgadas en los llamados «fueros de francos»; esta segunda acepción fue sustituyendo a la primera desde mediados del siglo XII. El mismo fenómeno de sustitución de significado se halla en ciudades más sureñas donde hubo asentamientos o «barrios de francos», como Toledo o Sevilla.

Respecto a las mejoras jurídicas introducidas en los fueros dados a los francos o aquellos otros que alcazaban a toda la población urbana pero se inspiraban en los mismos principios, se puede afirmar que fueron un acicate fundamental para el desarrollo de las ciudades y proporcionaron un modelo de libertades que luego se extendió a otras áreas, al establecer un «espacio privilegiado» en el núcleo urbano y a veces en su territorio o alfoz dependiente: primero, porque se establecía una situación jurídica y procesal distinta y mejor, que garantizaba la libertad personal, el derecho a la inviolabilidad del domicilio, el carácter alodial de los bienes raíces poseídos en la ciudad o sus suburbios; además, se solía regular la actividad de comercio, mercado y, más adelante, la de feria; se aseguraba la exención de ciertos impuestos de tránsito para estimular el tráfico de mercancías, al tiempo que se limitaba con claridad el importe de otros derechos a pagar, las multas o «caloñas», los casos en que se podía tomar «prenda» judicial, y se reducían o eliminaban las obligaciones militares. Era todo un programa de atracción de pobladores y promoción de nuevas actividades económicas.

«Burgo» y «burgués» son dos términos que escasamente se encuentran fuera de la zona de inmigración transpirenaica del Camino, o de algunos puntos de la Cataluña Vieja afectados por el mismo fenómeno inmigratorio. «Burgense», o su variante languedocina *burzés,* tiene el mismo sentido que en otras partes de Europa: habitante de la ciudad, en especial de sus barrios artesanales y mercantiles. Así, por ejemplo, se empleará en la convocatoria de las Cortes leonesas de 1202 la expresión *cives vel burgensis.* Ambos términos fueron utilizados en Galicia y León, Aragón y Navarra y en Cataluña, pero mucho menos en Castilla. Tomando como punto de partida el análisis de este hecho, pudo García de Valdeavellano afirmar que la formación de burgos, según las tesis de H. Pirenne, se circunscribió en la España cristiana a las tierras del Camino y poco más. Hoy se tiene una visión más amplia y diversificada sobre el renacimiento urbano en tierras de la España cristiana, pero permanece como dato cierto que aquellos «burgueses» fueron casi todos artesanos y mercaderes, lo que contribuyó a dar un perfil económico peculiar a las localidades donde se asentaban, en contraste con los usos o la situación anterior y común al conjunto del territorio, y, por ello, a asegurar el desarrollo y singularidad de los núcleos urbanos[46].

En resumen, los «burgenses» de las ciudades del Camino eran «francos», es decir, extranjeros de condición libre, a los que se suman naturales del país asimilados, con el paso del tiempo, e incluso siervos y colonos rurales emigrados que lograban tales libertades al integrarse en la ciudad. Sobre la procedencia de los inmigrantes, todo lleva a señalar que las zonas del sur de la actual Francia fueron la tierra originaria de la mayoría de estos inmigrantes, aunque la voz «franco» tiene un sentido amplio y entre ellos hubo también lombardos y alemanes, ingleses y flamencos, normandos y borgoñones, incluso catalanes. La primera de las llamadas *Crónicas Anónimas,* escritas en el monasterio de Sahagún algún tiempo después, lo expresa bien cuando se refiere a quienes llegaban al nuevo burgo monástico:

> de todas partes del universo [...] personas de diversas e extrañas provincias e reinos, conbien a saber: gascones, bretones, alemanes, yngleses, borgoñones, normandos, tolosanos, provinçiales, lonbardos e muchos otros negoçiadores de diversas naçiones e estrañas lenguas[47].

3. Aragón y Navarra

La primera fase de la inmigración de francos tuvo lugar en Jaca, en torno al año 1063. Jaca, capital entonces del reciente y pequeño reino aragonés, y nueva sede episcopal desde la época de Ramiro I, fue uno de los principales puntos de atracción para los francos, en parte gracias a la influencia y a la presencia de obispos gascones en ella. En el concilio eclesiástico jaqués de 1063 participaron los obispos de Auch, Bigorra y Oloron. Aquel mismo año, Sancho Ramírez otorgó a Jaca un fuero pensando en sus nuevos pobladores y en la necesidad de fomentar su presencia por medio de un estatuto jurídico mejor. El fuero de Jaca estaba llamado a ser uno de los modelos más imitados en todas las poblaciones donde hubo posteriormente grupos importantes de francos o asimilados a ellos. Unos datos sobre la población jaquesa en 1137 muestran que estaba compuesta por un 21,15% de aragoneses frente a un 78,85 de ultrapirenaicos: los porcentajes son muy expresivos, aunque no se basen en datos completos[48].

El Camino fue durante algunos decenios la principal vía de comunicación con el exterior que tuvo el reino de Aragón, y «la columna central en torno a la que se organizan las comunicaciones interiores, en torno a la cuenca del Aragón» (Laliena). Su máxima influencia sobre «la articulación del espacio aragonés» se ejerció entre 1075 y 1130, aproximadamente, y se manifestó en el crecimiento de Jaca y en la fundación de alberguerías y de algunas localidades: Uncastillo, con los «burgos» de Metina y San Martín, pero en Aragón tuvo una influencia relativamente menor que en otros reinos frente a la de elementos más permanentes y continuos que influían en la organización y desarrollo del poblamiento antes y después de aquella época, y, también, debido a la rápida expansión del reino en el valle del Ebro desde comienzos del siglo XII[49].

Un nuevo momento importante de la inmigración de francos tuvo lugar poco después del año 1090 en algunas ciudades navarras. En él volvemos a encontrar la voluntad del rey Sancho Ramírez y de su sucesor Pedro I, así como la de eclesiásticos de origen ultrapirenaico, en especial Pedro de Andouque, obispo de Pamplona y antiguo monje de Sainte Foi de Conques, que fue buen apoyo para los inmigrantes porque la mayoría de ellos entró en la época de su episcopado, entre 1083 y 1115.

Gracias a la inmigración ganaron importancia algunas poblaciones: Sangüesa, con sus burgos viejo y nuevo y su fuero confirmado en 1117, sustituyó a Monreal como fin de etapa para peregrinos. Pamplona recibió un contingente de nuevos pobladores, dedicados sobre todo al abastecimiento de los peregrinos, y asentados en el burgo de San Cernín o Saturnino, que se menciona por primera vez en 1129 y dispone de peculiaridades jurídicas muy duraderas, confirmadas aquel año, que lo diferenciaban de la otra parte de la ciudad o «navarrería», y así siguió siendo hasta 1422;

a mediados del XII nació otro burgo, el de San Nicolás[50]. Estella fue el primer burgo navarro, fundado en 1090 por el mismo Sancho Ramírez, que le otorgó fuero derivado del de Jaca, y en ella eran tan numerosos los inmigrantes que hasta el siglo XIV se redactaron algunas de sus ordenanzas municipales en languedocino; al burgo primitivo de San Martín se sumaron otros durante el siglo XII: San Miguel, San Salvador del Arenal, San Juan, además de englobarse la aldea de Lizarra; un nuevo fuero de Sancho VI, dado poco después de 1187, unificaba jurídicamente al conjunto de la población, fuera cual fuese su origen[51]. También se constata la presencia de francos en Ponte de Arga o Puente la Reina, por lo menos desde 1090. Los francos de Pamplona recibieron fuero de Jaca en 1129, y los de las demás plazas citadas se rigieron por el de Estella, que desempeñó el mismo papel de enfranquecimiento y mejora jurídica, pues, además, como señala Martín Duque, incluía «una adaptación matizada del estatuto consuetudinario de los "infanzones" en general, nobles de nacimiento ("ermunios")»[52].

4. RIOJA, CASTILLA, LEÓN

Ya en tierras riojanas y castellanas es posible ver cómo los inmigrantes contribuyen al aumento o creación de bastantes núcleos, aunque, «a medida que el Camino se aleja de los Pirineos, va disminuyendo la importancia de estas poblaciones de francos» (Lacarra) y se mezcla su influencia con la de otros factores que intervienen en la transformación del poblamiento. En La Rioja, su incorporación a Castilla en 1076 fue seguida por la confirmación del fuero de Nájera por Alfonso VI, que entregó su abadía de Santa María a los cluniacenses en 1079. El fuero facultaba a los *vicini* para elegir dos *saiones* y otros oficiales locales cada año y regulaba los límites y usos del alfoz, que tenía en torno a 110 km² y varias aldeas en su interior[53]. Unos años después, en 1095, el rey promovió la población de Logroño, antigua aldea, mediante el otorgamiento de un fuero modélico, que se otorgó también, más adelante, a otras poblaciones riojanas: Navarrete (1195), Santo Domingo de la Calzada (1207) o Grañón (1256), por ejemplo[54]. Algo al norte del Camino, Miranda (de Ebro), cuya existencia databa de tiempos de Alfonso III a finales del siglo IX, recibió también el fuero de Logroño en 1099, pero estaba en posición excéntrica respecto al Camino, que contribuyó a su desarrollo mucho menos que el papel de la plaza en la articulación del comercio entre La Rioja y Álava: esto, y los enfrenamientos con Navarra, explican el porqué del nuevo fuero y «puebla» promovidos por Alfonso VIII en 1177 y el auge de Miranda como capital comarcal desde finales del siglo XII, después de la incorporación definitiva de Álava al reino castellano[55].

Se ha supuesto que, todavía hacia 1200, los francos serían del 20 al 25% del vecindario de Santo Domingo de la Calzada, Logroño o Nájera, antes de que sus descendientes se fundieran con el resto de la población a lo largo del siglo XIII. La presencia de numerosos clérigos entre ellos y su dedicación al comercio y la artesanía contribuyó mucho, allí como en otras partes, a la nueva imagen de aquellos burgos que surgían en un mundo hasta entonces casi exclusivamente rural, como villas nuevas o como ampliación de antiguas *civitates* o *castra;* a ello contribuyó decisivamente el hecho de que los reyes centralizaran en ellas «la función comercial desde fines del siglo XI» (Martínez Sopena).

2. La Plena Edad Media

Ahora bien, los francos afincados en tierras castellanas y leonesas, aunque se les mencione con frecuencia como grupos diferenciados, no tuvieron fueros propios –al contrario que en Navarra–, sino que participaron de los mismos ordenamientos jurídicos que los demás pobladores, lo que quiere decir que los privilegios y mejoras jurídicas propios de los «fueros de francos» alcanzaban a todos los vecinos, y los oficiales de los concejos fueron también comunes, aunque en alguna población riojana –Nájera, Santo Domingo de la Calzada– se mantuvo durante algún tiempo la costumbre de que en los oficios duales, por ejemplo las alcaldías, uno fuera ejercido por un castellano y otro por un franco, o bien éstos tuvieron a veces alcalde propio, como sucedió en Belorado, ya en tierras burgalesas. Más al oeste, también tuvieron merino propio en Sahagún y Oviedo y, en general, el tiempo de pervivencia singularizada de estos grupos cubre también el siglo XII, produciéndose la fusión total con los otros pobladores en el siguiente.

En el sector castellano de la cuenca del Duero y, en menor grado, en el leonés es donde mejor se percibe la importancia que tuvo el Camino en la sustitución por algún tiempo del predominio que ejercían las líneas de «articulación del espacio» en sentido norte-sur por otro este-oeste, al menos hasta finales del siglo XII, a la vez que se formaba otra «franja en el sentido de los paralelos» con la repoblación de las Extremaduras y la Transierra, entre el Duero y el Tajo. El apogeo de esta situación se alcanzaría durante los años 1109 a 1135, cuando el Camino fue el escenario principal de luchas políticas y revueltas sociales. Entre 1170 y 1220, la política de Alfonso VIII y sus consecuencias cambiarían de nuevo la situación: por una parte, «la articulación de los espacios norteños, antes periféricos», y la conversión de

Burgos en capital de toda el área; por otro, el peso creciente de Toledo y la «ordenación de los espacios ganaderos [de trashumancia] en ejes norte-sur». Por último, la reanudación de las conquistas y el avance hacia el sur desde 1212-1224 «volverán a reforzar, y esta vez por siglos, la dominancia de las líneas norte-sur» (García de Cortázar).

Mientras tanto, en su época de apogeo, el Camino contribuyó ampliamente al nacimiento o renovación de las ciudades castellanas y leonesas y sus comarcas[56]. Hay que recordar, no obstante, dos realidades importantes: primera, que había ya un «crecimiento interno» en esas comarcas, de cuyos excedentes demográficos y económicos se beneficiaron los núcleos urbanos, y, segunda, que la «repoblación-reorganización del siglo XII rebasó con creces el área del Camino de Santiago». Dicho esto, tampoco hay que menospreciar el estímulo que supuso la inmigración de francos en localidades como Belorado, Villafranca de Montes de Oca, Burgos, Sahagún, León, Astorga, Villafranca y otras localidades del Bierzo o el mismo Santiago.

En estas tierras, como en otras, hay que diferenciar entre «viejas ciudades» ya existentes a mediados del XI, que experimentan una fuerte renovación, y «villas nuevas» nacidas al calor del Camino o en sus cercanías, casi siempre a partir de un «núcleo preurbano». Entre estas últimas, Castrojeriz, o Belorado –que se pobló desde 1116 con un «fuero de francos» y, posiblemente, allí surgió la primera feria de que se hace mención en Castilla–, Carrión, Frómista y, desde luego, Sahagún, donde el burgo nació en torno al monasterio, sujeto a su señorío; y, ya en la primera mitad del siglo XII, Mansilla (1138), Rabanal, Cacabelos (1108), Villafranca del Bierzo (desde 1120), aunque reciben fueros cuando han llegado a la madurez, en la segunda mitad. Entre las ciudades antiguas, todas ellas con sede episcopal, Burgos, cuyo obispado terminó de organizarse hacia 1075-1080 por traslado de la antigua sede de Oca[57], León, Astorga, Lugo, Santiago y Oviedo.

Solamente León contaba ya con fuero, del año 1017[58]. Alfonso VI los otorgó a Sahagún, en 1085 o bien hacia 1080-1082[59]. Carrión (1086), Oviedo y Lugo: esto no quiere decir que ya en aquel momento surgieran concejos autónomos, sino más bien que comenzó a recorrerse el camino hacia ellos, a menudo con fuertes resistencias cuando el señor de la plaza era eclesiástico –casos de Sahagún, de Carrión en parte, de Lugo o del mismo Santiago– que se manifestarían especialmente a partir de 1110-1117[60]. En las que dependían del rey, éste solía nombrar a los jueces o «alcaldes» entre los vecinos más destacados, que, a su vez, presidían el *concilium,* o de toda la ciudad, o de algunos de sus barrios; en todos los casos, el «tenente» regio ejercía amplios poderes, y las «parentelas nobiliarias» de las zonas próximas también, pero, con la presencia de estos ingredientes, las ciudades configuraban ya su función como «sedes de poder» (Martínez Sopena).

En la morfología de aquellos núcleos urbanos se distingue, cuando son antiguas ciudades, la vieja *civitas* de los nuevos «burgos» con funciones artesanales y mercantiles, aunque también agrarias en algunos casos. Oviedo y León proporcionan buenos ejemplos. En León, por ejemplo, que tendría unos 1.500 habitantes a fines del siglo XI, crecieron nuevos «burgos» y barrios extramuros de la antigua *civitas* hasta alcanzar la plaza en el XIII los 5.000; los principales, sobre el Camino, fueron el «burgo nuevo» de San Martín y el *barrio francorum,* antes de que concluyera en el siglo XI, que concentraron la actividad mercantil y fueron englobados en una nueva muralla a fines del XIII; y, también, el arrabal del Santo Sepulcro, al sur, igualmente en el trazado del Camino de Santiago. El carácter polinuclear causaba «cierta indefinición del entorno urbano» a veces, como veremos que sucedía también en algunas ciudades de la Extremadura, más al sur, pero el espacio de la ciudad estaba siempre bien marcado respecto al de su entorno rural[61].

En las villas nuevas, se observa la tendencia a la regularidad del plano ortogonal, aunque a menudo esto sucede ya en la segunda mitad del siglo XII: en todo caso, es un fenómeno que se dio primero en el Camino, tanto a este lado de los Pirineos como al otro, pues es contemporáneo de la creación de *sauvetés* y otros núcleos semejantes en el suroeste francés. Burgos es un caso peculiar, porque la ciudad se organizó al margen del castillo, en torno al eje del Camino de Santiago, donde se situaron las Llanas, cerca de la catedral, la rúa de San Llorente, residencia de mercaderes, las carnicerías en la «cal tenebregosa» desde mediados del XIII y la «red» del pescado en el barrio de San Esteban; al sureste del eje principal, a orillas del Arlanzón, en La Glera, se celebraría el mercado desde 1230[62].

5. Galicia, Asturias

El Camino jugó también cierto papel urbanizador en la misma Galicia y no sólo en las ciudades de señorío episcopal, como era el caso de Lugo y, sobre todo, Santiago, sino en la aparición de algunos burgos que no siempre alcanzaron categoría urbana, como sucedió con los de Triacastela, Palas de Rei o Leboreiro. Pero la vida de los grandes centros monásticos, con la excepción de Sobrado, apenas se vio alterada por la novedad, y otras ciudades de señorío episcopal surgieron o evolucionaron al margen del Camino –Orense, Tuy, Mondoñedo–. En general, como ya estudiaremos, la promoción urbana en Galicia, más tardía, obedeció a motivos diversos: el gran beneficiario del Camino fue la sede compostelana: Urraca I delimitó el amplio señorío de sus prelados, «entre los ríos Tambre y Ulla, entre el río Iso y el mar»[63], mientras su titular, Diego Gelmírez, conseguía elevarla a la categoría de arzobispado y cabeza de provincia eclesiástica en los dos primeros decenios del siglo XII.

Y, en fin, Asturias recibió un primer impulso urbanizador gracias también al Camino. Alfonso VI promovió el culto a las reliquias del Salvador, lo que estimuló el desarrollo de un ramal del Camino desde León a Oviedo, e incluso hasta Avilés, puerto de la capital asturiana. Oviedo había decaído mucho después de que los reyes trasladaran su sede a León a comienzos del siglo X, de modo que la peregrinación fue un estímulo decisivo para la renovación. El fuero concedido a Oviedo por Alfonso VI sería confirmado y ampliado a Avilés en 1145, por Alfonso VII: su modelo fue el de Sahagún, y hacía «francos de privilegio» a todos los vecinos ovetenses, muchos de ellos procedentes de zonas rurales próximas. Los francos propiamente dichos serían en torno al 20% del vecindario hacia 1200, según Ruiz de la Peña.

Más adelante, Alfonso IX favorecería el desarrollo ovetense al conceder mercado semanal, alfoz más amplio y autonomía para la elección de alcaldes y otros oficiales del concejo (1221), fundaría el hospital y la abadía de Arbás para ayudar al paso de la montaña y la villa de Tineo (1222) en el Camino entre Oviedo y Lugo, lo que facilitaba otra vía de acceso a los peregrinos. Poco después, Fernando III fundaba Pola de Gordón, otra «villa itineraria sobre el camino principal León-Oviedo»[64]. Era el preludio del gran «programa de ordenación jerárquica del territorio asturiano» y creación de nuevas villas, que se desarrolló en la segunda mitad del XIII, aunque ya sin relación con la peregrinación.

La vieja *civitas* ovetense se renovó gracias a aquellas circunstancias nuevas. El mercado o «azogue» se instaló en la plaza de Cimadevilla, extramuros de la *civitas*, al lado de las «rúas» de las Tiendas y de Solazogue. Más adelante, hubo otra sede de mercado en la plaza de Santa María del Campo, extramuros de la ciudad nueva, y cerca de él, como en tantas otras poblaciones, instalaron sus conventos los dominicos y franciscanos a mediados del siglo XIII.

2. Colonizaciones y modificaciones del poblamiento en los siglos XII y XIII: Castilla, León y Portugal

Lo ocurrido en el Camino de Santiago es, con toda su importancia, sólo un aspecto de los grandes movimientos de migración colonizadora y de los fenómenos de reorganización del espacio que aquellas tierras experimentaron en la Plena Edad Media, en el doble aspecto de cambio de densidad demográfica y, sobre todo, de cambio en el reparto, tipos y formas de poblamiento a partir del sustrato rural firmemente arraigado ya a finales del siglo X.

El primer aspecto fue ya señalado por Sánchez-Albornoz, al establecer que aquellas tierras ocupadas antes del siglo XI continuaron experimentando los efectos de la repoblación como consecuencia del auge demográfico, y tras la detención que provocaron las terribles razias musulmanas de finales del X. El segundo aspecto –la modificación de tipos y formas de poblamiento– se manifiesta desde que se consolida la ocupación de nuevos territorios al sur del Duero o en la cuenca del Ebro, y la entrada de inmigrantes, a partir del último tercio del siglo XI y, más aún, desde la tercera década del siguiente.

Refiriéndose al conjunto del valle del Duero, al norte del río, el autor citado ha registrado la existencia de numerosas cartas pueblas y de franquicias que sirven para crear nuevas poblaciones o para vivificar a otras ya existentes al mejorar las condiciones jurídicas de sus habitantes. Resulta imposible enumerarlas todas aquí, por lo que me limito a un breve resumen estadístico: 32 cartas y fueros entre 1039 y 1109; 44 entre 1109 y 1157; 147 entre 1157 y 1230. Y aún después de 1230 hay nuevos documentos de este tipo. En todos los casos, «las poblaciones favorecidas con cartas pueblas o fueros municipales surgieron de nuevo a la vida o, a lo menos, a una vida nueva, entre Fernando I y Fernando III», a menudo,

> sobre la base de un núcleo primitivo, en muchos casos habitado por un puñado de colonos enfiteutas que labraban la tierra del rey o señor [...] Mediante la donación de la propiedad de un territorio más o menos extenso a los moradores en el lugar y a quienes quisieran unírseles y mediante la concesión a los mismos de una serie de privilegios y exenciones, se poblaba y organizaba un núcleo urbano[65].

Los pasos a seguir, al menos en los lugares de importancia, son los mismos que veremos aplicados en las tierras de nueva conquista: determinación del territorio a repartir, a veces por medio de expropiaciones pagadas. Convocatoria para poblar, en la que se limita en ocasiones la afluencia de *iuniores* de las zonas de señorío, para evitar el despoblamiento de sus lugares de origen. Reparto de lotes efectuado por «partidores», otorgamiento de fuero y constitución del concejo correspondiente.

Nuevas poblaciones, o poblaciones renovadas, los documentos de la época permiten entrever a la vez una habitual escasez de hombres, a pesar del crecimiento poblacional, y unos nuevos modos de poblamiento en el valle al norte del Duero y en las tierras norteñas, que se seguirán consolidando hasta bien entrado el siglo XIV. No cabe duda de que el estímulo a la población rural fue el más importante, y básico para la recuperación demográfica de aquellas tierras, aunque a menudo resulte forzoso limitarse al estudio de núcleos de población de cierta importancia, por ser los casos mejor conocidos y documentados.

«Entre los años 1080 y 1250, el conjunto de tierras situadas en el norte del valle del Duero y sus áreas aledañas –La Rioja, El Bierzo– contemplan un proceso de aparición de villas que no se suspende en ningún momento, aunque tenga períodos de mayor y menor intensidad». La mayoría de las villas son de iniciativa regia, aunque no falten las señoriales, y se desarrollan a partir de aldeas anteriores, puesto que muy pocas son enteramente nuevas. Se trata de la mejora o establecimiento de una «red urbana» de pequeñas ciudades, con una extensión media de 8 ha, a veces hasta 18 o 23, con algún caso de desarrollo mayor, del que Valladolid es el mejor ejemplo.

> La sociedad tradicional del valle del Duero –concluye Martínez Sopena– tiene en las villas nuevas medievales uno de sus rasgos de identidad [...] Es muy significativo que la seño-

rialización de la época Trastámara se haya articulado sobre la red de villas, masivamente enajenadas por la Corona en la segunda mitad del siglo XIV[66].

Antes de comenzar el análisis descriptivo, conviene tener presente siempre otro hecho, como es el de la integración paulatina de la economía rural en redes de comercio regional e interregional. Tomaremos el ejemplo de las zonas centrales del valle del Duero, al norte del río, desde comienzos del siglo XII, estudiado por el mismo Martínez Sopena. La producción de trigo y cebada en Tierra de Campos y de centeno en el páramo leonés, así como la de vino y ganado ovino, daba lugar a intercambios con Galicia, de donde procedían congrios y otros pescados secos o salados, y con el norte asturiano y cántabro, proveedor de madera, hierro, ganado mayor. A ello se unía la oferta de manufacturas importadas o de origen urbano –paños, en especial– para fomentar la celebración de mercados y ferias, estas últimas las más antiguas del ámbito castellano-leonés: Valladolid, Palencia, Sahagún, Carrión, Castrogonzalo. Acaso formaban ya «una primera red ferial» en la segunda mitad del XII, con momentos centrales de celebración en junio-julio y septiembre.

Podemos distinguir varios motivos que impulsaron la política de reorganización del poblamiento, aunque a menudo se mezclan entre sí: por una parte, la necesidad de constituir núcleos básicos de colonización interior, a veces para asegurar el enlace con las tierras nuevamente incorporadas, otras para organizar espacios antes mal poblados; por otra, el deseo de mejorar la población y la defensa en zonas fronterizas; además, el desarrollo de la actividad marinera y mercantil en la fachada cantábrica.

1. El impulso urbanizador en tiempos de Alfonso VI

Al describir los «ejes de urbanización» que se formaron en tiempos de Alfonso VI, Martínez Sopena señala, además del definido por el Camino de Santiago, otro que corresponde a la Extremadura y Baja Rioja, entonces frontera con al-Andalus, y una tercera zona, a modo de «bisagra» entre las dos anteriores, «donde se desarrollan o nacen: Braga, Guimarães y Costantim, Zamora, Palencia, Valladolid, Silos...», a las que cabe añadir El Burgo de Osma[67].

La consolidación de estas ciudades viene a ser un «respaldo interior» (Moxó) a la repoblación de la Extremadura, porque ocurre inmediatamente antes o al mismo tiempo, y permite la articulación entre las dos partes de la cuenca del Duero.

La situación era algo peculiar en el condado de Portugal, que se individualizó plenamente desde 1096, debido a una larga historia anterior de incursiones y asentamientos precarios al sur del río, donde la población autóctona cristiana era más abundante. Recordemos que, tras la definitiva conquisa de Oporto (868), Alfonso III había conseguido las de Viseu y Coimbra, que permanecieron en poder de los reyes leoneses un siglo, hasta su conquista por Almanzor en 987. Esto ayuda a entender mejor la recuperación de las plazas entre 1057 (Lamego, Viseu) y 1064 (Coimbra), con el apoyo de un traspaís en pleno crecimiento: se habían fundado en la zona entre el Duero y el Miño 31 iglesias en el siglo X, de ellas 21 desde 950, otras 15 y cuatro monasterios entre los años 1000 y 1037, y nada menos que 79 iglesias y nueve monasterios entre 1037 y 1071, de los que 68 se fundaron entre 1055 y 1065[68]. En aquellas circunstancias se produjo la restauración de la diócesis de Braga, obra del obispo Pedro (1071-1091), lo que consolidó definitivamente la preeminencia del núcleo urbano en la región, por delante de Guimarães –sede habitual de los condes– y Costantim, cuya población fomentó el conde Enrique de Borgoña, yerno de Alfonso VI, que desempeñó en aquellas tierras un papel semejante al de su cuñado Raimundo de Borgoña en otras que consideraremos más adelante.

En el ámbito leonés, Zamora, perdida también a finales del siglo X, se recupera y puebla entre 1057 y 1063 y experimenta un gran crecimiento en tiempos de Alfonso VI, con nuevos habitantes de origen asturiano, leonés y gallego (estos últimos serían más abundantes en el XII), y también algunos francos traídos por el conde Raimundo de Borgoña, yerno del rey, que fue el organizador de la población. La sede episcopal se restauró definitivamente en tiempos de Alfonso VII y la rápida construcción de la catedral y de las parroquias urbanas en los decenios siguientes es muestra de la madurez alcanzada. Más adelante, en los siglos XII y XIII, la expansión urbana añadiría a la ciudad vieja otra nueva y, en el punto de contacto entre ambas, junto a la Puerta Nueva, se situó el centro mercantil, con sus calles anejas (Francos, Balborraz, Las Lonjas...)[69].

Palencia comenzó a poblarse a raíz de la restauración de su sede episcopal por Sancho Garcés III, poco antes de 1035, siempre bajo la dirección de sus obispos, que eran titulares del señorío urbano. A mediados del siglo XII, cerca del núcleo antiguo, o barrio de San Antolín, en torno a la catedral, se había formado otro cuyo centro era la iglesia de San Miguel, poblado por mercaderes y artesanos, a veces de origen catalán, como los obispos, con espacio extramuros para mercado; entre ambos núcleos, La Rúa se convirtió pronto en el «nervio de la vida económica» palentina[70].

Valladolid también tiene sus orígenes en torno a 1035, pero el aumento y organización del espacio urbano ocurren desde 1072, cuando se hizo cargo de la tenencia de la villa el conde Pedro Ansúrez, y continúa en los siglos XII y XIII, hasta hacer de Valladolid el núcleo más importante en la zona central del valle del Duero. La colegiata, fundada por el conde, y el mercado (la rúa de mercaderes o del azogue, «la Rinconada», futura Plaza Mayor, las calles actuales de Olleros, Santiago y Teresa Gil) estuvieron extramuros hasta que se construyó una nueva muralla en el XIII que englobó un espacio urbano al menos cuatro veces mayor que el existente a finales del XI[71].

Silos fue una «puebla» formada en torno al monasterio de Santo Domingo, a finales del siglo XI[72]. La sede episcopal de Osma, por su parte, fue restaurada en 1101 y pronto, cerca del antiguo emplazamiento, surgió otro nuevo llamado a tener mucha mejor fortuna: El Burgo de Osma, señorío de sus obispos.

2. LA GRAN ÉPOCA COLONIZADORA, 1157-1230

Las iniciativas de «colonización interior», reforzamiento de zonas fronterizas y promoción de la orla cantábrica conocieron su mejor época entre 1157 y 1230 en relación, entre otros fenómenos, con la rivalidad política entre los reinos cristianos. En León, por ejemplo, Fernando II y, sobre todo, Alfonso IX fueron grandes reyes pobladores, con el deseo de fortalecer su reino, evitar la emigración a las nuevas tierras incorporadas a otros y frenar la expansión del poder señorial de obispos y grandes nobles[73].

2. La Plena Edad Media

Mapa 6. León en 1230. (Según J. González)

1. El sector central de la cuenca del Duero

Conviene señalar que «las transformaciones de la organización espacial» habían comenzado antes de la separación de León y Castilla, desde los primeros decenios del siglo XII, cuando se constata la aparición en Tierra de Campos de localidades que suceden, a menudo, a antiguas aldeas, como Paredes de Nava, Medina de Rioseco, Montealegre, Mayorga –que tenía mercado ya en 1157–, Valderas, Castroverde, Castrotorafe (fuero en 1129), Torremormojón (fuero en 1144) o Astudillo (fuero en 1147)[74].

El esfuerzo principal más antiguo de los reyes leoneses a partir de 1157 se situó en aquellas tierras de la cuenca del Duero, a menudo por razones estratégicas aunque también económicas, pues las nuevas poblaciones canalizaban en sus mercados la comercialización de excedentes agrarios, conllevó fuertes movimientos migratorios de corto radio y alteró, con la creación de las nuevas «villas» reales, los «caracteres del hábitat rural», que «cristalizó [en] los primeros años del siglo XIII», cuando concluyó aquel proceso, con la integración de muchos lugares, como aldeas, en el alfoz o término de alguna de las villas. Fernando II, por ejemplo, convirtió la aldea de Malgrat en la nueva villa de Benavente (1164 a 1167), cuyo fuero fue después otorgado a muchas otras poblaciones del noroeste leonés y gallego[75]. A este rey y a su sucesor se deben la población o transformación de Villalpando (1165, 1179) y Castrotorafe, y la transformación de Coyanza en una villa enteramente renovada con el nombre de Valencia (de Don Juan, desde fines del siglo XIII). La tarea culminó en torno a 1181, por motivos militares y económicos combinados, con la fundación o mejora jurídica de Villafáfila –centro salinero–, Mansilla y Mayorga (villa desde aquel año), a la que siguieron las de Rueda (1195), Castroverde (1202), Roales (1209), Valderas y Bolaños en fecha no determinada.

A la obra de los reyes leoneses corresponde otra similar de su contemporáneo Alfonso VIII de Castilla, aunque, al ser su reino más extenso y distintos, en parte, sus escenarios de acción política, las características de la obra pobladora son también peculiares. Tiene en común con la de aquéllos, sin embargo, la mejora de las libertades de las poblaciones afectadas y de muchas otras, que vieron suprimidos los antiguos «malos fueros» (limitación de movimiento de las personas o de disposición de sus bienes, «ossas», «mañería», multas o «caloñas» por muerte fortuita, parte de las debidas por injurias, exenciones o al menos limitaciones de «facendera» y «posada» y otros pechos y servicios, etc.) y mejorada su autonomía concejil mediante la concesión por el rey o los señores respectivos de fueros ya experimentados en otras localidades y la atribución de algunos ingresos o rentas. Al igual que en León, la creación o promoción de «villas reales» conllevaba una nueva jerarquización del poblamiento, al dotarlas de término y aldeas dependientes, y concentrar en ellas las funciones de administración, mercado y defensa, y a menudo las eclesiásticas por encima del nivel parroquial.

En las zonas próximas a la frontera con el reino de León, la obra de Alfonso VIII produjo algunas fundaciones y modificaciones significativas. Así, la fundación de Guardo o, algo más al sur, la de Herrera (de Pisuerga), la de Villafrechós, desde 1184, pese a la resistencia del monasterio de San Zoilo de Carrión, o la de Cantabria, frente a la leonesa Mansilla. El rey intervino para mejorar las condiciones jurídicas del concejo y vecinos de Palencia en 1180, a cambio

Capítulo segundo: Tierras originarias

Mapa 7. Castilla en 1214. (Según J. González)

de confirmar a su señor, el obispo, el señorío sobre la merindad de Pernía, en torno a San Salvador de Cantamuga, al sur de la Liébana. Valladolid, por su parte, pudo obtener por compra o donación diversas aldeas (Prado, Cabezón, Simancas, Peñaflor, Cigales). Poblaciones menores de Tierra de Campos se vieron también favorecidas en algún momento del reinado de Alfonso VIII: Castromonte, Villabrágima, Ampudia, Tordehumos, Torrelobatón, entre otras.

La red de villas nuevas –escribe Martínez Sopena– plasma la evolución de las estructuras del poder y, de forma muy particular, la evolución del realengo. En términos generales, este proceso supuso que los bienes realengos de los distintos alfoces, así como varias de sus prerrogativas jurisdiccionales y fiscales, quedaron confiados a los concejos correspondientes [que se convirtieron en el principal] factor de reordenación del poder del monarca[76].

Los intereses de aristócratas e instituciones eclesiásticas afectados por aquellos cambios fueron compensados con la entrega de otros bienes, exenciones fiscales e incluso inmunidades jurisdiccionales en las nuevas villas, además de que

una parte de los beneficios del mercado y la titularidad de muchas nuevas parroquias se transfirieron a sus manos [...] Las tenencias de las villas se atribuyeron normalmente a miembros de la nobleza regional y los obispados pudieron desarrollar su estructura administrativa tomando como sede las propias villas reales.

Por los mismos decenios, además, surgían nuevas poblaciones de señorío, cuya finalidad era predominantemente económica –potenciar la producción agraria, atraer campesinos–, y se mejoraba la condición jurídica de los habitantes de muchas más mediante el otorgamiento de «buenos fueros», de los que hay una «larga serie» durante el siglo XII, y el fenómeno continuó en el siglo XIII, entre otras cosas para detener el riesgo de emigración de los campesinos.

En este contexto se situaban las fundaciones de los monasterios cistercienses y premostratenses en todos los reinos, pues su gran época se sitúa entre 1150 y 1230, y actúan casi siempre para mejorar o completar la colonización en tierras de antigua implantación: caso de Moreruela, en Zamora, de La Vid y Aguilar de Campoo –ambos premostratenses– en Castilla, o de las nuevas roturaciones en el Bajo Miño, protagonizadas por monasterios como el de Santa María de Oya[77]. La misma reactivación se observa en los dominios de monasterios más antiguos, que llegan a su apogeo durante el último cuarto del siglo XII: San Martín de Castañeda en Sanabria, San Andrés de Espinareda en El Bierzo, Sahagún y San Salvador de Nogales, en la zona leonesa, Oña, San Pedro de Cardeña o San Pedro de Arlanza, en la castellana. Las órdenes militares, que reciben tierras y aldeas, también fueron agentes de colonización: así, la de San Juan en el Val de Guareña, al sur de Toro, o la de Santiago en la ribera del río Órbigo, cerca de León. Y comenzaban a serlo los concejos y las sedes episcopales: por ejemplo, en Ardón, que fue del señorío de la ciudad de León desde 1219, o bien en Fuente Sauco, cerca de Toro, cuya población era mejorada por el obispo de Zamora hacia 1224. Sin tener presente siempre este movimiento de fondo en cada ámbito estudiado, sería difícil entender la importancia de las iniciativas principales o más conocidas, tanto en estas zonas como en las situadas al sur del Duero.

2. La Plena Edad Media

Desde mediados del siglo XII, la madurez e intensidad de la actividad económica y la mejor articulación y jerarquización del poblamiento estimularon la aparición de ferias en las tierras centrales de la cuenca del Duero al norte del río. La más importante, y con mayor futuro, fue la de Valladolid, desde 1155, y también tuvieron importancia las de Sahagún (1155) y Carrión (1169), ambas bajo control de los respectivos monasterios, e incluso la de Santa Marina de Castro Gonzalo, que seguramente pasaría a Benavente hacia 1220.

2. Galicia. El Noroeste

También en Galicia hubo un renacimiento urbano impulsado tanto por los reyes y obispos como por los monasterios, ya que las ciudades permitían mejor la organización del mercado, la comercialización en él de los excedentes agrarios y el establecimiento de actividades manufactureras y mercantiles, sin alterar ni la primacía del mundo rural[78], puesto que apenas tendrían «tierras» dependientes, ni las relaciones sociales ya establecidas ni las políticas, debido a la escasa autonomía política de los nuevos concejos, cuando la plaza era de señorío episcopal, pese a algunas revueltas en Santiago y Lugo; el margen de acción fue algo mayor en las de realengo[79]. Ya hemos mencionado la importancia del Camino de Santiago como eje urbanizador en torno a 1100 y sus limitados efectos en la región, salvo en Santiago misma[80]. Después, a lo largo del siglo XII, se consolidaron los rasgos urbanos de otras ciudades episcopales: Lugo, cuyo auge guarda relación con el Camino, creció mucho en la segunda mitad del siglo y acogió numerosos inmigrantes francos; en Orense, la carta-puebla de 1131 estimuló el despegue urbano, así como la creación del «coto» o señorío episcopal, mientras que Mondoñedo se instaló en su actual emplazamiento desde 1156, también como plaza de señorío episcopal organizada según el fuero de León, con mercado mensual y feria anual en agosto. Algo más tarde, Fernando II tuvo que renunciar a promover la nueva población y fuero de Tuy en 1170, después de su recuperación de manos de Alfonso I de Portugal; su proyecto incluía cambio de emplazamiento e incluso de nombre (Bonaventura), pero el obispo hizo valer sus derechos anteriores como señor de la plaza, aunque en 1211 Alfonso IX la dotó de nuevos fueros.

«El tercer impulso acelerador del movimiento urbano ocupa los años próximos al cambio de siglo y afecta, sobre todo, a los núcleos costeros.»[81] Alfonso IX consiguió promover varias villas cuyos «emplazamientos son acertados y responden más a razones económicas que militares»: Ribadeo, que fue señorío episcopal entre el otorgamiento de su carta-puebla en 1182 y el retorno a realengo en 1198, y Vivero[82]; La Coruña, mediante el cambio de emplazamiento de la aldea de Burgo de Faro, desde 1180, recibió fuero (el de Benavente) y término territorial de dos leguas de radio en 1208, mediando las oportunas compensaciones a la sede arzobispal de Santiago y al monasterio de Sobrado; Betanzos (en 1219, mediante una modificación de emplazamiento)[83] y Bayona, a partir de 1201, sobre el «coto» de Erizana, que había sido del monasterio de Oya. Padrón (1164), Noya (1168) y Pontevedra (1169)[84] tenían orígenes anteriores, en relación con el despegue de la actividad marítima desde comienzos del siglo XII y con la peregrinación a Santiago, y su acceso a la condición de villas con fuero se produjo en tiempos de Fernando II, pero su desarrollo se aceleró en la época de Alfonso IX.

En el interior de Galicia, destacan las pueblas de Monforte de Lemos (1199), Mellid (1213), entre Santiago y Lugo, Villanueva de Sarria, Triacastela y Milmanda algo después (en torno a 1228), así como Cedeira (1225) y Bonoburgo de Caldelas. Al reforzamiento de la frontera con Portugal, que se precisa definitivamente por entonces, responden las poblaciones de Castro Mazamud, iniciada por Fernando II en 1168, Ribadavia, Verín, aunque hubo de ser parcialmente destruida en 1223 porque causaba perjuicio a los derechos señoriales del monasterio de Celanova, Ribas de Sil (1225), Salvatierra y Lobeira (1228)[85]. Esto sin contar el apoyo regio a otras pueblas fundadas en aquellos años por obispos y monasterios gallegos. «En el curso de setenta años, la transformación de la fisonomía gallega había sido total» (Ruiz de la Peña). Como en otros casos, que estudiaremos más adelante, la transformación y jerarquización del poblamiento se acompañaban de la creación de mercado semanal para potenciar las funciones de las villas en un mundo hasta entonces casi exclusivamente rural, que, sin embargo, mejoró o actualizó aspectos sustanciales de su organización por influencia de las innovaciones jurídicas urbanas; así se observa en la generalización de nuevos tipos de contratos agrarios de «foro», en los que se pacta el vasallaje del campesino respecto al señor y una renta en especie proporcional a la cosecha: así, en Galicia, al igual que en otras regiones, al renacimiento urbano correspondió una reorganización y estabilización de las relaciones socioeconómicas en el mundo rural.

Por los mismos años, Alfonso IX daba fuero o mejoraba la población de otros puntos clave en la frontera con Portugal: Puebla de Sanabria (1220), Alcañices, que fue señorío de la orden del Temple, Fermoselle, en los «arribes» del Duero, dada al obispo de Zamora en 1205. Esta acción se prolongó, como veremos, en la Extremadura y Transierra leonesas.

El Bierzo fue una comarca también muy favorecida por la circulación del Camino de Santiago y la acción pobladora de los reyes[86]. Villafranca, que era su población principal, recibió fuero en 1192, y en los años siguientes se fundaron Bembibre (Benevivere, 1199), Viana (1205), Ponferrada (1209) e incluso Castroventosa, que ya tenía tres iglesias en 1209 y contaba con la oposición del arzobispo de Santiago, señor de la cercana Cacabelos, y del monasterio de Carracedo, por lo que hubo de ser deshecha en 1210.

Sólo Asturias parece, por entonces, algo al margen del movimiento colonizador, aunque surge desde 1206 la villa y puerto de Llanes, poblada a fuero de Benavente, y ya hemos mencionado el desarrollo de Oviedo y Avilés, el nacimiento de Tineo (1222), así como el de Pola de Gordón, hacia 1232, ambas en relación con las rutas jacobeas.

3. El Noreste

Las guerras con Navarra en el último cuarto del siglo XII y la incorporación por Castilla de territorios en disputa, que culmina con las de Álava y Guipúzcoa después de la contienda de 1199-1200, coincidieron con la apertura del comercio en el Cantábrico y la fundación de puertos en la costa castellana. Todo ello confluyó en la fuerte promoción de Burgos –mejora de sus fueros desde 1162, fundación de Las Huelgas Reales en 1177– y del norte y noreste del reino. Entre otros aspectos, mencionaremos la promoción de Pancorbo –fuero en 1176–, la de Miranda de Ebro –ya mencionada páginas atrás–, Medina de Pomar y Frías (poblada en 1202), en los dos últimos decenios del siglo XII y comienzos del XIII, el otorgamiento de los fueros de Sahagún a Silos y, en La Rioja, las mejoras de los fueros y privilegios de Logroño, Calahorra, Nájera y Santo Domingo de la Calzada, y la fundación de Haro. Estas y otras medidas semejantes despertaron a veces la resistencia de nobles y monasterios con intereses señoriales próximos.

Mientras tanto, en la costa cantábrica castellana se poblaban y recibían fuero Castro Urdiales (1163 o 1173, a fuero de Logroño), Santander (1187, a fuero de Sahagún, que también se dio a la población de «abadengo» de Santillana en 1209)[87], Laredo, en tierras tomadas al monasterio de Santoña (1190, a fuero de Logroño; Santoña ya disfrutaba del llamado «privilegio viejo» de 1122), y, más tarde, San Vicente de la Barquera (ya poblada, recibe en 1210 el fuero de San Sebastián). Nacían así las llamadas «cuatro villas» de la «marina de Castilla», en el concierto de repoblaciones costeras que, desde Galicia hasta Guipúzcoa, se sucedieron entre 1157 y 1230 al calor de la reactivación de actividades pesqueras y mercantiles en el golfo de Vizcaya.

Sancho VI de Navarra ya había tomado también iniciativas en el curso del impulso poblador que caracterizó al último tercio del siglo XII. Por lo que parece, hubo en Navarra y Guipúzcoa un nuevo aflujo de inmigrantes francos en torno a 1180, que dio lugar a nuevos arrabales o burgos en Pamplona y Estella, como ya se ha indicado, y ayudó mucho al crecimiento de San Sebastián, que dependió en materia eclesiástica de Bayona, no de Pamplona, desde 1186-1193, y recibió por entonces un fuero derivado de los de Jaca-Estella, pero con peculiaridades de derecho marítimo propias de Gascuña[88]. Sancho VI pobló además Vitoria, en 1181, sobre la aldea ya existente de Gazteiz, y le otorgó fuero de Logroño[89]. Es decir, en éste, como en los demás casos de otorgamiento o mejora foral, lo que se estaba promoviendo no era sólo la implantación física de núcleos urbanos, a menudo a partir de aldeas anteriores, sino también ámbitos de derecho privilegiado, capacidades jurisdiccionales de la villa sobre su territorio, mejoras y privilegios de tipo económico para favorecer el desarrollo mercantil.

Cuando Alfonso VIII incorporó Álava y Guipúzcoa a Castilla, continuó y aceleró el proceso en el marco de la actividad reordenadora de la costa cantábrica y del crecimiento de la actividad mercantil que tenía base en sus puertos y en las plazas próximas del interior: confirmó los fueros de Vitoria (1202) y San Sebastián, y favoreció la población, con el mismo fuero donostiarra, de Guetaria (1209), Motrico y Zarauz, en la costa, mientras que, en el interior, confirmaba igualmente los fueros de Durango, otorgados por Sancho VI, y daba o mejoraba fueros a Treviño, Puebla de Arganzón y Salinas de Añana, que ya lo había recibido de Alfonso VII en 1140 durante una época anterior de pertenencia al ámbito castellano. De todos modos, hacia el año 1200, Álava y, en mayor medida, Vizcaya y Guipúzcoa eran todavía «un mundo rural, de abundantes y diferentes células: numerosos valles, múltiples aldeas, algunos fragmentos de señoríos de monasterios externos a la región, y unas pocas villas» de reciente aparición: los grandes cambios no habían hecho más que comenzar[90].

3. Continuidad de las transformaciones del poblamiento en la orla cantábrica hasta mediados del siglo XIV

Durante el reinado de Fernando III (1217/1230-1252), la actividad pobladora en el norte fue escasa. En Asturias, la puebla de Pravia, en Álava, Labastida, mientras que en Vizcaya –que comienza a incorporarse a la actividad mercantil–, su señor, Lope Díaz de Haro, funda Bermeo en 1236, primer puerto importante del señorío, con un fuero que sería modelo para el derecho local de otras plazas vizcaínas, y Orduña, en el interior, con lo que mejoraba las comunicaciones entre Miranda de Ebro y Vitoria, de una parte, y el centro de comercio de hierro de Valmaseda, ya aforado anteriormente, y los puertos de Castro Urdiales y Laredo.

El reinado de Alfonso X fue una nueva etapa de actividad intensa, especialmente entre 1252 y 1272, hasta que la revuelta nobiliaria exigió al rey, y en parte consiguió, que deshiciera «las pueblas de León e de Castiella, que son a daño del rey e desfacimiento de la caballería de Castilla e de León», como se lee en la Crónica del monarca. Ruiz de la Peña señala algunas fundaciones en la costa norte gallega –Santa Marta de Ortigueira, dotada de feria en 1255, Puentedeume– y, sobre todo, la promoción de Asturias: «nacen a la vida histórica la mayor parte de sus actuales villas» o polas, dotadas de término, fuero, concejo y mercado, que atraen o concentran población rural a la vez que modifican el mapa administrativo asturiano: Ribadesella, Colunga, Villaviciosa, Gijón, Candás, Luanco, Luarca y Navia, en la costa, y, en el interior, Siero, Nava, Lena, Somiedo, Cangas, Grado, Cornellana, Pola de Allande, Salas (1270), Laviana, San Mamés de Laciana[91].

En Vizcaya sólo se constatan los nuevos privilegios de Orduña –feria desde 1229–; del mismo modo, en Álava el rey mejoró el derecho local en Vitoria y hubo nuevos fueros en Treviño (1254, confirmación del de 1191) y en localidades renovadas o promovidas a partir de aldeas, como Salvatierra, fundada en 1256 cerca de la frontera navarra[92], o Santa Cruz de Campezo, Arciniega o Corres (fueros también en 1256). El impulso poblador y reorganizador fue más fuerte en Guipúzcoa, pues en aquel reinado se fundaron varias villas nuevas con fuero y término, según un modelo similar al de las asturianas: Tolosa, Segura, Villafranca de Ordicia, Mondragón –1260, sobre la antigua aldea de Arrasate– y Vergara[93].

En la época de Alfonso X, los tráficos mercantiles por vía marítima habían alcanzado ya gran desarrollo, en especial las exportaciones de lana castellana y hierro vasco. El rey estableció desde 1268 un «diezmo» aduanero, como parte de su nueva política fiscal, y señaló al mismo tiempo los «puertos» en los que se controlaría que no hubiera exportaciones fraudulentas de «cosas vedadas»: Fuenterrabía y San Sebastián en Guipúzcoa, Castro Urdiales, Laredo y Santander en la costa castellana –pero no San Vicente de la Barquera, que era el de mayor tráfico–, Avilés en la asturiana y un elevado número en la gallega, consecuencia de la fragmentación y, casi siempre, del pequeño alcance de sus actividades mercantiles y pesqueras: Ribadeo, Vivero, Ortigueira, Cedeira, Ferrol, Betanzos, La Coruña, Bayona, La Guardia, Tuy y, sólo para la importación de pescado, Pontevedra, Padrón y Noya.

Por los mismos años, Alfonso X y sus inmediatos sucesores establecieron ferias anuales en localidades donde tenían importancia para su desarrollo o bien para facilitar algún

2. La Plena Edad Media

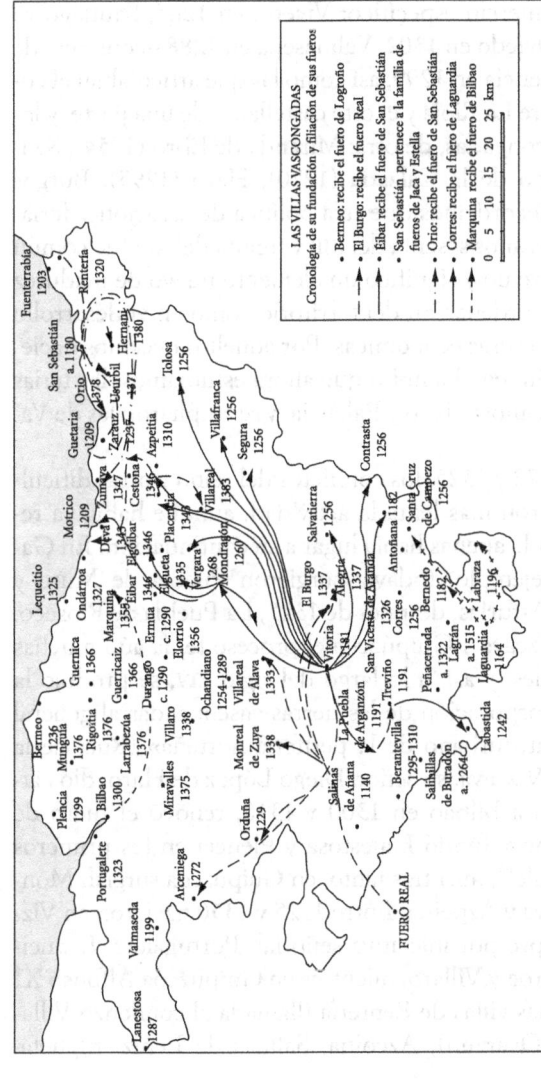

Mapa 8. Villas medievales vascongadas. (Según J. A. García de Cortázar)

tipo de comercio específico: Vivero, en 1285, Santiago ya en 1351, Oviedo en 1302, Valmaseda en 1288 –comercio de hierro–, Plencia en 1299, así como las que articulaban el comercio entre La Rioja y el este castellano, de una parte, y las tierras vascongadas, de otra: Miranda de Ebro (1254), Santo Domingo de la Calzada (1270), Haro (1295), Burgos (1339)[94]. Recordemos que esta política de creaciones feriales entre los años sesenta del XIII y treinta del XIV fue común en todo el reino y significó un elemento nuevo de madurez tanto en la ordenación del territorio como en el desarrollo de las estructuras económicas. Por aquellos decenios nacieron también, en el ámbito que ahora estudiamos, las ferias de León, Zamora, Toro y Palencia, y se ampliaron las de Valladolid.

Entre 1272 y 1325, los conflictos del reino y otras dificultades hicieron más lenta la actividad, aunque había ya regiones donde apenas había lugar a su continuación. En Galicia, por ejemplo, todavía surgieron Puebla de Muro y Oya, y en Asturias, después de 1325, La Puebla de Rioseco. Pero en Vizcaya y Guipúzcoa el proceso tenía aún muchas posibilidades, y así, a lo largo del siglo XIV, se produjo la «plena incorporación de las tierras vascongadas al general renacimiento urbano de la periferia norteña» (Ruiz de la Peña). En Vizcaya, su señor, Diego López de Haro, dio cartas-pueblas a Bilbao en 1300 y 1310, renovó el fuero de Ochandiano y fundó Lanestosa y Plencia en los primeros años del siglo[95]; mientras tanto, en Guipúzcoa surgían Monreal de Deva y Azpeitia. Entre 1325 y 1350 nacieron en Vizcaya, siempre por iniciativa señorial, Portugalete, Lequeitio, Ondárroa y Villaró, mientras en Guipúzcoa Alfonso XI promovía las villas de Rentería (llamada al comienzo Villanueva de Oyarzun), Azcoitia, Salinas de Leniz, Elgueta,

Placencia, Éibar, Elgóibar y Zumaya, y en Álava «nacen o se afianzan» San Vicente de Arana, Villarreal, Alegría y Elburgo. Y todavía continuó el proceso, y concluyó, en la segunda mitad del XIV, más por necesidades de concentración y seguridad de la población que por un «dinamismo económico» que se redujo mucho durante la recesión de aquellos decenios: se fundaron otras doce villas entre 1350 y 1385: en Vizcaya, Villaviciosa de Marquina, Elorrio, Guernica, Guerricaiz, Miravalles, Munguía, Larrabezúa y Rigoitia, y, en Guipúzcoa, Usúrbil, Orio, Cestona y Villarreal de Urrechua. Al cabo, en los tres territorios vascongados habían surgido 69 villas, incluyendo en el cómputo Laguardia, que era navarra pero se incorporaría a Álava en 1461.

Refiriéndose a todas las poblaciones nuevas o renovadas en la cornisa cantábrica, desde Galicia hasta Guipúzcoa, señala Ruiz de la Peña la «transformación de las arcaizantes estructuras de unas tierras que habían permanecido durante bastante tiempo marginadas de las corrientes renovadoras que se dejaron sentir en el Occidente de Europa y en buena parte de la península desde el siglo XI», y el contraste que desde entonces se creó entre las villas, poseedoras de un derecho privilegiado, y las zonas rurales –la «tierra llana» en zona vascongada–, que carecían de él, aunque fueran espacios económicos y sociales en continua y recíproca conexión.

En efecto, las nuevas poblaciones recibieron o bien el fuero de Benavente en el noroeste, o bien el de Logroño en Castilla, la Rioja y País Vasco, o el de San Sebastián en algún caso –pero este fuero era una variante de los de Jaca y Estella–, o bien el de Sahagún, mejorado, en otros pocos. Como en otras zonas y casos que ya hemos mencionado, los fueros definían la existencia del concejo, proporcionaban igualdad y libertad jurídica a los vecinos, franquicias y clara definición de las cargas fiscales, autonomía concejil, término o «alfoz» propio y, a menudo, establecían el mercado semanal, lo que consolidaba la condición de la villa como centro comarcal. Era, en resumen, una faceta del amplio proceso de urbanización y reorganización del territorio que se produjo en las tierras ya pertenecientes a los poderes cristianos antes del siglo XI, sobre la base del crecimiento poblacional, de la paralela intensificación de la actividad agraria y la colonización rural y del auge de la actividad mercantil.

4. PORTUGAL ENTRE MIÑO Y DUERO[96].

La delimitación de la frontera septentrional y nororiental, y la mejor población de sus territorios próximos, fueron preocupaciones principales de los reyes portugueses desde Alfonso I hasta Don Dinis y produjeron efectos semejantes a los que hemos considerado hasta aquí para otros ámbitos, al promover la mejora y fortificación de villas y su control del territorio. El primero de aquellos reyes intentó infructuosamente en varias ocasiones hacerse con el dominio de Tuy, entre 1137 y 1169. Unos años más tarde, en 1183, el otorgamiento de carta puebla o «foral» a Melgaço, junto al Miño, iniciaba una tendencia que continuó con los de Braganza, Viseu y Penas Róias, en el noreste transmontano (1187), y algunos contemporáneos a castillos situados en la zona fronteriza justo al norte del Duero[97].

El impulso se reanudó desde 1258, con Alfonso III y, especialmente, con su hijo y sucesor Don Dinis, en el seno de una política que afectó también a otras zonas de frontera, pero especialmente a ésta, puesto que el primero de ambos reyes otorgó ocho *forais* a poblaciones próximas a la frontera gallega, entre ellas Melgaço nuevamente, Monção, Viana do Castelo y Valença, al sur del Miño, Chaves, muy próximo a Verín, más otros cuatro a poblaciones de Trás-os-Montes, entre las que destaca Vila Real (1272). Don Dinis, por su parte, promulgó otra veintena, que mejoraron las condiciones de plazas tales como Miranda do Douro, frente a la leonesa Alcañices, o Caminha, junto a la desembocadura del Miño. Se trataba, en definitiva, de promover «el encuadramiento regio mediante el otorgamiento de cartas de foral a comunidades preexistentes en emplazamientos adecuados para balizar la frontera o para impedir movimientos centrífugos en aquella región, la más periférica del reino», escribe A. Aguiar Andrade: se producía así la concentración de población en núcleos principales, fortificados, con tierras extensas, dotados de libertades semejantes a las que tenían las poblaciones al otro lado de la frontera[98].

3. Navarra. Aragón

El reino de Navarra restaurado por García Ramírez desde 1134 contaba con cuatro ámbitos, según la distribución propuesta por A. Martín Duque: la «Navarra nuclear [...] plataforma de la primera formación política con categoría de reino», en torno a Pamplona, de unos 5.500 km², las «tierras nuevas y ribereñas», unos 2.400 km² conquistados desde el siglo X; la ribera de Tudela, con la parte navarra de Las Bardenas, otros 1.400 km² incorporados entre 1084 y 1119 por conquista a los musulmanes; y los «confines ultrapirenaicos», otros 1.000 km², organizados «tardía y lenta-

Capítulo segundo: Tierras originarias

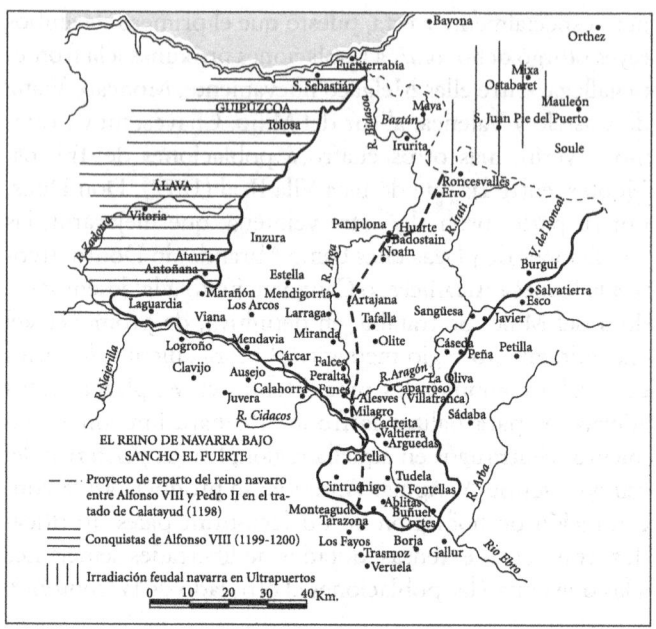

Mapa 9. El reino de Navarra en tiempos de Sancho VII. (Según José M.ª Lacarra)

mente» –Baztán, Cinco Villas, Goizueta– desde el siglo XI, cuando «Ipuzcoa» comienza a aparecer, desde 1025-1050, como «tenencia» del reino navarro.

A los aspectos considerados para el período altomedieval y cuando tratamos del Camino de Santiago podemos añadir ahora otros que muestran facetas diferentes. Primero, la gran densidad de aldeas, unas 1.040 a mediados del siglo XI, en la «Navarra nuclear», resultado de un proceso de colonización durante el X similar en muchos puntos al de la zona del Duero. Segundo, la reorganización de las «tierras nuevas y ribereñas» durante los enfrentamientos fronterizos con Castilla de la segunda mitad del XII: La Guardia (1164), Los Arcos (fuero de 1175), San Vicente de la Sonsierra, Viana (fuero de 1219). Tercero, la atracción de Tudela, tras su conquista en 1119, que fue la mayor ciudad del reino hasta el siglo XIV, por delante de Pamplona: la fundación, ya mencionada, de la villa de Olite en 1147, sobre una antigua almunia, obedece a la necesidad de enlazar mejor ambas plazas.

El crecimiento poblacional produjo en la Navarra del siglo XIII un «ensanche progresivo o desdoblamiento de las unidades del sistema» urbano, dentro de la modestia de dimensiones propia de la época. A mediados de siglo, Tudela tenía 1.500 familias –de las que 380 eran de musulmanes y 190 de judíos–, Pamplona, 1.250, Estella algo más de 1.100, y un poco menos Olite, Sangüesa 500, y Viana, 200.

Las tendencias a la concentración y jerarquización del poblamiento se intensificaron también en el territorio inicial del reino de Aragón desde finales del XI, coincidiendo con la gran expansión aragonesa en el valle del Ebro. Se trata de la formación de burgos por influencia del Camino de Santiago, ya considerada, en tierras conquistadas por Sancho Ramírez y Pedro I, como la zona de las Cinco Villas, próxima a Huesca, donde recibieron cartas-pueblas Barbués, Tormos y Ayerbe en 1127 y 1128[99]: fue una época de «formación de burgos», seguida en la segunda mitad del XII por el auge de los «hábitats concentrados» en torno a castillos o bajo la influencia del gran «desarrollo castral» de los siglos XII y XIII, que fue paralelo a la consolidación de las «honores» y del poder nobiliario establecido en ellas, y también al crecimiento de la actividad agraria y de la población: Luna, Añuesa, Pilluel son ejemplos de la segunda mitad del XII, y del XIII algunos «burgos castrales» que Laliena compara a los *castelnaux* de Gascuña: Puy Pintado, Mianos, Tiermas, Berdún.

4. Cataluña

Los factores que impulsaron las transformaciones del poblamiento en la Cataluña Vieja durante los siglos XII, XIII y comienzos del XIV fueron varios, siempre en relación con el impulso conquistador y colonizador que incorporó las tierras de la Cataluña Nueva en aquella época de crecimiento de la población. Fueron esta mejora demográfica y los intereses políticos condales los que fomentaron el auge de ciudades, acompañados a menudo de mejoras jurídicas: Barcelona es el caso principal, y también Perpiñán, Seo de Urgel, Berga e incluso núcleos que no eran cabecera de condados, como Granollers[100].

Al mismo tiempo, la fijación de fronteras y límites siguió desempeñando un papel importante en la aparición o consolidación de núcleos y ámbitos de colonización: nacidos todavía junto a la frontera con el Islam, en la primera mitad del siglo XII, Rubí o Puig Ricart, en el condado de Barcelona; pero, después, tomó mayor importancia la consolidación de límites entre condados, razón a la que obedece, por ejemplo, la fundación de Abella de la Conca, a mediados del siglo XII, por iniciativa de los condes de Urgel en su frontera con Pallars, o la de Bellver de Cerdaña, en torno a 1225, cerca del límite con Urgel. El mejor control del territorio frente a otros poderes al norte de los Pirineos influyó, sin duda, en la fundación de Puigcerdá, hacia 1178, obra también de los condes de Cerdaña, o la de Puyvalador en 1192, y, en el Rosellón, no fue ajeno a este motivo el crecimiento de Perpiñán, la fundación de Salses a fines del siglo XII o el auge en el XIII de Colliure, Prats de Molló o Castro Opol.

Paralelamente, crecía el interés de los monasterios, nobles y condes por asentar pobladores en determinados puntos del territorio. Puede que, en parte, este fenómeno se debiera a reacción o defensa frente a excesivas emigraciones a las nuevas tierras, o bien a intereses políticos concretos, pero siempre conllevaba mejoras jurídicas para los pobladores que acudieran, que tenían la libre disposición de sus casas y tierras a trueque de pagar un censo anual, libres de «malos usos» y de cualesquier otros gravámenes, y ventajas de orden económico entre las que no solía faltar la concesión de mercado semanal y, a veces, de feria, como ocurrió en Tarrasa, ya en el siglo XIII, y la exención de derechos de tránsito. Hemos de pensar que los nuevos núcleos son, a menudo, la parte más visible de una reordenación del poblamiento, o la consecuencia de la promoción jurídica de puntos de poblamiento preexistentes. Así sucedió que los monasterios fueron todavía grandes promotores de repoblación en la Cataluña Vieja de los siglos XI al XIII; bastará enumerar algunos nombres: San Pol de Mar, Amer, San Feliu de Guixols y Seguries surgieron por acción monacal en el condado de Gerona, durante la segunda mitad del XII, lo mismo que San Juan de las Abadesas, aunque en este caso el auge es de mediados del XI. En el condado de Besalú, Camprodón, desde comienzos del XII, el mismo núcleo de Besalú, a partir de 1171, y Bañolas, que se desarrolla desde principios del siglo XIII en torno al antiguo monasterio benedictino.

Los nobles emprendieron a veces acciones parecidas. Es el caso de Vilafranca de Conflent, fundada a fines del XI por el conde de Cerdaña como centro repoblador de su valle, y dotada de mercado semanal: se trata de una de las «villas francas» más antiguas del Occidente europeo. O el de Torroella de Montgrí, en Ampurias, repoblada a finales del siglo XII por un vasallo del conde. O el de Vilanova de Pallars, fundada por los condes de este título a mediados de aquel siglo, o el de Castellbó y Arfa, en el condado de Urgel, poco después, o bien el de Bagá, en Cerdaña, fundada por los barones de Pinós en 1234. Los condes de Barcelona actuaron algo más tardíamente, desde la última década del siglo XII y, especialmente, en tiempos de Jaime I y Pedro III, siempre con objeto de consolidar su primacía política: ya en 1190 se funda Sampedor, en el condado de Gerona, para limitar las pretensiones del monasterio de San Benet del Bages, y, en 1248, la creación de La Ral vino a ser una cuña entre las jurisdicciones de los de San Juan de las Abadesas y Camprodón. También deben su auge a los privilegios y franquezas otorgados por los reyes en el siglo XIII poblaciones como Tarrasa, vuelta a jurisdicción de Jaime I en 1228 y dotada con una feria anual; Igualada, Palamós, fundada en el último tercio del siglo XII, o Figueras, en el condado de Besalú, que se transformó en *villa regalis* desde 1267 cuando, hasta entonces, había sido una simple aldea.

Capítulo tercero
Del Duero a Sierra Morena
(Castilla y León. Portugal)

1. Castilla y León

Entre la toma de Toledo (1085) y los sucesos ocurridos en fechas próximas a la batalla de Las Navas de Tolosa (1212) y las muertes de Pedro II de Aragón (1213) y Alfonso VIII de Castilla (1214), considerados todos ellos solamente como hitos significativos, los reinos y condados cristianos llevaron a cabo grandes conquistas territoriales a costa de al-Andalus y se procedió a amplias y profundas reorganizaciones del espacio así ganado, por medio de inmigraciones y colonizaciones sobre las que se basó un nuevo régimen político y administrativo en todos sus aspectos, y una nueva sociedad con sistemas económico y cultural propios y comunes, aunque dotados de peculiaridades diferentes según los ámbitos regionales.

Los que estudiaremos en este capítulo son, en primer lugar, la Extremadura castellana, leonesa y portuguesa, situadas entre el Duero y el Sistema Central. En segundo, Toledo, su ámbito territorial y las demás zonas de la Transierra, al sur del Sistema y, aproximadamente, hasta la línea del

Tajo o, en el sector castellano, hasta las zonas avanzadas al sur del río. Añadiremos, por razones de lógica expositiva, las repoblaciones del siglo XIII en La Mancha y la Extremadura actual, y la organización de las tierras nuevas de Portugal, entre el Tajo, el Guadiana y el Algarve. Prolongaremos nuestro estudio, como en el capítulo anterior, hasta finales del siglo XIII o comienzos del XIV, momento en que concluyeron las condiciones históricas propias de la Plena Edad Media.

1. De una frontera a otra

Como consecuencia de las conquistas llevadas a cabo en la segunda mitad del siglo XI y continuadas o mantenidas en el XII, los cristianos pasaron de la antigua frontera del Duero a otra que, en líneas generales, podemos situar en el río Tajo. En ningún momento, sin embargo, debemos considerar la frontera entre la España cristiana y al-Andalus como una simple línea divisoria –incluso cuando exista como tal–, sino como un conjunto de realidades mucho más complejo, que desborda los aspectos guerreros y políticos.

La frontera no era sólo una «línea de separación», sino también una «zona de contacto entre dos sociedades globales. En su definición entran, en proporciones variables, aspectos militares, económicos, sociales, políticos y culturales»[1]. En general, entre los siglos VIII y XII, en las tierras fronterizas había un grado menor de organización del poder y de jerarquización y diferenciación social según las pautas comunes en la retaguardia, lo que permitía ciertas peculiaridades de la «sociedad de frontera», periférica, dotada de cierta autonomía y movilidad propias con respecto a los «centros» políticos y sociales, aunque siempre según un «proceso histórico» que es preciso conocer en cada época o momento concretos pues, en general, se solía pasar del «espacio fronterizo», que poseía las características ya descritas –es el *tagr* (pl. *tugur)* islámico–, a la línea fronteriza, mucho mejor organizada e integrada por el poder y la sociedad correspondientes.

Así había sucedido ya en la frontera del Duero, que no se consolidó como tal hasta el siglo X y, en lo que se refiere a su control militar, hasta la segunda mitad de ese siglo. Antes, había habido más bien un «proceso de captación de espacios y de hombres a partir de los núcleos asturiano y cordobés». Los cristianos fueron, así, colonizando las tierras al norte del río, pero sin renunciar a «incursiones e instalaciones precarias» más al sur desde fines del siglo IX. Los musulmanes procuraron consolidar su dominio en la «zona rebelde» de Toledo para asegurar mejor las comunicaciones entre el suroeste y la cuenca del Guadalquivir y la del Ebro. Después de la gran crisis de la segunda mitad del siglo IX, Abderramán III sometió efectivamente a Toledo y procedió a construir o mejorar villas-fortaleza en su ámbito que, según algunos autores, estaban encaminadas más a asegurar la fidelidad de la ciudad y su territorio y las líneas de comunicación, sobre todo la marcada por los ríos Henares-Jalón, Guadarrama y Jarama, que a defenderlo de los cristianos del norte: Talavera, Calatalifa, Madrid, Talamanca o Zorita responderían a dicho objetivo. Por lo demás, los musulmanes tampoco consideraban al Duero como frontera: sus incursiones y campañas militares habían tenido objetivos mucho más norteños desde el siglo IX, y seguirían teniéndolo hasta la muerte de Almanzor (1002).

Pero la colonización de la cuenca del Duero al norte del río había llegado a su madurez a mediados del siglo X. Había ya, por lo tanto, una noción de frontera física mucho más precisa, no tanto lineal como espacial. Para los musulmanes, lo esencial era mantener el dominio del Sistema Central y de sus pasos, para asegurar la ruta, más al sur, entre Toledo y Zaragoza; por ese motivo situaron posiciones avanzadas en San Esteban de Gormaz y Medinaceli, en la segunda mitad del siglo, y acentuaron su presión militar sobre un reino de León debilitado tras la muerte de Ramiro II y sobre el naciente condado de Castilla.

Para los cristianos, por el contrario, lo más urgente era el fortalecimiento interno de la población y de las colonizaciones, y asimilar los procesos de transformación social que estaban ocurriendo, hacia una sociedad más jerarquizada, donde el papel de los guerreros o *milites* tenía que ser reconocido más claramente. Por eso, el «cese de la presión musulmana» desde comienzos del siglo XI «se acompaña con los primeros síntomas del alumbramiento de la sociedad feudal leonesa y castellana. Con las nuevas formas de estructuración de la sociedad, tal como las recoge el fuero de León de 1017 y una serie de documentos castellanos, que van desde la dotación del monasterio de Oña en 1011 hasta el texto denominado de *los infanzones de Espeja*», más el fuero de Castrojeriz, algo anterior (974).

Fue entonces cuando se consolidó paulatinamente la «europeización» de los reinos cristianos, se precisó la «tarea de reconquista interna de carácter cultural [...] la toma de conciencia decisiva de la pertenencia de León y Castilla a la cristiandad latina y su carácter de frontera frente al Islam», y se articuló la relación con al-Andalus bajo el doble procedimiento del régimen de parias y de la conquista territorial. El primer aspecto prevaleció «los decenios en que la sociedad hispanocristiana fue digiriendo los procesos internos de transformación y la falta de población»; el segundo apuntó desde las tomas de Viseu, Lamego y Coimbra (1055 a 1064), aunque «los primeros resultados espectaculares y el fortalecimiento del nuevo modelo correspondieron al reinado de Alfonso VI».

Por una parte, «esfuerzo decisivo de reconquista cultural de sus propios vasallos castellanoleoneses»: entrada de monjes cluniacenses, aceptación de la «reforma gregoriana», promoción del Camino de Santiago, inmigración de guerreros «francos». Por otra, incorporación de La Rioja y las tierras vascongadas en 1076, primer avance sólido en la Extremadura (fuero de Sepúlveda, 1076), dominio del régimen de parias y, en 1085, toma de Toledo. Así, «los reinos de Castilla y León se confirmaban como la periferia de la cristiandad latina en su pugna con el Islam».

A lo que correspondió, del lado musulmán, la vinculación de al-Andalus a los imperios norteafricanos almorávide y después almohade, desde el último decenio del siglo XI, la mayor militarización e intolerancia, la formación, en suma, de un nuevo tipo de «frontera entre sociedades», cuya plasmación física ocurre en torno a la línea del Tajo, con caracteres mucho más precisos que los de la antigua frontera del Duero, pero con la formación, asimismo, de amplios espacios intermedios vacíos o mal poblados y organizados, dejando aparte los núcleos fortificados, en el sector castellano de la cuenca del Guadiana y en el leonés y portugués entre este río y el norte del Tajo.

En aquellas condiciones, que se formaron y alcanzaron su madurez desde la toma de Toledo hasta comienzos del siglo XIII, se produjo la repoblación de la Extremadura y de la Transierra, dos regiones con características propias aunque, también, con rasgos comunes formados en el mismo proceso repoblador. Se suele distinguir dos épocas en el proceso, la primera hasta mediados del siglo XII, en la que toma forma una sociedad «organizada para la guerra» (E. Lourie), con peso creciente de los caballeros de las ciudades y villas en el conjunto social. La segunda, desde mediados del XII hasta comienzos del XIII, en que se diversifica la situación política –Castilla y León separados, Portugal independiente, sustitución de los almorávides por los almohades– y aparecen «otras realidades sociales, estratégicas y mentales [...] la definición de una línea más estable de frontera frente a los almohades, que había que atender desde puestos fijos», a cargo, con frecuencia, de las nuevas órdenes militares, mientras se consolidan, hasta mediados del XIII, los procesos de colonización y organización social en los espacios extremaduranos y en los de la Transierra, extendiéndose, en este último caso, a los nuevos territorios que se fueron incorporando.

2. La Extremadura[2]

1. LA SITUACIÓN ANTERIOR AL ÚLTIMO CUARTO DEL SIGLO XI

La conquista islámica del siglo VIII y los acontecimientos ocurridos entre 741 y 753 –revuelta beréber, sequías y hambres– consumaron la «destrucción y despoblación de las ciudades» (Villar García, 1986) y de la organización procedente de época romana. En la zona norte de la región, las llanuras que descienden hacia el Duero, la despoblación llegaría a ser total en la zona castellana y leonesa, no tanto en la actualmente portuguesa. En cambio, en «los altos valles de las sierras centrales» pudo permanecer algún «poblamiento rural» residual, así como en algunos puntos de la red fluvial, «microcélulas de población de origen prerromano», a las que se añadirían elementos beréberes y «muladíes», según se puede deducir de la toponimia, detalladamente estudiada por A. Barrios para las zonas de Ávila y Salamanca[3].

Los avances cristianos desde fines del siglo IX no se detuvieron en el Duero, sino que produjeron un conjunto de «repoblaciones precarias» (J. González) que se mantuvieron durante gran parte del X a partir de las plazas fuertes ya dominadas por los cristianos y situadas en la misma línea del río o en sus proximidades: Zamora (893), Toro, Simancas y Tordesillas en los años siguientes, y, más al este, Roa (912), Clunia, Osma, San Esteban de Gormaz. Tras el fracaso de la gran campaña cordobesa contra Simancas, en 939, los leoneses ocuparon Salamanca –primer obispado, 953–, Ledesma y otras plazas desiertas, y las comenzaron a poblar, con ayuda de mozárabes venidos de al-Andalus y, según algunas hipótesis, reorganizando población ya presente con anterioridad. A esta época correspondería la nueva instalación de eremitorios rupestres en las riberas salmantinas del Tormes o en el zamorano valle de Cañedo[4]. Mientras tanto, los castellanos, bajo el mando del conde Asur Fernández, fortalecían la posición de Roa con la ocupación de otras próximas (Maderuelo, Torregalindo, Haza) y se consolidaban en la misma orilla del río (Peñafiel) o incluso al sur (Portillo, Mojados, Cuéllar). Por entonces se estableció también el obispado de Simancas y, unos años después, el conde Fernán González intentó una primera repoblación de Sepúlveda, y de nuevo su nieto Sancho García a comienzos del XI, e incluso otros castellanos utilizaron las ruinas próximas a la futura Ávila para lanzar ataques contra la zona toledana en los años setenta del siglo.

La organización incipiente de la Extremadura se limitaba entonces a algunas formas de explotación ganadera extensiva, aprovechando las vías de comunicación de época romana, por ejemplo, la Via Equinea o de la Plata al oeste, las que unían Toledo con Ávila y con Segovia, y, desde estas plazas, confluían en Simancas, o las más orientales: de Sepúlveda a Roa, de Medinaceli, Sigüenza y Termancia hacia Osma. Pero las campañas de Almanzor acabarían con aquella primera repoblación casi por completo en el último cuarto del siglo X y hubieron de pasar unos cincuenta años antes de que, en tiempos de Fernando I, el poder regio volviera a organizar la de Zamora, Toro, Tordesillas o Simancas, en la línea del Duero.

¿Hubo continuidad con la época anterior en algunas de las zonas repobladas durante el reinado de Alfonso VI? Se ha señalado esta posibilidad en la zona este de la actual provincia de Segovia: Sepúlveda recibió un fuero en 1076 que, tal vez, tenía por objeto asegurar la dependencia política de pobladores ya asentados en la zona, como en las de las vecinas Ayllón, Riaza o Pedraza, dedicados a actividades de pastoreo y guerra de frontera. Este fuero fue modelo de «libertades» extremaduranas frente al modelo, cada vez más señorializado, de las relaciones sociales que se anudaban al norte del Duero. Algunos autores actuales han lanzado la hipótesis de que la colonización agrícola del siglo X fue más densa de lo que se suponía y aseguró la permanencia de población organizada en algunos puntos como Salamanca, Alba, Ledesma, Ávila incluso, y de islotes de campesinos «sin sujeción político-fiscal regular», de modo que, de ser así, las colonizaciones posteriores contaron con una base previa mayor de lo que se suponía.

2. LA REPOBLACIÓN DE LA PLENA EDAD MEDIA. ÉPOCAS, ÁMBITOS Y CARACTERÍSTICAS

1. La época inicial

Desde mediados del siglo XI, en efecto, se consolidaba el movimiento repoblador en los «territorios orientados al Duero central» (J. González), mediante la restauración de los puntos fortificados: en los valles del Riaza (Haza, Torregalindo, Montejo, Maderuelo) y del Duratón (Curiel, mejora de las defensas de Peñafiel); en la zona dominada desde Simancas e integrada en el obispado de Palencia, donde la promoción de Valladolid desempeña también un papel importante: Íscar (repoblada desde 1086), Cuéllar, centro principal de la tierra de pinares, Coca, más al oeste Olmedo, repoblada por el conde Raimundo de Borgoña en 1090, y, al sur, Arévalo. Medina del Campo, a sólo 20 km. El oeste de Olmedo se pobló ya en el primer tercio del XII[5], y el término de la vecina Tordesillas no se delimitó por completo hasta mediados del XIII, en parte por contraste con el de Valladolid, que pobló paulatinamente algunas aldeas cercanas: Villanubla, Viana (de Cega), Boecillo, Laguna (de Duero).

Después de la toma de Toledo, el esfuerzo principal del rey y sus colaboradores, especialmente su yerno el conde Raimundo de Borgoña, se centró en la defensa de los pasos del Sistema Central, mediante la rápida población de ciudades con alto valor estratégico: Segovia, Ávila y Salamanca. Se dotó a las tres de amplísimos territorios dependientes, situados en la llanura, en la sierra e incluso, en los dos primeros casos, al sur de ésta, con ánimo de que en el futuro fueran poblados a partir de la ciudad-cabecera en un proceso más sencillo y metódico que los seguidos al norte del Duero, entre otras cosas porque la tierra estaba vacía, o casi, y la monarquía, a quien correspondía inicialmente el dominio eminente sobre aquellas tierras incultas, podía partir prácticamente de cero[6].

Pero, en aquellos primeros momentos, lo que más importaba era asegurar la comunicación entre Toledo y las tierras bien pobladas al norte del Duero, de donde tenían que proceder los auxilios, en caso de necesidad, mediante la organización de Segovia y Ávila, de las que hay noticias a partir de 1088-1090, y la de Salamanca, un poco más tardía, desde 1101-1102, aunque se trata de documentos que presuponen un comienzo anterior de la repoblación. De todos modos, la importancia estratégica de Salamanca, aunque grande, era algo menor que la de las otras dos plazas puesto que se trataba en este caso de defender la línea del Tormes y las rutas que enlazaban con el sur a través de los emplazamientos de Coria y, más adelante, Ciudad Rodrigo. En los tres casos, el conde Raimundo de Borgoña dirigió las operaciones en nombre de Alfonso VI, su suegro. Segovia tal vez tenía ya algunos pobladores, de origen mozárabe, instalados antes de que al-Mamun de Toledo frustrara un primer intento de colonización, hacia 1072. En Salamanca, acaso también se pudo actuar a partir de «los restos de la repoblación de Ramiro II, y de las poblaciones, posiblemente mozárabes, que permanecían entre sus ruinas» (Villar García). Pero en las tres ciudades el proceso poblador y organizador es nuevo y completo en casi todos sus aspectos.

En el Alto Duero, las condiciones de la repoblación fueron algo distintas. La población de San Esteban de Gormaz se llevó a cabo en los años setenta y ochenta del siglo XI, así como la de Berlanga, al este, al tiempo que se completaban al oeste las de Ayllón y Maderuelo. La restauración del obispado de Osma desde 1088 fue un acicate de importancia para la mejor organización de la zona, encomendada por Alfonso VI a Gonzalo Núñez de Lara, «tenente» regio de Osma, que pobló Covaleda, Duruelo, Almazán, Andaluz y, en 1104, Medinaceli, y a García Ordóñez, «tenente» de Nájera, cuya acción se llevó a cabo en la zona de la antigua Numancia, futuras tierras sorianas, y en las tierras de enlace con Burgos (Salas).

La importancia estratégica de aquellas tierras era muy grande por la proximidad a las de la cuenca media del Ebro. Y así se explica que el conquistador de éstas, Alfonso I de Aragón, ocupara de manera estable la zona del Alto Duero en el segundo y tercer decenios del siglo XII y procediera a su nueva organización, con objeto de flanquear adecuadamente sus avances (Zaragoza, Tudela, Tarazona, Calatayud, Daroca...). Pobló Soria en 1119[7], consolidó la población de Almazán hacia 1128 y la de Berlanga, repobló Ágreda, Ariza y Deza, en buena parte con castellanos y también con navarros, delimitó las tierras de Atienza y Medinaceli, que seguía en manos cristianas después de la derrota de Uclés (1108) frente a los almorávides. Cuando se tomó Sigüenza, por los castellanos, en 1124, Alfonso I no opuso especial resistencia a que su hijastro Alfonso VII de León y Castilla organizara el territorio, en especial después del pacto de 1127: Sigüenza, sede de una nueva diócesis y señorío episcopal ella misma, sería el centro organizador más importante, junto con Atienza y Medinaceli, cuyo fuero, otorgado por Alfonso VI, debió de ser el denominador común de los estatutos jurídicos recibidos por los pobladores de aquellas tierras.

2. Pobladores y aldeas

La repoblación de las zonas rurales hubo de comenzar al mismo tiempo que la de los núcleos urbanos y apoyada en ellos, pero la documentación disponible para estudiarla es muy escasa antes de mediados del siglo XIII y el margen de hipótesis grande, incluso contando con las aportaciones de los estudios toponímicos y antroponímicos. Se puede suponer que hubo «desequilibrios regionales» y una insuficiencia crónica de habitantes, a pesar del crecimiento demográfico propio de la época. Periodificar el fenómeno es aún más difícil: parece que hubo un descenso notable del flujo de pobladores en el segundo cuarto del siglo XII, y un nuevo tiempo de mayor afluencia en su segunda mitad. Refiriéndose a las tierras centro-occidentales, Barrios estima que primero se poblaron «las tierras mejores, más ricas y que quedaban mejor resguardadas de la amenaza de las correrías almorávides: la diócesis de Segovia, la mayor parte del obispado de Ávila y la zona llana del noroeste salmantino». De modo semejante, Villar García señala que, hasta mediados del siglo XII, habría mayor intensidad de colonización en «las riberas del Duero, los páramos septentrionales, tierra de Pinares, campiña segoviana, tierras de Arévalo-Olmedo, Tierra Llana abulense, Armuña salmantina y Tierra del Vino zamorana» (ya al norte del Duero), y menor en «La Serrezuela, macizo de Sepúlveda, rampas de las sierras centrales y penillanura salmantina al sur del Tormes». Alba de Tormes, por ejemplo, recibió un contingente mayor de pobladores ya en los años cuarenta del siglo XII (fuero de 1140).

En esta última zona, la colonización llegaría a su madurez desde 1161, con la fundación de Ciudad Rodrigo[8] y la repoblación de Ledesma, destinadas a asegurar mejor las fronteras con Portugal y la defensa frente a los musulmanes: el alfoz o tierra de Ledesma se extendió sobre tierras hasta entonces marginales, pero el de Ciudad Rodrigo se desgajó del de Salamanca, con gran disgusto del concejo salmantino. Desde finales de siglo, Alfonso IX reforzó la población de Alba de Tormes con nuevos colonos agricultores e impulsó la repoblación de las tierras fronterizas con Portugal situadas entre los ríos Águeda y Coa, de la diócesis de Ciudad Rodrigo, entre 1190 y 1230, con la fundación de pequeñas plazas fuertes como Castell Rodrigo, Castell Bom, Alfayates, Almeida o Sabugal. Algo más al oeste, a su iniciativa se debió también la repoblación de la sierra: Herguijuela, Soto de Francia, Miranda del Castañar en 1215, frente a la reciente población castellana de Béjar, llevada a cabo por Alfonso VIII en 1208[9], Montemayor, Monleón, Salvatierra de Tormes, y algunas otras: muchas de estas poblaciones respondían más al interés estratégico que al atractivo de sus tierras, a menudo poco productivas.

Se supone, en líneas generales, que la inmigración desde el exterior debió de disminuir mucho en la segunda mitad del siglo XIII, suplida por el crecimiento demográfico interno, que produjo el de población de las ciudades principales y la intensificación de la actividad colonizadora en las zonas rurales próximas a ellas, con aumento del número y del tamaño de las aldeas, así como en los «bordes montañosos» al norte de la Sierra (A. Barrios).

Si en un primer momento fue el rey o su delegado quien organizó y dirigió la tarea repobladora, comenzando por la delimitación de cada territorio, pues no había antecedentes en los que basarse, después se hicieron cargo de estas funciones los concejos de las ciudades y villas cabecera de sus respectivos territorios, que desde mediados del siglo XII comenzaron a dividirse en circunscripciones —«sexmos», «cuartos», «ochavos»— para facilitar la labor, agrupar las aldeas que se instalaban en ellos y darles término territorial. El concejo urbano conservó también, en principio, la disposición sobre las tierras incultas, baldías y dedicadas a monte y pasto, y la capacidad para organizar nuevas colonizaciones cuando lo estimaran oportuno sus dirigentes, pero conviene recordar que la monarquía podía intervenir siempre —el concejo era, en definitiva, un poder delegado de ella—, atribuyendo directamente tierras o incluso, en ciertas condiciones, desgajando tierras y aldeas del ámbito concejil para entregarlas a instituciones eclesiásticas o, más adelante, a miembros de la nobleza seglar, aunque, en la época que ahora estudiamos, los monarcas eran los primeros interesados en no desgastar el realengo con aquellas cesiones al «abadengo» eclesiástico o al señorío nobiliario, y prohibían o limitaban mucho la venta o cesión de tierras de particulares a instituciones de estos dos ámbitos jurisdiccionales.

Los pobladores que constituyeron aquella «sociedad nueva» procedieron en su mayoría de las tierras castellanas y leonesas situadas al norte del Duero. En la Extremadura castellana, acudieron especialmente de las comarcas comprendidas entre el río Cea y La Rioja, incluyendo las Vascongadas. La *Crónica de la población de Ávila,* escrita ya en el siglo XIII, afirma que el conde Raimundo de Borgoña trajo, en un primer momento, hacia 1090, colonos procedentes de la zona de la sierra de la Demanda (Covaleda, Lara, Cinco Villas), a los que atribuye la condición de caballeros «serranos». En realidad, «serranos» los hubo también en otras localidades como Salamanca, Guadalajara o Toledo, y eran vecinos, casi siempre caballeros, especializados en la vigilancia de la sierra y de los ganados que pastaban en ella, especialmente capacitados para las acciones guerreras. Acudieron también algunos grupos de navarros y, en menor medida, de aragoneses, sobre todo en época de Alfonso I de Aragón y Alfonso VII. En algunas zonas abulenses (Olmedo, Arévalo, tierras occidentales) la presencia de leoneses y asturgallegos pudo representar en torno a la quinta parte del total de colonos, muchos más que en el resto de la Extremadura castellana. En la salmantina, hubo afluencia principal de leoneses, gentes de las tierras próximas de Zamora y Toro, gallegos, bastantes castellanos y algunos portugueses; así, por ejemplo, en Ledesma y Ciudad Rodrigo «los topónimos relacionados con colonizadores de origen gallego y asturleonés» son el 83 y el 63 % respectivamente, frente a un 10 % de castellanos; la situación es menos desigual en Salamanca (48 y 17 % respectivamente) y en Alba (32 y 31 %).

Los francos acuden en pequeño número, a las ciudades casi exclusivamente, a veces en relación con la presencia de los primeros obispos, que tuvieron aquel origen si formaban parte del círculo de colaboradores de Bernardo de Sédirac, primer arzobispo de Toledo; no tuvieron estatuto jurídico propio y las menciones a ellos escasean ya en la segunda mitad del siglo XII. Hubo también alguna aportación de mozárabes en la primera mitad de aquel siglo –por ejemplo, los venidos de Valencia después del abandono de la plaza por Alfonso VI en 1102–, aunque muy inferior a la que se registra en Toledo y su entorno, e incluso algunas aldeas de posibles musulmanes cautivos y conversos (tres topónimos «Tornadizos» en Ávila), pero la presencia musulmana fue casi nula, salvo en algunos puntos del ámbito soriano, y las «morerías» urbanas no tuvieron cierta importancia hasta la Baja Edad Media. Algo semejante ocurre con las menciones a judíos, desde la cuarta década del siglo XII: son muy escasas antes de mediados del siglo XIII.

Es posible hacer una especie de balance del proceso repoblador a mediados del siglo XIII, cuando ya estaba prácticamente completo salvo en las zonas serranas y en las que Ávila y Segovia tenían en la Transierra, gracias al análisis toponímico combinado con los datos que proporcionan las evaluaciones de rentas eclesiásticas de los obispados de Segovia, Ávila y Salamanca –1247, 1250 y 1265, respectivamente– y el padrón de Soria y su tierra de 1270[10]. Hay poquísimos topónimos árabes, alguno más en la zona soriana, por su relación con el valle medio del Ebro, y en la salmantina, seguramente por influencia mozárabe. Bastantes topónimos hacen referencia al primer poblador, otros a los lugares de origen (Castellanos, Narros). La mayoría son nombres tomados de accidentes geográficos o de elementos naturales de la zona de asentamiento de la aldea, especies forestales o animales, o, en ocasiones, testimonio de antiguas ruinas. Más de un centenar de aldeas llevan nombres religiosos, con mayor frecuencia en la zona de Ávila. Y otras muchas aluden en el suyo a su condición de ser población nueva o dependiente del concejo principal que la ha fundado.

En el ámbito territorial que abarcaba el obispado de Segovia –7.430 km²– habría al menos 475 lugares. En el de Ávila –10.370 km²–, 477; en el de Salamanca –8.500 km²–, 635, a lo que se debe añadir las que hubiera en el de Ciudad Rodrigo. En Soria, el padrón de 1270 enumera 238 aldeas en los 2.666 km² de su «tierra». En las plazas que correspondían al obispado de Sigüenza, como arciprestazgos, había 126. Uniendo a los anteriores otros datos correspondientes a diversos lugares de la diócesis de Osma, habría al menos 1.400 aldeas en la Extremadura castellana, a lo que se ha de unir otras 750 en la leonesa. Dar cifras totales de población sería arriesgado, aunque parece razonable la cifra de 68.000 habitantes para todo el obispado de Ávila, a mediados del siglo XIII, propuesta por A. Barrios, y, por lo tanto, la de 300.000 a 350.000 para toda la Extremadura.

El reparto de las aldeas no era homogéneo, sino que había fuertes desequilibrios comarcales. Así, señala el investigador mencionado cómo, en la zona septentrional del obispado de Ávila, «con menos de la tercera parte de la superficie total, se hallaban casi dos tercios de los pueblos y los tres núcleos urbanos», mientras que en los valles de la Sierra y extremo sur de la diócesis no habría entonces más de 20 aldeas. En el obispado de Salamanca, el «mayor índice de ocupación humana» correspondía a los arcedianatos de Salamanca y Alba de Tormes, mientras que habría aún muchos espacios de pasto y monte en el obispado de Ciudad Rodrigo. En general, en aquellas zonas de mayor riqueza agrícola había habido rozas, deforestación y roturaciones masivas: eran tierras de «hegemonía de la pequeña propiedad campesina», en parcelas muy fragmentadas; la aldea estaba formada por viviendas de adobe, con sus corrales y complementos, disponía de iglesia y solía tener en torno los tres círculos de aprovechamiento característicos: huertos, alcaceres o «herrenes», pequeñas parcelas cercadas y los espacios de ejido comunal y eras, en el primero; cultivos cerealistas de secano y, en mucha menor proporción, pagos de viñedo en el segundo, donde todavía no se practicaba la división en hojas de cultivo; espacio de monte, bosque y pasto en el círculo tercero y más alejado. Contrasta este tipo de paisaje con el de los alrededores de las ciudades, donde predominaban grandes fincas o «sernas» de cereal, y zonas de monte para leña y pasto, con frecuencia propiedad de instituciones radicadas en la urbe, o de la corona[11].

La ausencia de sincronía en la colonización de las diferentes zonas hace que importe referirse también a su continuidad, con fundación de aldeas en el último tercio del siglo XIII y primera mitad del XIV, fenómeno que afectó especialmente a las zonas serranas del sur, antes muy poco pobladas: Valdecorneja, ya desde comienzos del XIII (Piedrahíta, El Barco), la Tierra de Pinares y el curso alto del Alberche abulense (Burgohondo, Cebreros, El Hoyo, San Bartolomé de Pinares, etc.), el término de Béjar y las tierras de Ciudad Rodrigo y Riba Coa. Y también las zonas segovianas y abulenses situadas al sur del Sistema Central, como más adelante estudiaremos. Mientras tanto, en las zonas de llanura más ricas y pobladas del norte se había llegado a la máxima expansión posible de los terrazgos, lo que dio lugar a veces a desequilibrio con las zonas de monte, excesivamente reducidas, a una mayor fragmentación de parcelas y a la aparición de algunos casos de poblamiento intercalar.

3. Las ciudades y villas

La gran mayoría de aquellas aldeas –posiblemente más de las dos terceras partes– eran pequeños núcleos de poblamiento concentrado con entre 5 y 15 vecinos con sus familias, a veces menos (sesenta aldeas sorianas tenían entre uno y cuatro vecinos), pero algunas habían superado aquel nivel, incluso contaban con más de una parroquia, y se aproximaban de hecho a la condición de villas: Madrigal, Piedrahíta, El Barco, en la zona abulense, Turégano en la segoviana, Mojados, más al norte, son buenos ejemplos.

1. Castilla y León

Por encima, en la jerarquía del poblamiento, se situaban las «villas» de tamaño mayor, que contaban con fortificaciones aunque «todo parece indicar que su crecimiento quedó anclado en el pasado, limitado al interior de su cerca» (Villar García), aunque en algún caso –Sepúlveda– nacieron arrabales a medida que perdía población el núcleo fortificado. En esta categoría se contaban Sepúlveda misma, que contaba en su «tierra» –de unos 1.600 km^2– con más de 70 aldeas dependientes, en su mejor momento[12], Medina del Campo; Cuéllar, que tenía 7 parroquias y dos docenas de aldeas[13]; Coca, aproximadamente la mitad que la anterior; Olmedo, con 15 parroquias, 2.500 habitantes a mediados del siglo XIII y casi 50 aldeas; Arévalo, con 2.000 habitantes, 11 parroquias y una treintena de aldeas; Íscar; Pedraza; Almazán con 55 aldeas a fines del XIII; Ayllón con 34 e incluso Berlanga con 20, Ledesma y Alba de Tormes[14].

En la cúspide, las «ciudades», sede de obispado –salvo Soria–. Su desarrollo fue rápido, debido al ejercicio de varias funciones combinadas: la militar –tanto en su papel de fortalezas defensivas como en el de organizadoras de acciones ofensivas– fue dominante y rindió muchos beneficios. Además, eran centro organizador de la colonización de la «tierra» o «alfoz» respectivo y se beneficiaban de muchas de sus actividades agrarias, en especial las ganaderas: Ávila llegó a tener 319 aldeas dependientes; Segovia, 91; Soria, según el padrón citado, 238. En tercer lugar, en ellas se concentraban las funciones de mercado, y las de tráfico y comunicación, al estar situadas en puntos estratégicos para el control de caminos. La Extremadura se caracterizaría así por su división en tierras dominadas y organizadas desde ciudades y villas, de una manera mucho más homogénea y simple que al norte del Duero, en la Castilla de las «merindades», que se perfilan en los siglos XII y XIII, o el reino de León, con un mosaico de formas de poblamiento y organización rural y urbana, realenga y señorial, mucho más complejo y variado[15].

La organización del espacio urbano era diferente en cada caso, pero había muchos criterios comunes. Solían emplazarse sobre ruinas de antiguas ciudades o *castra* para aprovechar las ventajas defensivas. El castillo era su punto principal y, en el caso de Soria, su núcleo originario, aunque solía estar en posición excéntrica, a veces, incluso, con espacio vacío entre él y la ciudad –caso de Segovia–[16]. Era, lógicamente, el lugar de residencia del «tenente», que representaba el poder regio.

Como los pobladores primeros se agruparon a menudo por procedencias o «naturas», tendieron a formar barrios en torno a las respectivas iglesias, dotadas de plazuelas anejas, y a veces con espacios vacíos entre unos y otros núcleos. Aunque lo más frecuente era que estos templos tuvieran categoría de parroquia, el principio de agrupación por «natura» prevaleció en muchos casos durante algún tiempo sobre el de división de la ciudad en «collaciones», con la respectiva parroquia como centro, aunque el primer criterio derivaba lógicamente hacia el segundo y éste, la distribución de los habitantes por «collaciones», facilitó la pronta constitución de un concejo ciudadano único. Así, en Ávila, donde parece que la inicial agrupación por «naturas» distinguía a los de Lara y Covaleda, los de Cinco Villas, los de Estrada, los de los Bravezos y los «serranos», el concejo, formado por la comunidad de «collaciones», funcionaba ya en 1103. En Salamanca, las «naturas» mencionadas son las de castellanos, toreses, bregancianos, «portogaleses», «serranos», francos y mozárabes, y el concejo se organizó en principio repartiendo los oficios principales entre las distintas «naturas».

La división inicial en barrios se percibe en los planos de algunas ciudades durante largo tiempo. Cierto que se densificó pronto el sector central, alrededor de la catedral y de las localizaciones de las principales actividades administrativas y militares, artesanales y mercantiles, pero los barrios más alejados, donde predominaba la dedicación agraria y la instalación de algunas manufacturas molestas, se mantuvieron separados durante mucho más tiempo. Hacia 1150, el geógrafo musulmán El Idrisí describía Ávila y Segovia como «un conjunto de aldeas próximas unas a otras hasta tocarse sus edificios». Con mayor razón podría haberlo afirmado de Soria, que se configuró como

> ciudad de cañada o barranco [...] extendiéndose las viviendas por las laderas [del cerro del castillo] en forma de pequeñas aldeas que se fueron aglutinando y haciendo necesaria una extensa muralla capaz de cobijar los dispersos grupos de casas, con amplios espacios vacíos entre ellas (Moxó. Torres Balbás).

Además, Soria se pobló no sólo con gentes venidas de otras partes de Castilla y Aragón, sino con grupos «de las pequeñas aldeas de su contorno», que a veces existían desde los siglos IX y X, y mantuvo durante más tiempo la división por naturas: Rabanera, Canales, Cinco Villas, Montenegro, Covaleda, Cabrejas, Muriel, Calatañazor, Navarros, etcétera. Por el contrario, Salamanca tuvo desde el primer momento un plano más compacto, intramuros, con sus centros eclesiástico, político y económico bien precisados, aunque también se aplicara el principio de «natura» en el emplazamiento de los primeros pobladores y hubiera amplios espacios sin edificar –plazas, corrales– y bastantes «pueblas» extramuros que sólo se englobaron en la nueva muralla, hacia 1200; entonces se produjo también el traslado del mercado a la plaza detrás de la iglesia de San Martín, rodeada de calles habitadas por artesanos, así como la sede del concejo.

Hubo un gran crecimiento urbano en la segunda mitad del siglo XII y primer tercio del XIII que, en Salamanca, se refleja en la densificación del espacio intramuros y en Segovia, Ávila o Soria más bien en «los barrios y los suburbios extramuros» (Villar García). El mejor indicador es la construcción de numerosas iglesias parroquiales, y de las catedrales respectivas, así como la terminación de las murallas, aunque no abarquen todo el perímetro urbano, salvo en Salamanca, debido a la peculiar disposición de los barrios. Las de Segovia –3.500 m– y Sepúlveda se ciñen mucho a los escarpes del terreno, aunque en Sepúlveda causaban éstos tales molestias de emplazamiento que, cuando pasó el riesgo guerrero, buena parte de la población se instaló en arrabales, ya en el siglo XIII. La muralla de Ávila tenía 2.400 m y estaba concluida a fines del XII, cuando sirvió de modelo a la de Plasencia, recién poblada en la Transierra castellana. La de Soria, a la que contribuyeron todos los barrios, tuvo una longitud mayor, 4.100 m, debido al propósito de abarcar el mayor número posible de ellos.

Cuando concluyó lo fundamental del proceso, a mediados del siglo XIII, el plano urbano se organizaba según la disposición de las puertas de la muralla y la de las collaciones, en torno a sus respectivas parroquias y sus placitas o «corros». Había una plaza principal, centro de la actividad mercantil, que se extendía por las calles próximas, y de la política, pues en ella solía reunirse el concejo: es el «azogue» en Segovia, Soria o Sepúlveda, la plaza de San Martín en Salamanca o la de San Juan en Ávila. Solía haber también alguna gran plaza extramuros, donde a veces se desplazaba ya la celebración de mercado («Azoguejo» segoviano, plaza de San Pedro en Ávila), y algún espacio para «coso» o «almuzara», destinado a ejercicios ecuestres, que recoge la tradición urbanística hispanomusulmana de ciudades más sureñas: Segovia lo tenía entre el alcázar y la ciudad misma, Ávila en la plaza de San Pedro.

Las «collaciones» o parroquias eran numerosas, como reflejo de la frecuente organización inicial en «naturas»: Salamanca tenía 35, Segovia 31, Ávila 23, Soria 34. Pero Ciudad Rodrigo no tendría más de una docena, lo que la situaba al nivel de villas de tipo medio, que solían ser cabecera de arcedianato dentro del obispado correspondiente; solía haber entre 10 y 15 (Olmedo, Arévalo, Cuéllar, Sepúlveda, Almazán). El número se situaba entre 3 y 5 en las menores, a veces sede de arciprestazgo: Pedraza, Fuentidueña, Coca, Íscar, Fresno. El escaso vecindario adscrito a algunas de aquellas parroquias se reforzaba, a veces, con la extensión de sus servicios a aldeas de la «tierra»: así, en Soria, cada parroquia urbana de las peor dotadas tenía a su cargo además varias aldeas, en torno a 7, lo que las permitía contar con 50 a 80 vecinos más como feligreses y contribuyentes.

El paisaje urbano y los repartos sociotopográficos habían llegado también a su madurez a mediados del XIII. Debía de ser general, e incluso obligatorio, que las casas de los vecinos estuvieran tejadas y tuvieran fachada a la calle con una dimensión mínima prefijada, aunque no conocemos disposiciones legales comparables, en este aspecto, a las contenidas en el fuero de Cuenca. Respecto al reparto de las diversas funciones sociales, hay también datos significativos: los caballeros, canónigos de la catedral y mercaderes vivían casi todos intramuros; incluso en Salamanca y Segovia había alguna calle o zona sujeta a la jurisdicción eclesiástica. La actividad mercantil y artesanal todavía se concentraba en la parte antigua de la urbe, a menudo repartida por especialidades, como lo muestran los nombres de calles dedicadas a oficios, o las localizaciones de mercados, hornos, pescaderías, carnicerías, alhóndigas y otros almacenes, que comienza a citar la documentación desde mediados del siglo XII, pero había ya una clara tendencia a su expansión o nueva localización extramuros, donde los emplazamientos eran más cómodos, una vez pasado el peligro guerrero, y menor el control fiscal; algunas actividades molestas –caso de las tenerías– habían estado siempre allí, así como parte de la población dedicada a actividades agrarias, que seguiría siendo muy mayoritaria, y muchos jornaleros, artesanos asalariados o miembros de algunos oficios, como los albañiles en Ávila. La tendencia era clara: «la ciudad mercado sucedía a la ciudad fortaleza, convirtiéndose en centro de consumo de la producción agraria, al tiempo que proporcionadora de artículos manufacturados» (Villar García).

4. La expansión de Segovia y Ávila
al sur del Sistema Central

A mediados del siglo XIII había aún un fuerte contraste entre el nivel de colonización y poblamiento conseguido al norte del Sistema Central, sobre todo en las tierras cerealistas, y su escasez en las zonas serranas y las situadas al sur de la cordillera, donde predominaba el «monte», y la dedicación ganadera en él. Pero el proceso colonizador también había comenzado en estas tierras gracias al interés que tenían en él los principales concejos.

Los concejos de Segovia y Ávila tuvieron una buena ocasión durante las guerras de almorávides y almohades para ampliar sus términos en la «transierra», colocando en ésta sus caballeros y luego sus ganados, con poder para acotar algunos pastos y para levantar cabañas, chozas, colmenas, porquerizas, cazaderos de losa o de hoyo, y para aprovechar las navas y las cañadas; ya en el siglo XIII, habían de dar paso a aldeas (J. González).

Así, Ávila extendió su tierra hasta cerca de Talavera y sólo a fines del XII vio bien limitado su espacio jurisdiccional por el oeste cuando se fijaron los términos de Plasencia (1189) y Béjar (1209), mientras que al este el límite con Segovia, en el río Voltoya, se fijó en 1184. Los extremos sureños de Ávila eran amplísimos y se poblaron con lentitud desde finales del XII: Burgohondo, Cadalso, Valdeiglesias, Arenas, y ya en el XIII, Piedrahíta y El Barco, en el borde norte de Gredos.

Segovia, por su parte, recibió en el siglo XII, como reconocimiento a sus servicios militares, las plazas de Calatalifa (fuero en 1141) y Olmos (1166), y, en 1190, 19 aldeas en el curso del Tajuña, que volverían a la jurisdicción de la sede arzobispal de Toledo en 1214, pero no otras tierras próximas al Tajo, que formaron el «sexmo» segoviano de Valdemoro. La razón de aquellas y otras adquisiciones tan sureñas era la organización de la trashumancia ganadera a lo largo de cañadas propias cuya descripción en un documento de 1208 muestra cómo bordeaban algunas de ellas el término de Madrid por el oeste, y prefiguraban el trazado de la futura cañada segoviana de la Mesta. En aquellas circunstancias, Alfonso VIII tuvo ya que intervenir en problemas de límites que enfrentaban a Segovia con Madrid e incluso con Toledo.

Además, en la primera mitad del siglo XIII, «comenzó la penetración segoviana en el espacio septentrional de Madrid, colonizando los valles del Manzanares y Guadarrama», a partir de instalaciones provisionales anteriores. Las «pueblas» en los términos de Manzanares y Colmenar (Viejo) se instalaron a finales del reinado de Alfonso VIII, con fuerte oposición madrileña, pues un privilegio real de 1152 incluía aquel territorio en su alfoz para dedicarlo especialmente a actividad ganadera y forestal, como una especie de *saltus* complementario de las zonas cultivadas *(ager)* en otras partes. La situación se hizo más tensa durante el reinado de Fernando III, al ganar en importancia la colonización de esas tierras sureñas. El rey intentó pacificar la situación declarando comunales aquellos espacios mientras se tomaba una decisión definitiva, pero no consiguió acabar con el conflicto. En 1234 Madrid se hermanó con otros concejos del arzobispado de Toledo para enfrentarse a Segovia, hermanada a su vez con otros de la Extremadura. En 1248, Talavera y Plasencia se hermanaron para hacer frente a las pretensiones de Ávila.

Alfonso X, al apoyar a los caballeros que dominaban el gobierno concejil, también respaldó, casi siempre, las empresas de colonización y organización, aunque a veces éstas iban ya en beneficio de la formación de señoríos, y no de los concejos. Así, Oropesa y Lagartera, pobladas en el Campo de Arañuelo –una zona yerma y árida, de repoblación tardía– a costa de Talavera, serían en 1281 de la orden militar de Santa María de España, y Ávila no podía evitar que algunas de sus aldeas –Candeleda, Velada, Navamorcuende– fueran dadas a diversos señores, a veces caballeros de la misma ciudad, entre 1276 y 1283, mientras que Segovia tuvo que oponerse al «heredamiento» recibido en el Campo Azálvaro por doña Blanca, nieta de Alfonso X, procediendo a la creación de El Espinar (1297).

Aquéllos fueron años de mucha actividad pobladora segoviana al sur de la sierra, en la cuenca de los ríos Manzanares y Guadarrama: el resultado fueron, además de Manzanares y Colmenar, en tierras que Sancho IV tomó directamente para la corona (de ahí el nombre de «Real de Manzanares») con el fin de zanjar la disputa entre Madrid y Segovia, la población del sexmo de Casarrubios, a pesar de que siguió predominando el aprovechamiento para pastos y otras actividades propias más de *saltus* que de *ager*: Galapagar, Porquerizas (Miraflores hoy), Guadarrama misma, en torno a 1268, El Escorial, Zarzalejo y Robledo de Chavela, Viso de Calatalifa, y a comienzos del XIV, Torrelodones, Alpedrete, Collado, Villalba, etc. También actuó Segovia en otro de sus «sexmos» serranos, el del valle del Lozoya, donde las ordenanzas de 1302 sobre uso de pastos, dehesas y ejidos distinguen ya las cuatro «cuadrillas» en que se había repartido la colonización del territorio: Rascafría, Oteruelo, Alameda y Pinilla.

De todos modos, la actividad agrícola era escasa en aquellas tierras, donde predominaba el monte y, en él, los aprovechamientos forestales, ganaderos y cinegéticos: «islotes reducidos de suelo agrícola en un mar de pinos, robles y encinas», escribe A. Barrios refiriéndose a las tierras abulenses situadas al sur de Gredos, aunque pone de relieve la importancia de algunas producciones y actividades especializadas:

vino, aceite, miel y cera, hierro en las llamadas «Ferrerías de Ávila», en el valle del Tiétar.

5. El ordenamiento jurídico y político. Estructuras y tendencias sociales

En los nuevos territorios, y en otros que más adelante se organizaron según su modelo, se aplicó un peculiar «derecho de frontera» o de la Extremadura cuyo «fondo normativo» común podemos reconstruir a partir de los fueros locales y de alguna recopilación de alcance territorial cuya redacción definitiva es tardía, de finales del XII o comienzos del XIII[17]. Los orígenes deben de estar en el derecho de frontera aplicado en la Castilla condal, aunque los textos conservados en copias del XII –por ejemplo, el fuero de Castrojeriz– estén sujetos hoy a crítica sobre su autenticidad en algunos aspectos. Pero si Alfonso VI no consideró preciso emitir fueros en el primer momento repoblador sería porque debía de haber ya «un derecho tradicional arraigado en la población cuyo conocimiento resultaba garantizado por su transmisión oral salvo cuando, por aplicarse a poblaciones ajenas o distantes, se hizo necesaria su fijación por escrito». Así, Ávila, Segovia y Salamanca no recibieron fueros específicos en la primera época, aunque la costumbre jurídica abulense se aplicó más adelante en lejanas poblaciones (Évora, 1166).

Este tipo de derecho no sólo se aplicó en la Extremadura y amplias zonas de la Transierra castellana y leonesa, sino que se extendió a tierras portuguesas y, en menor medida, aragonesas. Por eso, es preferible estudiarlo ahora en conjunto aunque después se hagan las alusiones o referencias correspondientes en cada caso. Algunos aspectos comunes a los diversos fueros que se vinculan a este fondo normativo son los siguientes:

- Ante todo, la existencia de un fuero único para todos los vecinos de la ciudad o villa y de sus aldeas, lo que implicaba el mismo tratamiento judicial, un nivel de igualdad social que se parecía al de los «infanzones» de las tierras norteñas, aunque estuviera limitado al marco local y sujeto al cumplimiento de determinadas obligaciones militares y fiscales y no fuera transmisible por derecho de sangre.
- Además, un conjunto de libertades y privilegios para los vecinos de tipo procesal, económico y tributario: entre ellos, la protección del vecino contra cualquier otra jurisdicción, incluso si hubiera cometido delito en ella contra personas o bienes –es la raíz de los futuros «privilegios de homicianos»–, la exención de tributos derivados de la dependencia personal, como la «mañería», y la limitación o exención de otras prestaciones, como la de hospedaje o «posada», exenciones que más adelante aumentarían, en muchos casos, mediante el otorgamiento de privilegios reales. También, la conservación de los bienes raíces dados en «repartimiento» al acudir a poblar, si el vecino se ausentaba por tiempo limitado; y la libre disposición de esos bienes, aunque en general se prohibía su enajenación a favor de instituciones eclesiásticas, por la misma razón que los concejos también se opondrían más adelante a la cesión por el rey a nobles de tierras –«heredamientos»– o aldeas, pues en ambos casos se debilitaba el realengo y, con él, el poder concejil.
- Otra característica común al derecho de la Extremadura es, precisamente, esa amplia autonomía organizativa y de

función que alcanzaron los concejos situados en plazas que eran cabeza de un amplio alfoz o tierra.
• Ahora bien, no todos los habitantes gozaban de este régimen de libertades e igualdad jurídica. Dejando aparte los sujetos a otras jurisdicciones –en especial el clero– o a estatutos parcialmente distintos –los judíos, los musulmanes–, entre los pobladores cristianos se diferencia en muchos casos al «morador» del «vecino», y a veces una categoría intermedia formada por los «atemplantes». El vecino tenía casa y bienes raíces propios, contribuía en todas las obligaciones –pechos, servicios– y actividades militares según su rango –caballero, peón– pero, por eso mismo, gozaba de todos los derechos. El morador no contribuía, en principio, en pechos y servicios, pero tampoco se beneficiaba de los repartos de tierra ni tenía posibilidad de voto en el concejo ni de ejercer cargo concejil. Los «atemplantes» tenían casa propia y alguna tierra –huerto, viña, etc.–, pero no «la heredad correspondiente a la labor de una yunta, es decir, la base del "pecho"» (J. González); muchos de ellos serían, ya en el siglo XIII y en las ciudades y villas principales, artesanos y mercaderes. En el padrón soriano de 1270, por ejemplo, figuran 351 vecinos, 664 atemplantes y 2.147 moradores. Estas diferencias se atenuarían o incluso desaparecerían más adelante, a medida que la base de la tributación y del deber militar no fueran sólo los bienes raíces sino toda la fortuna evaluable.

Respecto a las manifestaciones concretas –fueros locales– de este derecho de frontera o de la Extremadura, hemos de partir de las más antiguas (fuero de Sepúlveda, 1076)[18] para observar cómo se desarrolla y expresa desde el segundo cuarto del siglo XII: en Toledo, sería el derecho específico de castellanos. El derecho de Sepúlveda se aplicaría a Roa; el de Medinaceli, del mismo tipo, a Sigüenza; el fuero de Guadalajara también formaba parte del grupo, «no obstante ir dirigido a una población mozárabe» (Barrero García). Mientras tanto, en Aragón, Alfonso I adaptaba el derecho nobiliario de los infanzones pirenaicos a nuevas poblaciones: ésta parece ser la razón de que en Soria se organicen los «doce linajes», mismo número que el de los linajes que se hicieron cargo de Barbastro tras su conquista por Pedro I. Pero el derecho de infanzones no era adecuado, sobre todo para asegurar las obligaciones militares, y Alfonso I hubo de aplicar el derecho de la Extremadura castellana tanto en Soria como en Daroca y Calatayud: los textos de los fueros de estas dos localidades denotan la existencia de uno anterior, hoy perdido, que también se trasluce en los de Alfambra y Teruel (1177). Soria, por su parte, recibió fuero nuevo de Alfonso VIII. En el último tercio del siglo XII, sobre todo en las zonas de Castilla la Nueva sujetas a jurisdicción de órdenes militares, se elaboró una nueva redacción del derecho de frontera, más completa, de la que son variantes conocidas los dos fueros aragoneses que acabo de mencionar y los castellanos de Belinchón, Uclés, Zorita de los Canes, Huete, Cuenca y Alarcón.

La mejor elaboración y detalle de los fueros aumentó en especial desde 1214:

> en respuesta al ofrecimiento de Alfonso VIII a los concejos de confirmar sus fueros, éstos procederán a compilar su derecho. Con ello se abre un proceso redaccional de derecho local que afecta no sólo a la Extremadura castellana sino también a la leonesa y aragonesa y que se prolonga hasta mediada la centuria (Barrero García).

Son resultado de esta labor los siguientes textos de fueros que han llegado a nuestros días:

- Zamora. Alba de Tormes. Ledesma. Salamanca (el salmantino comenzaría a formarse mucho antes de la recopilación elaborada por el concejo en el siglo XIII).
- El «núcleo redaccional de la región del Coa, que recoge la tradición salmantina» y la de Ciudad Rodrigo –el fuero de esta ciudad no se conoce–: por ejemplo en los fueros de Castell Rodrigo, Alfayates o Sabugal. Los de Coria, Cáceres y Usagre forman parte también de este grupo.
- Fueros en lengua romance de Plasencia y, hoy perdidos, Barco de Ávila y Piedrahíta.
- Madrid, Guadalajara, Alcalá, Brihuega, Molina de Aragón, Uclés, Alfambra.
- Fueros latinos de Haro y Consuegra, y en romance de Huete, Zorita, Alarcón, Alcaraz, Albarracín, Teruel.
- Texto «formular», basado en el fuero de Huete y otros, otorgado por Fernando III a Sabiote, Iznatoraf, Úbeda y Baeza.
- Fuero de Cuenca en versión romance, «máximo exponente de derecho no ya de la Extremadura sino del derecho municipal, por resultar un ordenamiento completo». Influye a su vez en los fueros de Plasencia, Béjar, nuevo de Soria y extenso de Sepúlveda.

Un frondoso árbol jurídico, en definitiva, cuya presencia y manifestaciones habremos de tener en cuenta frecuentemente.

* * *

1. Castilla y León

La organización del poder concejil se conoce principalmente a través de estas fuentes jurídicas y es, tal vez, el aspecto que mayor atención ha recibido. Durante la primera época, hasta 1125-1130 aproximadamente, el gobierno estaba en manos de los representantes reales, «tenentes» nombrados por el rey con amplísimas facultades, a comenzar por las militares, que a veces ejercían en amplios sectores de la Extremadura. La sujeción de los nacientes concejos fue compatible, no obstante, con alguna revuelta en épocas de crisis política, como la que costó la vida a Alvar Háñez en Segovia, en 1113. Pero, desde el segundo cuarto del siglo XII, se observa el ejercicio de una creciente autonomía concejil, basada en el fuero, que el «tenente» regio ha de respetar, en la adecuación de las tenencias al marco territorial de una ciudad o villa y su tierra, en la transferencia de funciones políticas y judiciales al concejo, que elige anualmente a los vecinos que desempeñan las magistraturas, oficios o «portiellos»: jueces, alcaldes, justicias, sayones, porteros, jurados más adelante. Al mismo tiempo, el concejo principal toma en sus manos las riendas del proceso repoblador, atribución de tierras, forma de aprovechamiento de baldíos, delimitación y defensa de los términos, mando o preeminencia sobre las aldeas, etc.

A finales del XII, las antiguas atribuciones del «tenente» regio estaban ya muy reducidas: en Ávila, incluso, desaparece desde 1183. Es cierto, como veremos, que la toma y el ejercicio de poderes no habían ocurrido igualitariamente, ni siquiera a favor de todos los vecinos, sino que favorecían a los grupos de caballeros, verdaderos interlocutores de la monarquía a la hora de repartir poder y ejercerlo en el marco autónomo de cada concejo de realengo. En Castilla, la época de Alfonso VIII, a partir de su larga minoridad, fue

Capítulo tercero: Del Duero a Sierra Morena

el momento clave para la consolidación de tales cambios. Los privilegios que concedieron los monarcas del siglo XIII contaron con esta realidad y procuraron encaminarla de acuerdo con los intereses regios. En 1222, Fernando III, confirmando una situación que ya existía en tiempos de Alfonso VIII, reconocía en la Extremadura castellana y demás zonas organizadas en el reino según su modelo la necesidad de que se cumpliera estrictamente lo contenido en los fueros para alcanzar la condición de vecino, la plena autonomía concejil en el nombramiento de sus oficiales o «aportellados», elección que el rey se limitará a confirmar, aun reservando siempre su capacidad genérica de «fazer justicia»; fijaba el privilegio real, también, la cuantía del «pecho» a pagar al rey y su no compatibilidad, en el mismo año, con la prestación de servicio militar o «fonsado», así como el régimen de criados «excusados» de pecho que podían mantener algunos vecinos, en especial los caballeros; prohibía, en fin, la enajenación de aldeas a favor de otras jurisdicciones, fenómeno todavía escaso pero preocupante. Fue también entonces, en el último cuarto del siglo XII y primero del XIII, cuando comenzaron a tomar forma y obtuvieron recursos propios las haciendas municipales, casi siempre mediante mercedes regias.

De nuevo, entre finales de 1250 y finales de 1251 emitió Fernando III una serie de privilegios fruto de los acuerdos a los que había llegado con los caballeros y otros representantes de los concejos. A través de ellos se entrevé cuáles eran los problemas de orden sociopolítico más importantes. Primero, las tensiones de otros vecinos y pobladores con respecto a quienes dominaban el poder local, manifestadas en la formación de «cofradías» –que los documentos reales prohíben– y en diversas revueltas urbanas de las que a veces ha quedado alguna noticia. Segundo, a modo de compensación, la prohibición de abusos por parte de los poderosos –alcaldes, jurados, caballeros– y la limitación del número de «excusados» que podían tener. Tercero, la consolidación de las desigualdades en el acceso y participación en el poder concejil: el cargo de juez se reserva a los caballeros residentes en la ciudad; se niega la condición de caballeros a los vecinos menestrales, aunque dispongan de caballo y armas, salvo que dejen de practicar sus oficios; se fija la cuantía de bienes para ser considerado vecino pechero «entero» en 200 maravedíes de oro; se atribuye la guarda de los montes comunales a 6 caballeros y 20 peones, y, en fin, se confirman los fueros, los términos y las aldeas de cada ciudad, tal como eran en tiempos de Alfonso VIII.

Con Alfonso X aumentó el intervencionismo regio, pero fue para afianzar el predominio de los caballeros y regular a la vez las formas en que había de producirse el control monárquico: otorgamiento del «Fuero Real» a varias localidades de la zona (Ávila, 1256) y, sobre todo, privilegio de 1264 que reservaba los principales oficios concejiles a caballeros vinculados al rey o a su heredero, por pacto de vasallaje remunerado mediante la percepción de un sueldo («tierra») con cargo a la Hacienda regia. La madurez de las Cortes, a las que los concejos enviaban sus «procuradores», y las nuevas exigencias fiscales estimulaban este estrechamiento de relaciones, que acentuaba el control del poder local por grupos reducidos, en especial desde 1265, la formación de linajes como sistema de organización estable de los caballeros para el ejercicio y reparto del poder, la multiplicación de tensiones y choques entre ellos y el común de los vecinos y la aparición de las primeras «hermandades» entre concejos para defender sus intereses más allá del nivel local, pues, entre otras cosas, aumentaba la presión de los poderosos para obtener de los reyes tierras y aldeas concejiles en «heredamiento» perpetuo, lo que era el paso previo a su transformación en señoríos. Se habían dado ya muchos casos cuando Fernando IV, llegado a la mayoría de edad, prometió en 1304 que no daría más villas, aldeas ni «heredamientos» en la Extremadura a infantes, ricos-hombres ni otras personas o instituciones, y que haría retornar a los concejos lo ya otorgado, pero nada de esto se cumplió; por el contrario, el proceso de señorialización de aldeas caracterizó toda la Baja Edad Media.

En resumen, la Extremadura se había librado hasta entonces en gran parte de la señorialización que afectaba más a otras regiones y del tipo de relaciones sociales entre campesinos y señores propio de las situadas al norte del Duero, pero su estructura social y de poder había experimentado una jerarquización en la que los caballeros poderosos, mediante el dominio de los concejos, ejercían algunas funciones de tipo señorial corporativamente y acentuaban la dependencia de las aldeas respecto a la ciudad o villa, todo ello sin salir del realengo, sino, por el contrario, en nombre y por delegación regios. Así, expresado en otros términos, «la institución concejil cumplió, mediante el ejercicio de su poder, el papel de elemento reproductor de las bases socioeconómicas del grupo dominante» (Villar García). Dicho esto, hay que matizar que tal fue la situación paulatinamente establecida desde mediados del XII hasta comienzos del XIV, en circunstancias a menudo específicas de cada caso, y que las peculiaridades sociales surgidas desde la primera época repobladora, así como la intervención de un poder más amplio, el de la monarquía, hacen inadecuado asimilar, ni siquiera en términos estructurales, la situación sociopolítica de la Extremadura a fines de la plena Edad Media a la de regiones donde se había desarrollado una «sociedad feudal» de caracteres más clásicos[19].

* * *

Junto a la organización del poder secular, hay que estudiar la del eclesiástico, establecido también de «nueva planta» en aquellas tierras, sin ningún precedente, aunque se utilice desde finales del siglo XI la llamada «División de Wamba» para dar una apariencia de restauración a lo que en realidad era creación de diócesis nuevas. La de Palencia se extendió hasta Portillo y Peñafiel, en la línea del Duero, y en 1090, por merced regia, hasta Olmedo y Arévalo, aunque de forma efímera. La de Salamanca data de 1102, la de Osma estaba totalmente formada en 1108 y hacia 1120 las de Segovia, Sigüenza –lindante por el sur con la de Osma– y Ávila. Los primeros obispos eran casi todos francos y formaban parte del círculo de Bernardo de Sédirac, arzobispo de Toledo; fueron los encargados de poner en práctica en las nuevas diócesis los principios de *libertas* y jurisdicción eclesiástica proclamados por la reforma gregoriana.

Desde el segundo cuarto del siglo XII, se produjo una maduración institucional interna cuya sincronía con el desarrollo concejil, en el ámbito seglar, ha sido puesta de relieve en más de una ocasión. Se completó la dotación económica de las sedes por el rey: en Salamanca ya lo había hecho el conde Raimundo de Borgoña, pero en Ávila lo llevó a cabo Alfonso VII entre 1135 y 1144. Se constituyeron los cabildos catedralicios de canónigos –junto con sus compañeros seglares en algunos casos–, así como las delimitaciones internas de las diócesis –arcedianatos, arciprestazgos–, y tomaron forma, gracias a numerosas mercedes regias, los dominios territoriales –rústicos y urbanos–, las exenciones y privilegios propios de las sedes episcopales y de los cabildos de canónigos; también se regularizó el cobro del diezmo eclesiástico, aunque con dificultades, como lo demuestran las numerosas disposiciones dadas por Alfonso X, ya en la segunda mitad del siglo XIII, para asegurar su percepción. Antes,

> en la segunda mitad del siglo XII y en los comienzos del XIII, se introdujeron la mayoría de los cambios que acabaron por definir durante muchísimo tiempo el funcionamiento capitular. El cabildo catedralicio alcanzó su organización más completa y amplió considerablemente su patrimonio y derechos, sus miembros lograron exenciones y excusados y vieron consolidada y reconocida su posición de privilegio (A. Barrios)[20].

Las fuentes de renta de las sedes incluían también el señorío limitado sobre algunas aldeas –el rey conservaba sus «pechos» y otros ingresos y el concejo la potestad de convocatoria militar–: el obispo de Ávila tenía, así, cuatro aldeas, la principal de ellas Bonilla de la Sierra; el de Segovia, once a fines del XIII (Turégano y Riaza entre ellas). Mayor importancia tenía la renta de propiedades territoriales, pues las donaciones regias añadían privilegio para aceptar donaciones y efectuar compras, a pesar de lo dispuesto en la misma legislación real. En tercer lugar, los reyes cedieron en uno u otro momento parte de algunas de sus rentas, generalmente el diezmo, a favor de obispos y cabildos, a menudo como compensación por la imposibilidad de cobrar el diezmo eclesiástico sobre las actividades artesanales y mercantiles.

La renta general de mayor importancia era, sin duda, el diezmo eclesiástico. El reparto de la «tercia» o tercera parte del mismo correspondiente a la sede episcopal en dos «mesas» –una del obispo y otra del cabildo de canónigos– se efectuó a mediados del siglo XIII, después de algunos momentos de tensión y de las normas o «constituciones» dadas por el cardenal Gil de Torres entre 1245 y 1250. La lectura de los datos conocidos en aquel momento muestra que el cabildo segoviano contaba con unos 40 canónigos, incluidas las dignidades: deán, chantre, arcedianos, etc., 10 porcionarios y 20 beneficios menores, y el abulense contaba con 20 canónigos con siete dignidades, 8 porcionarios, 12 medios porcionarios. El obispo de Segovia tenía una renta total de 5.000 maravedíes, el de Ávila 3.000, y las respectivas mesas capitulares, 4.520 y 6.088, algo menos que la de Salamanca, que alcanzaba los 9.460, a repartir entre sus miembros (en torno a 50 maravedíes el canónigo, de 270 a 370 la dignidad). En resumen, los canónigos podrían considerarse como una especie de aristocracia local eclesiástica comparable, en algunos aspectos, a la que formaban los caballeros en la sociedad seglar.

Al patrimonio y renta de estas iglesias, que no eran especialmente ricas en el conjunto castellano-leonés, hay que añadir la mención a otros derechos y propiedades de instituciones eclesiásticas que formaban «cotos» aparte de la jurisdicción regia y concejil. Los cabildos de clérigos seculares de las ciudades principales estaban constituidos ya a mediados del siglo XIII cuando, por ejemplo, los de Ávila obtuvieron de Alfonso X, en 1259, exención de «pechos» y licencia para tener campesinos «excusados» en las mismas condiciones que los caballeros.

Los monasterios benedictinos del norte del Duero apenas fundaron en la Extremadura algunos prioratos: San

Frutos del Duratón, de Silos, San Baudilio de Carracido, de Dueñas, otros de Cardeña, Arlanza o San Zoilo de Carrión. Tampoco hay presencia de sedes episcopales norteñas o de sus instituciones, si exceptuamos alguna propiedad de la colegiata de Valladolid. En la segunda mitad del siglo XII nacieron algunos centros cistercienses (Sacramenia, Sotosalbos, Valparaíso, Valbuena), premonstratenses (Retuerta, La Vid, Sancti Spiritus de Ávila, San Leonardo de Alba de Tormes, La Caridad de Ciudad Rodrigo) y de canónigos regulares (San Pedro de Soria, Párraces en el ámbito segoviano, Santo Tomé del Puerto en el de Sepúlveda, Burgohondo y Santa María de Gómez Román en el de Ávila). La importancia de las propiedades de órdenes militares fue también escasa. En líneas generales, la Extremadura de la plena Edad Media no conoció una presencia o crecimiento de la jurisdicción señorial y la propiedad eclesiástica comparable a la de regiones más norteñas, como tampoco había conocido la propia de la gran aristocracia seglar.

* * *

La nueva sociedad de la Extremadura se formó a partir de una colonización de nuevo cuño y estuvo regulada por fueros que reconocían la libertad de la persona, el pleno dominio sobre la tierra repartida, la igualdad jurídica y la organización concejil, en la que participaban los vecinos. Presentaba, en principio, características algo diferentes de las existentes al norte del Duero, donde, además, el proceso de urbanización y la organización según el régimen de ciudad y «tierra» tropezaban con dificultades que no se conocían en los nuevos territorios, al carecer éstos de una época anterior de organización rural en la que se hubieran desarrollado relaciones sociales de dependencia y fenómenos de gran dominio territorial y de señorialización. Es decir,

> la evolución histórica de este territorio en la Edad Media se acopla mal a los modelos de sociedades feudales coetáneas [...] el protagonismo que mantiene la pequeña explotación [...] no concuerda exactamente con las pautas sobre las que se estaba construyendo la sociedad feudal en la zona norte (Asenjo González),

o, como señala Barrios: «No hay o apenas servidumbre "campesina", ni gran propiedad en forma de "dominio" clásico, con sernas», ni tampoco, cabe añadir, estructuración feudo-vasallática del poder.

Pero nunca fue una sociedad igualitaria organizada en «municipios independientes, con capacidad jurisdiccional», un «ejemplo de democracia para toda Europa» (Sánchez-Albornoz). Los concejos, ya lo hemos visto, tuvieron amplia autonomía, pero también vínculos de dependencia con respecto al rey, y entre los habitantes, sólo los «vecinos» poseyeron la totalidad de los derechos y deberes, y pronto, entre ellos, se establecieron a su vez distinciones entre los de la ciudad o villa cabecera y los de las aldeas, y entre los caballeros y los que no lo eran, manifestadas en la diferente capacidad para acceder y participar en el poder y en la gestión de los recursos comunes.

Hay diversas opiniones sobre cuándo comenzó el predominio de los caballeros, que creó, sin duda, la mayor fractura en la pretendida igualdad inicial de los vecinos. Se trata de «caballeros villanos», llamados «pardos» en algunas localidades, que por su nivel de riqueza pueden, o incluso están obligados, a mantener caballo y armas adecuadas, dedicados especialmente a la ganadería pero también propietarios de tierra en mayor cantidad que otros vecinos, lo que les permite cultivarla con ayuda de sus criados y «paniaguados» dependientes, muchos de ellos «excusados» de «pechos» concejiles y reales por serlo. Los caballeros villanos no eran nobles y tenían sus privilegios a título personal, mientras mantuvieran las obligaciones militares, y sus hijos sólo conservaban aquella condición si hacían lo propio. Eran especialmente útiles para la guerra, sobre todo durante la práctica de las grandes «cabalgadas» o razias contra al-Andalus, que menudearon desde la cuarta década del siglo XII. Aquellos «pastores-guerreros» (J. González), en especial los llamados «serranos», tenían una bien ganada fama de capacidad militar: su actividad era una fuente de botín, y de otros ingresos –podían aspirar a repartir entre ellos parte de la «fonsadera» o tributo compensatorio pagado por los vecinos que no participaban en la guerra ofensiva o «fonsado»–, de prestigio social y, posteriormente, de privilegios reales que equiparaban al caballero en muchos aspectos con los «infanzones», miembros de la baja nobleza, pero sólo a título personal y en el ámbito de su concejo. En tales condiciones, no es extraño que los «caballeros villanos» se constituyeran en «grupo dirigente de la sociedad de la Extremadura» y ejercieran la parte mayor del poder concejil.

Para muchos autores, el predominio de los caballeros existía ya en tiempos de Alfonso VI y se consolidó rápidamente, de modo que era una realidad madura a mediados del siglo XII. Otros, sin embargo, estiman que, al comienzo, no se produjo una diferenciación jerárquica entre los vecinos de la villa cabecera y los del territorio, ni entre caballeros y otros vecinos, sino que «la clave de la organización social del espacio estaría en la existencia de grupos familiares amplios», verdaderos protagonistas de la colonización y partícipes en el concejo, concebido más como órgano de arbitraje que de gobierno; pero la mayor capacidad de enriquecimiento rápido y de control de la tierra, en relación con su poder guerrero, habría roto el inicial equilibrio a favor de los caballeros, situación claramente perceptible ya a mediados del siglo XII, al tiempo que se generalizaba la sustitución de las parentelas amplias iniciales, cuando las hubo, por familias nucleares o cortas surgidas de su seno y titulares del dominio sobre las tierras en explotación y se consolidaba la formación de los patrimonios eclesiásticos a los que antes aludíamos. Esta hipótesis parentelar puede ser más verificable en unas zonas que en otras –por ejemplo en la Extremadura soriana y segoviana–, siempre sobre la base de una documentación escasísima y de un amplio margen de inferencia, pero la otra tampoco cuenta con mejores apoyos de este signo, porque la mayoría de los datos que conocemos se refieren ya a los últimos decenios del XII y, sobre todo, al siglo XIII.

En cualquier caso, la consolidación del predominio caballeresco y del de la ciudad sobre las aldeas se consumó en la segunda mitad del XII. Acaso la disminución de las «cabalgadas» hacia el sur, ante la presencia interpuesta de las órdenes militares y la mayor capacidad de defensa almohade, impulsó a los caballeros a «orientar sus intereses hacia la consolidación de su poder en los concejos, poniendo trabas al ascenso e integración en el estatus caballeresco, y adecuando las instituciones concejiles a sus intereses» (Villar García), según ya hemos visto. Era, en definitiva, el fin de la «época de la frontera»: en los decenios siguientes se multiplicó el esfuerzo para fijar los límites entre «tierras», poner por escrito los fueros, hacer más difícil el acceso a la «caballería villana» —en algunas plazas de León apareció por vez primera la obligación de tener una «cuantía» mínima de bienes para ser caballero—, como lo demuestra la oposición entre caballeros «serranos» y caballeros «ruanos», estos últimos con profesiones habituales en la artesanía o el comercio pero con capacidad económica para mantener caballo y participar de los privilegios del grupo, aunque carecieran de la práctica y la experiencia guerrera necesarias con frecuencia. Ya en el XIII, la hostilidad se haría mayor: en Ávila, por ejemplo, Alfonso X ordenó en 1256 un período mínimo de residencia para que el caballero accediera a la exención de «pechos» propia del grupo. En todas partes, se consolidó el control del concejo por los caballeros y se constituyeron los linajes-bando, como «forma de organización y reproducción» social (Villar García) del grupo de los caballeros, y de jerarquización en su seno, y se acometió la colonización de las zonas hasta entonces marginales y la organización de la explotación ganadera en las tierras de uso común y de la trashumancia, con el establecimiento a veces de hermadades de pastos y aprovechamientos entre concejos, para beneficio sobre todo de los caballeros.

El resto de los pobladores conservaron sus libertades jurídicas y la propiedad de la tierra de labor y demás bienes raíces procedentes de la época colonizadora o de las iniciativas de este género más tardías, pero se vieron paulatinamente apartados tanto del poder como del «control de las estructuras económicas», y bastantes de ellos quedarían reducidos a la condición de usufructuarios del suelo que cultivaban, al conservar sólo el dominio útil a medida que se expandía la gran propiedad en manos de cabildos catedralicios y de caballeros de las ciudades: en 1200, por ejemplo, el cabildo de Ávila tenía propiedades en 20 lugares, en 1250 en 70 y en 1320 en 130, además de gran cantidad de casas en la ciudad; por entonces, el cabildo segoviano era propietario de unas 2.000 ha de tierra de labor; no son, con todo, cifras enormes, pero, en conjunto, porciones importantes de la renta de origen rural habían ido a parar a las ciudades, bajo el control de los grupos dominantes en ellas.

El auge de la economía urbana, artesanal y mercantil en el XIII, bastante limitado todavía, contribuiría a matizar y diversificar situaciones, pues se observa la promoción de mercaderes y artesanos, aun sin alcanzar la caballería, y la aparición de los primeros fenómenos asociativos en «oficios» o «mesteres», casi siempre en la segunda mitad del siglo, entre ellos los vinculados a una manufactura textil ya apreciable en Segovia o Ávila. En general, «el desarrollo urbano se acompañó del auge del comercio fijo en tiendas, y de «azogues» o mercados diarios y semanales», pero las noticias sobre fundación de ferias son pocas, y ya de la segunda mitad del siglo XIII: Alba de Tormes (1255), Salamanca (hacia 1272), Ávila antes de 1306 (Plazuela de la Feria).

Las peores situaciones serían, casi siempre, las de los campesinos no propietarios o «solariegos» y las de los que trabajaban sujetos a contratos anuales –aparceros, yugueros, hortelanos, pastores, etc.–, a veces en condición de «paniaguados» y «excusados» de algún caballero o institución eclesiástica. Las tensiones del período 1265-1335, más conocidas en las ciudades y villas y protagonizadas por el «común» de los vecinos contra los caballeros, serían, vistas así, el final de un proceso que se había iniciado un siglo atrás, en el marco de una transformación general de las relaciones de poder en la que participaron las ciudades y tierras de la Extremadura a partir de las peculiaridades que las distinguieron de otras regiones.

Las menciones a mudéjares y judíos son escasas en toda la Extremadura de la época y comienzan a mediados del siglo XII, pero ambas comunidades no alcanzaron importancia hasta la segunda mitad del XIII en las ciudades cabecera de la región, y sólo más adelante en algunas otras poblaciones. En ningún caso se trataba de población autóctona, sino procedente, por lo que parece, de Toledo, a veces de al-Andalus, en forma de cautivos, o, en la zona soriana, del vecino valle del Ebro aragonés[21].

3. El reino de Toledo, la Transierra leonesa y la actual Extremadura[22]

1. DE LA ÉPOCA ANDALUSÍ A LA DE LA FRONTERA

Toledo había sido capital política y eclesiástica del reino visigodo, lo que le otorgaba un valor simbólico en el proceso de restauración contra el Islam en el que se sentían inmersos los reyes hispano-cristianos del siglo XI. Pero tiene más valor ahora, para nuestro objeto, considerar algunas peculiaridades del Toledo islámico que, en parte, continuaron vivas después de la conquista cristiana.

En la ciudad de Toledo, aunque la islamización fue profunda, la mayoría de la población continuó siendo hispana, de conversos al Islam o «muladíes», y parece que hubo también una importante comunidad cristiana, de mozárabes (de *musta'rib;* 'arabizado'). Ambos grupos estaban más próximos entre sí, a veces, que respecto a los beréberes instalados en zonas rurales próximas y en fortalezas (Guadalajara, Medinaceli, Talavera, Medellín) o a los escasos árabes que llegaron a la zona, por ejemplo los instalados en Calatrava. En la ciudad y su entorno hubo, pues, pocos inmigrantes; la demanda de autonomía frente a Córdoba, continua en el siglo IX, fue obra de la población autóctona y se plasmó en diversas revueltas y estados de secesión en los años 807, 829 a 837 y 852 a 932. Aunque concluyeron con la sumisión de la ciudad, Toledo conservó una importancia máxima porque era cabecera y centro organizativo de toda la marca o frontera media contra los cristianos del norte, al otro lado del Sistema Central, y también etapa obligada en las comunicaciones entre Córdoba y la frontera superior (Zaragoza), a través del corredor formado por los ríos Henares y Jalón, y entre Córdoba, también, y la costa levantina. La pérdida de Toledo en 1085 provocaría la ruptura de al-Andalus en dos sectores mal comunicados.

La plena individualización política de Toledo y su región se produjo al disgregarse el califato de Córdoba a comienzos del siglo XI y desaparecer, con su caída, la capacidad guerrera ofensiva de al-Andalus. Se formó entonces un reino taifa, con capital en la ciudad, que se extendía sobre 85.000 km² y comprendía las tierras de la Meseta sur, desde los macizos de la Cordillera Ibérica, al este, hasta bien entrada la actual Extremadura, al oeste, desde el Sistema Central, al norte, hasta Sierra Morena, al sur. Por primera vez se perfiló, desde el punto de vista histórico-político, el área de lo que sería, en el futuro, Castilla la Nueva, o reino de Toledo, con sus relaciones y tendencias hegemónicas sobre el Levante, por un lado (estrecha vinculación con Valencia), Córdoba, por otro (el camino Toledo-Córdoba era un eje militar y mercantil de gran importancia), y, en tercer lugar, las tierras occidentales, donde estaba situado el reino taifa de Badajoz.

Capítulo tercero: Del Duero a Sierra Morena

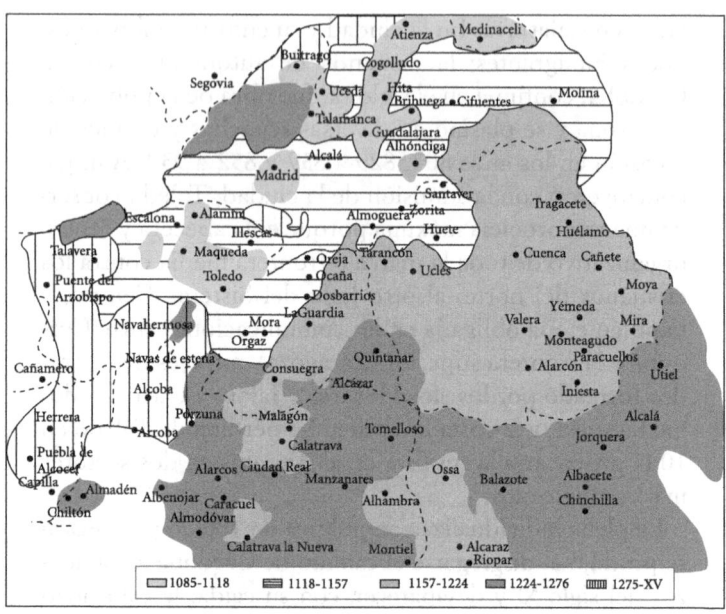

Mapa 10. Repoblación de Castilla la Nueva. (Según J. González)

Desde su conquista por Alfonso VI de León y Castilla, en 1085, Toledo fue cabecera de una amplísima zona fronteriza durante siglo y medio, hasta la caída de las plazas extremeñas (Cáceres, Mérida, Badajoz, Trujillo), de la Andalucía alta y media (Baeza, Úbeda, Córdoba) y de Levante (Valencia), entre 1224 y 1238. Fue la segunda de las grandes fronteras medievales castellanas, en la que se enfrentaron repetida y duramente cristianos y musulmanes, atravesando las tierras de nadie en una y otra dirección, sobre todo durante el dominio almorávide y almohade. Una frontera entre civilizaciones, porque, como veremos, apenas permanecieron musulmanes en Toledo y su región después de la conquista. Una frontera militar, puesto que almorávides y, después, almohades procuraron fijar líneas de control a partir de puntos fortificados, y lo mismo hicieron los castellanos. Una frontera de colonización, en fin, donde las últimas iniciativas de este género ocurren ya bien entrado el siglo XIV[23]. Las circunstancias de las conquistas, colonizaciones y asentamientos cristianos dependieron estrechamente de las peripecias militares.

Antes de entrar en detalles, es conveniente disponer de un esquema general sobre épocas y zonas. En este último aspecto hay que destacar la notable diferencia que separó al territorio comprendido entre la Cordillera Central y los Montes de Toledo y al situado más al sur, hasta Sierra Morena, verdadera tierra fronteriza apenas poblada ni organizada hasta el segundo tercio del siglo XIII, y no sólo por las circunstancias bélicas de la época, sino como continuación de un fenómeno muy anterior, pues ya en época andalusí se puede hablar de un auténtico «desierto del Guadiana» (Bishko) en este sector de lo que será Castilla la Nueva.

Respecto a las épocas: entre 1085 y 1118, tras la toma de Toledo, la tarea principal de los conquistadores fue organizar la ciudad, su territorio y las villas que capitularon por entonces en el valle medio del Tajo, y hacer frente a la fuerte y continua presión militar de los almorávides, combinando la instalación de nuevos pobladores con los recursos humanos, herencia de la época anterior, que permanecieron.

De 1118 a 1157, aprovechando la presión militar más baja de los musulmanes y el paso a la ofensiva desde los años treinta, los cristianos colonizaron las tierras vacías entre los «islotes» ya poblados y, además, establecieron vanguardias sólidas sobre los pasos del Tajo y algo al sur del río, mediante el dominio de Zorita y Huete, Oreja, Ocaña y

Mora. Toledo dejó de estar en primera línea de la frontera desde entonces.

Esta situación se consolidó entre 1157 y 1224, tanto en el sector central o toledano como, sobre todo, en el oriental gracias al dominio de Uclés (1157) y del Alto Júcar (Cuenca, 1177; Alarcón, 1183). Pero los almohades, reorganizadores de al-Andalus en muchos aspectos políticos y militares, conservaron una notable capacidad de intervención guerrera al norte de Sierra Morena y, así, entre la derrota castellana en Alarcos (1195) y la victoria de Las Navas de Tolosa (1212) el proceso repoblador casi se detuvo y los musulmanes dominaron las rutas hacia la actual Alta Andalucía y la de Córdoba-Toledo hasta más al norte de la plaza de Calatrava la Vieja[24]. Pero ya en 1213 los cristianos recuperaban la iniciativa, al dominar dichas rutas hasta los pasos de Sierra Morena, y la reforzaban con la toma de Alcaraz.

Entre 1225 y 1275 se completó la repoblación de Castilla la Nueva, ya sin el peligro de la frontera puesto que se conquistaron y poblaron al mismo tiempo la Andalucía del Guadalquivir y las plazas levantinas y extremeñas hasta entonces en poder de los musulmanes. Después, sólo hubo algunas «repoblaciones tardías» (J. González), a veces hasta el siglo XV, en algunos puntos y en circunstancias distintas de las de los siglos XII y XIII.

2. Las etapas de la repoblación

1. La época de Alfonso VI (1085-1118)

La toma de Toledo se produjo por capitulación, en mayo de 1085, después de que, en los años anteriores, Alfonso VI

1. Castilla y León

hubiera ido recibiendo o conquistando algunas plazas estratégicas para el control del territorio del taifa (Coria, Canturias, Canales, Zorita). Apenas hubo combates y la capitulación permitía a los pobladores musulmanes permanecer en sus residencias y conservar su anterior régimen fiscal, asegurándoles su libertad, sus propiedades y el ejercicio de su religión y de la ley vinculada a ella, en asuntos internos de su comunidad. Eran condiciones que reproducían, en muchos aspectos, el mismo grado de respeto que habían tenido los mozárabes en al-Andalus. Además, si quisieran emigrar, los musulmanes podrían llevar consigo los bienes muebles y semovientes –se entiende que enajenarían los inmuebles–, y se les permitía el retorno si así lo deseaban.

Parece que la gran mayoría de ellos emigró en los años siguientes a al-Andalus, en relación, también, con el endurecimiento de la situación guerrera que ocurrió a partir de 1086[25]. De todos modos, conviene resaltar que la capitulación toledana fue modelo y ejemplo de lo que sucedería en futuras capitulaciones de otras ciudades hispano-musulmanas, en las que los conquistadores se aseguraban el control militar y político pero mostraban liberalidad en otros aspectos según cuál hubiera sido el grado de resistencia y cuáles fueran las circunstancias generales a tener en cuenta.

Cuando Toledo capituló, Alfonso VI se hizo cargo además de las plazas del sector central del Tajo: Talavera, Maqueda, Madrid, Talamanca, Uceda, Guadalajara, Hita, entre otras[26]. El sector oriental pasó a depender de Valencia, donde se había instalado al-Qadir, el rey toledano: Uclés, Huete, Cuenca, Alarcón. Y el sureño, a partir de Calatrava, pasó a manos de al-Mutamid de Sevilla.

Desde la primera entrada de los almorávides en la península, año 1086, la situación comenzó a cambiar rápidamente. Has-

223

ta 1118, fecha de la conquista de Zaragoza por los cristianos y momento en el que comienza cierto declive del poder militar de los norteafricanos, Toledo sufrió varios asedios (1090, 1099 y 1100, 1110), las tropas de Alfonso VI sufrieron tres derrotas en batalla campal en 1086, 1097 y 1108 (Zalaca, Consuegra, Uclés) y, en definitiva, sólo se pudo asegurar la defensa y población de las principales plazas fortificadas, sus entornos y los corredores que las unían, todo ello al norte del río Tajo, desde Medinaceli –tomada en 1104–, Atienza, Hita y Guadalajara (línea del Henares, aunque Sigüenza no cayó hasta 1124 y Alcalá se perdió en 1109 y sólo se recuperó definitivamente en 1127)[27], desde Buitrago, Talamanca, Uceda y Madrid (línea del Jarama-Manzanares) hasta la propia Toledo y las plazas de las líneas del Guadarrama (Calatalifa, Olmos, Canales) y el Alberche (Escalona, Maqueda, Alamín, Talavera). Las plazas avanzadas al sur del Tajo o en los pasos del río (Uclés, Oreja, Albalat) se perdieron ante la presión almorávide.

* * *

Además de los problemas que causaba la situación militar, se daba la circunstancia de que Alfonso VI sólo podía contar con un número muy limitado de gentes que acudieran a poblar. Hay noticias sobre sus iniciativas colonizadoras en la parte occidental, en torno a Toledo, sobre todo; menos, y más tardías, en las tierras situadas al este del río Jarama. En el sector oeste, se pobló Talavera lo suficiente para que pudiera resistir fuertes ataques, como los de 1109-1110, aunque su amplísimo alfoz tardaría mucho en poblarse; también Santa Olalla, Alamín y Maqueda, aunque con pocos vecinos. En el norte, Madrid, importante fortaleza y mercado, Buitrago –que el rey hizo construir y habitar desde 1096 para defensa del paso de Somosierra– y las plazas fortificadas de Uceda y Talamanca. En general, como señala J. Gautier-Dalché,

> la ciudad cristiana sucedió a la ciudad musulmana, o bien se formó alrededor de un castillo. En ambos casos se puede hablar, como en la «Extremadura», de creación o fundación [...]. A menudo, la ciudad en sentido material existía ya, [pero] hubo que recrear verdaderamente una vida urbana que había desaparecido.

Salvo en los casos de Buitrago o, más adelante, de Montalbán, fundado en 1207, se trataba de emplazamientos que ya existían en época musulmana, con valor defensivo, y sólo algunos de los citados (Calatalifa, Olmos, Canales, Alamín) desaparecerían más adelante, aunque, en sus respectivos «distritos castrales», otros emplazamientos defensivos les sucedieron. Así, pues, concluye J. P. Molénat, hasta mediados del siglo XIV el territorio se organizó en

> vastas circunscripciones urbanas (Toledo, Talavera, Madrid), flanqueadas por algunos distritos castrales más reducidos y, en general, señorializados, formados sobre la base de antiguos *hisn* y villas secundarias de época musulmana [...] El proceso de fragmentación de jurisdicciones urbanas por formación de nuevos señoríos jurisdiccionales no comienza hasta la época de Pedro I[28].

El sector oriental era más pobre y estaba sujeto a mayor presión militar: Alcalá se perdió en 1109, pero resistieron los pobladores de Guadalajara, Hita y Brihuega, y, más al este, los que se instalaron en relación con la colonización de la Extremadura oriental, en Atienza y Cogolludo, fundada esta última plaza por Alfonso VI y dotada de fuero desde 1102, y en Medinaceli a partir de su conquista. En este sector comenzarían antes las cesiones en señorío.

La mayoría de los datos disponibles se refieren a la ciudad de Toledo y su alfoz. La ciudad tenía dimensiones enormes, si se la comparaba con las incipientes del territorio leonés y castellano: la superficie intramuros era de 107 ha y podía contener viviendas para un máximo de 37.000 habitantes, según L. Torres Balbás, lo que no quiere decir que los hubiera efectivamente entonces[29]. Entre los toledanos había bastantes judíos –se ha calculado que unos 4.000 en los mejores momentos del Toledo islámico–, que recibieron un tratamiento en su capitulación similar al de los musulmanes. Había también población cristiana mozárabe, aunque ignoramos casi todo sobre su cuantía y situación previa a la toma de Toledo, y no se debe olvidar que siguieron acudiendo mozárabes a la ciudad durante el siglo XII. Alfonso VI nombró gobernador de la ciudad al conde mozárabe Sisnando Davídiz, que ya tenía amplia experiencia por haber ejercido el mismo cargo en Coimbra. Aunque partidario de acabar cuando fuera posible con el poder islámico en la península, Sisnando prefería la moderación política, para contar con la experiencia administrativa de los dirigentes musulmanes y no exasperarlos. Pero el rey esperaba, sobre todo, la colaboración de los mozárabes y, así, respetó su régimen legal específico, basado en el *Liber Iudicum*, y también el uso entre ellos de la antigua liturgia, aunque estuvieron en todos los aspectos bajo la jurisdicción del nuevo arzobispo, el cluniacense Bernardo de Sédirac, que era la cabeza visible del cambio de liturgia y aceptación de la reforma gregoriana en los reinos de Alfonso VI.

* * *

1. Castilla y León

Los pobladores que acudieron a partir de 1085 encontraron no sólo población ya instalada, sino también suficientes emplazamientos para el poblamiento urbano y rural, aunque no siempre en uso, paisajes agrarios y tipos de cultivo experimentados. No era, como ocurría con las Extremaduras, una tierra vacía y desorganizada, donde casi todo tenía que partir de la iniciativa colonizadora. Por el contrario, las peculiaridades y permanencias de la época andalusí hubieron de ser tenidas en cuenta y se integraron en el nuevo sistema de relación hombre/medio de diversa manera, por muchas que fueran las rupturas con respecto a la situación anterior a 1085.

Así, como ya se ha indicado, los emplazamientos de núcleos de población principales no se modificaron. Toledo siguió siendo la ciudad principal, en su magnífico sitio de acrópolis sobre un peñón cercado por el Tajo en las tres cuartas partes de su entorno, con el plano y las características propias de una urbe islámica. Componían su séquito un conjunto de villas de importancia menor, todas preexistentes, pero en las que se hicieron labores de fortificación y edificación notables en los siglos XII y XIII: Talavera, Madrid, Alcalá, Guadalajara. En Madrid, por ejemplo, que a finales del siglo XI tenía una superficie de 8 ha, la nueva muralla de la segunda mitad del siglo XIII incluyó cuarenta. El poblamiento rural, en el entorno de Toledo, estaba formado por decenas de aldeas –*qaryas*–, repobladas muchas de nuevo en aquella época colonizadora antes de que la crisis bajomedieval causara la desaparición de bastantes.

Hasta entonces hubo también gran continuidad en los paisajes agrarios y tipos de cultivo del campo toledano, más intensamente explotado que otras áreas de Castilla la Nueva, según tradiciones andalusíes. La riqueza agrícola del territorio había inspirado algunos tratados de agronomía, escritos por los toledanos Ibn Bassal e Ibn Wafid en el siglo XI. Destacaban, tanto en el término de Toledo como también en el de Talavera, las vegas del Tajo y sus afluentes, que permitían el regadío. En las tierras de secano predominaba el cultivo cerealista en régimen de año y vez. Era zona apta para el olivar y aprovechada también para la plantación de frutales, moral para la cría de gusano de seda y árboles madereros, aparte de que, más adelante, se contó también con la madera que bajaba de las serranías ibéricas utilizando el río Tajo. Los conocimientos agronómicos impulsaron al empleo de abonos animales —eran muy numerosos los gallineros y palomares—; sin embargo, el desarrollo de la ganadería en la zona toledana era relativamente escaso y complementario de la agricultura; apenas se practicaría la transhumancia del ganado ovino, aunque se criaban reses bovinas suficientes para la labor del campo y caballos, sobre todo en las tierras sureñas del alfoz toledano, donde tenían mayor importancia las colmenas y la caza, en especial la de conejos, apreciados por su piel, mediante el procedimiento de trampa o «losa».

A partir de esta situación actuaron los organizadores de la repoblación, que introdujo una ruptura muy fuerte con respecto al pasado, al menos en lo que se refiere al elemento humano, pero es imposible conocer con detalle el proceso de adquisición o reparto de tierras y otros bienes inmuebles, del que participaron tanto los inmigrantes castellanos, leoneses y gallegos, y los francos de origen ultrapirenaico como los mozárabes. El rey tomó para su patrimonio los bienes públicos y privados del emir y los de las mezquitas, salvo la mayor; entre esos bienes se contaban el Alhicén o ciudadela, donde estaban el alcázar y el palacio de Galiana, y la llamada Huerta del Rey.

1. Castilla y León

Por lo demás, muchas fincas de los musulmanes que emigraron fueron vendidas o quedarían vacantes; otros «heredamientos» repartidos procederían de fincas y tierras del fisco regio, y también tendrían este origen los pocos «donadíos» otorgados a algunos nobles en la misma ciudad y término de Toledo: hay noticia de los concedidos a Sisnando Davídiz, Pedro Ansúrez, García Ordóñez y Pedro Alfonso de las Asturias. «El mayor grupo de propiedades quedó asignado a la ciudad, en gran parte para distribuir entre los pobladores que acudiesen, sometiéndose a las correspondientes obligaciones» (J. González). Los repartos se llevarían a cabo, bajo la inspección del «tenente» y del «zalmedina», que eran cargos de nombramiento real, por un juez, un alguacil y diez «cuadrilleros» elegidos por castellanos y mozárabes, cuya actuación fue confirmada por Alfonso VI en 1101. Debió de haber repartos, añade J. González, en todo el alfoz, no sólo en el término estricto de Toledo, y quedarían muchas fincas sin adjudicar y previsiones sobre número de pobladores sin cumplirse enteramente, aunque al menos 27 «alquerías» y varios pueblos de mayor importancia (Orgaz, Aceca...) recibieron población.

Los documentos dan más noticias sobre la dotación que recibió del rey la Iglesia toledana nuevamente constituida. La conversión de la mezquita mayor en catedral pudo ocurrir ya en julio de 1085, pero es más probable que sucediera después de la batalla de Zalaca (23 octubre 1086), cuyas consecuencias se dejarían sentir inmediatamente en la vida toledana y produjeron la ruptura de lo capitulado en este punto. La consagración del nuevo arzobispo, Bernardo de Sédirac, tuvo lugar el 6 de noviembre y la dotación se contiene en un privilegio de 18 de diciembre: seis alquerías en el término de Toledo, cuatro pueblos de mayor importancia, con castillo, en los términos de Toledo, Alcalá, Guadalajara y Talavera, molinos, viñas, una «almunia», más todos los bienes rústicos y urbanos que habían constituido los «habices» de la antigua mezquita mayor. El privilegio real incluía el reconocimiento de la *inmunitas* eclesiástica, campo reservado a la jurisdicción episcopal, a la que estarían también sujetos todos los monasterios toledanos, y el derecho del arzobispo a la tercera parte del diezmo recaudado en las iglesias de la archidiócesis, cuya delimitación territorial apenas comenzaba a esbozarse. La dotación de 1086 se amplió en 1099 y 1115, y con los edificios y bienes de las antiguas mezquitas, más otros asignados en algunos casos, comenzaría a formarse la red parroquial de la ciudad y su reino.

2. La época de Alfonso VII (1118-1157)

La crisis del poder militar almorávide entre 1118 y 1127 facilitó la conquista de Zaragoza por Alfonso I de Aragón y la recuperación de Alcalá de Henares. Las últimas incursiones almorávides, entre 1130 y 1136, provocaron todavía el arrasamiento de Aceca y el de Escalona, recién repoblada, pero Alfonso VII tomó la iniciativa y, entre 1138 y 1144, reconstruyó Aceca, conquistó las plazas fuertes de Coria, Albalat y Oreja, fundamentales para el control de la Transierra leonesa, la primera, y para el paso del Tajo, las otras dos, e incluso el castillo avanzado de Mora, a medio camino entre Toledo y Consuegra. Poco después, en 1147, el hundimiento de los almorávides permitía la toma de Calatrava, sobre el Guadiana, en el camino de Toledo a Córdoba, y el rapidísimo, y efímero, avance que permitió a los castellanos dominar por diez años en Almería, Úbeda y Baeza. Las circunstancias alentaron, por lo tanto, un gran despliegue colonizador, que expondremos atendiendo a los diversos ámbitos territoriales.

a) Las tierras orientales

Alfonso I de Aragón, al poblar Soria en 1119-1120 y estimular la población de Almazán, Berlanga y otras plazas de la Extremadura, dio un impulso importante, que consolidó Alfonso VII al recuperar aquellos territorios. Un poco antes, Sigüenza, plaza para la que ya se había nombrado obispo en 1121, cayó en poder de los cristianos en 1124 y se convirtió pronto en principal plaza de la zona, a medida que se lograba la dotación de la Iglesia: el obispo fue señor de la ciudad desde 1146, y consiguió la fusión en un solo concejo de los dos existentes hasta entonces, uno en torno al castillo y otro cuyo núcleo era la catedral, aunque hubo entre ambos «cerca» o muro hasta 1494. La población del territorio creció hasta alcanzar las 64 aldeas a finales del siglo XIII[30].

Medinaceli, en cambio, tuvo menor desarrollo, a pesar de su antigua importancia estratégica, y Atienza debió el suyo, sobre todo, a la explotación de las salinas, que pronto fueron las mayores de Castilla. Ambas localidades tenían alfoces extensos y mal poblados, cuyos «extremos», de aprovechamiento pastoril, llegaban hasta la línea del Tajo a mediados de siglo; más adelante, la instalación de aldeas se intensificó y, a finales del siglo XIII, Medinaceli contaba con 106 y Atienza con 70[31]. Algo semejante ocurriría en Molina, conquistada por Alfonso I de Aragón en 1127-1128 y, de nuevo, por el conde Manrique Pérez de Lara hacia 1136, quien organizó la repoblación en nombre de Alfonso VII y obtuvo el señorío de aquella comarca sujeta a los peligros de las fronteras –aragonesa y musulmana–, lo que contribuye a explicar tanto la imponente fortificación de la villa como los privilegios de sus vecinos intramuros, exentos de pechos, y el que las aldeas de su alfoz se organizaran en torno a torres preexistentes a menudo; muchas –llegó a haber 90– surgieron ya en época más reciente en lo que fue el primer gran señorío nobiliario de Castilla la Nueva. En su fuero se privilegia muy especialmente a los vecinos que tuvieran *cavallo et armas de fust e de fierro*[32].

b) El corredor y campiña del Henares y La Alcarria

Una vez asegurada la tranquilidad, tras las conquistas de Zaragoza, Calatayud y Alcalá, toda la zona del Henares y La Alcarria se pobló con mayor rapidez, aunque con mucha menor intensidad que el área toledana[33]. La entrada de plazas en señorío fue en ella más temprana que en otras, seguramente por la necesidad de encontrar colaboradores poderosos en la tarea ante las dificultades que presentaba, semejantes a las del sector oriental antes descrito, y la necesidad de hacer frente a un enemigo todavía muy próximo. Cogolludo sería de la orden de Calatrava desde 1176. Hita estaba situada en un magnífico emplazamiento defensivo y creció hasta tener seis «collaciones» y veinte aldeas; fue su señor desde 1119, y gran promotor de la colonización, Fernando García de Hita, yerno de Alvar Háñez; también lo fue de la próxima Uceda, que llegó a contar con 15 aldeas repartidas en las proximidades de la sierra, con gran riqueza de pastos. Ambas poblaciones volverían a entrar en señorío en diversos momentos desde el siglo XIII. Talamanca, que había perdido ya gran parte de su valor defensivo, era plaza de señorío desde 1140 y, a partir de 1188, fueron sus titulares los arzobispos de Toledo.

Las principales poblaciones de señorío de la sede arzobispal de Toledo fueron, sin embargo, Brihuega, desde 1086, y Alcalá de Henares, a partir de su conquista definitiva. Brihuega, principal centro de La Alcarria, fue poblada con castellanos y creció mucho desde 1160 a pesar de la pequeñez de su alfoz. Alcalá recibió fuero en 1135 y pronto el núcleo primitivo, que era el barrio alto, en torno al castillo, sufrió la competencia y se vio desplazado por el burgo bajo, en torno a la iglesia de San Justo, que sería el núcleo de una ciudad cuyo crecimiento fue paralelo a la población del alfoz: la veintena de aldeas entre Henares y Tajuña otorgadas a Segovia en 1190 volvieron a señorío de la sede arzobispal toledana, y al ámbito alcalaíno, en 1214.

Guadalajara se mantuvo en realengo, recibió fuero en 1133, reformado en 1219, lo que estimuló su crecimiento, pues sólo se exigía un año de residencia obligatoria a los nuevos vecinos, y llegó a contar con más de 50 aldeas en un alfoz de 1.000 km^2.

c) *La fortificación de los pasos del Tajo y las avanzadas al sur del río*

La toma de Oreja en 1139 permitió fortificar los pasos del Tajo en la zona situada al sur de la que acabamos de describir. Eran tierras en las que ya había actuado como «tenente» de Alfonso VI Alvar Háñez, antes de las victorias almorávides de Consuegra y Uclés. Ahora, se reemprendió la repoblación de Zorita (de los Canes), adonde acudieron mozárabes y aragoneses a mediados del XII, así como algunos judíos atraídos por la prosperidad de la plaza, cuyo puente sobre el Tajo permitía un importante tráfico mercantil. La plaza fue de la orden militar de Calatrava desde 1176 –también lo fueron las vecinas Almoguera y Alarilla– y recibió fuero en 1180. Un destino semejante tuvo Oreja, dotada de fuero a raíz de su conquista y poblada así como sus aldeas de Ocaña y Dos Barrios. La orden de Santiago se hizo cargo de su señorío desde 1171.

Más al este, como punto avanzado al sur del río Guadiela, se pobló de nuevo Huete, que fue cedida sin lucha por los musulmanes en 1149. Se dotó a la plaza con un gran alfoz, que llegaba al principio hasta el río Júcar, y tuvo un fuero típico de la Extremadura, que se aplicó con pocas variantes a la población de Alhóndiga, de la orden de San Juan (1170), y a la de Belinchón, del arzobispo de Toledo (1171). En 1172, Huete sufriría un asedio de los almohades, que rechazó con ayuda del señor de Molina, Pedro Manrique de Lara, pero pronto se rehízo y sirvió, a su vez, como respaldo a la conquista y población de Cuenca (1177), que la desplazaría como primera ciudad de aquel ámbito; no obstante, Huete, con diez collaciones intramuros y en los arrabales, y bien situada en zona agrícola y de activo comercio, conservó mucha importancia.

Las victorias de 1147 permitieron, además, una primera repoblación «realenga» de Calatrava y Consuegra, en plena cuenca del Guadiana. Diez años después, Alfonso VII obtuvo el estratégico castillo de Uclés, al suroeste de Huete, por trueque con el rey taifa de Valencia y Murcia, cuando la inminente amenaza almohade obligaba a asegurar lo mejor posible las defensas. El dominio de Uclés repercutió de forma inmediata y muy favorable en la mejor población de Huete.

d) *Toledo y su ámbito*

La retaguardia de Toledo quedó totalmente asegurada mediante la adecuada población de localidades que ya existían, llevada a cabo por gentes procedentes de Segovia y Ávila en los años veinte y treinta del siglo. Tal es el caso de Calatalifa, Olmos, Canales o Batres, en el valle del Guadarrama, y Santa Olalla (fuero de 1124), Escalona (fuero de 1130) y Maqueda en el del Alberche. En las comarcas del territorio próximo a la ciudad de Toledo (La Sagra, La Sisla), hasta el límite de los Montes de Toledo, se poblaron o mejoraron cerca de ochenta localidades, casi todas en los años cuarenta y cincuenta del siglo, por el esfuerzo o bien del rey y de la aristocracia mozárabe de la ciudad, o bien de la sede arzobispal, o de nobles que las recibían para poblarlas. Destacan por su importancia Illescas, Mora, Magán, Olías... Muchas de aquellas pueblas aprovecharon el flujo inmigratorio de mozárabes procedentes del sur a consecuencia de las circunstancias políticas y bélicas producidas por la llegada de los almohades.

En aquellas tareas repobladoras participó la aristocracia mozárabe toledana, y en ellas encontró una de las causas de su auge. La colonización rural se realizaba «en función de las necesidades de avituallamiento urbano y de las estrategias de defensa» (Molénat), con criterios tradicionales pero con campesinado nuevo: poblamiento en aldeas o *alqarya;* mantenimiento de la «yugada» como unidad de cultivo o labor, de unas 25 ha en el ámbito toledano, donde una aldea tenía por término medio un terrazgo cultivado de 40 «yugadas»; contratos de aparcería o «quintería», también herederos del contrato de *khammés* de la época musulmana. Pero hubo «ausencia de continuidad en la población de los campos toledanos», donde no parece que existiera un abundante pequeño campesinado mozárabe anterior a 1085 o beneficiario de antiguas «presuras». Por el contrario, parece que «la colonización se haya efectuado en el siglo XII sobre la base del establecimiento de la gran propiedad» –por encima de las 150 o 200 ha, más otras 10 de viñedo u olivar–, y, en función de ella, se instaló la mayoría del pequeño y mediano campesinado residente y explotador de la tierra, aprovechando, entre otros aportes, los flujos migratorios de mediados de siglo. Incluso en bastantes aldeas, la propiedad permanecía indivisa porque lo que interesaba a los titulares era el reparto de la renta generada por los campesinos usufructuarios, entre los que los propietarios nombraban los cargos concejiles (alcalde, alguacil, etc.), aunque la jurisdicción propiamente dicha no era de ellos, sino que seguía en manos de la ciudad de Toledo. Así lo estima J. P. Molénat a la vista de las mercedes regias de aldeas o partes de ellas en aquellos años y del análisis de los documentos que se refieren a transacciones con tierras:

> sólo rara vez nos ponen en presencia de campesinos obligados a ceder sus tierras en un proceso de expropiación por parte de los propietarios: no hay expropiación del pequeño campesinado rural por la sola razón de que, posiblemente, no existió en la región después de 1085. A lo que se asiste es a operaciones de reorganización de sus propiedades entre dueños de tierra urbanos[34].

Así fue como el «patriciado mozárabe», aquellas «familias de propietarios urbanos que se perpetuarán durante siglos, y serán consideradas como mozárabes, se constituyen o consolidan en el transcurso del siglo XII o a comienzos del XIII, por fusión de elementos de origen auténticamente mozárabe con otros venidos del norte».

Esta explicación contrasta con otra, anterior, que consideraba los numerosos contratos de compraventa de tierra protagonizados por mozárabes entre 1156 y 1230 como indicador de la crisis de la pequeña propiedad mozárabe, anterior a la conquista de 1085, ante las dificultades agrarias causadas por factores climáticos y malas cosechas (hambres en 1192, 1207 y 1213-1214), y la presión militar almohade, en beneficio de personas e instituciones que ya eran grandes propietarios, en especial la sede arzobispal, el cabildo catedralicio y algunos conventos[35].

En la reorganización del territorio y del poblamiento toledanos no parece haber intervenido mucho la nobleza castellana del norte, aunque algunos de sus miembros recibieran ya señoríos —Almonacid fue del conde Ponce de Minerva a finales del reinado de Alfonso VII— y otros protagonizaran la organización de plazas como Escalona, donde quienes otorgan el fuero de 1130 son Diego y Domingo Álvarez, y Ocaña, debido a la presencia de Tello Pérez y Pedro Gutiérrez en 1173.

Aquellas actividades continuaron sin interrupción en tiempos de Alfonso VIII, sobre todo entre 1166 y 1192, con la peculiaridad de que aumentó el número de cesiones de tierras a nobles en zonas más alejadas, en forma de «prestimonio» o señorío temporal, a cambio de sus servicios militares y, sobre todo, de su puesta en explotación. Pueden servir como ejemplo los señoríos de Alfonso Téllez en Montalbán, Muro, Cíjara y Ballesteros, a comienzos del siglo XIII;

pero no ocurrió todavía un proceso señorializador de importancia, comparable al auge del tipo de señorío de órdenes militares que se produjo desde entonces a partir de las posiciones establecidas al sur del Tajo.

e) Talavera

Más al oeste, la colonización del amplio término de Talavera, 4.000 km², de los que 2.500 estaban situados en La Jara, al sur del Tajo, iba mucho más atrasada, a pesar de las conquistas de Coria y Albalat, porque todo el flanco occidental estaba sujeto a incursiones musulmanas, en especial desde la plaza fuerte de Trujillo. Había, además, cierta imprecisión en los límites de Talavera con otros concejos, como Escalona, Santa Olalla y, sobre todo, Ávila, lo que daría lugar a litigios en el futuro. De momento, la plaza recibió nuevos pobladores mozárabes y castellanos en los años cuarenta y cincuenta del siglo, pero, después, los ataques almohades detuvieron el proceso colonizador hasta la segunda década del XIII.

f) Coria

La conquista definitiva de Coria, que se había perdido en el año 1110, y de su castillo de Albalat en 1142 tiene una importancia que no debe pasar desapercibida ya que la plaza era clave para la defensa de toda la actual región extremeña, a pesar de las dificultades con que se repobló, de su pequeñez –no más de 6 ha la «medina» intramuros, acaso unos 2.000 habitantes– y de su dedicación a actividades agrarias más que guerreras. Dominaba la ruta entre Ciudad Rodrigo y Badajoz, antigua Vía Dalmacia romana, mientras que su castillo dependiente de Albalat controlaba otra, en sentido oeste-este, hacia Talavera. Eran tierras prácticamente deshabitadas entonces, cuya repoblación fue lenta y, a menudo, tardía, a partir de los últimos quince años del siglo XII. Pero Coria permitía a los cristianos un control militar suficiente hasta la línea del Tajo, e incluso más al sur antes de que los almohades pusieran la zona en mejor estado de defensa desde los años setenta del siglo.

3. La época almohade (1157-c. 1230)

Las posibilidades de conquista territorial y colonización dependieron estrechamente durante aquellos decenios del estado de la confrontación guerrera con los almohades y estuvieron condicionadas también por la separación política de los reinos de León y Castilla. Hasta comienzos de los años setenta, la dedicación de los norteafricanos a los asuntos andalusíes fue discontinua, y los cristianos pudieron tomar algunas plazas en la zona de la actual Extremadura: Alcántara, por obra de Fernando II de León, en 1166, Cáceres, Monfragüe, Trujillo, Santa Cruz y Montánchez, por iniciativa del portugués Geraldo «Sempavor», que tenía la vista puesta en Badajoz, donde entró momentáneamente en mayo de 1169, pero la alianza entre leoneses y almohades obligó a los portugueses a abandonar la plaza; Cáceres y Alburquerque pasaron a dominio de Fernando II mientras que Trujillo, Monfragüe, Santa Cruz y Montánchez formaron un señorío cuyo titular, Fernando Rodríguez de Castro, se reconocía vasallo de Alfonso VIII de Castilla.

La presión almohade se acentuó a partir de 1172, desde la desaparición del llamado «Rey Lobo», titular del reino taifa de Murcia y Valencia. Sus ataques se dirigieron contra las plazas de la frontera cuya defensa se acababa de encomendar a órdenes militares: algunas de ellas –Cáceres, Alcántara– se perdieron pronto (1173-1174). Pero otras resistieron, e incluso se fundó Plasencia; además, la desaparición del reino taifa de Valencia-Murcia también benefició a los cristianos, que pudieron avanzar posiciones en el Sistema Ibérico (Albarracín, Teruel, Cuenca, Alarcón).

Tras su victoria de Alarcos sobre Alfonso VIII, en 1195, los almohades recuperaron algunas plazas, como Trujillo, Montánchez y los demás castillos de su zona en el oeste, aunque no pudieron tomar Plasencia, Calatrava y los de la ruta Córdoba-Toledo (Caracuel, Malagón, Guadalerzas), que los cristianos no recuperaron hasta la campaña de 1212, gracias a su triunfo en la batalla de Las Navas de Tolosa. Paralelamente, Alfonso VIII percibió la imposibilidad de extender a las tierras de la frontera del Guadiana el régimen de villa y tierra con la misma intensidad o generalidad que tenía más al norte, además de que apenas había núcleos urbanos sobre los que construirlo, y consolidó, en consecuencia, la función de las órdenes militares y de sus castillos como posiciones avanzadas y núcleos de futura organización del territorio con criterios distintos, entre los que era previsible el predominio de la explotación ganadera y de la trashumancia.

Desde 1174, los almohades pusieron en estado de defensa toda la «marca» fronteriza de la actual Extremadura, conscientes de que era fundamental para la protección de Sevilla: construyeron una nueva alcazaba en Badajoz, que se convirtió en centro de todo el sistema defensivo, nuevas murallas en Cáceres y nuevo castillo en Trujillo después de recuperarlo en 1196. Mejoraron las defensas de fortalezas estratégicas como Alcántara o Monfragüe en la línea del Tajo; Marvâo, Alburquerque, Montánchez y Santa Cruz en la divisoria entre Tajo y Guadiana; Reina, Montemolín, Azuaga y Jerez, en los caminos que llevaban de Badajoz a Sevilla y el suroeste; Hornachos y Capilla en los que la comunicaban con el sureste y Córdoba.

Después de la victoria de Las Navas de Tolosa, 1212, el dominio militar cristiano llegaba hasta Sierra Morena en tierras castellanas, salvo algunos enclaves musulmanes –Montiel, Salvatierra, Capilla–, y Alfonso VIII conseguía tomar Alcaraz al año siguiente. En el sector leonés, la crisis del poder almohade que comenzó a partir de aquel momento permitió a Alfonso IX romper la línea del Tajo (toma de Alcántara, 1213) y conquistar no sin grandes esfuerzos las plazas principales correspondientes al ámbito de expansión leonés entre ese río y el Guadiana, empresa a la que se dedicó hasta su muerte en 1230.

A tenor de aquellas circunstancias, la labor colonizadora y pobladora avanzó menos que en la época anterior, pero obtuvo resultados importantes, que pasamos a exponer.

a) Toledo. La madurez de una «economía urbana»

Casi todos los núcleos urbanos establecidos en Castilla la Nueva tuvieron funciones militares y de colonización que hacían de ellos «un reflejo bastante pálido de ciudades como Ávila, Segovia y Salamanca» (Gautier-Dalche), más o menos conseguido según pudieron, o no, añadir a aquellas primeras funciones otras de tipo mercantil, administrativo y eclesiástico. Además, en las tierras que se fueron ocupando desde la segunda mitad del siglo XII hubo muy pocos núcleos urbanos y se acentuó el carácter rural de la colonización, con un hábitat «concentrado en grandes pueblos de marcado carácter agrícola y ganadero» (E. Cabrera), sin funciones defensivas a cargo de los concejos, y casi siempre en el marco de señoríos de órdenes militares o de otros similares en su constitución.

Pero hubo un caso singular, que ya hemos mencionado con frecuencia, el de la ciudad de Toledo, donde se mantuvo y desarrolló una economía urbana mucho más compleja. Toledo fue un singular núcleo económico de Castilla durante los siglos XII y XIII, por su importancia como centro de consumo –dinamizador de la actividad agraria de su entorno–, por la variedad de sus producciones, la intensidad de los intercambios y el uso abundante de moneda, y todo ello de manera continua, de modo que la ciudad, como otros grandes centros urbanos, no tuvo necesidad de momentos de excepcional actividad mercantil: no hubo ferias en ella hasta fines del siglo XIV.

En Toledo se heredó el urbanismo de la época anterior. Aunque actualmente esté sujeta a crítica la imagen de una «ciudad islámica» con rasgos comunes, habida cuenta de la diversidad de origen de los fenómenos urbanos, no cabe duda de que es posible establecer una tipología de elementos dominantes en la mayor parte de ellas a partir de los siglos IX-X, que también se dieron en las de al-Andalus: la ubicación del mercado o «zoco» principal junto a la mezquita mayor y, también en el entorno de ésta, de algunos oficios –perfumistas, encuadernadores, especieros– y de la «alcaicería» o conjunto de tiendas de propiedad estatal convenientemente protegidas. En segundo lugar, la existencia de calles mercantiles y de zocos secundarios, a menudo especializados, en diversos puntos de la ciudad, con frecuencia próximos también a mezquitas, de núcleos que agrupaban tiendas-taller *(hanat)* de dimensiones muy pequeñas y de «alhóndigas» *(funduk)* privadas, para alojamiento de mercaderes y almacén de mercancías, organizadas en torno a un patio central al que se abren las galerías porticadas de los diversos pisos. Y, en fin, la presencia de «rastros» o «rastrillos» extramuros, a modo de mercados ocasionales, y de otros de ganado, y algunas instalaciones artesanales específicas insalubres o molestas («alcalleres» o alfareros, tenerías). También solían estar extramuros o próximos a alguna puerta los edificios de «peso del harina» y alhóndiga del trigo o «almudí», para facilitar el acceso a los proveedores rurales. Todo ello dentro de un tipo de plano urbano en el que la red viaria era especialmente intrincada en cuanto se abandonaban las arterias principales, e incluso éstas eran a menudo muy estrechas, con escasísimos espacios abiertos de dimensión comparable a las plazas intramuros de las ciudades hispano-cristianas.

A partir de esta descripción general, es posible explicar mejor las localizaciones mercantiles en el urbanismo de Toledo. De los zocos de la época anterior se aprovechó, sobre todo, uno intramuros, Zocodover, dedicado a la trata de ganados, pero en el que se instaló la «alhóndiga del trigo» y que sería más adelante sede de las ferias y del mercado semanal. Los barrios comerciales y artesanales se extendían entre Zocodover y la antigua mezquita mayor, convertida en catedral, especializados en oficios, según calles o zonas: alfareros, sastres, calceteros, tundidores, ropavejeros, zapateros, guarnicioneros, espartereros, drogueros, «alatares» o especieros, bruñidores, cambiadores, «herveros», tintoreros, «velluteros», «orebzes», carniceros, pescaderos... son nombres que aparecen en la documentación de los siglos XII y XIII.

Muchas de las tiendas y mesones eran propiedad del rey, en lo que se heredaba también la situación andalusí, aunque paulatinamente se enajenaron muchos en favor de la iglesia catedral o de otras instituciones y personas. Las principales se situaban en torno a las llamadas «cuatro calles» y a las actuales del Comercio y de las Tornerías, en el «barrio de francos», en la «alcaicería» –donde se situó la venta de paños– y en el «alcaná», que estaba donde se alzó a fines del siglo XIV el claustro de la catedral, por lo que pasó entonces a ocupar el zoco de los especieros *(suq al-attarin)*. Otro punto de concentración, en torno a la futura plaza mayor, reunía la venta de víveres, verdura, pescado, carne y caza.

La abundancia y denominación de los mesones y corrales –que recogían la herencia y la función de los *funduq* de época andalusí– orientan sobre la intensidad de la actividad mercantil por sectores. Muchos de ellos se construyeron ya en época cristiana, desde el último cuarto del siglo XII hasta mediados del XIII, y, a menudo, se especificaba su uso como almacén de un solo producto o posada de mercaderes de un determinado ramo de actividad: «fondac del rey», «corral del hierro y del carbón», mesones de los paños, de las candelas, de las sogas, de las armas, de los odreros, de la fruta, de la madera, del lino. «Aunque aparecen en gran parte de la ciudad, se agrupan con preferencia en algunos sectores: Francos, Magdalena, Catedral, Pozo Amargo, San Nicolás, Santa Justa» (J. González). Son los que corresponden al área de mayor actividad mercantil que ya hemos descrito[36].

La organización de la economía urbana perpetuó, también, el régimen institucional existente en estos aspectos en época musulmana, con «amines» o veedores-inspectores al frente de los distintos oficios artesanos y mercantiles, sujetos a su vez al «almotacén». Hay noticia de artesanos dedicados a muchas especialidades, tanto mozárabes como francos, castellanos y judíos. En el subsector del metal destacaba la actividad de herreros, caldereros, cuchilleros, orfebres, cinceladores, joyeros, bruñidores. En el del cuero y piel, la de curtidores, zurradores, peleteros, correeros y bolseros, zapateros. En el de las armas, ballesteros, fabricantes de espadas y escudos, vaineros y guarnicioneros. Hay muchas menciones a oficios de la construcción: canteros, caleros, tejeros, ladrilleros, carpinteros, albañiles. Y a otros especializados tales como alfareros, vidrieros, cereros o esparteros. O dedicados a la alimentación: horneros y panaderos profesionales, carniceros, mercaderes de vino y taberneros, carnicerías y mataderos –distintos para cada religión–, almacenes o «mesones» de cereales y harina, lugares de venta especiales de pescados, aves, verduras, miel, especias y droguería. En cambio, Toledo no fue entonces un centro textil importante: hay pocas menciones a tejedores, bataneros y tintoreros, y más a oficios de transformación tales como sastres o «alfayates», bordadores o sombrereros.

Frente a la abundancia de noticias sobre la actividad artesanal y mercantil urbana, hay pocas relativas al comercio a mayor escala o con otras plazas y regiones, aunque en Toledo hubo un zoco especial de «cambistas», corredores de comercio, mercaderes de sedas y otros productos de lujo, y población dedicada a la carretería y la arriería. Desde luego, continuó el comercio con al-Andalus, si bien con ciertas restricciones: hay noticias, sobre todo de la segunda mitad del siglo XII, del comercio por medio de recuas con Córdoba y con el este (Valencia, Murcia). Ya en 1118 se prohibió, o se reiteró la prohibición, de exportar a al-Andalus cueros y caballos, y en 1138 los toledanos obtuvieron exención de pago de *portaticum* en todo el reino a condición de que no comerciaran con al-Andalus, cosa que, evidentemente, no sucedió. Por el contrario, la ciudad fue puente o eslabón para el comercio entre ambas sociedades: exportaba cueros, ganado, posiblemente armas y caballos a veces, o intercambiaba cautivos; importaba tejidos, joyas y otras manufacturas. En el comercio con al-Andalus o con otras partes de Castilla, o en el que interesaba a la misma ciudad, Toledo puso en juego otros productos, como la madera, que recibía por el Tajo, la miel y las pieles de conejo de su propia tierra.

En la generalización del uso de la moneda tuvo también importancia la actividad bélica, en cuanto que estimulaba los tráficos para mantener guarniciones y ejércitos y desempeñaba el papel principal en los rescates de cautivos, o incluso en lo obtenido como botín. Ya Alfonso VI acuñó en Toledo moneda de vellón; más adelante, desde el segundo tercio del siglo XII, se generalizó el uso del «morabetino» o maravedí de oro (3,90 g, 22 quilates de ley como mínimo), de origen almorávide, que se acuñó también en Toledo desde 1172, al mismo tiempo que en otros reinos hispanocristianos, pero posiblemente con mayor uso que en ellos debido a la actividad económica de la ciudad y de su territorio, donde los arrendamientos se hacían, a finales del XII, por plazos cortos y contra renta en metálico, del mismo modo que también lo era el de las casas, tiendas y talleres dados a «censo» por los propietarios urbanos. La moneda tenía una importancia muy considerable en la economía de la aristocracia toledana y en la forma de percibir sus rentas. Por otra parte, la abundancia del instrumento monetario hacía que Toledo fuera el principal centro de crédito, en manos casi siempre de judíos, e incidía sobre la naciente fiscalidad regia, que tuvo en Toledo recursos especiales –por ejemplo, el portazgo de la puerta de Bisagra y otros ingresos incluidos en el «almojarifazgo»–, expresados siempre en moneda.

El conglomerado de rentas que formaba el «almojarifazgo» toledano –modelo sobre el que se formaron los de ciudades de Andalucía y Murcia desde mediados del siglo XIII– tenía casi siempre un origen islámico, y comprendía portazgos y otras exacciones sobre comercio urbano, locales de actividad mercantil y artesanal –a menudo propiedad del rey–, inspección de trabajo, uso de pesos y medidas, algunos diezmos sobre productos –por ejemplo, los básicos para la construcción: cal, teja y ladrillo–, censos pagados por bienes raíces urbanos o de las proximidades rurales –caso de la Huerta del Rey–, salinas y minas, a veces, y contribuciones específicas de judíos y «moros». El «almojarifazgo» proporciona un punto de vista fiscal para conocer mejor aquella economía urbana. Aún a finales del XIII, con bastantes de sus rentas ya enajenadas o desgajadas del conjunto, rentaba entre 65.000 y 80.000 maravedíes, algo menos que el cordobés, mucho más reciente y aún compacto, pues incluía también la aduana con Granada, y mucho menos que el de Sevilla, que incorporaba importantes rentas aduaneras sobre el comercio exterior[37].

Fuera de Toledo, la actividad mercantil era menor y, sobre todo, más discontinua, pero la madurez de la repoblación al norte del Tajo en el último cuarto del siglo XII contribuye a explicar la aparición de ferias, que abren posibilidades de promoción y desarrollo a poblaciones de importancia menor o intermedia y permiten establecer relación con otras regiones sin pasar necesariamente por Toledo. Las ferias más importantes tuvieron lugar en Alcalá de Henares desde 1184, y también las hubo en Brihuega desde 1215: ambas localidades eran señorío de la sede arzobispal toledana.

b) Los avances en la Cordillera Ibérica

Después del fallido asedio de Huete por los almohades en 1172, los castellanos estuvieron en condiciones de avanzar hacia el sur en tierras de la Cordillera Ibérica, escasísimamente pobladas, y conquistar sucesivamente Cuenca, Alarcón, Iniesta, Moya, Jorquera, Alcaraz y, por último, Requena. El modelo de repoblación que se siguió fue el de las Extremaduras en toda su pureza, ante la ausencia casi total de musulmanes y la inexistencia de mozárabes y de estructuras de poblamiento sólidas procedentes de la época anterior, en un proceso coetáneo y casi idéntico a los que se daban más al este, en Albarracín y en el aragonés macizo de Teruel.

Cuenca, conquistada por capitulación después de un largo asedio, en septiembre de 1177, tenía en aquel momento no más de 700 habitantes musulmanes, que emigraron. Inmediatamente se procedió a iniciar la repoblación como ciudad de realengo, «una de las más nobles ciudades del reino» *(Crónica latina de los reyes de Castilla).* Las órdenes militares y algunos nobles, en especial los Manrique de Lara, recibieron importantes «donadíos», pero el rey, aunque se reservó el alcázar y algunos bienes urbanos, organizó inmediatamente el concejo conquense, a cuyo cargo estuvo el reparto de bienes en la ciudad –que llegó a contar con 14 «collaciones»– y su territorio, cuyos límites se fijaron desde entonces hasta 1191, en parte tomando algunos de Huete; las aldeas y demás aspectos del poblamiento y de la puesta en explotación de la tierra fueron, pues, enteramente nuevos y habían llegado a su madurez hacia 1230: la orientación ganadera y forestal era evidente, pero también importaba el comercio con los musulmanes valencianos, incluyendo el tráfico de cautivos, que contaron con hospitales para su acogida en la misma Cuenca y también en Uclés, Alarcón y Moya, atendidos por la orden de Santiago[38].

La primera redacción conocida del fuero de Cuenca data de comienzos del siglo XIII, y es el texto más completo y significativo del derecho de la frontera o Extremadura. En el fuero conquense, y en los muchos otros que derivan de él o forman parte de su «familia», se prevé la celebración de ferias. ¿Quiere esto decir que existieron en la realidad? En Cuenca, al menos, parece que no, en aquellos primeros tiempos. Además, muchas localidades aforadas según dicho modelo recibieron en uno u otro momento privilegio real para celebrar ferias, y sólo entonces comenzaron a efectuarse. Una vez más, la feria, aunque se pueda considerar como institución de apoyo a los procesos repobladores, no surge siempre en el momento inicial sino, más bien, cuando ya ha alcanzado madurez el tejido de actividades e intercambios económicos.

Para completar la semejanza con las ciudades de la Extremadura propiamente dicha, también en Cuenca se creó sede episcopal en 1178, considerada como traslado y renovación de las antiguas de Ercávica y Valeria, y el rey la dotó desde el año 1183 con tierras, aldeas, exenciones fiscales y el diezmo del portazgo y otras rentas reales[39].

El modelo de Cuenca se aplicó, a menor escala, en Alarcón, tomada en 1184. La plaza dominaba un importante paso sobre el Júcar, contó con cuatro «collaciones» y un amplio alfoz totalmente yermo en el que se fundaron numerosas aldeas a pesar del riesgo que entrañaba la frontera. Diego López de Haro, luego señor de Vizcaya, recibió un extenso territorio en el que pobló la villa de Haro con seis aldeas. Años después, en octubre de 1211, la conquista de Jorquera y Alcalá de Júcar acabó de asegurar el curso del río en su tramo castellano.

En el del Cabriel, también a partir de Cuenca, se conquistó Cañete por las mismas fechas, Iniesta en 1186, como avanzada al este de Alarcón, y, en 1209-1210, Moya[40], más al este, para marcar la frontera con las poblaciones aragonesas de Ademuz y Castielfabib y con la musulmana Requena, que no caería en manos castellanas hasta 1238.

A la población de las plazas que acabamos de mencionar y de sus tierras vinieron casi exclusivamente castellanos, procedentes de la Extremadura o de más al norte, pues algunas casas nobles –Haro, Lara, Cameros, Girón, Téllez– recibieron muchas tierras y las colonizarían con sus propias gentes. Algunos musulmanes acudieron ya en época cristiana como cautivos o como «moros de paz», así como grupos de judíos y algunos francos, a la ciudad de Cuenca. El éxito de la primera época colonizadora se puede medir, también, a través de la rápida aparición de nombres de aldeas en toda la zona, incluyendo Huete y Uclés, sobre todo en tierra de Cuenca: unas 350 hacia 1230.

La repoblación de Alcaraz, abandonada por sus habitantes musulmanes como consecuencia de su conquista en mayo de 1213, comenzó inmediatamente, también según el modelo de Cuenca, pero dependiendo en lo eclesiástico del arzobispado de Toledo. Alcaraz, con cuatro parroquias o «collaciones», era *clavis totius Hispaniae. Caput Estremature,* como se lee en su escudo concejil, porque tenía en aquel momento un valor estratégico máximo, que se completó con la toma del castillo de Riópar, puerta de la sierra de Segura, y mucha importancia su amplia tierra yerma para el pasto de ganados trashumantes, lo que hizo que sufriera ataques y mermas en el siglo XIII, primero a manos de nobles, como don Suero Téllez, que obtuvo el «donadío» de Ossa, con las lagunas de Ruidera, y un coto o dehesa de una legua de radio en torno, y después por causa de la orden de Santiago[41].

*c) La «repoblación adelantada»
de las órdenes militares en La Mancha*

Las dificultades para una población efectiva al sur del Tajo y, sobre todo, al sur de las sierras que separaban la tierra toledana de La Mancha se mantuvieron durante aquella época. La cuenca del Guadiana en su tramo castellano era un verdadero «desierto estratégico», donde se podían mantener puntos fortificados, practicar aprovechamientos pastoriles estacionales, intercambios comerciales en tiempo de tregua, y poco más. Hay que distinguir, sin embargo, entre la tierra próxima al Tajo, e incluso algunos señoríos surgidos en la retaguardia al norte del río, y la más alejada. En ambas zonas recibieron señoríos algunas órdenes militares, que los mantuvieron de manera estable, al revés de lo que había ocurrido con anteriores concesiones a nobles u otras instituciones, y fueron el punto de partida para la repoblación sistemática ocurrida en el tercio central del siglo XIII.

[Las órdenes militares] aúnan las ventajas de los señoríos laicos con las de las instituciones monásticas que tan señalado papel habían desempeñado en la colonización de la meseta norte y del área atlántica [...]. Su carácter polivalente les permite sustituir desde el punto de vista espiritual, asistencial, administrativo e, incluso, fiscal, a las instituciones religiosas en sus propios territorios y orientar la promoción y defensa militar en ellos, tal como sucedía en los señoríos laicos. Sobre estos últimos tenían una notable ventaja: la organización estricta, coherente y disciplinada, informada por un alto espíritu militar y religioso a un tiempo. Sometidas a la autoridad suprema del maestre y del capítulo general, que actuaba como órgano legislativo, no había, seguramente, mejor sistema para conseguir la coordinación de esfuerzos necesaria en la empresa de dominar el vasto espacio fronterizo situado al sur del Tajo [...]. Una organización como ésa, nacida por y para la guerra, no podía por menos que producir resultados excelentes desde el punto de vista militar [...] (E. Cabrera).

Y, por supuesto, otros relativos a la colonización y organización del territorio[42].

La orden de Calatrava se hizo cargo de la tenencia y señorío de la plaza de este nombre desde 1158, en sustitución de los templarios, que habían renunciado a su custodia. Calatrava era además punto de paso obligado de las recuas que hacían el camino a o desde Córdoba, y allí pagaban portazgo. Con aquella función estratégica y comercial la había fundado Muhammad I de Córdoba en el año 855. La orden fue poblando algunas aldeas en aquella ruta –Guadalerzas, Malagón, Alarcos, Caracuel, Almodóvar–, donde se reservaban cuarenta yugadas de tierra de labor y se repartía el resto entre colonos mediante lotes («a quiñón»), y recibió en 1168, más al sur, el enclave de Chillón, junto a las minas de mercurio de Almadén, puesto avanza-

1. Castilla y León

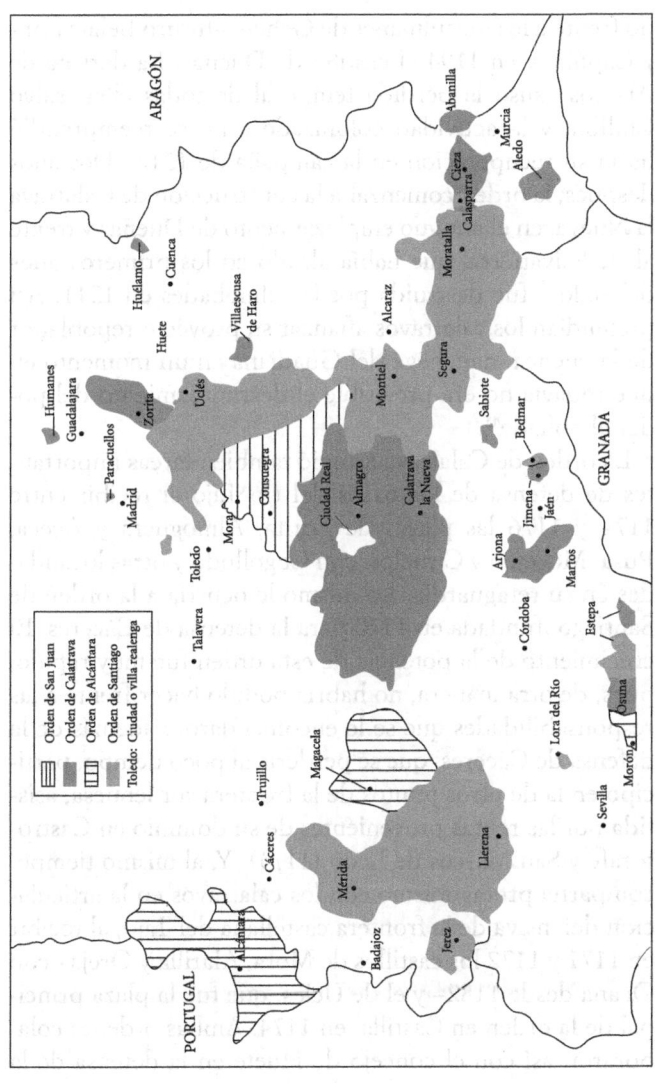

Mapa 11. Señoríos de las órdenes militares. (Según P. Porras Arboladas)

do frente a los musulmanes de Gahete –futuro Belalcázar– y Capilla, y en 1194 el castillo de Dueñas. La derrota de Alarcos causó la pérdida temporal de todas ellas, salvo Chillón, y la actividad colonizadora no se reemprendió hasta su recuperación en la campaña de 1212. Dos años después, la orden comenzaba la construcción de Calatrava la Nueva, en el antiguo emplazamiento de Dueñas y frente al de Salvatierra, que había alzado en los primeros años del siglo y fue destruida por los almohades en 1211. Así pretendían los calatravos afianzar su proyecto repoblador de la cuenca manchega del Guadiana en un momento en que todavía no era previsible el derrumbamiento del poder almohade[43].

La orden de Calatrava asumió también tareas importantes de defensa de los pasos del río Tajo al recibir entre 1174 y 1176 las plazas de Zorita, Almoguera y Aceca, Pusa, Mocejón y Ciruelos, con Cogolludo y otras localidades en su retaguardia. Lo mismo le ocurría a la orden de Santiago, fundada en 1170 para la defensa de Cáceres. El crecimiento de la potencia de esta orden fue muy rápido, pues, de otra manera, no habría podido hacer frente a las responsabilidades que se le encomendaron: además de la defensa de Cáceres, que se perdería al poco tiempo, participó en la de otros puntos de la frontera sur leonesa, asistida por las rentas provenientes de su dominio en Castrotorafe y San Marcos de León (1173). Y, al mismo tiempo, compartía protagonismo con los calatravos en la articulación defensiva de la frontera castellana del Tajo, al recibir en 1171 y 1172 los castillos de Mora, Alarilla y Oreja –con Ocaña desde 1182– y el de Uclés, que fue la plaza principal de la orden en Castilla, en 1174. Ambas órdenes colaboraron así con el concejo de Huete en la defensa de la baja Alcarria y contribuyeron a la de las comarcas toledanas de La Sagra y La Sisla.

Uclés, que había pertenecido antes a la orden de San Juan, llegó a ser pronto una plaza de cierta importancia, con seis «collaciones» y tres «sexmos» en su tierra, muy relacionada con las de Huete y Cuenca. Su fuero, característico también de la Extremadura, se otorgaría después a muchas otras poblaciones de señorío santiaguista[44]. Éste comenzó a dibujarse en tierras manchegas desde 1213, cuando la orden recibió el castillo de Eznavexore y Alhambra, preludio de su dominio sobre el Campo de Montiel y de las pugnas que mantendría con el concejo de Alcaraz[45].

La de San Juan del Hospital fue la tercera orden militar en poseer responsabilidades de defensa e intereses señoriales en la frontera, más algunos pequeños señoríos en su retaguardia (Humanes, Olmos, cerca de Madrid). En 1162 recibió las aldeas del Campo de Críptana, entre los ríos Záncara y Cigüela, en una zona algo marginal respecto al eje de comunicaciones Toledo-Córdoba, y cedió una parte de su colonización a un promotor particular, Miguel Asarafí, con escaso éxito. También fue sanjuanista Uclés entre 1163 y 1174, antes de pasar a manos de la orden de Santiago. Pero Alfonso VIII le cedió la plaza de Consuegra en 1183, cuya importancia creció después de la pérdida de Calatrava en 1195, como etapa y punto de portazgo en el camino hacia el alto valle del Guadalquivir; la plaza se pobló, a fuero de Cuenca, desde comienzos del siglo XIII[46].

Pocas iniciativas colonizadoras más hubo por entonces, siempre muy ceñidas a la defensa militar: importa recordar la de la sede arzobispal de Toledo en La Guardia, cedida por Alfonso VIII, en 1211-1213.

d) Los «extremos» occidentales. Plasencia. La Transierra leonesa

En las tierras entre Toledo y Talavera continuaron las dificultades para poblar, como lo demuestra el escaso desarrollo de Santa Olalla, Montalbán o Dos Hermanas, que pasaron a manos de miembros de la nobleza en los primeros años del siglo XIII. Más al oeste, sin embargo, las circunstancias permitieron una fundación muy importante para la defensa de la Transierra castellana: en 1185, Alfonso VIII recibió, tras la muerte de Fernando Rodríguez de Castro, el señorío que había tenido sobre Trujillo y otras plazas próximas, y al año siguiente inició la población de Plasencia, sobre unas ruinas de época romana, para defender la inmediata retaguardia, asegurar la comunicación con la Extremadura de Ávila, colonizar el territorio y establecer una plaza castellana de importancia comparable a la que tenía la cercana Coria, al lado leonés de la frontera, de modo que se limitara con claridad el ámbito de expansión del vecino reino en tierras de lo que hoy es Extremadura, según lo establecido en la división hecha por Alfonso VII, y así fue, pues la actual región extremeña reconoce en sus orígenes esa dualidad de influencias y dominios territoriales, el leonés y el castellano[47].

El concejo de Plasencia se organizó según los modelos de Ávila y Cuenca, con un amplísimo territorio que iría, según privilegio real de marzo de 1189, de las sierras de Gredos y Béjar, al norte, a las tierras musulmanas al sur de la frontera que pudiera conquistar hasta la línea del Guadiana, lindando al este con Talavera. Plasencia fue también, desde 1189, sede episcopal, una vez superada la resistencia opuesta por el obispo de Ávila. Toledo y Santiago compitieron para que la nueva sede fuera sufragánea suya y, al cabo, triunfó Toledo.

A pesar de que la campaña almohade de 1196 hizo que los musulmanes recuperaran la línea del Tajo como frontera al tomar Trujillo y los otros castillos próximos, y de la destrucción sufrida por la misma Plasencia, la ciudad se repuso, y la población de su término se consolidó desde la segunda década del siglo XIII, respaldada por la fundación de Béjar, al norte de la sierra, con alfoz desgajado del de Ávila en 1209. Primero se consiguió la colonización de los valles del Jerte y del Tiétar, con aldeas como Tornavacas, Belvís, Jaraiz, Cuacos, Jarandilla. Las dificultades de deslinde con Ávila, iguales a las que sufría Talavera, llevaron a Plasencia a hermanarse con esta villa en 1248. Para entonces se había iniciado, aunque de forma lenta y difícil, la repoblación de la amplia zona sur de la tierra, en el Campo de Arañuelo (Miravete), donde, ya a comienzos del siglo XIV, comenzó la cesión en señorío de algunas aldeas (Monroy, Almaraz).

En la Transierra leonesa, la preocupación de Alfonso IX por asegurar las fronteras con los musulmanes y con Portugal y Castilla fue tan evidente como en otras zonas más norteñas. El rey aprovechó las largas treguas con los almohades y utilizó la colaboración de las órdenes militares al cederles en señorío las nuevas pueblas. Ya lo había hecho Fernando II con Trevejo (1157) y Villamiel (1170), junto a la frontera portuguesa, y Alfonso IX continuó esta política en las tierras situadas entre la sierra de Gata y el límite con Plasencia: la orden de Santiago recibió la antigua Atalaya de Pelayo Vellidiz (poblada en 1181, dada a la orden en 1202), Granadilla (1188, dada en 1191) y Palomero (1191, dada en 1193); la de Alcántara, algo después, Salvaleón (1212), Bernardo (dada antes de 1231) y Galisteo; la del Templo, Santibáñez y Portezuelo, antes de 1211, mientras el monarca se empleaba en fortalecer la población de Coria, a cuyos vecinos otorgó exención de «pechos» desde 1220. Por entonces recibiría la ciudad el fuero, e inserta en él la posibilidad de celebrar feria: la difusión posterior de este fuero a Cáceres, a Usagre y otras poblaciones extremeñas de la orden militar de Santiago aumenta mucho su importancia histórica. De todos modos, concluye J. Clemente, «la (actual) Extremadura cristiana es una zona muy poco poblada». La conquista de Alcántara (1213) y la entrega, en zona castellana, de la recién tomada Monfragüe a la orden de Calatrava, en 1221, fueron el preludio de los nuevos avances que harían posible la intensificación de las colonizaciones, a partir de 1230[48].

4. Las colonizaciones del siglo XIII (1220-1275)

Las conquistas de la Andalucía del Guadalquivir, Extremadura al sur del Tajo, Valencia y Murcia, ocurridas entre 1224 y 1266, alejaron rápidamente los peligros y las condiciones de vida propias de la frontera en las tierras de Castilla la Nueva y la actual Extremadura, al mismo tiempo que abrían la posibilidad de ampliar y completar las rutas norte-sur entre las tierras situadas al norte del Sistema Central y los confines de Sierra Morena, Alta Andalucía y sureste murciano, con todo lo que aquello comportaba de nueva organización y aprovechamiento económico del espacio y de intercambios mercantiles.

Las tareas de colonización y población llevadas a cabo en aquellos decenios eran contemporáneas a las que tenían lugar en las tierras de nueva conquista y, en muchos aspectos, guardaban una relación de complementariedad con ellas puesto que no se concibieron aisladas, en cada caso, sino de acuerdo con proyectos generales más amplios que abarcaban a todos los espacios regionales, a medida que los reinos hispano-cristianos alcanzaban sus dimensiones territoriales casi definitivas. Un rasgo general y permanente de las repoblaciones del siglo XIII en tierras de la cuenca del Guadiana fue la escasez de pobladores, mantenida en los siglos siguientes, y a veces, la dificultad para controlar bien todo el territorio, lo que contribuye a explicar que en esta zona haya habido fenómenos de bandolerismo –los «golfines»– de mediados del XIII a mediados del XIV.

La consecuencia más duradera de las circunstancias en que ocurrieron las repoblaciones fue el papel principal que tuvieron en ellas poderes señoriales, en especial órdenes militares, más que concejos de realengo, y cómo aquella situación se agudizó en la Baja Edad Media, de modo que en la cuenca castellana del Guadiana llegó a ser señorío el 90% del territorio, y en Extremadura el 75%, ya en el siglo XV, aunque los principales, de los que eran titulares las órdenes, surgieron en la época de la colonización.

a) Modificación de antiguas «tierras»

En las tierras de los concejos próximos al Sistema Central, los últimos decenios del XII y todo el XIII fueron años de mejor aprovechamiento de los recursos ganaderos de las tierras serranas antes apenas ocupadas y de instalación de aldeas en ellas. Ya lo vimos en lo relativo a los espacios pertenecientes a Segovia y Ávila al sur de la sierra, y los enfrentamientos que esto causó con Madrid y Talavera principalmente. Más al este, las tierras de Ayllón y Sepúlveda también superaban hacia el sur las cumbres de Somosierra, pero Buitrago consiguió fijar bien los límites con Sepúlveda y ambas localidades colaboraron para acondicionar el paso de la sierra por el llamado entonces puerto de Santo Tomé.

Atienza, Medinaceli y Molina habían fundado la mayoría de sus aldeas ya hacia 1224, cuando el territorio de la primera se vio afectado por la comunidad de pastos que estableció con Cogolludo y Sigüenza y, sobre todo, por la separación de su sector meridional a favor de Brihuega, en 1234, y de la nueva villa de Cifuentes, que fue cabeza de uno de los arciprestazgos del obispado de Sigüenza, llegó a tener 45 aldeas y pasó desde 1261 a manos de diversos señores, miembros de la familia real en una primera época.

Toledo tuvo que ampliar y definir su territorio por el sur, en tierras situadas entre los ríos Guadiana y Zújar, hasta entonces despobladas y dedicadas sólo a alguna actividad pastoril, de recolección y caza, cuando se produjo la caída en manos cristianas de los castillos musulmanes de Sierra Morena, en especial a partir de la toma de Capilla (1225). Hasta 1262-1274 no se llegó a acuerdos de límites claros con Talavera, en la sierra de Altamira, con Trujillo, con Capilla, Gahete y Santa Eufemia, en tierra de Córdoba, y con Chillón, lo que permitió a Toledo, años después, proceder a la fundación en aquellas tierras de Puebla de Alcocer (1288) y, medio siglo más tarde, a las de Herrera (del Duque) y Siruela, cuando ya había comenzado la señorialización de la zona.

Antes, Toledo había comprado a la Corona, en 1246, los llamados propiamente «Montes y extremos de Toledo», en las soledades que separaban la cuenca del Tajo de la del Guadiana, para delimitar bien su territorio respecto a los señoríos de las órdenes militares de Calatrava y Alcántara, cosa que ocurrió también entre 1262 y 1274. Al mismo tiempo, la ciudad compró al arzobispo la puebla de Milagro, que la sede había fundado en 1213, para defender aquel «puerto» de acceso hacia la ciudad, y también las localidades próximas de Dos Hermanas y Navahermosa, establecidas por Alfonso Téllez a comienzos del siglo XIII, y fundó Los Yébenes, en otro «puerto» principal para el acceso a aquellos territorios. De todos modos, Toledo organizó aquel espacio como *saltus,* con «poblamiento muy escaso, y puesta en valor dirigida sobre todo a la ganadería y la apicultura» (Molénat), e incluso en el siglo XIV desaparecieron lugares que todavía se mencionan en el documento de compra de 1246.

Mientras Toledo llevaba a cabo aquellas ampliaciones de su alfoz, Talavera tropezaba con mayores dificultades para conseguir la población del suyo en el sector occidental debido a las malas condiciones del Campo de Arañuelo, que ya hemos indicado, y al sur del Tajo, en la extensa comarca de La Jara. En el primer caso, la situación derivaría en las últimas décadas del siglo hacia la formación de las primeras pueblas de señorío (Oropesa, Lagartera; más al oriente, Velada y Navamorcuende, en manos de caballeros de Ávila), mientras que en La Jara, lindante al oeste con la tierra de Trujillo, conquistada en 1232, se establecía, primero, una cabeza de puente sobre el Tajo, Azután, fundada por el monasterio toledano de San Clemente, cerca de donde nacería en 1390 Puente del Arzobispo, y luego, en 1249, Villar del Pedroso, que sólo contaba con cinco aldeas a comienzos del XIV, lo que da idea de la precariedad de la situación. En 1337, Alfonso XI fundó Guadalupe y su «puebla» y término en tierras tomadas de Talavera y Trujillo, con lo que aprovechó una circunstancia excepcional de carácter religioso para dar nuevo impulso a la colonización de aquel ámbito, al otorgar el señorío de todo ello al santuario que estableció allí, en 1348[49].

b) *La repoblación en La Mancha de las órdenes militares*

Las transformaciones del poblamiento alcanzaron también a los enclaves que las órdenes militares tenían en la línea del Tajo y zonas próximas situadas al sur del río. En territorio santiaguista, por ejemplo, Colmenar de Oreja eclipsó al antiguo castillo de Oreja desde el segundo tercio del siglo XIII, y Fuentidueña de Tajo al de Alarilla en un proceso iniciado en torno a 1167 pero que culmina también en este período[50].

Pero lo más importante ocurrió en La Mancha, donde las tres órdenes militares que ya habían recibido plazas y territorios en señorío –San Juan, Calatrava, Santiago– procedieron a su colonización sistemática en el tercio central del siglo XIII, aprovechando la situación de paz consolidada y las nuevas posibilidades de beneficio económico que se ofrecían con la revalorización de las amplias zonas de pasto y la puesta en explotación agrícola de otras. Como no había memoria de deslindes anteriores, fue preciso fijarlos al establecer los términos de las nuevas poblaciones –como mínimo una legua en torno a cada núcleo, en general–; por el contrario, se pudo aprovechar la experiencia acumulada en el terreno jurídico-institucional, donde se siguió, en general, el modelo del fuero de Cuenca, con diversas variantes propias también del derecho de la Extremadura.

Los pobladores fueron todos nuevos –no había población ya instalada– y procedieron de las diversas regiones del reino de Castilla; más adelante, acudirían grupos musulmanes mudéjares, posiblemente del valle del Guadalquivir y Murcia, y algunos judíos a poblaciones como Villa Real. La colonización se organizó mediante cartas-pueblas y, posteriormente, contratos agrarios, que completaban las disposiciones generales de los fueros, y dio lugar a las cuatro categorías de pobladores ya presentes en otras partes de la región: algunos caballeros «villanos» –no muchos–, vecinos ordinarios, que habían recibido un lote o «quiñón» en el reparto de tierras, equivalente en general a una «yugada» (32 ha), «atemplantes», y moradores sin tierra propia, que trabajaban la de otros en condición de aparceros («quinteros»), o sujetos a algún otro tipo de contrato agrario.

Aparte de las tierras repartidas a los nuevos pobladores, y de los bienes comunales atribuidos a cada concejo que se creaba, cada orden se reservó en su señorío amplios espacios de «monte» cuyo aprovechamiento –pastos, en especial– se reservaba y administraba directamente, así como algunos monopolios (tiendas, hornos), que completaban sus fuentes de renta.

La orden de Calatrava poseía el Campo de Calatrava propiamente dicho, unos 5.000 km², más las tierras aledañas de Valdepeñas, Manzanares y Daimiel. En el Campo se cruzaban los caminos de Toledo a Córdoba con los que llevaban de Mérida a Zaragoza y de Mérida a Chinchilla, de modo que estaba en una situación favorable que ya había sido aprovechada durante la «repoblación adelantada» entre 1158 y 1195. La extensión del señorío de la orden quedó bien precisada en una bula pontificia de 1214 y, sobre el terreno, mediante los acuerdos de límites: con Córdoba en 1245, con Toledo en 1268, basado en otro anterior de 1189.

Las localidades antiguas, que tenían un valor predominantemente militar, corrieron diversa suerte: Calatrava la

Vieja y Caracuel, por ejemplo, decayeron definitivamente, mientras que Malagón, Almodóvar o Chillón crecieron. Las nuevas pueblas se fundaron entre 1220 y 1260, la mayoría antes de 1245, año en que ya había entre 18 y 24; entre ellas, Miguelturra, Almagro, Bolaños, Daimiel, Manzanares, Calzada de Calatrava, Santa Cruz de Mudela.

En el centro de la cuenca del Guadiana se produjo el principal intento regio para establecer un concejo de realengo, rodeado por los señoríos de las órdenes militares. Ya se había procurado en Alarcos, pero el paludismo hizo desistir a los pobladores. Unos años después, en febrero de 1255, Alfonso X otorgaba la carta-puebla de la nueva Villa Real, a fuero de Cuenca, aunque muy poco después recibiría el Fuero Real, sobre la antigua aldea de Pozuelo de don Gil, bien situada en el camino de Toledo a Córdoba, y en el que llevaba a Cuenca, pero con un casco urbano –cuatro collaciones– y un término muy exiguos, lindante con el calatravo de Miguelturra, y en el que sólo pudieron establecerse cuatro o cinco aldeas[51].

El Priorato de San Juan fijó definitivamente términos después de 1212 con sus vecinos santiaguistas, calatravos y con la sede arzobispal toledana. La repoblación se llevó a cabo entre 1236 y 1248, en torno a Consuegra, utilizando como marco jurídico un fuero derivado del de Cuenca. Se previó la instalación de 12 pueblas, con 1.500 vecinos, a los que la orden repartiría 150.000 fanegas de tierra: el lote básico de cada nuevo poblador fue una yugada de tierra de labor (de 32 a 35 ha), una aranzada para viña y huerta (1/60 de yugada, en torno a media hectárea), solar para la casa y participación en los aprovechamientos en tierras comunales. Algunas de aquellas poblaciones crecieron deprisa, como Arenas, Villarta, Argamasilla –que sufrió varios cambios de emplazamiento– y Madridejos, e incluso una, Alcázar (de San Juan), superó a Consuegra y consiguió el título de villa a finales del XIII[52].

La labor de la orden de Santiago continuó en las zonas manchegas de Toledo y Cuenca, donde se consolidan Santa Cruz de la Zarza y Corral de Almaguer desde mediados del siglo XIII: Uclés era el centro principal y, al término del proceso repoblador, se organizaría, desde 1353, un «Común de la Mancha» santiaguista para el aprovechamiento de montes y pastos. Más al sur, en el Campo de Montiel, la orden comenzó la obra colonizadora con la ocupación de Alhambra, pero sólo pudo desarrollarla después de la caída de Montiel, en 1227. En 1243 había ya 36 pueblas en torno a Montiel mismo, organizada con fuero casi idéntico al de Cuenca. En 1255, el señor de Ossa (de Montiel) cedió la plaza a la orden, que, además, había conseguido consolidar algunos términos tomados a Alcaraz, mediante sentencia regia de 1243.

He aquí, para concluir, algunos datos globales, que incluyen también los territorios de las actuales Andalucía y Murcia, referidos a los señoríos de las órdenes de Santiago y Calatrava a finales del siglo XV, cuando la organización del territorio estaba completa, después de los retoques bajomedievales, y se percibían ya los efectos de la recuperación demográfica. El ámbito de la «provincia de Castilla» de la orden de Santiago iba desde Uclés, pasando por el Campo de Montiel, hasta la gran área montañosa de Segura, en la confluencia entre Castilla la Nueva, Andalucía y Murcia, más los territorios murcianos y diversos enclaves en todos los sectores (Huélamo, Villaescusa de Haro, Mora, Bedmar, Aledo...). Son, en total, 13.500 km^2 y 112 núcleos de población en el momento mejor, con entre 14.000 y 16.000 «vecinos» pecheros (de 63.000 a 72.000 habitantes). La orden de Calatrava, por su parte, organizó su señorío en tres «provincias», las de Andalucía, Campo de Calatrava y Zorita. La primera comprendía 2.550 km², sobre todo en el área de Jaén, con doce encomiendas y tres prioratos que agrupaban una veintena de poblaciones. Se incluía en este distrito el enclave murciano de Abanilla. El Campo de Calatrava abarcaba 11.740 km², con 45 poblaciones y cuatro despoblados, distribuidos en 27 encomiendas y tres prioratos. El partido de Zorita, con 24 poblaciones repartidas en cuatro encomiendas y un priorato, más las tres encomiendas situadas en el área toledana, formaba otro conjunto de 1.050 km² [53].

c) En el límite oriental

El trabajo colonizador llevado a cabo desde la conquista de Cuenca en 1177 culminó y concluyó con la de Requena por los mismos conquenses, en 1238, aprovechando la toma de Valencia por los aragoneses y catalanes aquel mismo año. La población, muy favorecida por Alfonso X en 1257, se organizó en todos los aspectos a fuero de Cuenca. El plan de población en Requena fue el mismo que en Alarcón: lo dirigió Pedro Fernández, Merino Mayor del rey, que dotó a la plaza con cuatro «collaciones» y comenzó la fundación de aldeas en un territorio yermo, donde la Iglesia de Cuenca y algunas órdenes militares recibieron «donadíos» considerables.

Mientras tanto, la sujeción del taifa de Murcia a protectorado militar castellano en 1243 fue acompañada por la toma de Chinchilla y, en 1248, de Almansa. Ambas plazas fuertes se poblaron también según el modelo conquense.

Fueron la base del señorío de don Juan Manuel, a fines de siglo, o, lo que es lo mismo, del futuro marquesado de Villena. Más al sur, Alcaraz amplió su término con tierras murcianas (Las Peñas de San Pedro, Balazote), al tiempo que lo perdía al oeste ante los avances de la orden de Santiago. En todos aquellos territorios de la llamada, a veces, «Mancha de Montearagón», la definitiva conquista de Murcia en 1266 abrió nuevas posibilidades de organización y población cuando tocaba ya a su fin la gran oleada colonizadora de la plena Edad Media. Así se observa en el señorío de Villena, donde don Juan Manuel pobló o dio privilegios a una veintena de localidades en «un ambicioso programa de reorganización y jerarquización del poblamiento» que concluiría a mediados del siglo XIV: Almansa y Chinchilla, como plazas principales, pero también secundarias, como Castillo de Garci Muñoz, La Roda, Jorquera, Belmonte, Tobarra, Hellín, Yecla y Albacete, que, en ocasiones, no se consolidarían hasta finales de aquel siglo[54].

d) La actual Extremadura

A partir de 1213, Alfonso IX de León pudo romper la línea de defensa almohade en el Tajo y conquistar las plazas principales entre este río y el Guadiana. Primero Alcántara (1213), luego, por obra de Alfonso Téllez de Meneses, Alburquerque, hacia 1218, a continuación Valencia de Alcántara (1221). Por fin, en sus últimos años, Cáceres (1229), después de varios asedios fallidos, Montánchez, Mérida y Badajoz (1230). Mientras tanto, los castellanos redondeaban su dominio del curso medio del Guadiana y de Sierra Morena al norte de Córdoba (toma de Capilla en 1225). En

1233 tomaron Trujillo, tras un difícil asedio. Desde entonces, el avance se hizo más rápido, una vez reunidos los reinos de Castilla y León (1230): Medellín, Santa Cruz y Alange (1234), Magacela (1235), La Serena, el valle de Alcudia en su totalidad y Los Pedroches (1236), hasta donde se extendió el alfoz de Córdoba (incorporación en 1243 de Gahete, Chillón, Santa Eufemia, Pedroche, Obejo); poco después se consumaba el dominio de la actual Extremadura meridional y su correspondiente zona de Sierra Morena. Sería artificial separar el avance en el sector hoy extremeño del que tuvo lugar al norte de Córdoba por los mismos años. El resultado fue que, entre 1217 y 1243, «la línea de frontera avanzó cerca de 200 km. En profundidad, barriendo un territorio de 350 km de extremo a extremo» (E. Cabrera).

Las características de la repoblación de Extremadura son semejantes a las de La Mancha, que ocurrió en lo fundamental al mismo tiempo, desde el segundo cuarto del siglo XIII, pero las ciudades y villas de realengo fueron más numerosas: Plasencia, que fue fundación nueva como ya se indicó, Trujillo, Cáceres, Badajoz... La organización de aquellas plazas principales fue la misma aplicada en casos anteriores: asignación de territorio y posterior división en sexmos, otorgamiento de fuero, creación del concejo, adjudicación de los lotes de bienes raíces por sorteo entre los vecinos, en pleno dominio, además de preverse la correspondiente reserva de comunales y baldíos. Además, al sur del Guadiana se contaba con «una red de poblamiento muy antigua, heredada del mundo musulmán, que los nuevos pobladores cristianos encontraron intacta y procedieron a ocupar y repoblar garantizando de este modo su continuidad»[35].

A Extremadura, como región de origen mixto, leonés y castellano, llegaron inmigrantes de todas procedencias: as-

1. Castilla y León

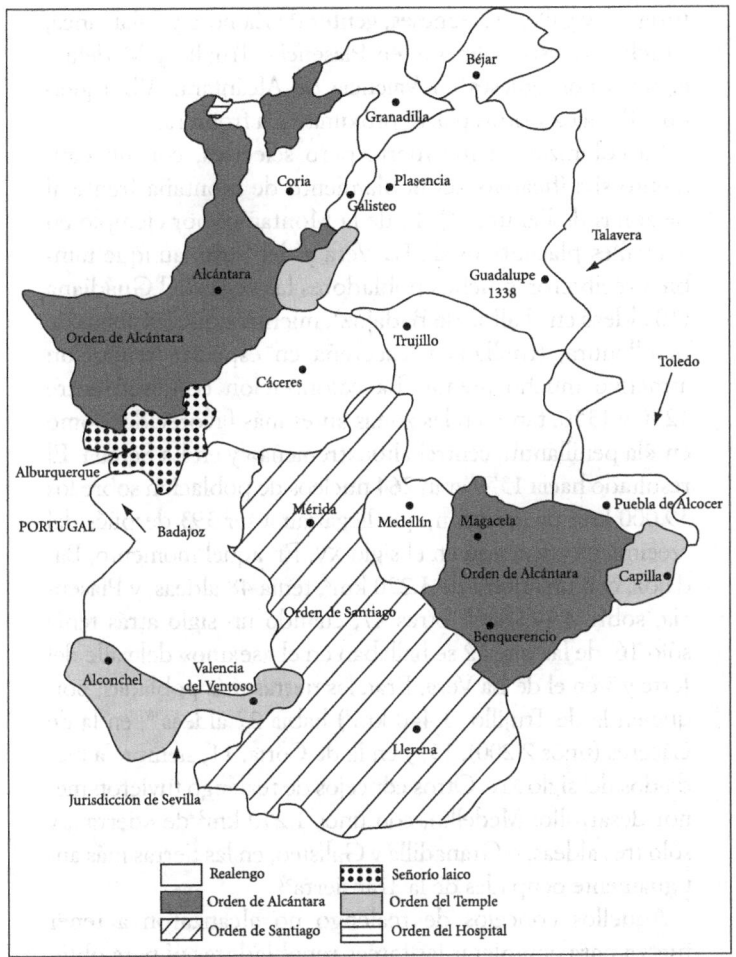

Mapa 12. Reparto jurisdiccional de Extremadura en el siglo XIII. (Según J. L. de la Montaña Conchina)

turianos y gallegos, leoneses, gentes de Zamora y Salamanca, castellanos, especialmente en Plasencia, Trujillo y Medellín, algunos portugueses en Valencia de Alcántara, Alburquerque, Badajoz y otras plazas próximas a la frontera.

La colonización fue fuerte pero selectiva, con un «aumento significativo del poblamiento de montaña frente al de zonas de llanura» (J. L. de la Montaña), por ejemplo en los valles placentinos de La Vera y del Jerte, aunque también recibieron muchos pobladores las vegas del Guadiana (30 aldeas en el alfoz de Badajoz), mientras que las zonas de penillanura, trujillana y cacereña en especial, tenían un atractivo mucho menor. La colonización continuó entre 1290 y 1350, tanto en las zonas antes más favorecidas como en «la penillanura central altoextremeña» y en La Serena. El resultado hacia 1350 eran 264 núcleos de población sobre los 39.000 km² de la región, que llegarían a ser 393 después del crecimiento ocurrido en el siglo XV. En aquel momento, Badajoz, con una tierra de 3.220 km², tenía 48 aldeas, y Plasencia, sobre 4.145 km², otras 47, cuando un siglo atrás tenía sólo 16, de las que 12 se hallaban en el «sexmo» del valle del Jerte y 3 en el de La Vera. Eran las tierras más pobladas, porque en la de Trujillo (3.440 km²) había 27 aldeas[56], en la de Cáceres (unos 2.200), 15, y en la de Coria, 11, siempre a mediados del siglo XIV. Otros concejos de realengo tuvieron menor desarrollo: Medellín, con unos 1.250 km² de «tierra», y sólo tres aldeas, o Granadilla y Galisteo, en las tierras más antiguamente ocupadas de la Transierra[57].

Aquellos concejos de realengo no alcanzaron a tener fuerza para completar las tareas repobladoras ni para obtener el peso político suficiente que asegurase su presencia continua en las Cortes. En el primer caso, el déficit se debió a las dificultades que se generalizaron desde los años 1270, pese a la relativa recuperación de la primera mitad del siglo XIV, a la competencia de los señoríos de órdenes militares y, en el caso de Badajoz, a las dificultades causadas por la frontera con Portugal: incluso algunas aldeas como Oliva o Valencia de Mombuey se despoblaron por algún tiempo, y Olivenza se perdió en 1297, al pasar a manos portuguesas. Los pacenses, sin embargo, tenían en el comercio fronterizo una actividad interesante, para la que pidieron exención de impuestos aduaneros en las Cortes de 1322[58]. En resumen: aplicación del modelo de la Extremadura pero muy debilitado por las condiciones propias del caso. Su erosión a costa del crecimiento de señoríos de la nobleza, en la Baja Edad Media, redujo apreciablemente el territorio realengo, que acabó por ser solamente el 23% de la región.

Las órdenes militares de Santiago y Alcántara fueron grandes protagonistas de la repoblación extremeña, pues cada una de ellas ejercía señorío sobre unos 9.000 km² y, hasta 1308, también lo fue la del Templo, aunque en mucho menor grado, sobre los 3.100 km² del suyo, que permanecieron casi despoblados: una parte se incorporó a la orden de Santiago, mientras que otras pasaron a la «tierra» de Sevilla (Fregenal) o a diversos nobles. A mediados del XIV había 48 núcleos de población en el señorío santiaguista y 45 en el alcantarino, que estaba dividido en dos sectores, uno en el oeste de la provincia actual de Cáceres y otro en el sureste de la de Badajoz. La «provincia de León», santiaguista, que correspondía a la actual Extremadura y tenía sus cabeceras en Mérida y Llerena, alcanzó los 9.500 km² cuando incorporó la bailía templaria de Valencia del Ventoso, con Jerez de los Caballeros, en 1312, a lo que es preciso añadir algunos enclaves andaluces: Estepa, con Benamejí, Castilleja de la Cuesta y Villanueva del Ariscal, ambas próximas a

Sevilla. En total, a finales del siglo XV vivían en el señorío santiaguista de 17.500 a 23.500 «vecinos» pecheros (85.000 a 110.000 habitantes) repartidos en 85 localidades[59].

e) *Los aprovechamientos ganaderos. La trashumancia*

Una cuestión económica principal, que acompaña a la nueva organización del territorio y es, a la vez, consecuencia suya, se refiere a las explotaciones ganaderas en régimen de trashumancia de corto o largo radio. La misma división en el interior de cada «tierra» dejaba espacios reservados a esta actividad *(exitus,* «pascua», «montes»), pero fue preciso coordinar cada vez mejor espacios más amplios y regular su uso, mediante la reserva a los vecinos, con cuotas de cabezas de ganado establecidas para cada uno, el cobro de impuestos de tránsito del ganado y de uso de pastos *(montaticum* o «montazgo», *herbaticum* o «herbazgo»), los acuerdos de comunidad de pastos entre concejos, la formación de «mestas» locales y la puesta a punto de rutas de trashumancia estacional hacia o desde los «extremos».

El desarrollo de estos aspectos afectó tanto a los concejos de la Extremadura como a los que se formaron más al sur y, por supuesto, a las amplias zonas señoriales de La Mancha y actual Extremadura, y tuvo lugar desde el último tercio del siglo XII al último del XIII, en términos generales. Las primeras hermandades o comunidades de pastos interconcejiles se documentan a comienzos del XIII: entre Escalona y Plasencia, entre Escalona y Segovia, entre Montalbán y Maqueda, por ejemplo. Por entonces, las intervenciones concejiles eran cada vez más fuertes, bien para obtener y poner en explotación nuevas zonas de «extremos» –casos de Segovia y

Ávila al sur de la sierra–, bien para regular y controlar el uso de sus propias zonas de pasto: acotamiento o adehesamiento de algunas partes, vigilancia por «caballeros de la sierra» y «montaneros», cobro de impuestos de tránsito y pasto sobre los ganados forasteros y limitación de su tiempo de estancia, etc. En sentido contrario, otras instituciones dueñas de ganado procuraban obtener de los reyes exenciones de impuestos en todo el reino para el tránsito de sus rebaños.

Cuando se consolidó el dominio y la organización de la cuenca del Guadiana en el segundo y tercer cuartos del siglo XIII, sus buenas condiciones para la ganadería y el atractivo de sus pastos, encinares y abrevaderos se pusieron aún más de relieve ante la escasez de pobladores; al tiempo, estaba ocurriendo la conquista y población de la Andalucía del Guadalquivir.

Del mismo modo que, en los términos municipales de las localidades más norteñas, la ganadería estaba siendo expulsada del centro del terrazgo hacia su periferia o hacia zonas pastoriles regionales excéntricas, la despoblación de la meseta sur la convirtió en una periferia para el conjunto del reino. Esto es, estimuló su conversión en «extremos», es decir, en zona de pastos para los ganados del norte. Éstos se convirtieron en trashumantes cuando, desde comienzos del siglo XIII, los señores encontraron el fácil expediente de incrementar la generación de sus excedentes mediante un ganado que encontraba su sustento al moverse de unas tierras a otras (García de Cortázar).

Así, en una tierra escasamente poblada, la mejor manera que tuvieron los señores, en especial las órdenes militares, para obtener renta fue la dedicación de buena parte del territorio a pastos de invierno de ganados trashumantes procedentes del norte. La red de cañadas y veredas y la delimitación de dehesas para pasto se realizaron en el marco de las encomiendas de las órdenes, en los decenios que antecedieron a la constitución del Honrado Concejo de la Mesta por Alfonso X (1273), cuando ya la frontera con el Islam se había alejado. En conclusión, La Mancha fue «un espacio articulado económicamente con el resto del reino a través de la dedicación ganadera» (García de Cortázar) y de pocas actividades más, entre las que destacaba la agricultura de subsistencia practicada por los habitantes de los pueblos y aldeas, pero muy poco el comercio. La organización económica de Extremadura fue semejante en muchos aspectos, pero mayor el peso de las ciudades y también el del comercio, a través de la frontera con Portugal y de norte a sur utilizando las antiguas vías romanas, en especial la Vía de la Plata.

f) Ferias

Coincidiendo con la plenitud de la tarea colonizadora del siglo XIII y con la organización de la gran trashumancia, algunas plazas de Castilla la Nueva y Extremadura recibieron privilegios de celebración de feria. Era una manera de consolidar la población y la centralidad económica de las que ya eran principales, en conexión con otros aspectos de la política desarrollada en todo el reino por Alfonso X: eliminar trabas para los tráficos interiores, fomento de los regionales e interregionales, aumento de la imposición indirecta, mayor monetización de la actividad económica. El fenómeno, sin embargo, no fue general, y se observan ausencias sorprendentes (Madrid, Ciudad Real, acaso Trujillo), además de que muchas de aquellas ferias tendrían sólo un alcance comarcal.

Algunas de tales ferias son anteriores en su origen: Plasencia las tenía por su fuero y las celebraba efectivamente, así como Cáceres, que disponía de ellas desde 1229, por fuero y por privilegio real. En Castilla la Nueva surgieron sucesivamente las de Guadalajara (1254), Talavera (1294) y Buitrago (1304), al norte del Tajo, Pareja y Fuentelaencina en el señorío de la orden militar de Calatrava, próximas a Zorita de los Canes, y en La Mancha disponían de ella Montiel (1252), Alcaraz (1268), Almodóvar del Campo y Almagro desde fecha indeterminada, Corral de Almaguer (1314) y la toledana Puebla de Alcocer (1326), pero Alfonso X no consideró el dotar con feria a su creación por excelencia en aquella zona, Villa Real (hoy Ciudad Real), acaso para no competir con los intereses de las órdenes militares. En Extremadura, Badajoz tuvo mejor suerte (feria en 1258, franca de impuestos desde 1278), seguramente por su cercanía a la frontera portuguesa, pero la orden militar de Santiago obtuvo varias ferias en su amplio señorío (Montemolín, 1282; Mérida, 1300).

3. ORGANIZACIÓN POLÍTICO-ADMINISTRATIVA Y JURÍDICA. LA NUEVA SOCIEDAD

1. Territorios y repartimientos

En las tierras de Castilla la Nueva, como en otras, se siguió la norma general de respetar los términos territoriales anteriores a la conquista, cuando se conocían, lo que al sur del

Tajo no ocurrió nunca y, posiblemente, en la actual Extremadura tampoco. Al norte del río, cuando había dudas, se seguía el criterio establecido por Alfonso VI. En todos los casos, se podía apelar al convenio o arbitraje, efectuado a veces en los lugares que tenían asignada la condición de «medianedo». Y, en relación con otros reinos o con al-Andalus, el criterio vino dado por los acuerdos de frontera y reparto territorial –caso de los tratados de Tudellén, Cazola y Almizra con Aragón– o por los límites de las poblaciones andalusíes situadas más allá de la «marca» prácticamente vacía que era la cuenca del Guadiana en su sector castellano. Ahora bien, una vez fijados los límites de un alfoz o «tierra», en todas partes era objeto de especial cuidado publicarlo –en muchos fueros está al comienzo del texto– y mantenerlo mediante sucesivos reconocimientos y amojonamientos, puesto que era la base física de las restantes capacidades que tenía cada localidad.

El reparto de la tierra dependía, en principio, de la potestad regia, a la que se reconocía la propiedad eminente, salvo que hubiera limitaciones o condicionamientos anteriores. Podían derivar éstos de pactos de capitulación, como sucedió en Toledo, pero casi todos los musulmanes emigraron, o de derechos de propiedad previos a la conquista, y éste fue el caso de algunos mozárabes de aquella ciudad, pero en muy pocas ocasiones se encuentran menciones a fincas que se hallaran en esta situación. Por el contrario, la inmensa mayoría de los títulos de dominio de la tierra son ya de época castellana, y, además, en los espacios incorporados en época de Alfonso VI quedaron muchas zonas despobladas y, desde luego, en los ganados desde tiempos de Alfonso VII nunca hubo limitaciones debidas a derechos de propiedad anteriores. El problema no era la escasez de tierra, o las limitaciones para disponer de ella, sino la escasez de hombres para colonizarlas.

En todos los casos se emplea ya la técnica de «repartimiento» y no se aceptan ocupaciones espontáneas o asistemáticas de tierra, aunque no se conservan «libros de repartimiento» ni parece que los haya habido en muchos lugares. Ahora bien, aparte de los lotes dados a pobladores efectivos sujetos a los deberes de avecindamiento, los reyes dieron fincas y bienes raíces de mayor tamaño a nobles, instituciones eclesiásticas y, más adelante, órdenes militares. Estas concesiones recibían el nombre de «donadíos», y solían ser fincas grandes, de al menos diez «yugadas» de tierra de labor (más de 300 ha), y con frecuencia alcanzaban las 3.000 ha. El beneficiario organizaba la explotación y reclutaba cultivadores según su criterio, estaba exento de pechos y de otras obligaciones concejiles, aunque sujeto al fuero y a la jurisdicción de la ciudad en cuya «tierra» estuviera el «donadío». A veces era éste una antigua *qarya* o aldea –hay más de cincuenta casos entre las donaciones hechas por Alfonso VII en el área toledana–, y su propietario debía, a cambio de la merced, ayudar a la defensa militar de la frontera, si era un noble seglar. Los «donadíos» dados a la Iglesia, en cambio, sólo tenían por objeto dotar adecuadamente las funciones religiosas.

Los pobladores sujetos a los derechos y deberes de la vecindad recibían un «heredamiento» o lote suficiente para mantenerse ellos y sus familias en la condición sociomilitar que tuvieran (caballero o peón), de modo que el lote básico solía ser igual para los peones –era frecuente recibir como lote o «quiñón» una «yugada» de tierra de labor–, del mismo modo que igual era la obligación fiscal (pago del «pecho») y militar, y la de tiempo mínimo de residencia antes de poder transferir el dominio de aquellos bienes, estimada entre uno y tres años, según los casos. Había también, a menudo, pobladores que no alcanzaban la condición de vecino sino las ya conocidas de «atemplante» y «morador». Pero, al no conservarse libros o registros que detallen los «repartimientos», hay muchos aspectos que apenas se conocen: sin duda, al menos en Toledo y su zona, el rey nombró juntas de partidores; también es probable que los pobladores se agruparan por collaciones desde un primer momento para todos los aspectos de organización y reparto, e incluso que en algunas localidades –por ejemplo, en Huete– este agrupamiento respetara principios de procedencia. En algunos casos, se observa la entrega de aldeas enteras con sus términos a grupos de pobladores, que organizaban a su vez el reparto de la tierra y las formas de explotación: así sucedió con los mozárabes que poblaron Huerta de Valdecarábanos en tiempos de Alfonso VII.

Pasado el momento inicial y constituido el concejo, era función suya repartir más tierras y asentar nuevos pobladores, para lo que se valía de «padrones» de nuevos vecinos y de «juntas de partidores», cuya existencia está documentada desde mediados del siglo XII. Los partidores contaban con el auxilio de los «cuadrilleros» o «sexmeros», a cargo de la porción correspondiente de la «tierra» o «alfoz» concejil, y con el de los «quiñoneros», que podían formar juntas en cada ocasión para medir las fincas, estimar su calidad productiva y ayudar en la ejecución material de los repartos.

Aparte de las tierras repartidas, había otras reservadas para utilización comunal según regímenes diversos. Por ejemplo, el ejido concejil albergaba un número de reses de cada vecino limitado por las ordenanzas locales; aparte solía haber dehesas comunales para el ganado mayor. En las tierras baldías más alejadas del núcleo de población —«alijares» en la zona de Toledo, «extremos» en los concejos organizados al modo de la Extremadura— se cuidaba la comunidad de aprovechamientos de pastos, madera y leña, aguas, frutos, caza y pesca, con límites fijados en el fuero y, más adelante, en las ordenanzas, y sólo se permitían acotamientos temporales para instalar colmenas o hacer corrales para guardar el ganado. A estos recursos que, en principio, beneficiaban a todos los vecinos, hay que añadir los aprovechamientos comunales en tierras de propiedad privada que, por lo tanto, no podían adehesarse o acotarse sin licencia concejil: el fuero de Cuenca prohíbe incluso hacer «dehesa» de conejos, venados o peces. El principal aprovechamiento era el pasto durante los períodos de barbechera y descanso o eriazo, bien regulados puesto que el cultivo cerealista se solía hacer en régimen de «año y vez».

2. Régimen concejil y foral

Las ciudades y villas conservaron, en general, su condición de realengas hasta la segunda mitad del siglo XIII y, con ella, la autonomía correspondiente, expresada en su fuero y en su régimen concejil[60]. Eran representantes del rey un *senior* o *dominus villae*, diferenciado a veces, y otras no, del «alcaide» o «tenente» del alcázar o fortaleza urbano: en cualquier caso, sus funciones eran, sobre todo, de dirección militar —en Toledo se le llamó también *princeps militiae*—, y solía ser forastero, no vecino, de modo que mantuviera mejor las funciones reservadas al *palatium* regio frente a las del *concilium* vecinal, según el modelo de la Extremadura.

El concejo designaba anualmente a sus oficiales y representantes, comenzando por el juez y los alcaldes. Jurados, sayón, almotacén, escribanos, andadores, sesmeros, veladores y guardas completaban la nómina de «aportellados», que variaba según las peculiaridades forales, pero, en todos los casos, desde los comienzos se reservaron los principales oficios a caballeros. Del mismo modo, también se observa desde el principio el predominio del concejo de la ciudad o villa principal sobre todo su «alfoz» y los concejos de las aldeas instaladas en él con licencia o por iniciativa del concejo de la ciudad. Para una aldea, en esta y otras regiones del reino, la única forma de librarse de tal dependencia consistía en acceder, por privilegio real, a la condición de villa, pero el aumento de número de éstas fue lento en la época que ahora estudiamos: había 11 ciudades y villas en tiempos de Alfonso VI, en torno a 20 cien años después y una treintena en la segunda mitad del XIII.

El caso de la ciudad de Toledo fue singular, en este como en otros aspectos. Allí no se estableció *concilium* propiamente dicho, sino que la ciudad fue gobernada por el rey y sus representantes y por los oficiales que designaba entre los notables toledanos *(ex nobilissimis),* aunque, por supuesto, las bases sociales del poder y su distribución eran muy semejantes a las de otras localidades. Los nombramientos regios tenían duración indefinida, pues dependían de la voluntad del monarca: la máxima autoridad local eran los dos alcaldes, uno para castellanos y otro para mozárabes, asistidos en sus funciones judiciales por diez notables y por varios escribanos de latín y árabe. Heredaban en parte la función de los antiguos cadíes –su mismo nombre lo indica– y, como ellos, tenían lugartenientes o *hakim.* Entrado el siglo XIII, actuaban por encima de ellos, como instancia de apelación, unos «alcaldes del rey», pero esto, al igual que en otras ciudades, debía ser una novedad. La policía urbana –en el sentido medieval del término– y la ejecución de las decisiones judiciales corrían a cargo de los alguaciles *(al wazir)*, tanto en la ciudad como en el término sujeto a ella. Completaban el cuadro de oficiales locales el almotacén *(muhtasib)*, que organizaba el mercado urbano y los oficios artesanos, los «almojarifes» o tesoreros y recaudadores de impuestos, que también eran en muchos casos peculiares de Toledo y procedentes de su época islámica, y el pregonero. Las menciones al «zalmedina» *(sahib al-madina)* y al jefe de vigilancia urbana («zabazorta», *sahib al-shurta)*, que desaparecen antes de terminar el siglo XII, parece que deben relacionarse más bien con la figura del *dominus villae* o *princeps militiae* ya mencionada, en la que se observa, además, cómo la diferenciación entre administración militar y administración civil o concejil era total en Toledo, al contrario de lo que ocurría en el resto de Castilla, donde la administración concejil asumía también funciones militares.

Además, en el alfoz toledano, las aldeas no tuvieron autonomía concejil propiamente dicha. O bien nombraban los cargos los propietarios de sus tierras, respetando la jurisdicción de Toledo, o bien Toledo misma: Los Yébenes, por ejemplo, fundada por la ciudad a comienzos del XIII, no tuvo licencia para elegir sus dos alcaldes y su alguacil anuales hasta 1371.

Dadas sus peculiaridades, el régimen toledano tuvo poca influencia en el desarrollo del de otras ciudades de la época, tanto en los aspectos institucionales como en los económicos, que luego consideraremos, si se exceptúa la difusión de algunos nombres de oficios –alcalde, alguacil– y, a veces, de algunas de sus funciones –almotacén–. En cambio, en el siglo XIII, sería un modelo muy tenido en cuenta para la organización de las ciudades en Andalucía y Murcia.

* * *

En los fueros utilizados se observa una clara tendencia a la homogeneidad en sus aspectos principales, bajo la influencia del derecho de la Extremadura, y a la incorporación de mejoras jurídicas para atraer pobladores a aquellas tierras de frontera donde, además del peligro de la guerra, estaba todo por hacer[61]. El influjo de los fueros de la Extremadura castellana es evidente desde los primeros decenios del XII, en el de Alamín, en los de la familia Oreja-Ocaña, que la orden de Santiago extendió a otras poblaciones de aquella parte de su señorío, o en el de Calatrava, dado por Alfonso VII. El modelo proporcionado por el fuero de Sepúlveda sirvió para los de Atienza, Medinaceli, Cogolludo, Sigüenza, Molina, Guadalajara, Huete y Uclés. Este último se aplicó en muchas otras localidades del señorío de la orden de Santiago y en Zorita, que era de la de Calatrava[62]. El fuero de Cuenca, en su redacción de finales del siglo XII[63], influyó a su vez en la nueva redacción de otros anteriores, por ejemplo los de Huete y Uclés, y en la de otros muchos: Plasencia, Béjar, Alarcón, Alcaraz, Almansa, Úbeda, Baeza, Iznatoraf[64]. En cambio, el fuero de Madrid de 1202 presenta una fuerte originalidad[65].

En la Extremadura y Transierra leonesas, fue el derecho local de Salamanca, en la redacción vigente en Ciudad Rodrigo, el que sirvió como modelo a los fueros principales, los de la zona de Riba Coa, el de Coria y, más al sur, los de Cáceres y Usagre, que se extendió a otras poblaciones del señorío de la orden de Santiago en la región[66].

* * *

Toledo ofrece también en este aspecto una situación peculiar desde su misma incorporación a Castilla. Los ordenamientos jurídicos de la población toledana fueron, en principio, distintos según su origen: musulmanes y judíos conservaban su respectiva «ley», según la capitulación, para asuntos de derecho privado internos de cada comunidad. Los mozárabes se regían *secundum Librum Iudicum quod in lingua arabica nominatur Margiazaradac* –leemos en un documento talaverano que no es el único en recoger el nombre árabe *(marjadraque)* de la compilación hispano-visigoda– y también por el fuero o privilegio que otorgó el rey en 1101, confirmando a los mozárabes en sus propiedades y en el uso del *Liber Iudicum* y equiparándolos a los castellanos en lo tocante a régimen fiscal y condiciones para acceder a la caballería. En aquel momento ya tenían también fuero los inmigrantes castellanos y leoneses, que serían el grupo mayor de pobladores, pues es el más antiguo de los mencionados, y el suyo los francos. El primer ordenamiento jurídico común a toda la población de Toledo, que se aplicaría también en las otras localidades conquistadas en 1085, data de 1118 y se superpone a los antiguos, desplazándolos parcialmente según un procedimiento que se repetiría varias veces más en los siglos XII y XIII al otorgar los reyes privilegios o confirmaciones (1136, 1155, 1174, hasta 1290)[67].

El fuero de 1118 adopta la forma de pacto entre el rey y los castellanos, mozárabes y francos, a los que denomina ya conjuntamente *cives,* asegura la permanencia de la ciudad en el realengo y su defensa por el mismo rey en caso de asedio y se refiere tanto a los privilegios y deberes de los caballeros como al régimen judicial y de propiedad que afectaba al conjunto de la población. Extendía a toda ella el *Liber Iudicum* para lo relativo al procedimiento procesal y a los casos de homicidio, robo y rapto, aunque en los otros los castellanos podían acogerse a su derecho privativo; daba plena capacidad de compraventa, donación y herencia de tierras entre cristianos y aseguraba la libertad de los campesinos, que pagaban al rey como pecho un diezmo fiscal, de origen islámico, el «alaxor». Sólo los vecinos y moradores podrían tener propiedades inmuebles en la ciudad y su territorio. Los propietarios de tierra podrían establecer pesquerías y molinos en el río Tajo.

La posibilidad de acceder a la caballería quedaba abierta a todos los vecinos que mantuvieran caballo y armas apropiadas. La situación del caballero comportaba el deber de participar en guerra ofensiva («fonsado») una vez al año, y el de defender permanentemente la ciudad, de la que el caballero sólo podría ausentarse *ultra serram,* dejando un sustituto, entre octubre y mayo, que era tiempo de tregua casi forzosa. Sus hijos heredaban su condición y privilegios hasta que tuvieran edad de participar en la guerra, momento en el que debían asumir las mismas obligaciones para conservar la caballería. Se observa en estas disposiciones la gran importancia de la función guerrera en Toledo, que afectaba al conjunto de los vecinos, pues todos ellos habían de contribuir a conservar las fortificaciones de la urbe y se obligaban a no exportar caballos ni armas a tierra musulmana. En contrapartida, el rey regulaba la forma de repartir el botín obtenido en expediciones militares.

Los toledanos recibieron otros privilegios, en el mismo texto de 1118, como eran quedar libres de prenda judicial, la inviolabilidad de sus domicilios ante merinos y sayones, la exención de huéspedes forzosos, la libertad de matrimonio de las toledanas –que importaba, por las consecuencias sociales y económicas que tenía–, la sujeción a jueces cristianos en caso de litigio contra moros o judíos, y ciertas exenciones fiscales para favorecer la liberación de cautivos, situación muy frecuente entonces.

El privilegio de 1118 fue, en conclusión, el jalón primero de un largo proceso acumulativo de privilegios y libertades que constituirían el «derecho de Toledo», común a todos sus vecinos cristianos y aplicado no sólo en la ciudad, sino en todas las localidades de su tierra, fuera cual fuese su jurisdicción. Aunque singular en muchos aspectos de su elaboración y contenido, la normativa toledana era comparable en nivel de privilegios y libertades a la propia de los concejos que se organizaron en las demás tierras de Castilla la Nueva siguiendo el modelo de la Extremadura. ¿Se aplicó también en otras ciudades y villas de Castilla la Nueva?: desde luego, en Talavera sí, aunque con variantes, pues se conservaron separados los fueros de mozárabes y castellanos hasta que Sancho IV los unificó en muchos aspectos, en 1290, ordenando la aplicación del *Liber Iudicum*. Madrid debió regirse por la normativa toledana hasta la promulgación de su fuero propio en 1202, sustituido a su vez por el Fuero Real, que otorgó a la villa Alfonso X en 1262.

3. Señoríos

Al contrario de lo que sucedía en la Extremadura, donde apenas hubo señoríos hasta finales del siglo XIII, en tierras de Castilla la Nueva aparecieron desde los primeros tiempos de la repoblación, lentamente al comienzo, porque las necesidades de defensa y organización del territorio hacían indispensable remunerar también por este procedimiento la colaboración de nobles e instituciones eclesiásticas, aunque, en este último caso –señoríos de «abadengo»–, se trata también de dotarlas con los medios económicos y rentas adecuadas a su funcionamiento, y los beneficiarios fueron sedes episcopales y, más adelante, órdenes militares, pues no hubo señoríos monásticos de importancia apreciable. La contrapartida defensiva y pobladora está implícita casi siempre porque se suele ceder el señorío sobre territorios yermos. El señor obtiene, una vez puestos en explotación, beneficios económicos de diverso tipo, y ejerce una primacía jurisdiccional que limita la autonomía de los concejos establecidos en su territorio a niveles menores que los propios de los concejos realengos. El rey, por su parte, retiene siempre sus prerrogativas y regalías referentes a la declaración de guerra y paz, la formación y dirección de las huestes, las apelaciones judiciales, la acuñación de moneda, la explotación de minas y salinas, la concesión de ferias y mercados y, en ocasiones, la canalización de los tráficos mercantiles y de los impuestos que pagaban, por determinados caminos, puentes o pasos.

Las primeras concesiones de señorío remontan a la dotación de la sede arzobispal toledana por Alfonso VI –Brihuega, Alcalá de Henares– y al efímero señorío de Fernando García sobre Hita y Uceda, en tiempos de Urraca I. Alfonso VII creó más señoríos, en gran medida para defender mejor tan extensa frontera: hay una veintena de concesiones, siempre en tierras yermas cercanas a ella. La más importante, el señorío de Molina a Manrique Pérez de Lara, organizador de aquel territorio. Y, en el ámbito eclesiástico, la concesión del señorío sobre Sigüenza a sus obispos.

En tiempos de Alfonso VIII hay noticia de unas cincuenta concesiones en señorío, de las que más de veinte a sedes episcopales –Talamanca, por ejemplo, pasó a depender de los arzobispos de Toledo desde 1188–. Por el contrario, las hechas a favor de nobles suelen ser todavía escasas e inestables, a menudo en forma de «prestimonio». Las más importantes de aquella época fueron, sin duda, las recibidas por las órdenes militares de Calatrava, San Juan y Santiago, que ya hemos detallado, mediante las cuales se convirtieron en agentes muy principales de la defensa y organización del territorio, a servicio del rey. No fue raro que, en los primeros tiempos, la orden respectiva cediera alguno de aquellos lugares en «prestimonio» vitalicio a algún noble, a cambio de que éste organizara su población y puesta en explotación. En la zona leonesa, la necesidad que los reyes tenían de colaboración señorial era aún mayor, y se concretó en las numerosas concesiones a las órdenes militares en la organización y defensa de la Transierra.

Hasta el último tercio del siglo XIII no comenzó un nuevo período de auge de la señorialización que comprometería el anterior y evidente predominio del realengo, ya condicionado por la importancia de los señoríos de las órdenes militares y de la sede arzobispal toledana. Comenzaron a aparecer en tierras neocastellanas y extremeñas señoríos vitalicios a favor de miembros de la familia real en tiempos de Alfonso X y sus inmediatos sucesores –doña Beatriz, doña Blanca, los infantes don Felipe y don Manuel, y su hijo don Juan Manuel, etc.–, que fueron en muchos casos el antecedente de la definitiva señorialización en manos de linajes nobles. Al mismo tiempo, la organización de linajes de caballeros en las ciudades o la presencia en ella de miembros de la nobleza daba lugar, lo mismo que en la Extremadura, a la aparición de concesiones regias vitalicias o perpetuas de aldeas en «heredamiento», o, al menos, de sus rentas, y de otros pequeños señoríos que disminuían las «tierras» de los concejos realengos.

También en Extremadura fue muy fuerte el crecimiento de señoríos de la nobleza en la Baja Edad Media, aunque alguno muy extenso, el de Alburquerque, data del mismo momento de la conquista, en 1218. Llegaron a ocupar otros 9.000 km², obtenidos a costa del realengo, casi siempre, aunque la disolución de la orden del Templo dio pie a la aparición de señoríos formados con antiguas plazas templarias, desde 1312: Alconchel, Capilla, Siruela, Burguillos. Pero la mayoría de aquellos señoríos nobiliarios nacieron mediante el recorte de las tierras concejiles. Entre los más antiguos, Villalba de los Barros, en la de Badajoz, Monroy y Almaraz, en la de Plasencia, Valdepalacios y Orellana, en la de Trujillo, y también, por supuesto, Guadalupe. Así, un nuevo tipo de señorialización vino a añadirse al antiguo, representado, como en Castilla la Nueva, por las órdenes militares.

4. La organización eclesiástica

La Iglesia de Toledo, organizada a partir de 1085-1086, fue la más poderosa de Castilla, sus titulares tenían la condición de arzobispos «primados de las Españas» y dispusieron de señoríos, bienes y rentas en cantidad muy superior a los de otras iglesias[68]. Toledo era, además, cabeza de provincia eclesiástica: fueron diócesis sufragáneas suyas las de Palencia (desde 1099), Osma (1101), Sigüenza (1121), Segovia (1123) y, más adelante, Cuenca (1177), Albarracín (hasta 1318), Baeza-Jaén (1228) y Córdoba (1236). En las de la primera época, salvo en Palencia, el primer arzobispo de Toledo, Bernardo de Sédirac, pudo establecer como obispos a hombres de su confianza, miembros del clero franco que trajo consigo a partir de 1086. La potencia de la iglesia toledana se observa también en la gran extensión territorial de la archidiócesis, que contaba con seis arcedianatos: Toledo, Talavera, Madrid, Guadalajara, Calatrava y Alcaraz. En su interior llegó a haber de 22 a 25 arciprestazgos, ya a fines del siglo XIII.

En Extremadura, las sedes de Coria y Plasencia extendieron su jurisdicción sobre Cáceres y Trujillo, respectivamente, pero fue imposible restaurar la sede metropolitana de Mérida, traspasada en 1124 a Santiago de Compostela, y la nueva diócesis de Badajoz nació débil ante la potencia de las órdenes militares, cuyos señoríos se extendían por más de la mitad del territorio extremeño (20.000 km^2), con su propia organización, que incluía el control de al menos las dos terceras partes del diezmo eclesiástico y el nombramiento de los «beneficios» eclesiásticos. Lo mismo sucedía en los señoríos castellanos de las órdenes, lo que dio lugar a frecuentes pleitos y convenios con las sedes de Toledo y Cuenca.

En tierras neocastellanas y extremeñas apenas tuvieron presencia las órdenes monásticas tradicionales. Sólo cabe recordar la peculiaridad del barrio de San Martín de Madrid, poblado como priorato benedictino, a fuero de Sahagún o de Silos. Y la presencia de algunos monasterios cistercienses poco poderosos en la zona septentrional: Monsalud (junto al Tajo), Ovila y Bonaval, este último en tierra de Uceda.

5. Los grupos de población

a) La vecindad. La caballería. Los nobles

Observamos la aplicación del modelo de organización social aplicado en las Extremaduras, con las salvedades propias de la ciudad de Toledo, que no se extienden a otras zonas. La igualdad foral evitó muchas situaciones de las que se daban en sociedades de constitución más antigua y compleja, sobre todo al norte del Duero, al asegurar la libertad jurídica, el mismo régimen penal, la inexistencia de «malos usos» y de limitaciones a la disposición de los bienes propios, una vez adquirido el pleno dominio sobre ellos tras residir la vecindad el tiempo señalado; sólo se prohibía su venta o donación a eclesiásticos y nobles, para evitar el deterioro del realengo, pero las principales iglesias –Toledo y Cuenca– obtuvieron de los reyes privilegios que las exceptuaron de la prohibición, por lo que pudieron recibir numerosos legados y adquirir propiedades de seglares.

El régimen de vecindad alcanzaba también a los nobles de residencia urbana y, en algunos aspectos, a los clérigos, aunque éstos dependían de otra jurisdicción, por lo que hubo que llegar a acuerdos con la concejil. La masa de los vecinos agricultores pagaba al rey el «pecho» correspondiente, signo de su condición: en las zonas de derecho de Toledo era un diezmo de la cosecha, que no debe confundirse con el eclesiástico; en las de derecho de la Extremadura, solía ser un maravedí –entonces moneda de oro– por «yugada» de tierra de labor. Pero ignoramos qué tipo de pecho pagaban los vecinos artesanos y mercaderes, o los habitantes que tenían la condición intermedia de «atemplantes», o la de simples «moradores», mencionadas ambas en los fueros de la «familia» del de Cuenca.

En principio, el acceso a la caballería ciudadana estaba abierto a todos los vecinos que cumplieran los requisitos económicos para mantener caballo y armas correspondientes. La ventaja consistía en la exención de «pechos» y otros «servicios» o contribuciones directas y la reserva que se hacía, a favor de los caballeros, de los oficios concejiles. El inconveniente, la forzosa participación en el «fonsado» o ejército real y en las «cabalgadas» que organizara el concejo y, en general, la mayor responsabilidad militar y deber de residencia, aunque estaban exentos del servicio de vigilancia o «anubda».

Los perfiles de la «caballería villana» son mucho más nítidos en las zonas pobladas según el derecho de la Extremadura, en parte porque se dibujan en las mismas fuentes jurídicas. Así, según el fuero de Cuenca, los «portiellos» u oficios del concejo están en manos de caballeros; entre ellos, los que vigilan los territorios comunales, «caballeros de la sierra», cobran una «robda» por su labor, qu se desarrolla durante el verano, de San Juan, 24 de junio, a San Miguel, 29 de septiembre, se reservan parte de los «montazgos» cobrados por el concejo a quienes utilizan los pastos y tienen fuertes intereses en la actividad ganadera. Éstos no parecen haber sido tan grandes entre la caballería toledana, a juzgar por la fecha tardía, mediados del siglo XIII, en que se preocupó Toledo de hacerse cargo de las zonas de monte y pasto situadas en los Montes de Toledo y más al sur.

En muchas de aquellas localidades y sus territorios hubo también miembros de la nobleza, caballeros «de linaje», debido a las mercedes regias de «donadíos» y a las cesiones de tierra en «prestimonio» o en señorío. Fuera cual fuese su grado de integración en la vida concejil y vecinal, se distinguían claramente, como grupo social, de los caballeros no nobles.

b) Castellanos, mozárabes, francos, judíos y musulmanes

La gran mayoría de los nuevos pobladores en las tierras neocastellanas que acabamos de describir eran castellanos; leoneses y gallegos hubo pocos en Castilla la Nueva (muchos más en la actual Extremadura), y también son muy escasas las menciones a navarros, aragoneses y catalanes, todas a partir de mediados del siglo XII.

Incluso allí donde había población mozárabe, los castellanos debieron de ser pronto más numerosos, aunque estén «muy mal representados en la documentación» (Molénat, 1997). En la ciudad de Toledo, que es el caso más notable, hubo 23 parroquias de rito latino y sólo seis del mozárabe, aunque es cierto que estas últimas no tenían ámbito físico propio, sino que abarcaban a los mozárabes de toda la ciudad. Ahora bien, si esta situación sólo se refería a los mozárabes ya residentes en la ciudad en 1085 y no a los muchos que llegaron luego, sobre todo del sur y especialmente a partir de 1147, entonces hay que concluir que no serían una minoría tan exigua. En la tierra toledana, un muestreo de nombres propios de habitantes de 33 aldeas pobladas entre 1142 y 1170 indica 304 castellanos, 60 mozárabes y 15 francos. En el resto del territorio estudiado, no había población anterior, o apenas, y, por lo tanto, la llegada de los inmigrantes castellanos fue la base sobre la que se fundó una sociedad nueva, con los criterios de organización que se establecieron a partir de aquel momento inicial.

Es cierto, sin embargo, que la presencia de mozárabes en Toledo y algunas otras plazas introdujo peculiaridades notables y que ha sido siempre objeto de gran atención. «Son pocos los lugares del solar ganado por Alfonso VI en que se documenta la presencia de mozárabes. El núcleo principal se situaba en la ciudad y alfoz de Toledo; a distancia seguían los de Talavera, Madrid, Maqueda, Alamín y Guadalajara» (J. González), y apenas los había en otras partes, aunque se contaron entre los repobladores de plazas como Zorita y otras en los siglos XII y XIII, pero ya sin fueros ni otras peculiaridades propias.

Hay muy pocas noticias sobre los mozárabes de Toledo antes de 1085; los documentos, en árabe, que reflejan su actividad son todos posteriores a esa fecha y la mayoría a 1140, aunque los sigue habiendo hasta finales del XIII y precisamente por eso sabemos más de ellos que de otros pobladores de la ciudad, aunque la proporción de estos documentos en árabe con respecto a la de los escritos en la misma ciudad en latín o romance varió: predominio de los primeros hasta 1125, igualación hasta 1150, nuevo predominio en la segunda mitad del XII, en lo que tuvo que ver la inmigración de mozárabes y judíos de al-Andalus a la llegada de los almohades, equilibrio y paulatino descenso hasta mediados del siglo XIII, descenso brusco en la segunda mitad de la centuria y extinción a comienzos del XIV.

Este indicador documental puede servir de guía para el estudio de varios aspectos no sólo sobre las particularidades de los mozárabes, sino también sobre su papel como «grupo asimilador» de otros inmigrantes, castellanos y francos, hasta bien entrado el siglo XIII. Se supone que el «patriciado mozárabe» presente en la ciudad antes de 1085 se hizo cargo en los años siguientes de muchas propiedades vendidas por los musulmanes que emigraban y con el control de buena parte de la administración de la ciudad y su entorno rural, pues era el único grupo capaz de mantener el funcionamiento que había tenido en tiempos anteriores y de servir como elemento de acogida y puente de integración a los mozárabes que llegaban de otras partes. El fuero de 1101 reconoce todas sus peculiaridades, les garantiza la propiedad de *quantas cortes et hereditates siue uineas et terras hodie in suo iure retinent,* su libertad para desplazarse por los reinos de Alfonso VI y para concertar matrimonios mixtos con los otros cristianos, cosa cada vez más frecuente en el siglo XII y favorecedora de una fusión progresiva en la que se generalizaron algunas peculiaridades del mozarabismo, en usos lingüísticos y en antropónimos, por ejemplo.

Sin embargo, la aristocracia mozárabe de Toledo maduró y creció a lo largo del siglo XII, con el apoyo de los mozárabes que emigraban del sur andalusí, sobre todo desde 1147. Así, la repoblación de mediados de siglo en los campos toledanos favoreció el auge de aquella aristocracia, cuyos miembros más destacados formaban parte del gobierno de la ciudad a finales del reinado de Alfonso VII como «zalmedinas», verdaderos segundos de a bordo del «tenente» regio, alcaldes y alguaciles: Esteban Ambrán o Beni 'Imrán, tronco del linaje de los Palomeque, Menendo ben Lampader, Illán, Antolín y Pedro Beni Harit o Alguacil, Illán Pérez de San Román, Esteban Illán, alguacil en 1166, antepasado de los duques de Alba, o, también, los Beni Sahib y los Beni Garrah, los Policheni o los Cebrián. Precisamente a partir de 1166 y de los sucesos que favorecieron la posición de los mozárabes en ese año, se observa la «desaparición del zabalmedina, la primera distinción clara entre alcalde de mozárabes y alcalde de castellanos, y la admisión de los colectores de impuestos, "almojarifes", al rango de oficiales dignos de mención cancilleresca» (F. J. Hernández).

En los aspectos eclesiásticos y litúrgicos alcanzó el mozarabismo una supervivencia mucho más prolongada gracias al reconocimiento de su liturgia o rito, que era el hispano tradicional, y a la reserva de seis parroquias de la ciudad, a las que estaba adscrita toda la población de origen mozárabe por línea paterna, a efectos administrativos y de pago del diezmo. Pese a la importancia decisiva de la «romanización» establecida por el primer arzobispo, Bernardo de Sédirac, y su clero franco, el de origen mozárabe se integró también en los cuadros eclesiásticos y era abundante en la segunda mitad del siglo XII –los primeros arciprestes urbanos mozárabes aparecen en la documentación hacia 1160, y tuvo especial fama uno de ellos en los años siguientes, Domingo Alpolicheni–, aunque se iba perdiendo el conocimiento de su liturgia específica, que habría de ser restaurada y actualizada por el arzobispo Jiménez de Cisneros en 1508, al establecer una capilla mozárabe en la catedral. De todos modos, la presencia de mozárabes entre el clero toledano se observa en la formación de «auténticas dinastías», ya en la Baja Edad Media, en frase de F. J. Hernández. Para este autor, en conclusión,

> [los mozárabes] han preservado la civilización urbana de Toledo, han sabido reintegrarse a la tradición latina sin abandonar la árabe y han creado, de paso, un puente entre las dos culturas por el que cruzará no sólo el oro sino también la ciencia y la filosofía del mundo árabe hacia Occidente[69].

De los restantes grupos mozárabes conocidos, el más numeroso estaba en Talavera, formado en gran parte por gentes venidas de al-Andalus a partir de 1147, pero ya en 1118, entre los vecinos de la villa que confirmaron la recepción del fuero toledano, un tercio eran mozárabes. Sin embargo, nunca tuvieron parroquias propias, y su proceso de asimilación debió haber llegado a término cuando, en 1290, se unificó el derecho o fuero talaverano para todos los vecinos. También hubo mozárabes en Madrid: un quinto de los confirmantes del fuero de Toledo de 1118 lo eran. Las noticias son aún más escasas sobre los mozárabes de Maqueda, Alamín y Guadalajara: el fuero de esta última localidad, dado en 1133, recoge aspectos comunes al derecho de la Extremadura y para nada alude a peculiaridades mozárabes.

Acudieron también grupos de francos a la ciudad de Toledo y a algunas otras plazas próximas regidas según su mismo derecho, como Talavera y Madrid, o, en tiempos de Alfonso VII, Illescas. Apenas los hubo, en cambio, en las pobladas más adelante según el derecho de la Extremadura, o, por lo menos, no tuvieron en ellas estatuto jurídico propio: en el fuero de Cuenca, por ejemplo, la palabra «franco» se emplea en su sentido fiscal, como sinónimo de exento, aunque sabemos que allí se asentaron pobladores de ese origen, en torno a la iglesia de San Nicolás.

En Toledo, en cambio, tuvieron merino y sayón propios, y gozaron de exenciones de servicio militar, lo que indica que, aunque algunos eran caballeros y gente de guerra, la mayoría se dedicaban a actividades artesanales y mercantiles, como lo demuestra también el que la «cal de francos» toledana se caracterizara precisamente por ellas. Su presencia ha de relacionarse con la del numeroso clero del mismo origen que rodeó a los primeros arzobispos de la ciudad, también francos ellos hasta mediados del siglo XII. Así, por ejemplo, los primeros monjes del convento de San Servando fueron marselleses. A finales de aquella centuria había una cofradía organizada por los francos de Toledo, pero lo más característico fue su rápida integración, a partir de la segunda generación, con los otros pobladores, mozárabes o castellanos; para entonces, la inmigración franca había cesado casi por completo.

La comunidad judía de Toledo fue pronto la mayor y más próspera de Castilla, sobre todo después de la llegada de numerosos emigrantes del sur, desde 1147, aunque ya había judíos antes en la ciudad –recordemos el conato de asalto contra ellos en 1108–. La judería se situó entre las collaciones de Santo Tomé, San Román y el talud que descendía hacia el río Tajo, pero los judíos tenían viviendas y, sobre todo, tiendas-taller, en otras partes de la ciudad, y eran propietarios de bastantes viñas en su periferia aunque no se dedicaran preferentemente a la agricultura. Muchos de ellos practicaban oficios artesanos y el pequeño comercio –sastres, carpinteros, herreros, horneros, carniceros–, y algunos el préstamo de dinero. No entraremos ahora en detalles sobre la protección regia, acentuada gracias a la cooperación de miembros de las familias judías más pudientes en la administración regia: Ibn Ezra, Ibn Susán, Nehemías, Barchilón... La comunidad judía de Toledo llegó a su apogeo en el siglo XIII, como otras de Castilla. En el entorno toledano hubo varias más, fundadas siempre después de 1085: Talavera, Maqueda, Madrid, Guadalajara, Hita. Y, en el ámbito de derecho de la Extremadura, estuvo también prevista la presencia de judíos, en situación de igualdad jurídica con los cristianos para lo referente a derecho procesal y penal y derecho privado de las cosas, tal como muestra el fuero de Cuenca: la judería de esta ciudad, y las de Huete, Uclés y Alcaraz, se contaban entre las más ricas de la veintena existente a fines del siglo XIII en el reino de Toledo. También en la actual Extremadura hubo juderías en bastantes localidades, bien de origen o bien por inmigración después de la conquista, pero ya instaladas a fines del siglo XIII, cuando consta la existencia de catorce o quince, entre ellas las de Plasencia, que era la más rica junto con las de Cáceres y Badajoz, Trujillo, Coria con Galisteo y Granadilla, Medellín, Mérida, Alcántara, Alburquerque y Jerez [de los Caballeros]; a partir de ellas, grupos más pequeños de judíos se instalarían en otras localidades[70].

La presencia musulmana en Toledo y en las demás plazas que tomó Alfonso VI fue escasísima desde 1085 y durante mucho tiempo, al menos hasta la segunda mitad del siglo XIII. En la misma ciudad de Toledo, los pocos musulmanes que habría en aquel siglo y medio carecían de barrio propio («morería») y sólo se conservó una pequeña mezquita para su uso. Las noticias sobre conversos al cristianismo («tornadizos») son también muy escasas y nada permite suponer que tuvieran lugar muchos bautismos. En las zonas organizadas según el derecho de la Extremadura, los fueros aluden a «moros de paz» o libres y a cautivos. Los primeros tenían el mismo régimen procesal, penal y de bienes, y trabajaban a menudo al servicio de cristianos. Los segundos serían relativamente numerosos en aquella época de guerra, valiosos tanto por su precio de rescate como por su utilización para canje con cautivos cristianos, tareas ambas en las que participaron activamente las órdenes militares en la segunda mitad del siglo XII desde Toledo o a partir de las plazas recién pobladas, donde mantenían hospitales para acoger a los liberados. En el XIII, se incorporarían a la tarea las dos órdenes redentoristas de los trinitarios y de los mercedarios.

Frente a la escasez de musulmanes mudéjares en Toledo y plazas próximas, como Talavera, destaca la existencia de grupos algo más numerosos en plazas de los señoríos de órdenes militares, aunque es posible que, en la mayoría de los casos, hayan nacido como consecuencia de la inmigración ocurrida en la segunda mitad del siglo XIII: Uclés, Montiel, Aldea del Rey o Daimiel son ejemplos destacados, aunque se trata en cada caso de unos pocos cientos de personas, según datos de finales del XV. También en la actual Extremadura permanecieron o se formaron después de la conquista comunidades mudéjares minoritarias en localidades como Alcántara, Montánchez, Mérida, Badajoz y en muchas de las situadas al sur del Guadiana –Hornachos, que era la mayor, Llerena, Zafra, Magacela...–, especialmente en los señoríos de las órdenes militares, pues fuera de ellos sólo hay noticia de grupos mudéjares en Trujillo, Plasencia y Medellín, ya en el siglo XV.

2. Portugal

1. Portugal, entre Duero y Tajo[71]

La organización del territorio portugués entre Duero y Tajo guarda muchas relaciones y semejanzas, en todos los aspectos, con la de sus vecinos leoneses y castellanos de las Extremaduras y Transierra, comenzando por la cronología de las conquistas, que fueron más precoces en muchos casos puesto que ya Fernando I recuperó Lamego y Viseo en 1057 y Coimbra en 1064. Alfonso VI, después de la primera conquista de Coria (1077), avanzó hasta Lisboa, Sintra y Santarém, que aceptaron su dominio, pero los almorávides las recuperaron entre 1095 y 1111, durante los años de su máxima capacidad ofensiva. Pasaron algunos más hasta que Alfonso I se proclamó rey de Portugal, después de la mitificada batalla de Ourique (1139), y consiguió la conquista definitiva de Lisboa, Santarém y Sintra en 1147, e incluso las de Palmela, Sesimbra y Alcácer do Sal (1158) al otro lado del río, aunque se perdieron

2. Portugal

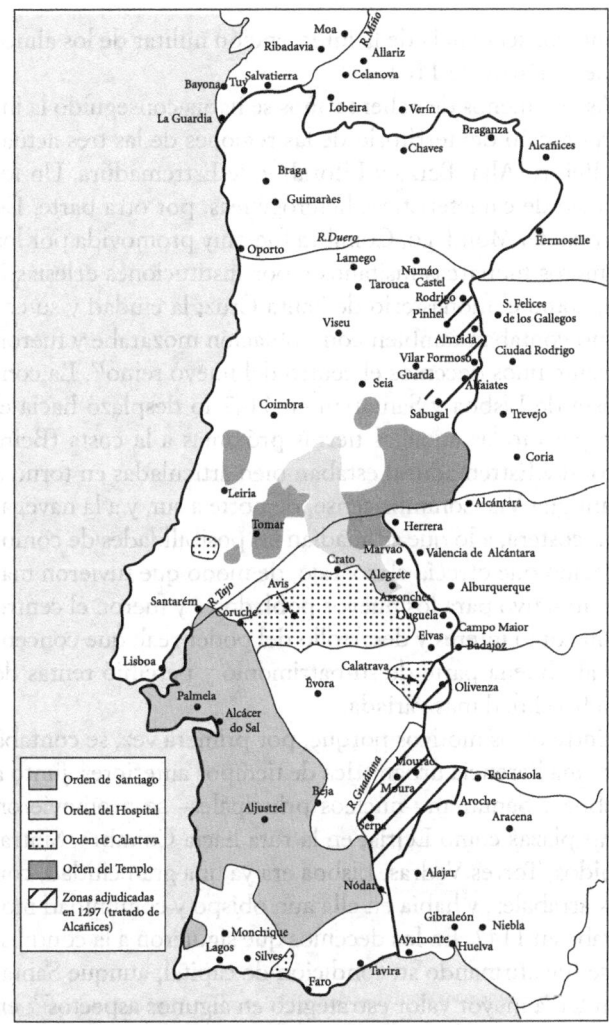

Mapa 13. Portugal, siglos XII-XIII. (Atlas de H.ª de España, Ediciones Itsmo, Madrid, 2000)

como consecuencia de la intervención militar de los almohades a partir de 1161.

Así, en menos de ochenta años se había conseguido la incorporación del territorio de las regiones de las tres actuales Beiras (Alta, Baixa y Litoral) y de Estremadura. Un territorio de características heterogéneas, por otra parte. En la zona del Mondego, Coimbra fue muy promovida por los primeros monarcas lusitanos y por instituciones eclesiásticas, como el monasterio de Santa Cruz; la ciudad y su entorno contaban también con población mozárabe y fueron durante unos decenios el centro del nuevo reino[72]. La conquista de Lisboa y Santarém en 1147 lo desplazó hacia el sur, pero todas aquellas tierras próximas a la costa (Beira Litoral y Estremadura) estaban bien articuladas en torno a la antigua Via Conimbricense, de norte a sur, y a la navegación costera, a lo que se añadían las posibilidades de comunicación que ofrecía el río Tajo, de modo que tuvieron mayor atractivo para los nuevos pobladores y fueron el centro de máximo interés y desarrollo del poder real, que concentró allí buena parte de su patrimonio y percibió rentas de una fiscalidad más variada.

Entre otros motivos porque, por primera vez, se contaba con una herencia urbanística de tiempos anteriores: junto a Lisboa y Santarém –núcleos principales– se promovieron otras plazas como Leiria, en la ruta hacia Coimbra, Sintra, Óbidos, Torres Vedras. Lisboa era ya una gran ciudad, con dos arrabales, y había en ella aún obispo y comunidad mozárabe en 1147. En los decenios que siguieron a la conquista se fue afirmando su condición de capital, aunque Santarém tenía mayor valor estratégico en algunos aspectos[73]: en 1173 se efectuó la traslación a la ciudad de los restos de San Vicente, desde el Algarve. Lisboa, Coimbra y Santarém recibieron el mismo *foral* en 1179, lo que venía a subrayar la homogeneidad de su promoción urbana y municipal. Aquella concentración de núcleos urbanos mostró todo su dinamismo y su capacidad para el desarrollo de una economía mercantil durante los buenos tiempos del siglo XIII y comienzos del XIV, una vez que tocó a su fin la época de la frontera. Para Lisboa, la culminación vendría con las reformas urbanas de Don Dinis, que además estableció inicialmente en ella el Estudio General; la hace cabeza de la «comuna de mercaderes» establecida en 1293, junto con Oporto, y sede del almirantazgo, ejercido por el genovés Manuel Pessagno, y del barrio e instalaciones marítimas, ubicados en Pedreira[74].

Además de la presencia mozárabe, en las zonas litorales, la nueva sociedad de la Beira y Estremadura incorporó alguna población mudéjar subsistente, asentada en las morerías de Lisboa, Santarém, Alenquer y Leiria, más los *mouros* cautivos o libres que pudiera haber fuera de ellas. Vinieron también, con los cruzados que ayudaron a la conquista en 1147, y en los tiempos que siguieron, grupos de extranjeros, como los «francos» de Atouguia y Vila Franca, asentados por Sancho I, y, sobre todo, muchos portugueses de las tierras situadas al norte del Duero, entre ellos buen número de segundones y parientes menores de la alta nobleza.

Un elemento importante del proceso colonizador fue la presencia de los cistercienses, en especial el monasterio de Alcobaça, fundado en 1153, con tierras entre Leiria y Óbidos, muy relacionado con la realeza –fue panteón real–. Los monjes blancos establecieron, como en otras partes, explotaciones agrarias que sirvieron de modelo. Más ejemplos de grandes dominios eclesiásticos dispersos los ofrecen el monasterio de San Vicente de Lisboa o las sedes episcopales de Viseu y Lamego. Ya en el XIII, la instalación de las nuevas órdenes mendicantes mostró de nuevo la centralidad de la región y su grado de urbanización, puesto que en Estremadura hubo más conventos que en las tierras al norte del Duero y al sur del Tajo.

En la mayoría de los casos, las colonizaciones en tierras de entre Duero y Tajo continuaron hasta mediados del siglo XIII al menos, especialmente en Estremadura. Los pobladores disponibles no serían suficientes, a menudo, y fueron muy numerosas las transferencias de tierra a favor de instituciones eclesiásticas y de aristócratas. En las pesquisas o *inquiriçôes* iniciadas en 1258 por Alfonso III se constata la posibilidad de mejorar muchas explotaciones y, sobre todo, la fiscalidad real en ellas. Precisamente se trataba de ejercer efectivamente los derechos de la corona, como promotora principal de la colonización, y de frenar así el auge de la propiedad en manos de nobles o eclesiásticos, e incluso de procesos de señorialización y usurpación de derechos y jurisdicción regia, que comenzaban a tomar vuelo por entonces pese a los esfuerzos de aquel monarca y, luego, de Don Dinis (*inquiriçôes* de 1279). En las zonas objeto de pesquisa en 1258 se observa cómo el dominio eclesiástico oscilaba entre el 25 y el 40% de la tierra cultivada, el aristocrático tenía más del 45% en algunas zonas de la Beira Litoral, y la corona conservaba –a través de los municipios– un tercio, según estimaciones de R. Durand.

La situación fue bastante distinta en la región frontera de Ribatejo y en las Beiras Baixa y Alta, situadas al interior, con respecto a las zonas más próximas a la costa, porque los procesos colonizadores fueron más lentos y difíciles. Alfonso I promovió ya algunos núcleos en la Beira Alta, y Monsanto en la Baixa (1174), mientras los templarios establecieron su sede ribatejana en Thomar (*foral* del año 1174) y contaron con un dominio cedido por Sancho I a lo largo de una banda de unos cien kilómetros a ambos lados del Tajo; además, ampliaron sus señoríos con la fundación de Castelo Branco, en la Beira Baixa[75]. Por entonces, Sancho I, además de estimular la presencia de las órdenes militares más al sur y de fortificar Abrantes, junto al Tajo, en 1179, aseguraba la frontera con León fundando o dando nuevo estatuto jurídico a Covilhâ (1186), Pinhel (1191), Guarda (1199), Penamacor (1209) y otras siete poblaciones más en ambas Beiras[76]. La mejora era considerable y propia del derecho de frontera: así, por ejemplo, el *foral* de Covilhâ otorgaba privilegio de infanzonía, a título personal, a los caballeros villanos y libertades al conjunto de los pobladores de la plaza y de sus futuras aldeas. Por entonces cesó la reivindicación portuguesa sobre las tierras situadas al este del río Coa, próximas a Ciudad Rodrigo, pero un siglo más tarde Don Dinis aprovechó una coyuntura favorable para ocuparlas y conseguir que Fernando IV lo reconociera en el tratado de Alcañices (1297): así se perfiló definitivamente la frontera en aquella región[77].

2. Portugal, entre Tajo y Guadiana[78]

La presencia de los almohades frenó durante medio siglo la expansión territorial portuguesa, de modo semejante a como sucedió en los otros países hispano-cristianos. Pero de las empresas conquistadoras de Gerlado Sempavor permaneció un fruto importante, Évora, tomada en 1165, que resistió todos los embates y fue repoblada como punto avanzado, a fuero de Ávila, y entregada más adelante a la orden militar de Calatrava, aunque sólo a mediados del siglo XIII, cuando fue posible la colonización del territorio, llegó a tener una docena de aldeas[79].

Entre 1172 y 1212, los almohades consiguieron mantener bajo control la mayor parte del Alentejo y, por supuesto, el Algarve; lanzaron ofensivas en 1178-1182 y 1184; en 1190 recuperaron Alcácer do Sal y Silves, tomadas por los portugueses para acabar con la piratería que tenía su base en ambos puertos. Sólo a partir de 1217 fue posible reanudar el avance, ante el derrumbamiento musulmán. Recordemos una vez más las fechas principales: 1217, conquista definitiva de Alcácer do Sal; 1226, Elvas, cuando Alfonso IX aún no había conseguido tomar Badajoz –que fue objetivo importante para el primer rey de Portugal–; 1230, Beja, por segunda vez, y Serpa y Moura, al otro lado del Guadiana; 1234, Mértola y Aljustrel. En 1240 se alcanza la desembocadura del Guadiana (Ayamonte) y comienza la toma de las plazas algarvias: Cacella, Tavira (1242), Castro Marim, Silves y Faro en 1250. La reconquista portuguesa había terminado, aunque la disputa con Castilla por el Algarve no concluiría definitivamente hasta 1267 (tratado de Badajoz)[80].

La rápida incorporación de aquellos territorios contrasta con la dificultad y lentitud de su nuevo poblamiento. Respecto al anterior, cabe suponer que sería muy escaso, después de medio siglo de guerras e incursiones, de modo semejante a como sucedió en el valle medio del Guadiana; como en él, tampoco había ya comunidades cristianas mozárabes. Pero las órdenes militares, señores de gran parte de aquellas tierras, aceptaron sin especial dificultad la permanencia de población mudéjar, de modo que las *mourarias* del reino están en ellas, salvo las que ya hemos enumerado algo más al norte: Avis, Elvas, Estremoz, Setúbal, Alcácer do Sal, Évora, Moura, Beja, Silves, Loulé, Tavira, Faro. ¿Hubo más mudéjares fuera de ellas, conviviendo con nuevos colonos?: las hipótesis que lo suponen así no parecen verosímiles, dado un silencio documental que, de otro modo, no tendría por qué existir, del mismo modo que no se da donde sí permaneció mucha población musulmana, como fue el caso de Valencia, estrictamente contemporáneo. Cosa distinta es que se aprovecharan elementos de las técnicas agrarias y artesanas y diversas «estructuras de lo cotidiano», como en otras regiones del sur.

Entre los inmigrantes hubo una gran mayoría de portugueses del centro del reino de Portugal, más que del noroeste: excedentes poblacionales de Lisboa, Santarém, Abrantes, Leiria, Coimbra; también, gentes de origen vasco, navarro, castellano, pocos aragoneses y muchos menos francos de lo que se pensaba antaño.

Hay pocos datos sobre las empresas de colonización en aquellas tierras, pues los textos jurídicos no aclaran mucho, al ser la mayor parte de los *forais* mera repetición de los de Santarém o Évora, que sirvieron como modelo, y referirse preferentemente a las obligaciones de pago de rentas que tenían los nuevos pobladores, o los mudéjares en otros casos.

Se observa una clara desigualdad entre zonas: fueron más atractivas y se poblaron antes las ciudades y sus entornos agrarios, pero «las empresas de poblamiento verdaderamente rural progresan a ritmo mucho más lento». Si se usa los *forais* como indicador, «las dos terceras partes de la región están vacías de cristianos cuando concluyen los combates de la Reconquista» (Boissellier).

Además, como en otras tierras del sur peninsular, el fin de los flujos migratorios desde mediados del siglo XIII y en especial desde el último cuarto del siglo dificultó la continuidad de los procesos colonizadores y así, en el siglo XIV, el Algarve tenía aún un poblamiento «en oasis», con Silves, Faro, Tavira y Loulé como plazas principales, centro de áreas de policultivo de tipo mediterráneo[81]. Más al norte eran zonas poco pobladas el Alentejo litoral y Ribatejo interior, entre Abrantes al norte y Montemor-O-Novo al sur, en contraste con la riqueza cerealista de la llanura en torno a Santarém, al norte del Tajo.

En general, las órdenes militares organizarían un tipo de colonización extensiva, semejante a la manchega y a la extremeña en muchos aspectos, sobre la base de núcleos de población concentrada, reparto de algunas tierras y conservación de grandes espacios adehesados de monte y pasto. La orden del Hospital tuvo un amplio señorío, en la misma zona que la de los templarios, desde el río Zezere hasta la sede principal de la orden, en Crato[82], así como los castillos de Serpa, Moura, Mourao y Nódar, al oriente del Guadiana, que se incorporaron definitivamente al reino en 1295[83]. La de Calatrava concentró sus dominios en Ribatejo y Alto Alentejo, con centros en Évora y Avis. La de Santiago dispuso de más de un tercio del territorio al sur del Tajo –Palmela fue la localidad principal, al sur del estuario del Tajo, dotada de *foral* ya en 1185–, además de dirigir la conquista del Algarve.

El realengo no tuvo mucha extensión: Elvas, aforada por Sancho II en 1229, Beja, por Alfonso III, y Vila Viçosa *(foral* de 1270), son los núcleos principales, además de Silves, capital del Algarve, donde Castro Marim, junto al Guadiana, recibió su *foral* en 1277.

Por otra parte, pronto se abrieron posibilidades a la presencia señorial nobiliaria: primero, mediante la delegación que los reyes y las órdenes militares hicieron de su poder jurisdiccional en algunas localidades, ya en la segunda mitad del XIII, a favor de miembros de la familia real o de nobles, que obtienen el señorío de por vida, a modo de recompensa y para obtener rentas. Dinis I lo utilizó mucho; también la orden de Santiago entre 1275 y 1325. Después, desde mediados del siglo XIV, aumentó la presión nobiliaria para obtener jurisdicciones señoriales permanentes, de modo semejante a como ocurrió en otras tierras peninsulares conquistadas y pobladas en los siglos XII y XIII.

La formación de Portugal se había conseguido, en definitiva, mediante aquellos procesos de colonización, al igual que sucedió con los demás reinos de la España medieval. Como en ellos, también la estrategia global correspondió a la monarquía, que en muchos casos mantuvo la plena jurisdicción sobre el territorio y en otros la cedió, al menos parcialmente, a instituciones eclesiásticas, órdenes militares y nobles para que actuaran como agentes pobladores y organizadores. No hubo instalaciones espontáneas *(presurias)* en las tierras situadas al sur del Duero, en general, sino repartos promovidos por el poder, contando con la nueva organización local de los habitantes en concejos, que alcanzaron mayor autonomía administrativa en el realengo donde, para la monarquía, eran la clave de la administración territorial del reino. En los señoríos, que eran de por sí órganos territoriales, el papel de los concejos fue menor, aunque igualmente imprescindible. En Portugal, como en otros reinos, el régimen municipal se desarrolló en consecuencia de manera plena en las regiones nuevas, incorporadas desde mediados del siglo XI, mientras que en las antiguas se introdujo con mermas y, en general, más tarde, debido al peso de la herencia altomedieval en el poblamiento y en los repartos de poder. Así, a finales del siglo XIII, había al menos 73 casos de *concelhos perfeitos,* con pleno desarrollo de la foralidad y autonomía municipal, entre el Bajo Mondego y el Algarve, frente a sólo cinco en las tierras de antigua organización situadas más al norte[84].

Capítulo cuarto
Del Ebro al Mediterráneo (Aragón. Cataluña. Mallorca. Valencia)

Entre los años finales del siglo XI y el último cuarto del XIII ocurrió la conquista y colonización del reino de Aragón, salvo su territorio pirenaico originario, de la Cataluña Nueva, de las islas Baleares y de Valencia. El conjunto constituyó la Corona de Aragón. Los dos miembros antiguos de ella actuaron bajo mando político común desde 1137, cuando el conde barcelonés Ramón Berenguer IV fue también príncipe de Aragón por vía matrimonial, y más aún desde que su hijo Alfonso II (1162-1196) le sucedió como rey aragonés, conde de Barcelona y cabeza política eminente del territorio que por entonces comenzó a llamarse Cataluña, precisamente cuando alcanzaba su definitiva extensión territorial, al mismo tiempo que el reino de Aragón obtenía la suya. La delimitación entre ambos territorios –Aragón y Cataluña– se precisó a medida que se consolidaba su expansión territorial, en la segunda mitad del XII y, especialmente, en el siglo XIII, durante el reinado de Jaime I, hasta culminar en tiempos de Jaime II y Pedro IV.

Por otra parte, Jaime I (1214-1276) tomó la decisión de crear dos reinos nuevos –Mallorca y Valencia– con los territorios que conquistó, e incluso dispuso en alguno de sus testamentos que tuvieran rey propio. Pero, al cabo, fue su hijo Pedro quien heredó Aragón, Cataluña y Valencia, mientras que otro hijo suyo, Jaime, le sucedía en Mallorca y en los condados del Rosellón y Cerdaña, hasta que aquel reino volvió al ámbito político de la Corona de Aragón en 1343, por obra de Pedro IV. La diferenciación de espacios político-territoriales dentro de la Corona fue, por lo tanto, una realidad sólida a partir de los hechos de conquista, colonización y configuración social y política de cada uno de ellos, según se comprobará en las páginas siguientes.

1. Aragón

1. La conquista del valle medio del Ebro

Antes de 1076, la capacidad ofensiva y conquistadora de navarros y aragoneses había sido muy escasa. La primera toma de Barbastro en 1064, perdida al año siguiente, fue un episodio aislado. El taifa de Zaragoza estuvo bajo protección pamplonesa, mediante pago de parias, o castellana, según los momentos, y Alfonso VI asedió la ciudad en 1085 y 1086. Sólo la entrada de los almorávides en al-Andalus consiguió que cesara la presión castellana en el valle medio del Ebro y abrió indirectamente posibilidades a Sancho Ramírez y a su hijo y sucesor Pedro I, en el marco de la nueva ideología de reconquista frente a los musulmanes, cada vez más próxima a los sentimientos de cruzada. El resultado fue la conquista de más de 30.000 km² entre 1080 y 1120 –con dos momentos centrales, en 1096-1100 y 1117-1120– y el dominio de los reyes de Aragón sobre las tierras del antiguo taifa de Zaragoza, conocidas genéricamente en los pri-

Capítulo cuarto: Del Ebro al Mediterráneo

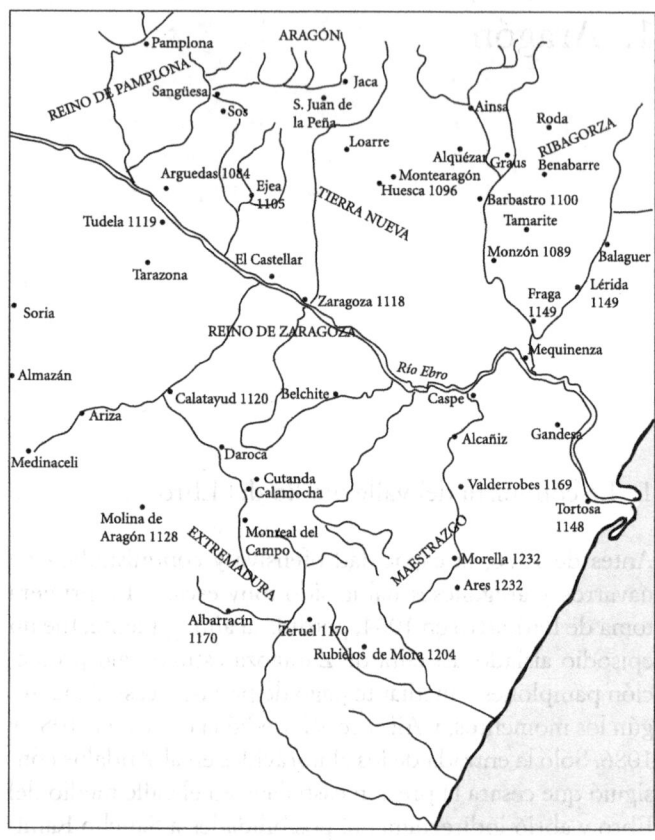

Mapa 14. La conquista del valle del Ebro. (Según J. M. Lacarra)

meros tiempos después de su incorporación como *Regnum Caesaraugustanum*[1].

Así, al este, en el valle del Cinca se conquistaron las plazas de Graus (1083), Monzón (1089) y, de nuevo, Barbastro

1. Aragón

(1100), lo que permitía amenazar incluso Lérida, en competencia con los condes de Urgel, que tomaron Balaguer por vez primera en 1091. Al oeste en la zona de Las Bardenas, camino hacia Tudela, cayeron Arguedas (1084) y Milagro (1098). Al mismo tiempo, el curso del Gállego permitió avances hacia Zaragoza (El Castellar, 1091; Juslibol, 1101) y propició la incorporación de la plaza principal: Huesca, cuya conquista en 1096 contó con la oposición de Alfonso VI de Castilla.

Aquellos avances, y el fácil tránsito por territorios inhóspitos como Las Bardenas o Los Monegros, permitirían a Alfonso I (1104-1134) conseguir nuevas conquistas (Ejea de los Caballeros y tierra de las Cinco Villas, 1105; al este, Tamarite de Litera, 1107) y tomar como objetivo las ciudades principales, aunque la entrada de los almorávides en Zaragoza y Lérida (1110) y la dedicación del rey a asuntos de Castilla y León, durante su matrimonio con Urraca I, retrasaron hasta la primavera de 1118 el ataque definitivo, confiando en la lejanía y escasa capacidad de respuesta almorávide.

El asedio de Zaragoza se consideró como cruzada, prolongación en otro escenario de la de Tierra Santa, y participaron en él con sus mesnadas nobles francos que ya habían intervenido en la primera cruzada en Oriente Próximo, como los gascones Gastón de Béarn, su hermano Céntulo de Bigorra, Bernardo, conde de Comminges, Pedro, vizconde de Gavarret y yerno de Gastón de Béarn, Arnaldo de Lavedan, el normando Rotrou de Perche, que era primo de Alfonso I, Auger, vizconde de Miramont, Guy de Lons, obispo de Auch, y otros, además del conde de Pallars, Bernardo, tal vez el de Urgel, Armengol, nobles castellanos como Diego López de Haro, señor de Vizcaya, o don Ladrón de Álava, los obispos de Roda y Huesca y, por supuesto, los nobles de las 25 a 30 familias de alta aristocracia aragonesa y navarra, así como los infanzones: todo esto tuvo su reflejo en el reparto de bienes y rentas que siguió a la conquista. Pero Zaragoza, bien defendida tras sus murallas romanas, aguantó siete meses de asedio, pese a los nuevos tipos de «máquinas tonantes» y catapultas o «almajaneques» empleados, antes de capitular entre el 11 y el 19 de diciembre de 1118.

Los términos de la capitulación se conocen a través de las de Tudela y Tortosa, que fueron iguales o muy próximas en contenido a la zaragozana: los musulmanes pudieron optar entre marchar libremente con sus bienes muebles a tierra de Islam –casi siempre a Valencia– o permanecer un año en la ciudad y pasar a continuación a residir en un arrabal, conservando su libertad, bienes y oficios siempre que pagaran el diezmo de sus rentas al rey. Pudieron ir y venir libremente a sus «almunias» y tierras de cultivo. Estas cláusulas se aplicaban igualmente a los zaragozanos ausentes que regresaran a la ciudad dentro del plazo de cuatro meses, de modo que la población campesina y artesana de la ciudad recibió, en general, un trato favorable. Incluso se reconoció libertad a los cautivos musulmanes huidos que se encontraran en la ciudad, y se prohibió que los judíos pudieran tener esclavos musulmanes. Este último punto era un aspecto particular del respeto que se aseguró a la identidad colectiva de los que capitulaban: conservaron el uso de su ley religiosa y sus autoridades propias –alfaquíes, cadíes, alguaciles, alamines...–, se reguló el procedimiento judicial en las causas o pleitos con cristianos, se les permitió llevar armas para defensa personal y se les declaró libres de las obligaciones de recibir huéspedes obligatoriamente y ser movilizados para trabajos forzosos («azofras») o para la guerra. Sus ganados pudieron seguir pastando en las tierras fiscales o «del rey», pagando los derechos habituales[2].

La benignidad de la capitulación de Zaragoza, como la de Toledo años antes, o las de Huesca, Barbastro y otras plazas, tenía por objeto tanto el evitar la emigración en masa de una población necesaria para mantener la actividad económica agraria y artesanal propia de una ciudad que acaso tendría 20.000 habitantes, y de su entorno rural, como el servir de ejemplo para acelerar la entrega de otras plazas. En efecto, la caída de Zaragoza provocó la capitulación de Tudela (febrero de 1119), Tarazona, Borja y las tierras de la zona del Moncayo. Los almorávides intentaron reaccionar enviando un ejército que fue derrotado en Cutanda, a raíz de lo cual capituló Calatayud (24 junio 1120), y también Daroca pasó a poder de Alfonso I.

A partir de entonces, fue posible el avance hacia Valencia y el sureste por la ruta del río Jiloca, donde Belchite, ya conquistado en 1118, fue sede de una cofradía militar desde 1122; semejante a ella fue la *militia Christi* de Monreal del Campo (1128), punto avanzado de Daroca: utilizando aquel camino llegó Alfonso I a la región de Granada en 1125-1226 e intentó el asedio de Valencia en 1129. A la vez, era también posible el avance por el Bajo Ebro, hacia Lérida y Tortosa; Fraga se tomó por primera vez en 1122 y Alcañiz en 1124, aunque se perdieron al cabo de poco tiempo. La derrota ante Fraga, asediada de nuevo, a manos de los almorávides, en 1134, fue un grave fracaso de Alfonso I, que murió muy poco después. Pero su obra había conseguido completar y consolidar una gran expansión, mediante el dominio del valle medio del Ebro, donde a la conquista siguió un complejo proceso de colonización y reorganización de la población y del territorio, tanto de la zona que permanecería integrada en el reino restaurado de Navarra, desde 1134, esto es, Tudela y su comarca, como del resto, que integró la segunda de las grandes unidades territoriales del reino de Aragón, pues la tercera, conquistada algo más adelante, estuvo formada por el macizo de Teruel y el Bajo Aragón.

2. La repoblación. La nueva sociedad

La documentación del siglo XII para estudiar la «repoblación del valle del Ebro» es bastante escasa: no hay «libros de repartimiento», aunque consta la actuación de diversos *partitores* en Zaragoza y otras localidades; los textos legales o fueros y cartas-pueblas de los primeros tiempos son pocos y de alcance local; la mayoría de los documentos publicados se refieren a las áreas de Zaragoza y Tudela, aunque en los últimos años se han añadido investigaciones documentales y arqueológicas sobre las de Huesca, Barbastro y Monzón. Como ya señaló el principal editor y estudioso de los documentos de Alfonso I, el profesor José María Lacarra, las cuestiones a tratar son varias, además de las relativas al control militar del territorio recién conquistado y de las dos principales rutas de acceso desde al-Andalus, la que procedía de Valencia y Teruel y la que seguía la línea Lérida-Fraga-Horta. Ante todo, la permanencia de población musulmana, prevista en las capitulaciones y necesaria para el sostenimiento de la producción agraria. Segundo, las donaciones a los nobles que habían colaborado en la conquista y su compatibilidad, tercer aspecto, con el asentamiento efectivo de nuevos pobladores tanto en núcleos urbanos como en el campo. En todos los casos, se parte de una realidad previa: la tierra está a disposición del rey, según las condiciones de la conquista (con o sin pacto), que dirige su reparto y atribución a grupos o individuos, a menudo con apoyo de *partitores* y de grandes aristócratas que gobiernan las tenencias u «honores» establecidas en el territorio.

1. LOS MUSULMANES MUDÉJARES. MOZÁRABES. JUDÍOS

Las capitulaciones permitían la permanencia de los musulmanes en los arrabales de las ciudades, y así lo hicieron en Zaragoza[3], Tarazona, Tudela, Huesca, Calatayud o Daroca, y, desde luego, en las zonas rurales que se entregaron sin lucha, de modo que «la población musulmana subsistió muy densa en la zona de Tudela y Tarazona, y cursos del Ebro y del Jalón», Queiles y Huecha. Pero debió de haber también fuerte emigración, constatada en las zonas de Huesca, Barbastro, La Litera y valle del río Cinca, donde numerosas casas de las ciudades, almunias y fincas próximas a ellas fueron dadas por el rey a instituciones eclesiásticas. En general, según Ph. Sénac, «el vaciamiento fue más sensible en el norte de Los Monegros, a lo largo de las plataformas que dominan el valle del río Flumen», en toda la parte oriental de la actual provincia de Huesca. Pero, en general, no cabe duda de que la permanencia de abundante población mudéjar fue una de las singularidades del *regnum caesaraugustanum,* aunque no hay que extrapolar los datos de población de finales del siglo XV, cuando, sobre unos 250.000 habitantes en todo el reino de Aragón, unos 50.000 eran todavía mudéjares.

Aquellos musulmanes «muladíes» –descendientes de hispanos–, al conservar la explotación de los campos, habrían conseguido que, en opinión de Lacarra, la distribución en núcleos urbanos, rurales y almunias permaneciera inalterable: los términos rurales adscritos a las ciudades se conservaron tal y como estaban bajo la dominación musulmana, así como el sistema de riegos, el reparto de los días de riego («adula», «ador», «alhema», «almoceda»), los impuestos («alfarda») y autoridades de las acequias («çavacequias», «alamín»).

Sin embargo, frente a esta hipótesis tradicional, que pone de relieve la continuidad, otra, más reciente, insiste en la ruptura profunda que se produjo con relación a tiempos anteriores, puesto que los mudéjares se vieron integrados en una nueva estructura socioeconómica, y, en lo que respecta al poblamiento, la aparente continuidad de conjunto oculta cambios locales de emplazamiento y, sobre todo, de funciones, aparte de que hubo también aldeas nuevas, y la ruptura del antiguo sistema castral organizado en torno a los *husun* o castillos de época musulmana, ruptura que corre paralela con el abandono y olvido de gran parte de la toponimia anterior a la conquista: «los nombres de origen árabe fueron generalmente borrados o transformados –observa Sénac–. A diferencia de lo que ocurre más al sur, la palabra *hisn* no fue conservada en la toponimia». Por otra parte, aunque las «aljamas» musulmanas conservaron su cohesión y formas internas de organización, fiscalidad y funcionamiento institucional, los mudéjares pasaron a integrarse en un nuevo orden social, donde su expansión no era posible –apenas podrían establecer nuevas mezquitas–, y fueron parte del patrimonio o «tesoro del rey», lo que les situaba en una permanente indeterminación jurídica, aun salvando el principio de respeto regio a lo pactado en la capitulación.

Además, la mayoría de los campesinos musulmanes tenían sólo el usufructo de la tierra, eran aparceros («exáricos» o «mazarechos», de *al-sariq,* que significa «aparcero»), puesto que muchos antiguos propietarios emigraron y, casi siempre, se hizo «tabla rasa de las estructuras precedentes de propiedad de la tierra» (Laliena). Los nuevos propietarios cristianos pagaban diezmo eclesiástico por la parte de la cosecha que les correspondía, pero no así por la del «exárico» musulmán ya asentado en la tierra; sólo en caso de nuevos contratos agrarios se pagaría diezmo de la totalidad, con independencia de que el aparcero fuese musulmán o cristiano. La situación de los «exáricos» se endureció con el paso de los años: desde 1129 no pudieron emigrar a Valencia sin licencia expresa del rey; más adelante, se asimilaría su condición a la de los campesinos con contratos de usufructo a largo plazo (enfiteusis), lo que en la situación bajomedieval podía conllevar la adscripción obligatoria a la tierra que cultivaban. Pero, en los primeros tiempos, el término «exárico» podía referirse a situaciones bastante diversas, desde pequeños propietarios, pasando por aparceros –que sería lo más frecuente–, hasta siervos rurales.

Llama la atención la escasez de noticias documentales sobre mudéjares de Zaragoza misma y su entorno, lo que ha llevado a suponer alguna posible alteración de las capitulaciones después de la batalla de Cutanda, o la emigración de la población musulmana de mayor poder económico y social, más vinculada al régimen anterior. Sin embargo, la consagración como catedral de la mezquita mayor, en octubre de 1121, no supuso ninguna ruptura, puesto que los musulmanes tenían que haber abandonado ya la ciudad, según lo capitulado.

* * *

También permaneció población preexistente cristiana y judía. Es muy poco lo que se sabe acerca de los cristianos mozárabes antes de la conquista, salvo que mantenían algunos lugares de culto, como las iglesias de Santa María en Zaragoza y Tudela, o la de Santas Masas también en Zaragoza, donde tuvieron obispo hasta poco antes de la conquista. La tradición conserva también algunos nombres, como el de Lope Juanes, que intervino en las capitulaciones de Zaragoza y Tarazona. Al regreso de su expedición al sureste peninsular, en 1126, Alfonso I trajo consigo varios miles más de aquellas tierras —el cronista anglo-normando Orderico Vital afirma que fueron unos 10.000 con sus familias— y debió de asentarlos en Zaragoza, Huesca, Calatayud, donde hubo un «barrio de muzárabis», y en Mallén, según su fuero (año 1132). Ante la escasez e inseguridad de las noticias, se puede opinar que en el valle medio del Ebro, como en algunas otras regiones, la importancia del elemento mozárabe en la nueva sociedad fue tal vez menor de lo que pretendieron antiguas interpretaciones interesadas en poner de relieve el carácter de la conquista como restauración del pasado hispano-cristiano.

Del mismo modo, apenas hay noticias sobre los judíos en los años siguientes a la incorporación de aquellas tierras, salvo que se conservó la ubicación de sus barrios o juderías y que continuaron activas las comunidades o «aljamas» de la época anterior en las localidades principales: Huesca, Zaragoza, Tudela, Calatayud, Daroca, Tarazona, Borja, Ejea, Barbastro, Tauste, El Castellar, Alagón.

2. Los repobladores y su régimen jurídico y administrativo

«La conquista del valle medio del Ebro provocó intensos movimientos migratorios que alteraron la fisonomía de ciudades y núcleos rurales» (Laliena). Las repoblaciones fueron organizadas, más que espontáneas, pero respondían a una presión humana evidente, que explica la presencia de pobladores aragoneses y navarros también en la Extremadura castellana; aunque, en general, fueran individuales o de familias cortas, a veces desplazaron grupos parentelares completos, y contaron con la colaboración de muchos nobles, a los que el rey otorgaba tierras a condición de que mantuvieran en ellas al menos *uno cavallero bene armato* o *uno pedone christiano bene armato*. «Muchos campesinos eligieron como destino las ciudades conquistadas [...] que disponían de entornos agrícolas especialmente fértiles, por lo que podían seguir siendo labriegos», lo que explica el predominio «de las actividades agrarias en las ciudades aragonesas del siglo XII».

Pero hay pocas noticias sobre los nuevos pobladores aragoneses y navarros propiamente dichos, o de los originarios de Sobrarbe y Ribagorza, mientras que, en cambio, se sabe algo más sobre los francos porque figuran con mayor frecuencia en la documentación, lo que ha permitido llevar a cabo estudios antroponímicos detallados. Proceden en su mayoría de Gascuña y Béarn, aunque hay que incluir también en el grupo a los colonos de origen catalán, y a algunos normandos y franceses del norte. Se trata, casi siempre, de «burgueses», población urbana dedicada a la artesanía y al pequeño comercio, a menudo como actividades combinadas entre sí, de modo que en Zaragoza, Tudela, Huesca, Tarazona o Calatayud se repite la imagen social que ya daban los francos en poblaciones aragonesas y navarras del Camino de Santiago; aunque en estas tierras nuevas no tuvieron fueros específicos del grupo, sus libertades quedaron legalmente protegidas por los generales, en especial las referentes al comercio, la propiedad de casas y fincas, las exenciones tributarias o las garantías judiciales relativas a prendas, fianzas y procedimientos procesales. De todos modos, no se debe olvidar que otra parte notable del pequeño comercio urbano siguió en manos de mudéjares.

Los nuevos pobladores fueron escasos en los primeros tiempos. En Zaragoza, Alfonso I les otorgó en enero de 1119 los mismos fueros que tenían los infanzones de Aragón siempre que, para disfrutar tales privilegios, mantuvieran casa abierta en la ciudad y tierras en explotación; suponía esto la exención de cargas y obligaciones propias de «villanos» para los vecinos, por las tierras que tuvieran: no pagaban censo alguno ni derechos sobre los pastos (herbático) ni sobre el tráfico de sus mercancías (lezda), y su obligación de servicio militar en guerra ofensiva se limitaba a tres días por año. La emigración de musulmanes haría que las posibilidades de reparto aumentaran en los años siguientes, pero había abandonos, y nuevos repartos y concesiones: en 1129, el rey reguló el uso comunal de los «sotos del Ebro» para pasto del ganado de los vecinos, la pesca y la toma de leña, yeso y piedra, siempre que tales vecinos fueran propietarios de tierras y tuvieran casa abierta y habitada. Alfonso I reguló al mismo tiempo los procedimientos procesales y otorgó que los vecinos sólo fueran juzgados en la misma ciudad, además de permitirles la elección de un consejo de veinte, entre los *meliores,* que jurarían los fueros y asegurarían su cumplimiento. Unos años después, en 1133, declaró «libres, ingenuas y francas» las tierras que poseyeran los zaragozanos, tanto procedentes de reparto como de compra o toma legal («acapto»). En 1138, Ramón Berenguer IV procedió a una reforma y ampliación general de lo repartido y obligó a residir efectivamente a las vecindades, incluso a las instituciones y nobles que tuvieran sus casas y tierras cedidas «a censo» a diversos usufructuarios. El primer proceso colonizador sólo tocó a su fin cuando, en 1159, el mismo Ramón Berenguer declaró la plena propiedad de los vecinos zaragozanos sobre las tierras que vinieran cultivando, sin contradicción ni disputa, en los diez años anteriores.

En tierras del suroeste, la situación fue más difícil: en Daroca, la repoblación comenzó a partir de 1124, con repartos en las zonas de Cella y Cariñena, pero se abandonó casi todo después de la quiebra militar y política de 1134 y no se reanudó la tarea hasta 1140, cuando el amplísimo término de la plaza, situada *in extremo sarracenorum,* comenzó a ser menos peligroso y a contar con el refuerzo, o el recorte, procedente de los de localidades próximas como Calatayud, Molina de Aragón, Alcañiz y, algo después, Albarracín y Teruel[4].

En el «fuero» zaragozano de 1119 y en sus complementos a partir de 1129 se halla el germen de su derecho y régimen municipal, lo mismo que en otras poblaciones donde también se aplicó o donde hubo privilegios a favor de los burgueses, pero la plenitud de la autonomía local no se alcanzaría hasta más de un siglo después. En cambio, los fueros de Calatayud (1131) y Daroca (1142, acaso confirmación de otro dado en 1129) y la carta-puebla de Belchite en 1119 establecieron un tipo de derecho propio de la Extremadura aragonesa, muy similar al de su coetánea castellana, con mayor desarrollo del régimen concejil. En líneas generales, las ciudades incorporadas por Pedro I y Alfonso I tenían cierta importancia: aparte de los 20.000 habitantes de la Zaragoza islámica, otras seis o siete superarían los 2.000; y la nueva sociedad instalada en ellas fue, desde el primer momento, compleja por la diversa procedencia de sus componentes.

Para atender a su administración y, desde ellas, a la del territorio en su conjunto, Alfonso I designó «merinos» en Huesca y Zaragoza, «zalmedinas» y «alcaldes» en Zaragoza misma y en Tudela, que actuarían en colaboración con el noble tenente dotado por el rey de la correspondiente «honor», y con las incipientes instituciones locales[5].

3. Nobleza e Iglesia

Por encima de los colonos efectivamente afincados en las plazas y tierras conquistadas, se situaban los grandes señores e instituciones eclesiásticas, a los que el rey dotó con muchas tierras, bienes raíces y, en el primer caso, también con «honores» (tenencia militar, con funciones y rentas anejas a ella en una plaza y su territorio), para vincularlos al gobierno de las nuevas tierras, como ya lo estaban en las antiguas también mediante el reparto de «honores», y en recompensa por su ayuda, o bien, en el caso de algunas instituciones eclesiásticas, para dotarlas de medios que hicieran posible su instalación.

Gastón de Béarn, casado con una prima de Alfonso I, fue primer tenente de Zaragoza, y organizó los primeros repartimientos de bienes en la ciudad; además, tuvo en diversos momentos las tenencias de Monreal de Ariza, Barbastro, Huesca y Uncastillo; su hijo Céntulo tuvo también las de Zaragoza y Uncastillo, y su hermano Céntulo de Bigorra, la de Tarazona, en la que le sucedió el noble aragonés Fortún Aznar. Rotrou II de Perche, primo del rey por línea materna, obtuvo las de Tudela y Corella, que pasaron luego a manos de su sobrina Margarita, casada con García Ramírez, cabeza de la nueva dinastía navarra desde 1135, por lo que ambas plazas se incorporaron a este reino. Es cierto que, entonces, las «honores» no eran fijas ni menos aún hereditarias, aunque hubo un caso, Belchite, en que sí fue transmisible, de Galindo Sanz a su hermano Lope, tal vez por el riesgo especial que entrañaba su mantenimiento, en la frontera, lo que impulsó a acoger en ella a delincuentes remitiéndoles las penas y dándoles libertad *(ad totos homines de tota mea terra, homicideros, latrones et malefactores...)*, aunque más adelante, por falta de sucesión, Belchite revirtió en la corona.

Entre los grandes nobles del país destacan las tierras y «honores» recibidas por Jimeno Sánz en Calatayud, Lop Garcés Peregrino en El Castellar, Alagón, Épila y Tauste, Aznar Aznárez, primer tenente de Tudela, Fortún Garcés Cajal en Daroca, o Miro Petro. Muchas de las tierras recibidas por aquellos magnates acabarían, al paso de una o dos generaciones, en manos de instituciones eclesiásticas o de órdenes militares y, en lo que se refiere a las «honores», Alfonso I cuidó en general de que no tuvieran varias de importancia a la vez, ni tampoco simultáneamente en las zonas antiguas de Navarra y Aragón y en las de nueva conquista. En conjunto, el papel colonizador de la alta aristocracia fue pequeño en los primeros tiempos: sus miembros fueron propietarios absentistas de muchas tierras dispersas que, en bastantes casos, pasaron más adelante a otras manos, y ejercieron tenencias que aún no se consolidaban como auténticos señoríos.

Algunos monasterios ultrapirenaicos también fueron beneficiarios de tierras: Sauve-Majeure, San Ponce de Tomeras, San Martín de Seez, Saint-Savin de Lavedan, y personajes como el abad de Lagrasse y el arzobispo de Auch. También, monasterios navarros y aragoneses (Leire, Irache,

Siresa, Santa Cristina, San Juan de la Peña, Montearagón, San Victorián de Sobrarbe, Santa Cruz de la Serós, el hospital de Santa María de Somport) y alguno catalán (San Pedro de Roda). Se supone que no instalaron colonos en sus propiedades, o apenas, sino que seguirían cultivadas por «exáricos» musulmanes. La presencia de monasterios en la zona conquistada fue, en principio, escasa, aunque, al poco tiempo, los cistercienses ya hicieron notar su presencia[6].

Mayor importancia tuvo la restauración de sedes episcopales, que acompañaba siempre aquellos procesos de colonización, basada en el recuerdo de las de época antigua, aunque no se reprodujeran sus límites, pues ni siquiera se conocían, sino que fue preciso pactar los nuevos, ni hubiera continuidad con respecto al anterior episcopado mozárabe. A menudo se recurrió a la transferencia de una sede ya existente a emplazamiento nuevo, apelando al argumento restaurador: así, la de Jaca pasó a Huesca, y la de Roda a Barbastro, y a Lérida más adelante. Zaragoza mantuvo la suya, naturalmente, y en Tarazona se restauró la sede cuyo titular primero habría sido San Prudencio. En Tudela se instauró una iglesia colegiata, dependiente de Tarazona, así como en Calatayud algo más adelante, y en Daroca, dependientes éstas de Zaragoza.

La restauración coincidió con el pontificado de Calixto II y produjo la entrada de mucho alto y medio clero franco, lo mismo que había sucedido en Toledo y sus sedes sufragáneas, restauradas en la misma época, o en otras del Camino de Santiago. Así, el bearnés Pedro de Librana fue obispo de Zaragoza, y Miguel, que tal vez procedía del monasterio de Saint-Sernin de Toulouse, lo fue de Tarazona. Aquellas diócesis se integraron en la provincia eclesiástica de Tarragona, sede restaurada en 1119, y aplicaron de manera inmediata la liturgia y demás aspectos de la disciplina eclesiástica romana. Respecto a la organización de los cabildos catedralicios de canónigos, cabían varias posibilidades: el de Zaragoza se organizó en principio según la regla de San Agustín.

Como era habitual, aquellas iglesias recibieron diversas aldeas, heredades y otros bienes raíces, además de *alhobces* o bienes «habices» de antiguas comunidades musulmanas desaparecidas, adscritos a mezquitas (sus mismos edificios, más otros bienes raíces, heredades y rentas). Además, se implantó la fiscalidad eclesiástica, esto es, los diezmos y primicias sobre la producción agraria de los cristianos, más el diezmo de todos los derechos y rentas reales sobre el conjunto de la población, fuera cual fuese su religión. Y se perfiló la parte que correspondía a cada obispo, para sostenimiento de su casa y sede catedralicia, fijada en la «cuarta» de todas las rentas eclesiásticas de su diócesis; por entonces, los obispos pactarían el reparto de aquellos ingresos con los respectivos cabildos catedralicios de canónigos.

Pese a que Alfonso I las designó herederas de sus reinos en su controvertido testamento, las órdenes militares del Templo, Hospital y Santo Sepulcro apenas tuvieron presencia en los primeros años de la colonización del valle medio del Ebro. Sólo más adelante, como veremos, se extendieron sus intereses, propiedades y señoríos tanto en las tierras norteñas como en las de nueva incorporación[7].

4. El nuevo orden territorial y social

La rápida conquista del valle medio del Ebro, seguida por una colonización que se prolongó durante varias generaciones, respetó una parte de la situación previa, pero englobándola en la nueva y añadiendo grandes transformaciones. Hubo, escribe

Sénac, un «abandono general de las estructuras defensivas de época islámica y construcción de nuevas fortificaciones en las cercanías o en el emplazamiento de los *husun*» de poblaciones tales como Ayerbe, Bolea, Monzón, Ejea o Fraga. Los antiguos «territorios castrales» de los *husun* fueron fragmentados casi siempre en unidades de organización del territorio distintas y nuevas, mientras que la continuidad fue mayor en las zonas «donde el poblamiento se organizaba en forma de almunias», cuyo buen emplazamiento agrario facilitó la permanencia (por ejemplo, Binéfar), aunque en otros casos se reorganizó el territorio y muchas desaparecieron o se englobaron en nuevos tipos de explotación, como sucedió en la zona de Monzón, en el año 1089, donde, de 95 almunias, 81 se repartieron entre 69 nobles. Al mismo tiempo, fueron naciendo nuevos pueblos, gracias al otorgamiento de cartas-pueblas y de franqueza, que se prolongó a lo largo de los siglos XII y XIII[8].

En resumen,

a primera vista, la distribución de los nuevos hogares de poblamiento apenas difiere de la precedente. Como antaño, siguieron vacías Las Bardenas, la sierra de Alcubierre y Los Monegros. Solamente cerca del Ebro se desarrollaron en el siglo XIII nuevos señoríos que, en algunos casos, dieron lugar a pueblos nuevos como la Puebla de Alfindén, Alfajarín, Villafranca de Ebro, Pina de Ebro, Gelsa, Velilla de Ebro. Las orillas de los ríos y arroyos siguieron atrayendo pobladores y siguió siendo muy fuerte la expansión agrícola en el valle del Cinca, o en el del Gállego (auge de Zuera como núcleo agrícola). En muchos casos, la gran cercanía de los pueblos nuevos respecto a antiguos asentamientos musulmanes llevaría a pensar que aquéllos suceden a éstos, incluso a veces en los mismos emplazamientos, en particular cuando estaban al lado de una acequia: Binéfar, Azara, Castelflorite. Pero la amplitud de los movimientos de abandono de lugares, de emplazamientos de antiguos *husun* y el nacimiento de decenas de nuevos establecimientos permiten afirmar que la geografía del poblamiento nada tenía que ver con el pasado y que se había producido una gran ruptura en la historia de los campos aragoneses (Ph. Sénac).

* * *

La expansión territorial produjo «una auténtica ruptura social de grandes dimensiones en el espacio navarro-aragonés» (Laliena). En las tierras nuevamente incorporadas se implantó una sociedad colonizadora organizada según nuevas estructuras que englobaban también en diversa medida o afectaban a las comunidades mudéjares subsistentes: las eclesiásticas, surgidas de la reforma gregoriana y aplicadas en las nuevas sedes; las feudo-vasalláticas, presentes en el reparto de tierras a los aristócratas, que se enriquecen al hacerse con patrimonios amplios aunque, en general, dispersos, y en el otorgamiento de «honores» a los señores principales, pues, aunque fueran cesiones temporales y no hereditarias, los reyes debían reclutar a sus titulares dentro de un grupo social reducido, respetar equilibrios y costumbres –entre ellas tener en cuenta a los hijos y parientes de anteriores tenentes, cosa que Alfonso I hizo menos que su hermano y antecesor Pedro I, como lo demuestra la reclamación de que vuelvan a aplicarse sus *usatici,* expresada ante Alfonso VII de León y Castilla en 1134 como condición previa para reconocerle el dominio del *Regnum Caesaraugustanum*–. Los señores, al añadir a las rentas derivadas de la propiedad o dominio de sus tierras alodiales otras de tipo jurisdiccional, propias del ejercicio de sus «honores», tanto en las tierras antiguas como en los nuevos territorios, articulan su poder señorial, todavía inestable, en el seno de la «monarquía feudal», cuyas funciones políticas y guerreras se ven así reforzadas. Y, en tercer lugar, los pobladores cristianos se organizaban según nuevos marcos sociales e institucionales tanto en las ciudades, según ya hemos indicado, como en los campos, donde la corona otorga cartas-pueblas con mejoras para atraer población: plena libertad jurídica, incluso a quienes fueran «mezquinos» en sus lugares de origen, por ejemplo en la carta de Alquézar (1069) –aunque hubo algunas excepciones–, y donación de tierras en usufructo perpetuo, contra la obligación de cultivarlas.

Así se produjo un «frente de poblamiento» en avance hacia el sur y el desarrollo de una sociedad nueva, formada por caballeros y peones –los primeros reciben un lote doble de tierras y bienes–, infanzones y villanos, encuadrada en comunidades rurales, capaces de asegurar la explotación de la tierra, manteniendo los usos anteriores o creando otros nuevos, como se observa en la expansión de los viñedos. El uso de las técnicas agrarias de época anterior, y del vocabulario correspondiente, apoya una idea de continuidad tal vez excesiva: sería mayor, sin duda, entre los numerosos campesinos mudéjares que entre los llegados del norte.

3. El Bajo Aragón y el macizo de Teruel

1. CIRCUNSTANCIAS GENERALES

Las campañas de Ramón Berenguer IV en 1148-1149, con intervención por primera vez de templarios y hospitalarios,

1. Aragón

produjeron la conquista de Tortosa, Mequinenza, Fraga y Lérida, y fueron manifestación de un nuevo impulso conquistador que aumentaba las posibilidades y territorios abiertos a la colonización precisamente cuando comenzaba la época de máximo crecimiento poblacional en todas las regiones de la España cristiana. En Aragón, como en Cataluña, ese incremento se refleja

> en los numerosos lugares que son preparados y ofrecidos para el asentamiento de nuevos colonos, no sólo en los sectores fronterizos, que pueden encerrar móviles políticos y estratégicos impulsados por necesidades militares, sino en las ofertas de almunias, torres y nuevas pueblas que a partir de 1150 son objeto de regulación para los «presentes» y «futuros» pobladores en comarcas de los territorios conquistados en el primer cuarto del siglo, operaciones obligadas sobre todo por la presión de los campesinos que buscan nuevas parcelas para cultivar [...] Una revisión de las cartas de población extendidas en Aragón durante las dos décadas posteriores a las conquistas de Ramón Berenguer, es decir, entre 1150 y 1170, nos muestra que junto con la voluntad por establecer núcleos habitados en las zonas de más reciente ocupación, como Alcañiz o Monforte, son más numerosas las ofertas de espacios próximos a otros núcleos antiguos [aldeas cercanas a Ejea, Jaca, Binéfar, Monzón, Luesia...] Apertura de nuevos emplazamientos [...] Novillas, Cetina, Alborge, Longares, Tamarite de Litera, Sariñena... [tanto por iniciativa real, señorial, monástica, de concejos como Zaragoza y Huesca...]. Crecimiento demográfico y ampliación agrícola que no se frenarán con la inmediata expansión por las zonas del Bajo Aragón y la frontera turolense[9].

Fue entonces también cuando tomó auge la presencia de las órdenes militares en el reino, al mismo tiempo que Ramón Berenguer IV llegó a acuerdos con las del Hospital (1140) y Templo (1143) que dejaban sin efecto el testamento hecho a su favor por Alfonso I. Más adelante indicaremos algo sobre su instalación en tierras de Teruel y Bajo Aragón. Además, los hospitalarios tuvieron su encomienda principal en Mallén, señorío sobre Caspe y Cetina, y bienes raíces en Zaragoza –palacio de La Zuda–, Huesca, Cinco Villas, Barbastro y curso bajo del Cinca. Además, la rama femenina de la orden contó con el importante monasterio de Sigena, fundado por la reina doña Sancha en 1184, y con el de Grisén, próximo a Zaragoza. La orden del Santo Sepulcro tuvo importantes propiedades en Calatayud, y la del Templo, con presencia más o menos dispersa en todo el reino, dispuso de encomiendas en Zaragoza, Huesca, Calatayud y Tarazona, que integraban bienes diversos, pero las más valiosas fueron las de Novillas y Monzón: esta última plaza era señorío templario desde 1149.

El Ebro comenzó a actuar a partir de entonces como gran eje mercantil. Así lo indica la regulación del peaje fluvial por Alfonso II, en un arancel que menciona 26 productos (metales, seda, algodón, alumbre, madera, brasil, grana, índigo, cueros, especias, azúcar, paños y lienzos, papel, cera...), o la presencia de los mercaderes genoveses en Tortosa. En torno al gran río se articulaba, por una parte, la relación con las rutas pirenaicas abiertas desde el XI (Jaca y Pamplona) y, por otra, el tráfico de cabotaje en el Mediterráneo hacia Valencia y, más allá, hasta Bugía o Ceuta.

2. LAS CONQUISTAS

Las conquistas de 1148-1149 posibilitaron la ocupación rápida del Bajo Aragón, donde, en el ámbito aragonés, Alcañiz fue repoblada a partir de 1157, a fuero de Zaragoza[10]. Pero la expansión sólo se reanudó en los últimos años sesenta, con la incorporación de Horta (de San Juan) y otras plazas en el Bajo Ebro catalán, y, en las serranías de la cordillera Ibérica, con la formación del señorío de Albarracín desde 1169, en manos del caballero navarro Pedro Ruiz de Azagra[11]. Después de la desaparición del Rey Lobo, con los almohades dominando ya Valencia, el control de nuevos territorios se hizo más necesario: en el camino principal de aquella ciudad hacia Aragón se fortificó y pobló en 1174 Alfambra, que fue primero de la efímera orden militar de Montegaudio y luego de la del Templo desde 1187, y Alcalá de la Selva –así llamada porque Alfonso II la cedió en merced al monasterio francés de Santa María de Sauve Majeure o Selva Mayor–, y, desde 1177, Teruel, que pasó de ser aldea a ciudad dotada con un alfoz o tierra desgajado del de Daroca y con fuero modelo de muchos otros de la Extremadura[12]. Añadamos la concesión de Aliaga a la orden del Hospital (1180) y de Montalbán a los santiaguistas (1210), ambas entre Teruel y Alcañiz[13]. En la ruta de Castellón por Morella a Alcañiz, se mejoró la seguridad de esta plaza y de su amplia tierra cediéndola a la orden de Calatrava, en 1179, así como los fuertes enclaves de Castellote y Cantavieja a los templarios, en torno a 1200. Y en la tercera vía de acceso, la costera, que por Amposta y Tortosa permitía el acceso al valle del Bajo Ebro, en tierras catalanas, se completó la defensa otorgando el señorío de Tortosa a los templarios (1182), y el de otras plazas a la misma orden militar

(Ascó, Ribarroja, 1210) o a la del Hospital (Amposta desde 1150; Ulldecona, 1178). De modo que, al cabo de aquel rápido proceso, se fijaron los límites que aún permanecen entre las provincias actuales de Tarragona y Teruel, de una parte, y las de Castellón y Valencia, de otra.

3. LA EXTREMADURA ARAGONESA

El resultado principal, en el ámbito aragonés, fue, sin duda, la incorporación y organización de toda la zona meridional del reino, repartida entre concejos (Daroca, Teruel), calatravos (Alcañiz), templarios y hospitalarios, a los que se añadieron luego los santiaguistas (en Montalbán, entre Alfambra y Alcañiz, desde 1210), más el señorío de Albarracín, independiente, en manos de la familia Azagra hasta 1284. La instalación de los templarios en Rubielos, Ademuz y Castielfabib, a comienzos del XIII, puso límites que serían definitivos a la expansión territorial del reino de Aragón.

Había en aquellas tierras «un enorme vacío poblacional», y sólo se mantuvieron comunidades mudéjares de cierta importancia en Alcañiz y Calanda, así como algunos musulmanes en Albarracín, pero en Teruel no los hubo, sino que los que existían a finales del siglo XIII eran resultado de una colonización tardía, «integrada en su mayor parte por cautivos manumitidos», a menudo de origen valenciano (M. L. Ledesma Rubio). Los procesos colonizadores tampoco pudieron contar con núcleos urbanos preexistentes de importancia, ni con la herencia de términos antiguos, sino que se dotó a las plazas principales con extensas «tierras» o alfoces y se asentó una población de nueva planta. Los pobladores provinieron, sobre todo, de otras tierras aragonesas, de Navarra, y también de Castilla, lo que contribuye a explicar muchas semejanzas en los criterios de colonización.

En efecto, para atraer población, se articuló un régimen foral propio de las tierras de frontera o Extremadura cuyo modelo era el fuero de Sepúlveda, y su mejor exponente aragonés el de Teruel, en la misma línea que los de Calatayud, Daroca, Alfambra o, en tierras castellanas, el de Cuenca. El texto conocido data de mediados del siglo XIII y es el resultado final de siete décadas de maduración, a partir de la influencia inicial del fuero de Daroca: en él se dibuja una sociedad de vecinos libres jurídicamente, iguales ante la ley foral, propietarios de las casas y fincas que recibieron al llegar, una vez cumplido el requisito de año y día de permanencia mínima, miembros de un concejo que articulaba políticamente su comunidad vecinal, mediante la elección anual de oficios, el ejercicio de la justicia y la exigencia de las obligaciones militares ineludibles en aquella tierra de frontera. El rey, instancia superior pero lejana, estaba representado en la ciudad por un tenente, sobre todo para cuestiones militares, del que dependía el *palatium* o conjunto de instituciones, poderes y rentas vinculados directamente a la institución regia.

Teruel contó con una «tierra» amplísima, comparable a las de las plazas de la Extremadura y la Transierra castellanas: 4.500 km², en los que llegó a haber un centenar de aldeas. No es, desde luego, el único caso en Aragón: en su retaguardia inmediata, Daroca, que había sido matriz de Teruel en muchos aspectos, se organizaba ya de la misma manera, como lo muestra el fuero de 1142, y la situación en Calatayud y Albarracín era muy semejante. En la segunda mitad del siglo XIII, cuando llegó a su culminación el proceso colonizador, concluyó definitivamente el peligro de la frontera y alcanzaron las aldeas una población mayor, se organizaron en aquellas «tierras», divididas en distritos o «sesmas», «comunidades de aldeas» con personalidad jurídica propia, distinta a la de la ciudad cabecera, aunque manteniendo su dependencia judicial y tributaria respecto a ella: desde 1248 en Daroca, 1254 en Calatayud, 1277 en Teruel y 1284 en Albarracín. La razón principal de aquello era la atribución más equilibrada de los derechos sobre pastos y otros usos de las tierras incultas, incluyendo su posible roturación.

Pero antes, entre 1170-1180 y 1240, la sociedad de aquellas tierras había vivido volcada en la defensa de la frontera, bajo la dirección de las órdenes militares en unos casos, de los concejos en otros. El peligro de guerra era grave y continuo, y hay algún fuero –el de Alcalá de la Selva– que recupera prácticas más antiguas y procura la atracción incluso de delincuentes o adúlteros, cuyas penas quedaban condonadas a cambio del avecindamiento. Más importante, los fueros regulan con detalle las obligaciones militares del vecindario y la promoción en su seno de la caballería villana a partir de un determinado nivel de riqueza, puesto que el caballo a mantener, para el combate, debía valer al menos treinta doblas de oro almohades o «mazmudinas», y era preciso poseer las armas adecuadas, además, por supuesto, de tener casa abierta en la ciudad o villa y propiedades rurales suficientes. A cambio, los «caballeros villanos» forman la aristocracia local, con un estatuto jurídico equiparable al de los infanzones, ejercen los principales oficios concejiles, están exentos de contribuciones directas o «pechas», obtienen la parte mayor en el beneficio de las «cabalgadas» contra los musulmanes, beneficios cuyo reparto se regula detalladamente en los fueros, y son los más interesados en el desarrollo de actividades ganaderas y cinegéticas en los amplios espacios poco poblados aún de aquellas «tierras»[14].

La «caballería villana» llegó a su plenitud como grupo en el último tercio del siglo XIII, cuando concluyó la época de la frontera, en la cúspide de una sociedad donde predominaban los campesinos y las actividades rurales, tanto agrícolas, con abundancia de pequeñas explotaciones, como pastoriles: el resultado era una oferta abundante de lanas, cueros y otros productos de la ganadería. Pero no sólo hubo caballeros en las plazas de realengo, sino también en las sujetas al señorío eclesiástico y de órdenes militares, según muestran los fueros de Alcalá de la Selva, Aliaga o Alfambra, por ejemplo, aunque el control del poder por aquéllas era mucho mayor y más próximo. En las plazas principales había ya grupos de artesanos bien diversificados por oficios –los del cuero en Teruel, por ejemplo–, a los que se añadía un número cada vez mayor de mudéjares y la presencia de comunidades judías, más importantes en Teruel mismo y en Alcañiz. Aunque, en principio, judíos y musulmanes libres compartían el mismo fuero con los cristianos, en la realidad predominaron desde mediados del siglo XIII los elementos de discriminación y marginación.

En los nuevos territorios hubo una peculiar organización eclesiástica, puesto que la única sede episcopal nueva se instaló en Albarracín, que no era dominio de los reyes de Aragón, y fue sufragánea de Toledo en sus primeros tiempos. Por lo demás, como en otras tierras repobladas en la segunda mitad del siglo XII, apenas hubo presencia de órdenes monásticas clásicas y las órdenes militares tuvieron el papel principal en la restauración eclesiástica dentro de sus señoríos, en especial la del Templo, e incluso promovieron tareas de redención o rescate de cautivos, tan urgentes y continuas en aquellas zonas fronterizas: desde 1196 hubo una cofradía del Santo Redentor en Teruel, bajo administración templaria. A comienzos del XIII se instaló ya la orden redentorista de la Merced, y al poco tiempo lo harían las nuevas órdenes mendicantes.

2. La Cataluña Nueva

1. Las conquistas de la primera mitad del siglo XII

La culminación de las conquistas catalanas ocurrió en la primera mitad del siglo XII. La toma de Balaguer por el conde Armengol de Urgel, en 1105, permitía pensar ya en el cumplimiento del objetivo principal: *ut Deus reddeat Lerida a christianis*. Pero el conde de Barcelona, Ramón Berenguer III, también estaba interesado en esta ciudad, aunque no descuidaba la colonización lenta del Campo de Tarragona e intentó el asedio a Tortosa en 1116, en el contexto de una política de expansión que tenía también a las Islas Baleares como objetivo. Poco después, la caída de Zaragoza en manos de Alfonso I de Aragón (1118) hacía previsible un avance rápido, pero las victorias de los almorávides (Corbins, al norte de Lérida, 1126; Fraga, 1134) y los acontecimientos que siguieron a la muerte del rey aragonés retrasaron las conquistas cristianas hasta finales de los años cuarenta, cuando Ramón Berenguer IV consiguió las de Lérida (1148) y Tortosa (1149). Los últimos enclaves musulmanes, Miravet y Siruana, capitularon en 1153. El éxito del conde se debía a la concentración y variedad de los apoyos militares con que contaba: la conquista de Tortosa proporciona un ejemplo excelente puesto que en ella participaron barcos genoveses, mientras que, por tierra, actuaba Ramón Berenguer IV con sus tropas y las de sus vasallos catalanes, que eran el grueso del ejército, y también occitanos y provenzales, tropas de obispos y abades catalanes, cruzados ingleses y flamencos, templarios y hospitalarios e incluso milicias urbanas procedentes, por ejemplo, de Narbona y Ventimiglia.

En aquel momento concluía la expansión de la Cataluña Vieja, iniciada en el siglo X, que aportó 3.800 km² al condado de Urgel, y 2.785 y 1.990, respectivamente, a los de Barcelona y Manresa, cuyo titular era el mismo, y se añadían los territorios de la llamada Cataluña Nueva. Fue entonces cuando se consolidó definitivamente «la percepción común de una cohesión e identidad catalana que comportó, significativamente, tanto la denominación global de *Catalunya* como el aumento de poder del *casal*» de los condes de Barcelona, en tiempos de Alfonso II, y la plena consolidación de la aristocracia feudal, aunque al mismo tiempo comenzaba el auge de las ciudades como centros de organización y dominio del territorio[15].

2. La colonización al sur del Llobregat. Tarragona. Tortosa

Esto se observa tanto en la Cataluña Vieja como en la Nueva, que es la incorporada en el siglo XII, aunque de distinta manera. Ya hemos estudiado el caso de la primera; parale-

2. La Cataluña Nueva

lamente, la acción colonizadora había dado forma a la Cataluña Nueva, al sur del Llobregat y en la cuenca del Segre, tierras sujetas directamente a los condes de Barcelona como «príncipes» del conjunto catalán, aunque nunca portaran tal título[16].

En el primero de ambos sectores, la colonización había comenzado ya en la segunda mitad del XI, en las comarcas del Panadés y Segarra, y se consolidó en los primeros decenios del XII mediante la del Campo de Tarragona. Ramón Berenguer III cedió el señorío de la ciudad al obispo de Barcelona, Oleguer, que comenzó la repoblación a partir de 1129; el obispo tomó el título arzobispal de la sede, una vez restaurada, mientras el noble normando Robert Bordet se hacía cargo de las operaciones militares y políticas, pero la población de Tarragona y su entorno no se consolidó hasta después de la conquista de Tortosa, con la concesión de una carta de franquicia en 1149 que atrajo nuevos colonos; a todos los pobladores se les reconocía el dominio de casas y tierras libres de todo «censo y servicio» señorial[17].

Tortosa había caído después de una prolongada resistencia de su *Zuda* o alcazaba, que se prolongó hasta diciembre de 1148. Se garantizó a los musulmanes libertad y bienes muebles; muchos emigraron hacia Valencia, pero otros permanecieron en las zonas rurales próximas como cultivadores exáricos que conservaban el dominio útil de sus predios pero quedaban sujetos al pago de diversas rentas y de prestaciones personales, aunque en 1174 se libraron de estas últimas a cambio de un pago de 400 doblas de oro «mazmudinas». Los mudéjares pronto fueron un grupo residual, además de minoritario, y la nueva organización de la tierra produjo la casi total desaparición de la toponimia antigua, así como cambios de emplazamiento de núcleos de pobla-

Capítulo cuarto: Del Ebro al Mediterráneo

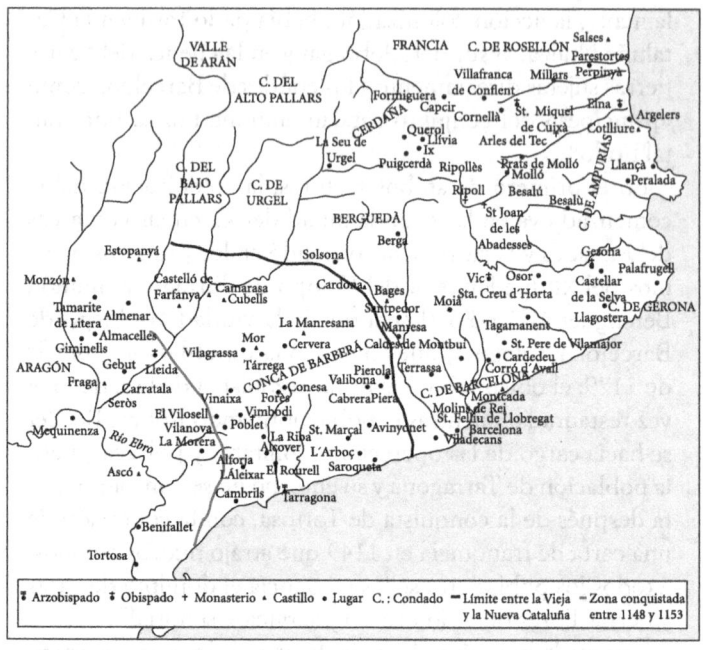

Mapa 15. Cataluña a mediados del siglo XII. (Según J. M. Font Rius y T. N. Bisson)

ción y desaparición de algunos. La repoblación fue bastante rápida, a partir del respeto a los pactos previos a la conquista, según los cuales Génova recibiría la tercera parte de lo ganado, aunque en 1153 compró esta parte Ramón Berenguer IV. Los templarios tenían derecho a una quinta parte, y también se dotó ampliamente a los hospitalarios. No hay libro de repartimiento, pero sí muchas cartas de donación: el conde de Barcelona infeudó la tercera parte de lo que le pertenecía a Guillem de Montpellier, y otra parte a Guillem Ramón de Montcada, pero, en general,

2. La Cataluña Nueva

los señoríos de mayor superficie se constituyeron en la periferia de la vega del Ebro –escribe A. Virgili–, mientras que la porción central, vertebrada por la ciudad y el río, fue acaparada por el conde, para ser posteriormente repartida en lotes [...] entre los [...] que habían tomado parte en el asedio, beneficiando, en especial, pero no exclusivamente, a los sectores inferiores de la nobleza.

Estas explotaciones se caracterizaban, en general, por su escasa superficie y por su diseminación en pequeñas parcelas, a menudo alejadas unas de otras. El conde imponía tres condiciones a los beneficiarios: jurar fidelidad a su persona y a sus sucesores, habitar Tortosa y no enajenar las fincas «a nobles con jurisdicción ni a instituciones eclesiásticas». Lo que, sin embargo, sucedió en los decenios siguientes, puesto que abundaron las permutas y ventas, y, al cabo, «los receptores últimos de la mayor parte de los inmuebles alienados acostumbran ser los grandes señoríos»: catedral de Tortosa –que acumuló en su poder los principales molinos–, encomienda del Templo, monasterios de Santes Creus y Poblet... Era frecuente que estos grandes propietarios cedieran el dominio útil a cultivadores, a cambio de censos enfitéuticos, en dinero, o en porcentaje de cosecha, a lo que se unía, en caso de zonas señoriales, la «tasca» o undécima parte de la cosecha y, en todos los casos, el diezmo eclesiástico. Tampoco faltaron los contratos *ad plantandum* que, como en otras regiones, contribuían a fijar mejor al campesinado, especialmente en la zona situada al sur de la ciudad, donde se llevaron a cabo las mayores obras de drenaje y bonificación de tierras, mientras que, al norte de Tortosa, se conservaba la tradicional zona de huertas y arboricultura con un sistema de regadío complejo: «las "algeziras" y los diversos mecanismos de infraestructura hidráulica –acequias, pozos con norias, molinos, cercas–, en especial alrededor de las viñas y los huertos, caminos y senderos, completaban este paisaje»[18]. La colonización de la zona sur continuó durante decenios y se completó con la fundación de Amposta por Jaime I.

Por el contrario, la del territorio interior y zonas montañosas próximas resultó «laboriosa y lenta» (S. de Moxó), pero, en todo caso, el dominio de Tortosa hizo posible la consolidación de aquellas iniciativas: en 1151 se fundó Villafranca del Panadés, para asegurar el enlace Tortosa-Barcelona. Por entonces se mejoró la población de Cervera, aunque sus orígenes databan de comienzos del XI. En la década de 1150 se promovió también la colonización de la «Conca de Barberà, donde se funda el núcleo originario del futuro Montblanch, iniciándose la población de las altas tierras del Montsant y Priorato, en cuya colonización ejercerán notable influjo los monjes cistercienses establecidos en Poblet y Santes Creus». Moxó, a quien se debe el anterior párrafo, añade, como ejemplo, la colonización de La Espluga de Francolí, en la Conca, desde finales del siglo XI, por obra de Hugo Ponce de Cervera y sus descendientes, que fundaron una «iglesia propia», núcleo de la localidad poblada por campesinos y caballeros, a quienes se atrajo dándoles los correspondientes «feudos de caballería»[19].

El papel colonizador de los dos grandes monasterios cistercienses de Poblet, en la cuenca del Francolí, y Santes Creus, en la del Gayá, merece mención aparte porque los monjes y sus colonos pusieron en explotación muchas tierras dedicadas al cereal y, a veces, a cultivos especializados como los del lino y cáñamo, introdujeron la vid y reorganizaron la explotación de las zonas de bosque[20].

Por otra parte, el dominio aragonés en la zona de Teruel y Alcañiz hizo más sencilla la repoblación catalana en las zonas montañosas próximas a la desembocadura del Ebro, donde permaneció mucha población musulmana organizada en aljamas y los mudéjares conservaron el control de las fincas en condición de «exáricos» de los nuevos señores. Se trata de los territorios de las encomiendas templarias de Miravet y Ascó, que pasarían en el siglo XIV a la orden militar de San Juan del Hospital cuando los musulmanes constituían aún la mayor parte de la población[21].

3. La colonización en la cuenca del Segre. Lérida

La expansión en la cuenca del Segre culminó con la toma de Lérida y Fraga en octubre de 1149, por el mismo ejército que el año anterior había asediado Tortosa. En realidad, los pactos para la conquista de Lérida se habían estipulado ya en mayo de 1148, entre Ramón Berenguer IV, el conde Armengol VI de Urgel y la orden del Templo. La ciudad y su territorio, como en otras zonas de la Cataluña Nueva, se integrarían en los dominios del conde de Barcelona, pero el de Urgel recibiría Lérida en feudo y una tercera parte de sus inmuebles en propiedad, y los templarios otra quinta parte, mientras que el resto sería de Ramón Berenguer IV. Sobre esta base, los conquistadores repartieron a su vez lotes de casas y tierras a caballeros y peones, y se organizó el control del territorio bajo el mando de dos *castlans*, uno por cada conde, situación que duró hasta bien entrado el reinado de Jaime I. Al mismo tiempo, desde octubre de 1149 se restauró y dotó la sede episcopal de Lérida, cuya *ordinatio* de 1168 determinó de forma estable la composición del cabildo catedralicio y el número de parroquias en la ciudad y en la diócesis. Los musulmanes que pudieron permanecer fueron reagrupados en una morería extramuros de la ciudad[22].

* * *

El mayor atractivo para los nuevos pobladores fueron, en Tortosa y en Lérida, las cartas de franqueza que en ambos casos otorgó Ramón Berenguer IV, titulándose marqués de una y otra localidad. En la de Lérida, como es lógico, también el conde Armengol de Urgel actuaba como otorgante. Las cartas de población y franqueza de Tortosa (noviembre de 1149) y Lérida (enero de 1150) eran textos muy semejantes y desarrollaban un «estatuto jurídico elemental para una comunidad urbana naciente»[23], por lo que sirvieron de modelo a otras. Su contenido se puede dividir en tres partes: primera, la donación a los habitantes de sus casas, huertos y heredades «en plena propiedad y libre disposición, y el aprovechamiento comunal de bosques, aguas y pastos». Segunda, la exención de cualquier carga señorial y de cualquier actuación arbitraria contra sus personas o bienes; los vecinos son francos, «súbditos libres del conde» de Barcelona y, tercera parte de las cartas, dispondrán de un «verdadero estatuto jurídico para asegurar la pacífica convivencia ciudadana, con una serie de normas fundamentales para el ejercicio de la justicia en el seno de la colectividad urbana», sin venganzas ni actuaciones privadas, y según normas y procedimientos judiciales y procesales fijos, que vienen a ser «los comienzos de la justicia vecinal o popular que tanto juego había de dar en el futuro de la vida municipal catalana».

2. La Cataluña Nueva

Como la mayoría de los repobladores procedería de la zona barcelonesa, los principios jurídicos tienen también su modelo en franquezas barcelonesas pero adaptados a las circunstancias propias de la colonización en aquellas nuevas tierras, organizada, por lo tanto, mediante donación de lotes de casas y tierras en pleno dominio, franquezas a los pobladores, ausencia de «malos usos» y censos propios del régimen feudo-señorial clásico, esbozo de autonomía municipal. Al mismo tiempo, se afincaba una pequeña nobleza de caballeros que, a cambio de su servicio militar, reciben antiguas almunias a modo de «pequeños distritos territoriales homogéneos», sin jurisdicción pero repartidas en parcelas que cultivaban campesinos enfiteutas. Este procedimiento de «unidades de concesión» ya se venía practicando desde la segunda mitad del XI; un buen ejemplo son las dos *turres/almunya* de Vinganya y Avinganya, cerca de Fraga, que mantienen en la toponimia actual el recuerdo de los almorávides Banu Ganiya[24].

El modelo de las cartas de franqueza y población de Lérida y Tortosa, adaptado a la realidad de núcleos rurales y de señorío, se encuentra en la carta de Orta u Horta, localidad de encomienda templaria, del mismo modo que el texto legal posterior y más amplio de las *Consuetudines* o *Costums* de Lérida (1228) también fue modelo para las de Orta de 1296 o las de Miravet de 1319, más que el de las *Costums de Tortosa* (1272-1279), pese a tener éste un contenido mayor y mejor elaborado.

* * *

En resumen, los fenómenos colonizadores de la Cataluña Nueva desde mediados del siglo XII, apoyados en una fuerte corriente migratoria de norte a sur, permitieron la incorporación de unos 10.000-11.000 km², «duplicando la superficie agregada en el siglo y medio anterior». Hacia 1200 ya están «repoblados y puestos en explotación», a menudo con *viles noves* y *viles franques:* se otorgaron unas 50 cartas de población en la Cataluña Nueva entre 1148 y 1162 y otras 80 entre 1162 y 1214, frente a 20 en la Cataluña Vieja, que, además, suelen limitarse a retocar situaciones anteriores. Así se repoblaron «los distritos de Tortosa y Lérida, las comarcas de Segriá, las Garrigas, el Priorato, el sur de las de Noguera y la Cuenca del Barberá...» (Sesma).

La nueva organización del territorio promovió el «auge de las ciudades como cabecera de regiones, apoyadas en sus respectivas cartas de población». Como, al mismo tiempo, crecían ciudades y villas en el resto del país, el papel director de los núcleos urbanos fue cada vez más fuerte en el siglo XIII y su articulación en una «red de capitalidades urbanas» culminó cuando Jaime II creó la división en veguerías, puesto que cada una tuvo «su centro en una capital socioeconómica», aunque, por debajo, «las entidades nobiliarias mantienen sus propios sistemas organizativos» (Sabaté). Mundo urbano y mundo rural formaban parte de un mismo tejido social y económico, aunque el aspecto del poblamiento variaba considerablemente entre la Cataluña Vieja de los condados, «con sus redes castrales defensivas y sus poblados fronterizos fortificados», sus monasterios benedictinos, sus aldeas *(villae, villares, vici),* masías o «mansos», sus pueblas y villas nuevas, y una Cataluña Nueva donde «la reestructuración de los núcleos de hábitat y organización de los municipios» (M. Riu) correspondieron al rey y a las ciudades, a los cabildos catedralicios de Tarragona, Lérida y Tortosa, a las órdenes militares y a los monas-

2. La Cataluña Nueva

terios cistercienses, en un régimen de relaciones sociales que promovía franquezas y libertades perdidas o desconocidas por los campesinos en la Cataluña Vieja desde la implantación del régimen feudo-señorial en el transcurso del siglo XI[25].

Al mismo tiempo, la población creció mucho. Si a finales del siglo X los condados catalanes tenían unos 83.750 habitantes, de ellos 1.255 en la ciudad de Barcelona, a mediados del XII eran ya 167.500 y 2.500, respectivamente, cuando Cataluña había alcanzado su extensión definitiva (32.000 km²), y hacia 1340 se llegó a los 335.000; entonces, Barcelona era ya una metrópoli de al menos 30.000 habitantes.

3. Las Islas Baleares[26]

1. La conquista

Jaime I proyectó la conquista de Mallorca como empresa en colaboración con la nobleza feudal catalana, por medio de pactos previos de reparto de obligaciones y participaciones militares que, en el futuro, tendrían su reflejo en el de botín y tierras. Así se contribuiría indirectamente a la pacificación interior de Cataluña, a la cohesión entre sus dirigentes y a la restauración de las exiguas rentas del rey y conde, además de llevar a efecto una antigua aspiración de los condes de Barcelona, ya intentada por Ramón Berenguer III en 1114 y renovada en diversos momentos (1146, 1178, 1205 a raíz de la incorporación de las islas al dominio almohade), con promesas de apoyo pisano o genovés.

Una vez concluido el conflicto en torno al dominio del condado de Urgel y conseguido un acuerdo de «paz y tregua» interior en Cataluña, los pactos principales entre Jaime y diversos nobles y mercaderes se suscribieron en Barcelona, en diciembre de 1228 y agosto de 1229. En ellos confluían los intereses del rey, de los nobles y altos eclesiásticos y de los mercaderes y marinos barceloneses, cuya potencia había sido suficiente dos años antes, en 1227, para obtener la primera reserva de fletes o «acta de navegación» a su favor en los puertos catalanes. Se previó una comisión para el reparto de lo conquistado, según la aportación de cada cual, pero Jaime se reservó, además de la parte de bienes raíces que le correspondiera, la soberanía regia sobre la isla y, en donde las hubiera, las alcaicerías y «tiendas del rey», es decir, la infraestructura de la actividad mercantil, muy importante en Mallorca. Además, la empresa tuvo la consideración de cruzada, y así se proclamó en el concilio eclesiástico de Lérida, en marzo de 1229, lo que garantizó aún más a la Iglesia el compromiso regio de dotar con bienes y rentas adecuados a los templos y beneficios eclesiásticos que se constituyeran e impulsó a participar en ella a dos centenares de caballeros aragoneses, que formaron parte de la mesnada real, y a algunos de otras procedencias.

En la expedición a Mallorca participaron al menos 730 caballeros armados y 8.000 peones, la gran mayoría catalanes, y también roselloneses y bearneses, a bordo de 150 embarcaciones, de las que cincuenta eran de porte considerable. Del lado musulmán, el gobernador Abu Yahya podía contar como máximo con 18.000 hombres capaces de combatir como peones y dos cuerpos de caballería, pero no con fuerzas navales, de modo que su situación militar era difícil, y más ante la situación de rebeldía y el probable colaboracionismo de algunos notables de la isla.

Los cruzados desembarcaron en la cala de Santa Ponsa el 10 de septiembre de 1229 y dos días después derrotaron a sus enemigos en batalla terrestre, lo que posibilitó avanzar

Capítulo cuarto: Del Ebro al Mediterráneo

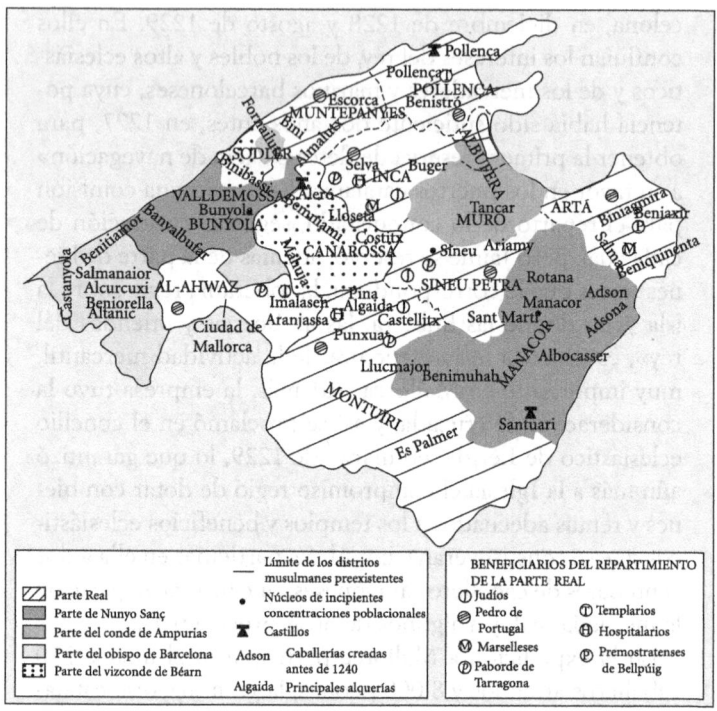

Mapa 16. El repartimiento de Mallorca. (*Atlas de les Illes Balears*. Diafora. Barcelona, 1979)

hasta las cercanías de la ciudad y asediarla: aunque Abu Yahya ofreció la entrega a cambio de libertad y permiso de residencia para los musulmanes, los sitiadores prefirieron el asalto a la plaza, pese a los muertos y heridos que esto provocaría, porque así se aseguraban el botín, como sucedió: la ciudad de Mallorca fue tomada el 30 de diciembre de 1229, y los cautivos y bienes se subastaron en febrero y abril de 1230. La resistencia en las montañas y en la zona de Artá continuó algunos meses, hasta las rendiciones de abril de 1231 y verano de 1232, fecha en que la conquista pudo darse por concluida.

La población musulmana de la isla sería, como máximo, de unas 49.000 personas. La suerte más común de las que no murieron fue el cautiverio, aunque también hay algunas menciones, pocas, de *sarrains* bautizados (años 1240 y 1270). Los cautivos permanecerían unas veces adscritos al cultivo de la tierra, otras emigraron o fueron vendidos o canjeados en el Magreb: las noticias son escasas, pero, sea como fuere, no hubo en Mallorca, ni en las otras islas, mudejarismo al modo aragonés o valenciano.

2. La creación del nuevo reino. Repartimientos y organización institucional

Se procedió, por lo tanto, a la nueva organización y población de la isla en todos los aspectos. Jaime I creó el *Regnum Maioricarum et insulae adiacentes* y otorgó a la ciudad de Mallorca, en marzo de 1230, una carta de franqueza inspirada en las de Tortosa y Lérida. Los *Usatges* condales barceloneses conservaron vigencia en algunas cuestiones de derecho privado. Junto con la carta, los nuevos pobladores recibieron diversos privilegios, entre ellos el de exención de impuestos de tránsito en todo el dominio real en Cataluña, del mismo modo que los barceloneses tenían franquezas mercantiles en la isla desde el mismo año 1230. Las confirmaciones de aquellos y otros privilegios en 1256-1257 fueron coetáneas de la constitución del municipio de Mallorca, única ciudad de la isla, según el modelo barcelonés y valenciano, entre 1249 y 1273. El poder real se ejercía a través del «batlle» de la ciudad y del reino, cuyas funciones iban mucho más allá de la administración del patrimonio real y se aproximaron con el tiempo a las de un auténtico procurador real, y del «veguer», para asuntos judiciales: pronto habría uno para la ciudad y otro para la parte «foránea» de la isla, con amplias funciones, debido, también, a la inexistencia de jurisdicciones señoriales completas. En el ámbito eclesiástico, se restauró la sede episcopal y se fue constituyendo la red parroquial, con 32 templos en la parte rural, dotados entre 1232 y 1248[27].

* * *

El *Llibre del repartiment* de Mallorca, datado en 1232, cuando ya habían transcurrido dos años desde la conquista y se habían producido donaciones y transferencias de bienes, se refiere sólo al reparto de casas, alquerías y «rahales», de la parte del rey, aunque informa sobre la totalidad porque

> registra también la distribución previa de la isla [...] Todo se reparte a medias entre el rey y los magnates, en proporción, aproximadamente, a las caballerías que aportaron: tierras, casas, hornos, molinos, etc. Y, después, de la mitad perteneciente a los magnates, se hacen cuartos, es decir, octavos del total de la ciudad y del resto de la isla, que son asignados al conde Nunyo Sanç (del Rosellón), al obispo de Barcelona, al conde de Ampurias, Ponç Hugo III, y a Guillem de Montcada, vizconde de Bearn, para que se los repartan con sus respectivos porcioneros (J. Portella).

Según este autor, el *Llibre* no debe leerse «como si fuera un simple registro de "propiedades" [...] sino contextualizado con otras noticias y documentos, de modo que queden claros los pactos sobre las jurisdicciones feudales, y las formas de cesión o de alodios francos o de dominio útil».

La mitad correspondiente al rey *(medietas regis)* constaba de 2.113 casas, 320 talleres-tiendas, 24 hornos y 2 baños en la ciudad, además de 57.000 ha de tierras repartidas en 817 fincas, con 80 molinos; todo ello se distribuía en 8 de los 13 distritos de la isla y equivalía a 5.674 «caballerías». Jaime I repartió 300 fincas entre las órdenes militares del Hospital y del Templo, el infante Pedro de Portugal, nobles catalanes y ciudades que habían participado en la empresa, y otras 500 entre oficiales y colaboradores regios, eclesiásticos y mercaderes. La *medietas magnatum* se repartió entre los cuatro grandes señores que aportaron sus mesnadas a la conquista (en torno a 100 caballeros cada uno): los condes del Rosellón, Ampurias y Bearn y el obispo de Barcelona, quienes, a continuación, repartieron entre sus vasallos y colonos aquella *medietas,* que comprendía 7.762 unidades básicas o «caballerías», más unas 1.379 casas en la ciudad, 320 talleres-tiendas y 24 hornos. En total, en la isla se repartieron unas 112.000 ha de tierra laborable, utilizando en las mediciones la yugada o «jouada sarracenica» –de 11 ha, 36 a de superficie–, que equivalía «a la mitad de lo que una yunta de bueyes podía laborar en el año agrícola» (Santamaría), y también, para el regadío, la «cuarterada» cuadrada de 0,71 ha, o 40 «brazas reales» de lado.

El desarraigo o cautiverio de la población musulmana favoreció la ruptura entre las condiciones de explotación agraria anteriores a la conquista y las que se implantaron a la medida del nuevo orden social, aunque la permanencia de infraestructuras y las mismas condiciones naturales introdujeron cierta continuidad. No en lo relativo a circunscripciones o distritos, pues desaparecieron los de época musulmana, ni en lo que toca a reparto de las producciones y rentas, que dependen de las características sociales de la colonización, pero sí en lo relativo a las producciones básicas, aunque se ha supuesto que habría cierta decadencia de los cultivos de huerta y regadío en beneficio de los cerealistas, olivo, vid y ganadería[28].

* * *

Los colonos procedían de Cataluña, en especial del Ampurdán y del Rosellón; había también un porcentaje notable de occitanos e italianos, y otros menores de aragoneses y navarros. En la parte del conde Nunyo Sanç, los porcentajes respectivos eran de 42% de catalanes, un 23 de occitanos, 13 de italianos, 7 de aragoneses y 6% de navarros, pero estos datos no se pueden generalizar al conjunto de la repoblación. ¿Cuántos llegaron a ser los nuevos pobladores?: las referencias más antiguas con valor demográfico proceden del reparto del impuesto directo o «morabetí» de 1329 e indican 11.937 unidades de pago que corresponderían a otros tantos hogares, lo que permite imaginar en torno a 50 o 55.000 habitantes cristianos, más unos 2.300 judíos. Pero, para entonces, se habían producido nuevas oleadas colonizadoras, especialmente en tiempos de Jaime II de Mallorca (1276-1311), que promovió hasta una docena de antiguas alquerías convirtiéndolas en villas (Lluchmayor, Felanitx, Petra, etc.) y fomentó la población de Alcudia y la de los puertos de Palomera y Capdepera.

Los niveles de reparto dan la clave explicativa sobre el sistema social que se establecía de nueva planta. Los cuatro grandes señores tuvieron plena jurisdicción en sus respectivas porciones y, en ellas, «sus respectivas curias, con un "batlle" y un sayón como mínimo», aunque en la ciudad y para sus vecinos sólo actuaba la jurisdicción del veguer real, que cada cuatro meses dividía con ellos «los ingresos derivados del ejercicio de la misma» (J. Portella). En las zonas rurales cabía el recurso de alzada ante la jurisdicción regia, que fue generalizándose en las antiguas partes de grandes señores seglares, aunque no en las de señores eclesiásticos y órdenes militares, que conservaron el «mero y mixto imperio».

Hasta un 9% de lo repartido fueron lotes superiores a las 100 ha, que corresponderían a menudo a lotes completos de 20 yugadas o porciones de ellos, entregados a caballeros a cambio de cumplir la obligación vasallática de mantener un caballo y equipo de guerra, a servicio del rey o del gran señor correspondiente, o la parte correspondiente en caso de que el lote fuera menor de las citadas 20 yugadas. Estos caballeros disponían de baja jurisdicción en sus tierras, que no cultivaban directamente sino que repartían entre campesinos enfiteutas, sujetos al pago de diversas rentas (censos, tascas, laudemios, diezmo eclesiástico).

La gran mayoría del reparto de tierras corresponde a lotes de entre 25 y 99 ha (65%) o menores de 25 ha (25%). Se trata ya, en general, de cesiones sin jurisdicción pero en pleno dominio, es decir, alodiales o libres y francas de cargas. En unos casos, las cultivarían sus beneficiarios, pero en otros los propietarios cedieron también el dominio útil en enfiteusis, lo que provocó a menudo mayor fragmentación parcelaria, ya que siguieron llegando campesinos después del período inicial de reparto. El lote básico más frecuente es de tres yugadas, repartido en diversas parcelas, y, además, nada impedía que un mismo beneficiario recibiera varios lotes o porciones, de modo que ser «gran propietario» no era sinónimo de ser latifundista. En todo caso, las unidades de explotación cultivadas directamente o cedidas a usufructuarios tenderían a tener entre una y tres yugadas, en la medida en que debían ser la base de sustento de una familia campesina y, a la vez, posibilitar el pago de las rentas correspondientes.

Así pues, la nueva sociedad mallorquina, sujeta a la jurisdicción del rey o a la de algunos grandes señores absentistas, tenía una proporción apreciable de caballeros con obligaciones militares vasalláticas, muchos campesinos libres y propietarios *(pagesos forans)*, otros que eran enfiteutas de diversa importancia, una cantidad en principio pequeña de jornaleros y, naturalmente, los habitantes de la ciudad, que vivían de otros oficios (ciudadanos, mercaderes, menestrales...), aunque también pudieran tener tierra, además de la comunidad judía y algunos restos de población musulmana, casi siempre en cautiverio.

3. Ibiza y Formentera. Menorca

La conquista de Ibiza y Formentera ocurrió en 1235 y fue iniciativa de nobles que recibieron de Jaime I las islas en feudo: el arzobispo electo de Tarragona, Guillem de Montgrí, el conde Nunyo Sanç y el infante Pedro de Portugal. Tras el cautiverio de toda la población musulmana, los señores se repartieron la isla en proporción a sus respectivas aportaciones y, así, Montgrí recibió la mitad de las tierras y las salinas –producto muy importante en Ibiza– y un tercio de la ciudad. La instalación de repobladores debió de tener características muy semejantes a la mallorquina.

Los musulmanes de Menorca se declararon tributarios de Jaime I en junio de 1231 (pacto de Capdepera) y así evitaron la conquista durante algunos decenios hasta que, en 1287,

Alfonso III de Aragón la llevó a cabo. La población musulmana fue también cautiva o desplazada: hay datos sobre la subasta de 778 prisioneros y la opción dada a otros 630 para que se rescataran por un precio de 7,5 doblas por persona, aumentado luego a 15. Se procedió, por lo tanto, a una repoblación completa con *bona gent catalana,* según expresión del cronista Ramon Muntaner, pero no hay datos documentales para conocer el detalle.

Lo que sí se sabe es que la población de aquellas islas era pequeña en época musulmana, y continuó siéndolo después de las colonizaciones iniciales. En 1329 no vivirían en Ibiza más de 2.000 a 2.300 habitantes, y en Menorca unos 3.500: 506 unidades u hogares y 806, respectivamente, según el reparto del «morabetí»[29].

4. El reino de Valencia

1. La conquista

Entre las motivaciones próximas de la conquista de Valencia por Jaime I se ha señalado la necesidad de hacer efectivo el avance territorial previsto en el tratado de Cazola (1179), paralelamente a los que llevaban a cabo castellanos y leoneses en sus zonas de conquista, y, por otra parte, la menor resistencia previsible por parte de un poder político musulmán en descomposición, repartido en varias taifas a consecuencia de la quiebra política almohade: Segorbe, Valencia, Alcira, Játiva, Denia. Mayor importancia debió de tener la situación política interior en los dominios de Jaime I, en especial la necesidad de «dar salida a la crisis nobiliaria y feudal» (Salrach), sobre todo en el reino de Aragón, donde la tensión entre rey y poderes señoriales incitaba a una expansión inmediata sobre las tierras de Morella y la Plana (Burriana) y a dar preferencia a la conquista sobre la posible imposición y cobro de parias a los musulmanes[30].

4. El reino de Valencia

La conquista fue empresa mixta de aragoneses y catalanes, de nobles, prelados, órdenes militares y milicias urbanas de ambas procedencias (Teruel, Daroca y Calatayud; Lérida, Tortosa y Barcelona, entre otras), y se llevó a cabo con relativa rapidez en sus aspectos principales, entre 1232 y 1244, aunque lenta en su prolongación al sur del río Júcar, donde continuó habiendo operaciones militares discontinuas entre 1245 y 1277. Frente a la expansión de los conquistadores y del modelo social que introducían, las posibilidades de defensa de la sociedad andalusí estuvieron mermadas por la coyuntura de regresión económica y demográfica que padecía, por su falta de cohesión política, por la debilidad de la ideología de «guerra santa» *(yihad)* capaz de oponerse a los elementos de «cruzada» que incluía la conquista para catalanes y aragoneses; pero también es cierto que la idea de cruzada desempeñó un papel secundario frente a la de obtención de botín y, sobre todo, de tierras para colonizar, compatible con la capitulación y permanencia de los musulmanes. Éstos padecieron, en especial, por la inadecuación de sus medios militares: los castillos valencianos «no respondían a un plan estratégico de defensa territorial», sino que habían surgido «por acumulación entre el siglo X y, sobre todo, desde fines del XII» (Torró) por iniciativa de comunidades locales, de modo que «la capacidad defensiva musulmana» tenía más bien un «carácter pasivo» (Guichard), además de que era escasa la disponibilidad de «guerreros profesionales a caballo», y prevalecía la «horizontalidad» de participación general en la guerra, con armamento ligero, aunque a veces potente (ballesta o «balista saracenica» especialmente eficaz).

En suma, capacidad de defensa local –lo que permite conseguir numerosas capitulaciones– pero ausencia de estrategia de conjunto, frente a un enemigo que persigue la conquista de todo el territorio como objetivo, y no sólo la obtención rápida de botín –aunque esto también cuente–, además de disponer de un mando político superior, estable y único –que es el rey– y de los medios para llevar a cabo con éxito una guerra ofensiva (caballería para las «cabalgadas»; huestes mixtas de caballeros e infantes para talas de zonas cultivadas y para asedio de plazas fuertes, con auxilio también de máquinas de asedio). Con todo,

> la conquista valenciana no se realizó de forma sistemática, de norte a sur, mediante la incorporación sucesiva de diversas líneas fortificadas. No existió un planteamiento logístico convencional que se materializara en un avance territorial progresivo. Se obvió este sistema, dada la descomposición musulmana y las características socioeconómicas que en el siglo XIII presentaba el espacio a ocupar (López Elum).

Así, se dio preferencia estratégica a la toma de ciudades, casi siempre mediante asedio por vía terrestre –el empleo de medios navales fue esporádico y muy limitado– y capitulación. Y, además, no se debe pensar que la conquista despertara entusiasmos unánimes: los nobles aragoneses y catalanes se resistieron, con frecuencia, a prestar su colaboración más allá de ciertos límites, y fue la visión política del rey y sus consejeros la que impulsó, en definitiva, los procesos de conquista, las capitulaciones y la puesta en marcha de un sistema estable de colonización y organización.

Con todo, los primeros pasos fueron vacilantes: en 1225, Jaime I fracasó en su intento de asediar Peñíscola y, al año siguiente, cedía al noble aragonés Blasco de Alagón el señorío de los territorios valencianos que conquistara. Después del hambre del año 1227, la revuelta de Ibn Hud contra los almohades en 1228 fue seguida por los gobernadores o «arráeces» de Alcira, Játiva y Denia, que se unieron al rebelde, mientras que el gobernador almohade de Valencia, Ceyt Abuceyt, que controlaba el territorio al norte del río Júcar, buscaba la protección de Jaime I (pacto de sumisión de 1229), aunque sería depuesto más adelante por Zayyan, un descendiente del Rey Lobo (Lub ibn Mardanish), que había sido señor de Valencia hasta su muerte en 1172. El rey cristiano aprovechó aquella crisis político-militar primero mediante la conquista de Mallorca en 1229-1231. Sólo después comenzó a desarrollar sus planes respecto a Valencia, donde Ceyt Abuceyt renunció a su favor a las rentas y derechos que tenía en la ciudad y su término ya en 1231. A comienzos del año siguiente, don Blasco de Alagón tomó Morella y Ares. Y, entre mayo y noviembre de 1233, Jaime I hizo lo propio con Burriana –de la que salió toda la población musulmana, al menos 7.000 personas según la crónica real–, Peñíscola, Castellón y el resto de La Plana.

La fase principal de la conquista ocurrió a partir de 1236. En la primavera de aquel año, Ceyt Abuceyt fue expulsado de Valencia, se bautizó y entregó varias plazas en el curso alto del río Mijares, mientras que Jaime I tomaba Moncada y, en octubre, reunía Cortes en Monzón y comenzaba a preparar el asedio de Valencia. En febrero de 1237 Gregorio IX ordenaba la predicación de la cruzada en toda la provincia eclesiástica tarraconense, pero la campaña de aquel año fue poco efectiva, ante la escasez de combatientes, aunque se saldó con la toma del Puig, punto fortificado cercano a Valencia, y una victoria sobre los musulmanes junto a él, en agosto. Jaime I comenzó a donar alquerías y tierras de previsible conquista, para conseguir apoyos, y asedió la ciudad desde abril de 1238, tras rechazar la propuesta de Zayyan, que ofrecía varios castillos y unas parias de 10.000 «besantes» al año. El rey consiguió pactar por separado capitulaciones con diversas «aljamas» locales (Almenara, Nules, Castro, Alfandech...) y, al cabo, la de la ciudad de Valencia, que tiene fecha de 28 de septiembre: en ella se autorizaba la salida libre de los musulmanes –50.000 según la crónica del rey–, con sus bienes muebles, y se garantizaba vida y libertad a los que permanecieran, aunque perdiendo la propiedad de sus bienes inmuebles, de modo que así se evitó el asalto y saqueo de la ciudad, entregada por Zayyan con todo su territorio y castillos, hasta el límite del río Júcar. Guarnecer Valencia fue el inmediato problema, de difícil solución porque, aunque el rey había dado ya heredades a todos los grandes nobles y a 380 caballeros, sólo logró que permanecieran cien de guarnición, con relevos cuatrimestrales. Sólo el proceso repoblador acabó con aquella situación precaria.

La tercera época o fase de la conquista tuvo como escenario las tierras al sur del Júcar, hasta la línea Bíar-Jijona, y se desarrolló entre 1239 y 1245. En abril del primero de ambos años Zayyan fue proclamado rey de Murcia, aunque sería depuesto en 1241, lo que acentuó la descomposición política del espacio oriental andalusí. Jaime I dirigió cabalgadas y asedios contra las diversas plazas y territorios, capitulando con los habitantes de cada una de ellas por separado. Así pasaron a su poder Cullera y Bairén, en 1239, Alcira en 1242-1243, Játiva, Denia y Ondara en 1244. En marzo de este año firmó un nuevo tratado de límites con Castilla –es el llamado tratado de Almizra–, y ambas partes hicieron entrega de las plazas que ya había tomado en el territorio reconocido a la otra: así, Jaime I «entrega Villena, Sax, Alcaudete y Bugarra» (Ferrer). Por último, el asedio y toma de Bíar, entre septiembre de 1244 y febrero de 1245, pusieron fin a la conquista, en cuya última fase habían tenido especial importancia los pactos con jefes locales, por ejemplo Al Azraq, que se reconocían vasallos del rey, cedían castillos y puntos fuertes pero conservaban su predominio sobre las comunidades locales o «aljamas» musulmanas, cuyo régimen de vida y propiedades no sufrían alteración.

Las revueltas de Al Azraq en las zonas sureñas no consiguieron modificar el hecho central, que era la conquista del territorio por Jaime I, ni detener la repoblación paulatina de aquellas tierras. El caudillo musulmán dirigió una primera época de resistencias entre 1247 y 1251, en cuyo transcurso hubo un proyecto, no realizado, de expulsión de poblaciones musulmanas, además de que el enfrentamiento se saldó con un nuevo reconocimiento de autonomía local para Al Azraq y sus seguidores, que permanecieron al margen de la revuelta de los mudéjares murcianos en 1265-1266, a la que puso fin Jaime I al acudir con tropas y recuperar el control de la ciudad y de las otras plazas sublevadas; de todos modos, hubo algunos desplazamientos forzados de grupos mudéjares valencianos para prevenir resistencias. El segundo alzamiento de Al Azraq ocurrió diez años después, en 1275, coincidiendo con la entrada de los meriníes en el valle del Guadalquivir; Jaime I, ya muy anciano, murió en junio de 1276, y fue su hijo y sucesor Pedro III quien lo sofocó, aun sin alterar en lo esencial la autonomía interna de las aljamas, pero acabando con cualquier posibilidad de acción armada.

La fijación de la frontera con Castilla, sobre la base del tratado de Almizra (1244), se precisó mejor desde 1281, así como con Aragón en algunos aspectos: se consolidó la per-

Capítulo cuarto: Del Ebro al Mediterráneo

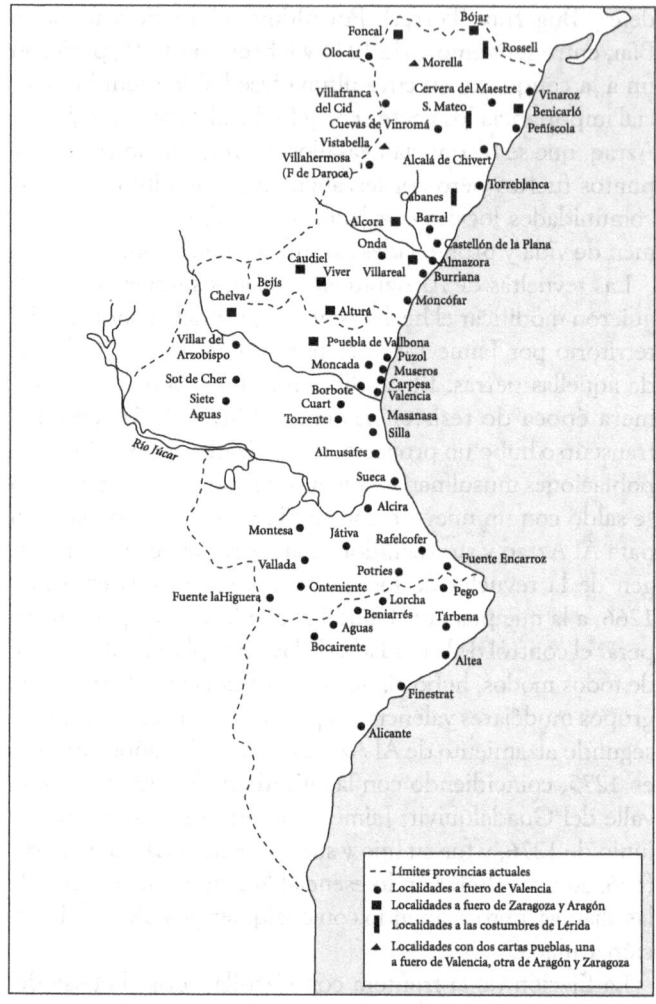

Mapa 17. Fueros de población del reino de Valencia. (Según M. Gual Camarena)

tenencia del Rincón de Ademuz al nuevo reino y se perfilaron sus aspiraciones sobre plazas castellanas fronterizas (Ayora, Villena, Yecla, Jumilla), cumplidas en parte cuando Jaime II intervino en Murcia, entre 1296 y 1304, e incorporó también una amplia porción de su territorio al reino de Valencia, la llamada Gobernación de Orihuela, con lo que la cuenca del río Segura, hasta entonces murciana, quedó partida en dos por la frontera. Pero esto ocurrió en circunstancias muy distintas a las que hemos descrito hasta aquí, como también lo fue la organización de aquella tierra y su poblamiento, ya comenzado mientras perteneció a Castilla. Por ese motivo, tratamos de esta cuestión más adelante[31].

2. La organización del nuevo reino

Jaime I creó en Valencia un reino nuevo, con sus propias características jurídicas y políticas. En el aspecto jurídico hubo cierta complejidad porque en algunas zonas, especialmente del noreste, se aplicó el derecho aragonés (fuero de Zaragoza, fuero de Aragón), y la alta nobleza de aquel reino habría preferido la anexión, y no la creación de otro reino; en otras localidades norteñas, en un primer momento, estuvieron vigentes textos de derecho catalán como los *Usatges* o las *Costums* de Lérida o Tortosa. Pero en 1240 el rey promulgó la *Costum* de la ciudad de Valencia, que guarda cierta relación con las anteriores y tiene fuerte inspiración en principios de derecho romano tardío o justinianeo; aunque el texto debía aplicarse en la ciudad de Valencia, pronto se extendió a muchas otras localidades del reino, contribuyendo así a su singularización jurídica. Desde 1251 se le conoció como *Furs* (Fueros) o Código de Valencia. Jaime I juró respetarlo en las primeras Cortes valencianas, el año 1261, lo hizo traducir del latín al catalán y lo extendió al conjunto del reino, con la excepción de aquellos lugares donde su ordenamiento local preveía la aplicación del Fuero de Aragón. En los años siguientes, hasta 1271, se fue completando el texto hasta adquirir su forma definitiva. Los lugares que se atenían al derecho aragonés, todos ellos de señorío, fueron disminuyendo en número durante la Baja Edad Media, especialmente desde que Alfonso IV, en las Cortes de 1329, ofreció a los señores que tomaran el Fuero de Valencia y dejaran el de Aragón el ejercicio del «mixto imperio» (baja jurisdicción) sobre los pobladores de sus señoríos, si estaban habitados por quince o más casas de cristianos. El otorgamiento de la «jurisdicción alfonsina», nombre con el que se la conoce, estimuló la tendencia a *reduir a unitat de ley* el conjunto del reino.

Por otra parte, la ciudad de Valencia siguió recibiendo privilegios y otras disposiciones de los reyes, a veces aplicables a un territorio más amplio. Esta normativa recibió su definitiva compilación en la obra, impresa en 1515, titulada *Aureum opus regalium privilegiorum civitatis et regni Valentie,* aunque existen varias recopilaciones manuscritas del siglo XIV[32]. En muchas localidades, el texto normativo específico fue su «carta puebla», en la que, además de reconocer la vigencia bien de los *Furs,* bien, cada vez en menos casos, del derecho aragonés, se establecían otras disposiciones, en especial sobre la ordenación económica y fiscal del lugar correspondiente.

Las Cortes de 1261 consagraron la plena personalidad política del reino. Jaime I estableció allí que sus sucesores convocarían cortes y jurarían en ellas *Furs* y privilegios al comienzo de su reinado. La organización del gobierno municipal de la ciudad de Valencia en abril de 1266, y paulatinamente el de las otras plazas principales, consolidó la situación, así como la proliferación en los años siguientes de muchos concejos rurales, tanto en el realengo como en los señoríos.

En el terreno de la organización eclesiástica, la restauración de la diócesis de Valencia dio lugar a una pugna entre Tarragona y Toledo por su inclusión en la respectiva provincia eclesiástica. Aunque en tiempos anteriores había estado vinculada a Toledo, Valencia se incorporó a la tarraconense, debido al criterio de adaptación de la geografía eclesiástica a la política. No obstante, la zona norte del reino se integró en la diócesis de Tortosa y algunas localidades del interior dependieron de la de Segorbe por algunos años. La organización eclesiástica valenciana debió casi todo al tercer obispo, el dominico catalán Andrés de Albalat (1248-1276)[33].

Este prelado fundó, además, el monasterio cartujo de Porta Coeli (1272). Los cistercienses se establecieron en Benifassà, al norte, ya en 1234, y en Valldigna en 1298, dotado por Jaime II con un amplio señorío y que fue principal centro de la orden en el reino[34], donde la presencia de las nuevas órdenes religiosas predominó desde el primer momento: franciscanos, clarisas y dominicos se instalaron en la capital entre 1239 y 1249; agustinos y carmelitas desde 1281. Es notable la singular expansión que los agustinos tuvieron en el reino de Valencia (Alcira, Castellón, Alcoy), sin duda mucho mayor entonces que en otros reinos peninsulares.

3. La repoblación

La conquista de los 24.000 km^2 que iban a ser el reino de Valencia fue relativamente rápida y no causó grandes destrucciones en el ámbito rural, y mucho menos en las ciudades, debido a la abundancia de capitulaciones como medio de concluir la guerra y aceptar el nuevo dominio político-militar. Por eso mismo, permanecieron muchos musulmanes, lo que no impidió la llegada de nuevos pobladores, en especial catalanes y aragoneses, y la creación de una nueva sociedad, ni la reorganización del territorio en todos los aspectos para asegurar su viabilidad económica y su defensa[35].

La primera época de la repoblación se desarrolló entre 1233 y 1245, con pleno protagonismo de la monarquía, aunque a veces el rey cedió a algunos nobles el señorío sobre toda una aldea o alquería, pero repobló directamente los principales núcleos urbanos, las alquerías y castillos principales, «en las zonas más ricas y de mayor valor estratégico para controlar el territorio, mediante donaciones individuales o colectivas». La segunda época corresponde a los años 1248 a 1276, tras las expulsiones parciales de musulmanes sublevados; hubo en aquellos años

> una gran oleada de asentamientos cristianos en el realengo. El rey otorga propiedades a censo o libres, en los términos de las ciudades, buscando asentar cristianos donde los moros se habían rebelado: sierra de Espadán, Onda, rutas hacia Alicante (Denia, Gandía, Onteniente, Bocairente, Alcoy, Jijona) [...] En los pueblos dados a la nobleza, los señores fueron concretando las condiciones exigidas a sus vasallos para cultivar las tierras, mediante cartas pueblas.

Después de la revuelta mudéjar de 1276 hubo colonizaciones locales mediante las cuales «la monarquía repobló ciertas zonas estratégicas donde se había producido la rebelión mudéjar». Por fin, durante los siglos XIV y XV hubo iniciativas señoriales para mejorar las condiciones de explotación en algunas zonas, lo que dio lugar a un

> proceso lento y disperso de reagrupación de la población, a iniciativa de algún noble, que sustituyó la población musulmana por cristiana, como en Jérica o Chelva, o la colonización de zonas agrarias marginales, como en Agost, o la reorganización de la población musulmana preexistente, como en Chiva... (Hinojosa).

1. Procedencia de los pobladores

Los documentos que permiten conocer las características de la repoblación son, por una parte, los tres volúmenes del *Llibre del repartiment,* que da noticia de las donaciones de fincas, lugares, casas y otros inmuebles hechas por Jaime I en la ciudad de Valencia y en muchas zonas del reino, sobre todo al norte del Júcar, válido especialmente para los años 1237-1240 y, en menor medida, para el bienio 1248-1249. Por otra, los privilegios y otros documentos emitidos por la cancillería del rey durante aquellos decenios. Y, en tercer lugar, las numerosas *cartes de poblament* o «cartas pueblas», que regulan las condiciones de vida y régimen económico de campesinos en muchas poblaciones del reino, y cuya emisión se prolonga en zonas de señorío después de 1276, incluso hasta el siglo XV[36].

El análisis de estos textos permite dar respuesta a muchas preguntas, aunque no a todas, y plantear mejor los debates en torno a determinadas cuestiones. En ellos y en otras fuentes escritas se observa cómo la población musulmana utilizaba exclusivamente la lengua árabe y cómo, también, no había ya cristianos mozárabes cuando se produjo la conquista de Jaime I. Respecto al origen de los repobladores, todos los autores están conformes en que fueron muy mayoritariamente catalanes y aragoneses, pero ha habido fuertes discrepancias sobre su respectiva proporción y sobre el reparto geográfico. Frente a la tesis tradicional, según la cual «los primeros se habrían asentado en el interior del reino, en espacios de señoríos feudales, mientras que los catalanes lo habrían hecho en zonas costeras y en las principales ciudades y habrían formado una sociedad urbana más activa», el reciente y minucioso estudio de E. Guinot sobre 25.000 documentos de los siglos XIII y XIV y una muestra de 125.000 nombres de persona demuestra que en todas partes se mezclaron colonos de ambas procedencias y que de la fusión resultó «un predominio territorial y demográfico» de los colonos de origen catalán. Respecto al uso del catalán o del aragonés/castellano como lengua, dependió de quien fuera el grupo mayoritario estable en cada lugar: los hubo de habla aragonesa, especialmente cerca de la frontera con aquel reino —casos de Jérica o Segorbe—, otros donde ambas procedencias estuvieron equilibradas al comienzo, como la misma ciudad de Valencia o Gandía, otros de predominio inicial catalán, como Denia o Játiva, otros, en fin, que, aun teniendo señores aragoneses, fueron poblados por una mayoría de catalanes, como Morella o Puçol, o que derivaron de un primer predominio aragonés a otro catalán, como fue el caso de Burriana o de Alcira. La situación fue fluida durante decenios y no cristalizó hasta bien entrado el siglo XIV, aun admitiendo cambios posteriores[37].

Junto a la gran mayoría de repobladores catalanes y aragoneses, se observa la presencia de personas o pequeños grupos de navarros, de castellanos de las diversas regiones del reino, de occitanos, algunos portugueses, italianos e incluso húngaros... Y, al lado de la mayoría cristiana, grupos de judíos, especialmente en la ciudad de Valencia. En el *Llibre* hay 2.795 menciones de procedencia: 1.138 catalanes, 1.007 aragoneses, 82 navarros, 70 ultrapirenaicos, 29 castellanos, 10 italianos, 164 mudéjares. Pero, aunque es un documento de excepcional importancia, el *Llibre* no debe ser manejado como indicador válido para otras situaciones o momentos del proceso repoblador.

2. LOS REPARTIMIENTOS: POBLAMIENTO Y PAISAJES. REALENGO Y SEÑORÍO

La repoblación produjo la desaparición de los distritos rurales de época musulmana –cada uno integrado por un castillo con varias alquerías y, en ocasiones, «rahales»–: «en el primer caso –las "alquerías"–, hallamos campesinos libres que trabajan tierras suyas, a menudo con lazos familiares entre ellos; en el segundo –los "rahales"–, a personajes de la administración o profesionales liberales que gestionan sus propiedades» a través de otros cultivadores. Pero, «a la hora de repartir el territorio entre los diversos repobladores, Jaime I modifica las divisiones administrativas existentes hasta entonces; en unos casos reduce su extensión, en otros la mantiene e incluso crea duplicados» (Ferrer), y aunque permanecieron en uso muchas «alquerías», el reparto de la propiedad territorial varió sustancialmente.

Los tipos de bienes inmuebles repartidos, según este y otros autores, son tierras de labor cerealista en secano o, con mayor frecuencia, en regadío, huertos próximos a núcleos de población, a menudo con no más de una o dos «hanegadas» de extensión, otros mayores, más lejanos –«todo parece indicar –añade– que la repoblación cristiana significa un aumento de los huertos, en tanto en cuanto se suelen entregar porciones de tierra con la condición de que se transformen en huertos»–, olivares e higuerales, viñas, molinos de agua y, por supuesto, casas: uno de los volúmenes del *Llibre* contiene el inventario de muchas de las repartidas en la ciudad de Valencia. La medida de superficie más utilizada es la «jovada», que equivale a tres hectáreas, seis «cahizadas», 36 «hanegadas» (de 8,31 áreas cada una) o 48 «peonatas». Las donaciones hechas en «realengo» suelen ser en pleno dominio o «alodio», y, aunque estén gravadas con el pago de una renta o «censo» a la corona, obligan al beneficiario a residir en el lugar, a participar en la defensa del reino y a no enajenar lo recibido al menos en el plazo de diez años –en otras ocasiones es de por vida–, y nunca a favor de nobles o eclesiásticos. Pero en muchas otras ocasiones el rey dona localidades con su territorio a señores seglares o eclesiásticos, y éstos se encargan de llevar a cabo su efectiva colonización. En efecto, el mapa del nuevo reino muestra la convivencia de estas dos formas de dominio eminente de la tierra, el realengo y los señoríos.

El realengo como su nombre indica, permanece bajo la completa jurisdicción y administración del rey. En la zona norte, la primera conquistada y la más densamente repoblada, fueron de realengo desde el comienzo las plazas de Burriana, repoblada en 1233-1234, Peñíscola, que lo fue en 1249, Onda, Castellón y Morella por algún tiempo; frente a esto, hubo un claro predominio de tierras de señorío, a veces de cierta importancia, como Ares. En la zona centro-norte, interior y montañosa, permanecieron por pacto muchos musulmanes (por ejemplo, los de la sierra de Espadán) y el rey otorgó muchos pequeños señoríos, poblados en general por mudéjares. En la zona central –actual provincia de Valencia– también hubo abundancia de señoríos, sobre todo en el interior, aunque también en la Huerta y en las riberas Alta y Baja, pero son realengas las principales localidades y sus respectivos entornos rurales: Sagunto, Valencia, Bayrén, Alcira y Játiva, donde se repartieron casas y tierras a 778 pobladores en 1249. Al sur del Júcar, el realengo domina claramente en todas las comarcas: Gandía, que es nueva fundación, Albaida y Bocairente, Alcoy y Benejama, Cocentaina, Denia y Pego, Altea, Calpe, Guadalest...; los colonos cristianos se instalan en los núcleos principales y dominan las vías de comunicación, mientras que la mayoritaria población mudéjar conserva su organización y tierras mediante pactos de capitulación.

El *Llibre* permite conocer muchos aspectos de cómo se repartieron tierras a partir de la situación existente en época musulmana, cuando se desalojó a los anteriores pobladores de alquerías o pequeñas aldeas y rahales. La nueva planta organizativa sustituyó aquella dualidad, junto con sus protagonistas, por otra que tenía como base la familia corta o conyugal, adaptando a esta «unidad de producción» el tamaño y características de las donaciones, de modo que se formó «un nuevo paisaje rural en lo que se refiere a su parcelario, número de propietarios, etc.». El *Llibre* da noticias sobre el reparto de 46.104 ha, 10.324 de ellas en la Huerta de Valencia. La «donación tipo» era de nueve hectáreas (tres «jovadas») de tierra de labor (1.578 casos), aunque hay otros 568 casos en que se reparten lotes de 6 o 7,5 ha y 449 de 3 a 4,5, y 506 de 1,5 ha, a favor de marineros o artesanos, que tenían otro medio principal de trabajo. Casi mil donaciones se sitúan entre 10,5 y 15 ha, y 95 son de 18 ha, además de otras 61 que superan esta superficie. Hubo, por lo tanto, desigualdades entre los colonos desde el comienzo, unas veces por su condición social, otras por el momento y la zona en que se reparte, o la calidad de la tierra: las parcelas en la Huerta suelen ser menores, debido a la necesidad de repartir a muchos más pobladores; en el sur, los lotes son de extensión doble o triple a los de la Huerta. En general, «en el realengo surgió una sociedad libre, desahogada y bastante igualitaria, ya que en principio todos tenían parecidas propiedades» (Hinojosa), pero hubo un «alto grado de movilidad y rápida renovación» de los pobladores, y un «precoz funcionamiento del mercado de la tierra» que pronto alteró las condiciones iniciales. Otros autores (Torró) ponen el acento en estos rápidos cambios, y en la entrega desde el primer momento de mucha tierra en realengo, y de numerosos señoríos, a nobles, caballeros e instituciones eclesiásticas; por todos estos procedimientos, se habría producido un rápido incremento del poder y la riqueza de los grupos sociales dominantes.

Las donaciones fueron en dominio pleno o «alodial» casi siempre, y en 1270 Jaime I generalizó esta situación. Como la cantidad de tierra cultivable mínima para sustentar a una familia campesina oscilaba entre las 3 y las 6 ha, cabe suponer que las donaciones de hasta 9 o 12 ha serían explotadas directamente por sus beneficiarios, mientras que las mayores requerirían el apoyo de más mano de obra o su entrega a usufructuarios, con lo que el dueño pasaría a la condición de rentista. El 95% de lo repartido según el *Llibre* –43.492 ha de secano y 998 de regadío– fue «tierra campa» para cultivo de cereal, en secano o en regadío, tal como ya se practicaba en la época musulmana; lo habitual –no sabemos si ya era así antes– fue la producción de trigo y cebada por mitad, para atender también a las necesidades de alimentación animal. La viña –1.082 ha– y la huerta –125 ha– aumentaron después su superficie, aunque fue escasa, mientras que olivares e higuerales tenían una presencia muy reducida. Los datos contenidos en el *Llibre* contradicen las teorías sobre los grandes cambios del sistema agrario en el paso de una época a otra. Sí hubo, en cambio, concentración de parcelas, nuevas roturaciones, desecación de pantanos y marjales, e incluso ampliación de las zonas de regadío. Otro asunto es la organización de la ganadería, tanto en realengo como en señorío, porque, además del ganado vacuno y porcino presente en casi todas las explotaciones, o de la cría de conejos como complemento, hubo pronto una fuerte expansión de la ganadería ovina, por la demanda de lana, carne y queso en los mercados urbanos; esto obligó a una reorganización del uso y dominio de tierras baldías, generalmente en beneficio de los grupos sociales que ejercían el poder municipal o señorial.

Un recorrido por las principales comarcas del nuevo reino permitiría matizar estas afirmaciones generales, pero aquí hemos de limitarlo a un ejemplo, el de la Huerta de Valencia, distrito que contaba con más de cien alquerías y aldeas. Allí se repartieron 10.324 ha, casi todas «tierra campa» para cereal, a 2.437 beneficiarios –en 1.103 casos conocemos la extensión dada– , además de alquerías y «rahales» dados en bloque a grupos de pobladores.

La comarca de la Huerta sirve de moneda de pago a Jaime I; por eso no es de extrañar que ricos-hombres, órdenes militares, caballeros, instituciones religiosas, jerarquías eclesiásticas, servidores reales, etc., se vieran agraciados, unos con señoríos de la importancia de Torrente, Silla, Paterna o Moncada, otros con cualquier pequeña alquería (R. Ferrer).

La debatida cuestión sobre la continuidad o cambio del régimen de regadío en la Huerta tiene hoy respuestas suficientes: por una parte, aprovechamiento de las técnicas mejoradas en especial durante los siglos XI y XII –azudes, norias, *qanat,* redes de acequias– y mantenimiento o creación del régimen institucional de comunidad de regantes con instituciones de vigilancia y sanción: *cequier* de cada acequia, *sobrecequier,* jurado o Tribunal de las Aguas que determina sobre las denuncias de infracción... Ya en 1239 Jaime I donó a los pobladores de Valencia toda la red de acequias salvo la llamada Real o de Puçol. Por otra parte, expansión de la zona irrigada hasta el segundo decenio del XIV, cortada por una fuerte sequía; nueva expansión en el último cuarto de aquel siglo, frenada de nuevo por sequías e insuficiencia del agua disponible. La Huerta fue, por lo tanto, herencia en parte pero también creación de los colonos y sus descendientes[38].

* * *

Los tipos de núcleos de población anteriores a la conquista eran, aparte de las ciudades, los pueblos en torno a castillos, en zonas altas, y numerosas «alquerías» dispersas. Los repobladores se asentaron según dos criterios selectivos: por una parte, en localidades que eran «centro de distrito y dominaban grandes áreas»; por otra,

> en núcleos de nueva creación, tanto costeros como del interior, establecidos en función de la estrategia militar o del aprovechamiento económico: Castellón, que cambió de emplazamiento en 1272, Gandía, y otros como Vinaroz, Benicarló, Benicásim, Villarreal, Nules, Benidorm, Villajoyosa,

4. El reino de Valencia

Guardamar o, en el interior, San Mateo, Salsadella, Benlloc, Villanueva de Alcolea, Villafamés... (Ferrer).

Por lo demás, las diferencias del modo de asentamiento fueron grandes según comarcas: en la mayoría, los repobladores se asientan en un solo lugar o en muy pocos, pero en algunas lo hacen en varios, e incluso hay casos en que se dispersan en muchas alquerías. En líneas generales,

> hubo profundos cambios en el poblamiento: continuaron los núcleos urbanos y los poblados de altura de interés. La costa quedaría, en buena medida, libre de musulmanes [...] En el interior se controlaron los núcleos de comunicación [...] En el mundo rural, donde quedó población mudéjar, se mantuvo el poblamiento anterior de alquerías y aldeas, pero donde hubo fuerte asentamiento cristiano se produjo una tendencia a la concentración en pueblos más grandes. Muchas alquerías musulmanas desaparecieron o se fundieron en un único núcleo de población (Hinojosa).

La ciudad de Valencia siguió siendo el principal, a gran distancia de los otros; de ella salieron un máximo de 50.000 musulmanes después de la capitulación, aunque la cifra parece muy exagerada a historiadores actuales, que proponen reducirla a la tercera parte (J. I. Burns); en cualquier caso, sólo volvió a haber mudéjares en Valencia más adelante, y en el arrabal. Los nuevos pobladores se agruparon por barrios –Barcelona, Tarragona, Villafranca, Montblanch, Tortosa, Lérida, Zaragoza, Teruel, Calatayud, Tarazona...–, pero fueron insuficientes para que la ciudad alcanzara su nivel poblacional anterior. Jaime I dotó a la ciudad de feria, en torno al 15 de agosto, ya efectiva en 1252, y procedió a fundar otras en las principales localidades, como parte de su promoción económica: San Mateo (1242), Játiva (1253), Morella (1256), Onda (1267), Castellón (1269) y Villarreal (1273)[39].

* * *

Respecto al señorío, Ferrer observa cómo, de los 154 señoríos concedidos por Jaime I, 117 lo fueron entre 1237-1239 y otros 28 entre 1248-1249. Es decir, el reparto temporal «tiene mucho que ver con la estrategia bélica [...] y muy poco» con proyectos de repoblación inmediata. El 59% de los señoríos fueron otorgados antes de la conquista de la respectiva localidad y apenas en una docena de ellos se observa que la consiguiente «carta puebla» sea «coetánea a la fecha de donación por el rey».

Una teoría tradicional afirmaba que el realengo, la mediana propiedad, los colonos catalanes y la difusión del Fuero de Valencia habrían predominado en la costa frente a un interior señorial, de predominio aragonés, latifundista, más apegado al Fuero de Aragón. Esta interpretación «dualista» «no se puede seguir manteniendo, por carecer del más mínimo rigor científico». En 14 de los 22 distritos que Ferrer distingue en el reino y estudia pormenorizadamente hay señoríos:

> es más, algunas de las comarcas costeras son las que cuentan con mayor número de señoríos: la Plana Alta, Plana Baja, Camp de Morvedre, Huerta, Ribera Baja, Safor, todas ellas costeras, contienen más señoríos que las interiores. Caso especial lo constituye la comarca de la Huerta, en la que el señorío forma una especie de dogal a modo de cuentas de rosario en torno a la ciudad de Valencia.

4. El reino de Valencia

La proporción de señorío depende de la manera en que se haya llevado a cabo la primera repoblación:

desde la frontera norte hasta el río Júcar hay abundancia de señoríos [...][40]. Desde el río Júcar hasta la frontera sur del territorio, la existencia de señoríos es muy escasa [...] El monarca, para asegurar el control de la zona, utiliza una doble fórmula, tras la rebelión de Al Azraq: por un lado, repuebla la mayor parte del territorio con colonos relacionados con el uso de las armas [...] Por otro, entrega a sus nobles varios de los puntos estratégicos, castros y torres, para que controlen desde ellos cualquier movimiento de los mudéjares [...] Como consecuencia de la primera sublevación mudéjar, comienzan a surgir señoríos al sur del Júcar.

En resumen, el rey actúa en función de sus planes guerreros y da señoríos bien para formar su gran ejército y asediar Valencia o para sofocar las revueltas mudéjares del sur, aunque debió pagar muchos servicios militares de diferentes formas.

Los beneficiarios principales fueron nobles catalanes y aragoneses e instituciones eclesiásticas y órdenes militares. Sólo hay un caso señalado de señorío concedido a un caudillo o «arráez» musulmán, como consecuencia de capitulación, el de Crevillente, aunque sólo duró hasta fines del XIII. Conviene señalar que, pese a la abundancia de concesiones, el fenómeno señorial estuvo entonces limitado porque, salvo en algún caso, el señor recibía sólo la baja jurisdicción civil o «mixto imperio», quedando el resto, en especial la criminal, en manos de la corona, y porque la mayor parte de los señoríos eran pequeñas aldeas o «alquerías», de poco valor económico y que no formaban territorios compactos, aunque en algunos puntos del sur eran enclaves fortificados, desde los que se podía controlar el territorio.

> La nobleza catalano-aragonesa no arraigará con fuerza en el territorio valenciano [...] Por su parte, la «nueva nobleza» tendrá igualmente una presencia efímera debido al poco valor de lo concedido [...] Cuando aparezca una línea de continuidad en la posesión de los señoríos, ya en el siglo XIV, estaremos ante una nobleza que nada tiene que ver ni con la conquista ni con la primera repoblación del reino de Valencia.

Así lo han puesto de relieve diversos estudios, en especial los de Guinot. Con todo, aunque disperso e incompleto, el fenómeno señorial fue importante desde el comienzo e iría creciendo en la Baja Edad Media. A fines del siglo XV, los señoríos ocupaban el 73% de la superficie del reino y vivía en ellos el 61% de la población[41].

4. La colonización a escala local: las cartas pueblas

Muchos de los asentamientos colonizadores se regularon mediante el otorgamiento de cartas de población, tanto en realengo como, especialmente, en los señoríos. La carta puebla es una «concesión otorgada por el soberano o señor a los habitantes o nuevos pobladores de un lugar, regulando las condiciones de habitación y tenencia de sus tierras y estableciendo normas fundamentales para la vida jurídica de la comunidad» (Font Rius), especialmente las «relativas a las relaciones entre los moradores y el rey o el señor en orden al régimen jurídico-público, franquicias o exenciones de cargas, etc., y normas sobre el ejercicio de la justicia y de otras atribuciones del rey o señor». Para aspectos más amplios de derecho privado, penal, procesal, etc., las cartas pueblas valencianas suelen remitir a ordenamientos jurídicos de ámbito general, como ya se ha indicado.

Pero son documentos básicos para conocer muchos aspectos sobre el régimen de producción y renta y sobre las relaciones sociales, sobre todo en las zonas de señorío, donde siguieron emitiéndose cartas pueblas desde 1276 e incluso, aunque mucho menos, hasta el siglo XV. En las cartas otorgadas a comunidades rurales mudéjares y cristianas se observan «convergencias y divergencias en el nivel de exigencias y libertades que se establecieron en cada uno de los casos» (Guinot): las condiciones fueron más duras para los mudéjares desde el comienzo; en cambio, no se observa que lo sean más en los señoríos que en el realengo.

En todos los casos, se fijan las cargas y obligaciones de los campesinos. Muchas veces, en el caso de repobladores cristianos, se les entregó la tierra franca de censos en dinero o especie sobre la cosecha; son *alous* o alodios, aunque no siempre fueron de pleno dominio del campesino. En otras ocasiones, sobre todo en señoríos, el campesino recibe el dominio útil o enfiteusis, sin pago de censos sobre la cosecha, pero el señor conserva ciertos derechos en caso de que el campesino venda su dominio útil: por una parte, el derecho de prelación para adquirirlo *(fadiga)* y, por otra, el cobro de una parte del precio de venta si lo adquiere un tercero *(lluisme)*. En otras ocasiones, los campesinos deben ciertas cargas por el usufructo de la tierra: censos en especie o dinero sobre la cosecha, que oscilan entre un quinto y un décimo del total; entrega anual de cabezas de ganado o de dinero, e incluso, a veces, prestaciones de trabajo o «sofras».

Otros tipos de rentas en los señoríos son, con frecuencia diversa, los pagos por el uso de instalaciones de las que el señor tiene el monopolio –hornos, molinos, almazaras de aceite, tintes, baños, carnicerías, etc.– y los hechos en concepto de capitación («peita»), alojamiento del señor («cena»), tránsito o compraventa de mercancías («lezdas»). Y, en fin, los derivados del ejercicio de la justicia, aunque los señores casi nunca ejercieron más que la baja jurisdicción o «mixto imperio».

Ahora bien, estos rasgos generales se diversifican según las situaciones. En las ciudades y villas, la autonomía municipal evita la mayoría de aquellas prestaciones o las absorbe a favor de los grupos dirigentes locales, como parte de los privilegios que reciben de la corona. En las localidades rurales, si están habitadas por cristianos, la tierra suele ser cedida en alodio y, si hay censo de partición de cosecha, suele ser poco gravoso o convertirse en censo fijo; no hay prestaciones personales y muy pocas veces monopolios. En cambio, en las pobladas por mudéjares –casi todas de señorío– se observa el mantenimiento del régimen de gravámenes de época andalusí, «eso sí, adaptado al modelo de las relaciones sociales feudales» (Guinot): la comunidad campesina paga conjuntamente *almagram;* cada campesino entrega la *alfarda* o censo en dinero en proporción a la cosecha o a la tierra que cultiva, según estimación *(alfarrasament),* tributa una capitación o *alfetrá,* un censo por la casa que habita, reducido a menudo a un par de gallinas o una pequeña cantidad de dinero, añade un *açaque* o *dret del bestiar* por el ganado y las colmenas que posee, está obligado a prestaciones en trabajo o sofras y a vender a bajo precio gallinas, huevos y cabritos para abastecimiento de la mesa señorial; incluso algunos derechos relativos a la vida religiosa de la comunidad pasan a manos del señor: derechos de bodas, o los *espatles* y *aldehes* de la Pascua musulmana. Los monopolios señoriales eran mucho más frecuentes, y, por supuesto, los campesinos mudéjares contribuían como el resto de la población a los restantes derechos señoriales o reales e incluso, indirectamente, al diezmo eclesiástico, si eran cultivadores de tierra propiedad de cristianos o que lo hubiera sido antes[42].

5. Mudéjares y repobladores

La composición de la población del nuevo reino, al término del reinado de Jaime I, era compleja. Las estimaciones más recientes cifran el número de mudéjares que permanecieron en unos 100.000 –la población musulmana del territorio anterior a la conquista se estima en el doble, y el principal éxodo hacia el norte de África habría tenido lugar después de la revuelta de 1248–, de ellos, entre 30.000 y 40.000 al norte del Júcar y 60.000 al sur, frente a un máximo de 55.000 a 60.000 repobladores cristianos, de los que unos 20.000 se asentaron en la ciudad de Valencia y su entorno inmediato. Los repobladores eran aún minoría aunque el número de familias colonizadoras hubiera pasado de unas 5.000 hacia 1245 a casi 15.000 en 1270 (aplicamos un coeficiente multiplicador cuatro para estimar el número de individuos), pero la colonización se había centrado en los núcleos y zonas de mayor valor económico y estratégico, con criterios de planificación, aunque imperfectos, de modo que los conquistadores dominaban la situación y habían establecido un nuevo sistema de organización en todos los aspectos, que se consolidó con la continuidad de la colonización y de la llegada de nuevos pobladores en el último cuarto del siglo XIII, sobre todo a las tierras situadas al sur del Júcar, mientras que los musulmanes se limitaban a integrarse mejor o peor en el nuevo orden, aun conservando muchas tierras, o su usufructo, y, por supuesto, su religión, su lengua y, en bastantes localidades rurales donde formaban «aljamas», «la organización de gobierno local y de las formas de vida» que permitían su continuidad como grupo. De esta situación se pasaría paulatinamente a la que nos muestran los datos del padrón de 1510, cuando en el reino de Valencia había unos 175.000 habitantes cristianos (42.575 casas) y en torno a 75.000 mudéjares (13.056 casas).

Después de la revuelta de 1276-1277, hubo pocos cambios en el emplazamiento de las aljamas rurales mudéjares. La mayor parte estaban situadas en el interior montañoso, y eran de señorío; en ellas se practicaba una «agricultura de montaña, de pequeños valles regados, terrazas de secano y pequeñas alquerías», donde los musulmanes eran usufructuarios del dominio útil y tenían capacidad para conservar indefinidamente sus tierras y organizar la producción, siempre que mantuvieran los pagos de renta al propietario, según ya se ha indicado. También se ha puesto de relieve la importancia especial que conservó entre los mudéjares de las aljamas la ganadería: en el padrón de 1510, sobre un total de 931.743 ovejas y cabras censadas en el reino, todavía el 28,5% era de mudéjares. Así, las aljamas rurales de señorío pudieron conservar mejor muchos aspectos de «la estructura económica y social anterior a la conquista [...] recursos propios y órganos de decisión» (Torró), como eran las tierras comunales *(almaçem/makhzan),* el consejo de ancianos *(shuyûkh)* e incluso, a veces, algún notable o *qaid* local que disponía de su propio séquito armado, todo ello junto al agente fiscal mudéjar *(alamín)*, nombrado por el señor, de modo que se combinaba la voluntad de permanencia de las familias musulmanas integrantes de cada aljama con los intereses del señor perceptor de renta para producir una situación estable durante siglos en aquellas zonas habitadas por mudéjares.

Además de los musulmanes que vivían agrupados en aljamas, lo que facilitaba su organización y cohesión de grupo, había otros dispersos, que trabajaban en fincas de cristianos como «exáricos». Aunque el nombre procede de época andalusí, la realidad social y laboral que designa no tiene por qué ser mera continuidad del pasado sino consecuencia más bien de la reorganización de las relaciones sociales y de dominio de la tierra tras la conquista. El «exárico» era un aparcero que trabajaba sujeto a contratos *ad laborandum* *(laurao)* de cinco o seis años de duración, en los casos más frecuentes, lo que limitaba la precariedad de su situación, aunque no la evitaba por completo.

Hubo también barrios o «morerías» urbanas que se fueron constituyendo en los decenios siguientes a la conquista, en especial después de 1276, pues algunas anteriores, como la de Játiva (1252), sufrieron asaltos durante la revuelta de aquel año. Las actividades artesanales y mercantiles de los mudéjares urbanos llegaron a alcanzar apreciable desarrollo en los siglos XIV y XV, fuera del marco cronológico que aquí estudiamos.

Capítulo quinto
El Sur (Andalucía. Murcia. Granada. Canarias)

1. Andalucía y Murcia

Las conquistas de los años 1224 a 1266 produjeron la incorporación a la Corona castellano-leonesa de toda la actual Extremadura al sur del Tajo (en torno a 30.000 km²), de la Andalucía del Guadalquivir con sus zonas montañosas próximas, Sierra Morena, al norte, y las cordilleras subbéticas, al sur y sureste –casi 60.000 km² en total–, más el reino de Murcia, unos 14.000 km² antes de su división en 1304.

Después de la revuelta de los mudéjares andaluces y murcianos en 1264, y del éxodo de muchos de ellos una vez vencida en el transcurso de los años 1265 y 1266, no se produjeron nuevas adquisiciones territoriales, sino que se fijó una frontera estable con el nuevo emirato de Granada, que se articulaba de noreste a suroeste en torno a las serranías subbéticas, muy poco pobladas. Al mismo tiempo, las disponibilidades demográficas para continuar la población de las tierras del sur disminuían rápidamente y debieron de cesar en torno a 1275-1280, en coincidencia con el comienzo de las guerras contra meriníes y granadinos y de las luchas políticas internas de Castilla, que son preludio de la crisis bajomedieval.

La incorporación de los amplios territorios sureños estimuló, además, la reorganización contemporánea de las redes de comunicación y medios de comercio en toda la Corona castellano-leonesa, que ocurrió en lo fundamental durante el reinado de Alfonso X (1252-1284), época en la que también se completa la reorganización del espacio en diversas regiones, o se lleva a cabo casi por entero en otras, además de las recién conquistadas, según ya hemos visto. Todo ello ocurría simultáneamente a la puesta en marcha del proyecto regio transformador del orden y de las jerarquías políticas en su conjunto, y de la apertura de Castilla a un mundo más amplio y constante de las relaciones exteriores, que también interesaba a las de tipo económico.

Esta situación influyó en la manera como se planteó y desarrolló la colonización de las tierras nuevas, sobre la base de las experiencias anteriores, de manera sistemática, en plazos muy rápidos, con criterios de eficacia sujetos al interés político y estratégico de la monarquía, sin olvidar los de los otros poderes, y teniendo en cuenta, siempre, que la buena población y organización de Andalucía y Murcia era fundamental, no sólo para conservar el territorio sino para que sirviera como frente protector de las zonas neocastellanas y extremeñas, peor pobladas y menos atractivas desde el punto de vista económico. En parte, el impulso colonizador saltó sobre ellas –aunque sin abandonarlas– para desplegar su último y gran esfuerzo en el valle del Guadalquivir y también, aunque con menos potencia, en Murcia. La rapidez de la conquista y primera colonización explica que se haya aprovechado lo más posible la estructura económica anterior, a pesar del cambio de pobladores, de modo que «Andalucía siguió siendo [...] una región con actividad económica no sólo importante sino propia, autónoma, esto es, sin el carácter de dependencia, de periferia, que tenía la economía de La Mancha»[1], cuya ocupación había sido mucho más lenta y no había encontrado estructuras económicas sólidas en funcionamiento. Murcia presenta, a menor escala y sin el incentivo del Atlántico, la misma situación que Andalucía, donde, sin embargo, no todo fue homogeneidad, pues el alto valle del Guadalquivir o «reino de Jaén» adquirió en algunos aspectos caracteres parecidos a los de tierras de La Mancha o Extremadura.

Fernando III y Alfonso X empeñaron en el proceso colonizador todo su poder directamente. La inmensa mayoría del territorio permaneció en realengo y se organizó según el modelo de Toledo o, en localidades de la Alta Andalucía, según el de la Extremadura, con el ánimo de atraer rápidamente a la mayor cantidad de pobladores que fuera posible. Los señoríos de las órdenes militares se redujeron a zonas de la frontera con Granada o de antiguas fronteras interiores y provisionales. Los otorgados a nobles apenas aparecieron antes de tiempos de Sancho IV, salvando los temporales de que disfrutaron miembros de la familia real, y las sedes episcopales –como también numerosos nobles– recibieron gran cantidad de tierras y otros bienes raíces en el realengo, para asegurar su dotación, pero muy pocos señoríos y de escasa entidad.

La brevedad y relativa homogeneidad del proceso hacen aconsejable exponer primero sus rasgos de conjunto y elementos comunes antes de explicar las circunstancias y peculiaridades de cada ciudad y su territorio dependiente[2].

Capítulo quinto: El Sur

1. Rasgos de conjunto

1. LOS POBLADORES

En principio, la modalidad de conquista condicionaba la de nueva población, al igual que venía ocurriendo desde finales del siglo XI. Hay tres posibilidades: la conquista por asalto armado, la conquista por capitulación durante el asedio de la plaza y la ocupación pacífica previo pacto con los musulmanes. En el primer caso, los asaltados y sus bienes quedan a merced del rey y no es extraña su deportación, incluso su venta como cautivos de buena guerra. En el segundo, lo más frecuente es la conservación de vida, libertad y bienes muebles, pero el abandono de los raíces. En el tercero, los musulmanes conservan todas sus propiedades.

El reparto sistemático de bienes entre nuevos pobladores sólo es posible en los dos primeros casos, pero en el tercero se realizaba únicamente sobre las propiedades de la monarquía, que las había tomado de los antiguos poderes, o por ventas de musulmanes a cristianos. Ahora bien, la repoblación se centra en los núcleos fortificados y amurallados, pues casi todos se tomaron por asalto o por capitulación. Desde estos núcleos irradia al resto del territorio y a los lugares abiertos, en especial después de la rebelión de los mudéjares de 1264 y de su consiguiente emigración masiva. Pero quedó gran cantidad de suelo baldío, sin repartir o atribuir a propietarios privados, lo que permitiría futuras expansiones de la gran propiedad o facilitaría cambios de jurisdicción a favor del señorío nobiliario.

La repoblación deriva en primer lugar, pues, de la necesidad de consolidar la conquista cuanto antes. Los nuevos pobladores acudieron de otras partes de Castilla y León, en general, pero no como consecuencia de una recolocación de «excedentes demográficos», sino a pesar, más bien, de la escasez de población que había ya en muchas otras regiones. En algunos casos puede haber jugado el atractivo de las «tierras nuevas y ricas del sur»[3] sobre campesinos que estaban en peores condiciones en sus lugares de origen o residencia, pero esta hipótesis no se puede elevar a la categoría de principio general: Andalucía, y menos aún Murcia, no fueron una especie de «américas» o «indias» del siglo XIII, aunque a la altura de 1236 los castellanos acudieran al sur «como a bodas reales», según la expresión del arzobispo cronista Jiménez de Rada. La frontera y el riesgo guerrero, la lejanía de otras partes del reino y la carestía se contrapusieron desde un principio a los factores de atracción.

Al contar con algunos «libros de repartimiento», datos parciales de reparto, nóminas de caballeros nobles avecindados y relaciones de primeros pobladores, es posible obtener conocimientos más precisos sobre la colonización. El procedimiento sistemático y masivo de reparto dejaba poco lugar a las cartas-pueblas y contratos agrarios singulares, que serán mucho más frecuentes en los siglos XIV y XV. Los «libros» indican detalladamente la extensión y características de los bienes raíces repartidos, el número de los repobladores, su calidad social y, a veces, la profesional, y dan noticias sobre su procedencia. Los «repartidores», actuando siempre ante escribano público, adjudican lotes a quienes acuden y, ya iniciada la tarea, la engloban dentro de las del naciente «concejo», que recoge sus funciones una vez constituida la nueva comunidad y realizado el grueso de los trabajos de reparto. Nada nuevo, en definitiva, pero mucho mejor conocido aquí que en los casos y situaciones anteriores: por primera vez hay detalles sobre deslindes y tipos de fincas, características de casas, instalaciones, tiendas, molinos y otros edificios, número previsto de pobladores, etc.

En general, «se produjo una repoblación condicionada por la falta de hombres que llenasen en su totalidad el vacío demográfico provocado por el éxodo de los mudéjares» después de 1264. No es posible, como veremos al analizar los casos concretos, dar cifras globales de población. Sí que lo es, en cambio, obtener algunos datos acerca de la procedencia de los pobladores, basándonos en las indicaciones antroponímicas –apellidos de lugar–, aunque no siempre sean fiables. Hay localidades con «libro de repartimiento» –Sevilla, Jerez–, donde entre el 55 y el 65% de los nuevos pobladores proceden de Castilla, y a veces de otras partes de Andalucía, y casi un 30% de León, Asturias y Galicia; otro 10% acude, en el caso sevillano, de otros reinos peninsulares, y hay algunos individuos de origen ultrapirenaico. Hubo lugares como Cádiz, y seguramente otros del litoral, donde la afluencia de norteños (gallegos, cántabros, vascos) fue mayor y, desde el primer momento, en relación con la actividad mercantil marítima, se observa la presencia de minorías –catalanes y genoveses en Sevilla, Jerez, Cádiz–, aunque el número de sus componentes no fuera grande. En Murcia, la mayoría de los repobladores cristianos fueron catalano-aragoneses y castellanos –según las distintas fases de los «repartimientos»–, y también se menciona la presencia de algunos portugueses y mercaderes de Narbona y Génova.

La situación de los mudéjares se conoce bien a través de datos de las capitulaciones o de los años inmediatamente posteriores: permanecieron en libertad, con sus bienes, con atenimiento a su «ley» y a su régimen fiscal anterior, e incluso tuvieron posibilidad para cambiar de residencia; la ma-

1. Andalucía y Murcia

yor novedad es que quedaban sujetos al pago de diezmo eclesiástico y, por supuesto, cuando no eran propietarios de la tierra, al del censo o «terrazgo» al dueño. Cuando se expropiaron sus bienes raíces, se les dieron otros equivalentes; es el caso de los mudéjares de Morón, que hubieron de abandonar la plaza para poblar Silebar. En Murcia, las condiciones del pacto de 1243 eran mucho más beneficiosas, pues conservaban una total autonomía político-administrativa para asuntos internos y la presencia castellana, excepto la militar, era muy pequeña. Pero la revuelta de 1264 concluyó en derrota, con masivas emigraciones hacia Granada y el Magreb; Andalucía fue la región con menos mudéjares en términos relativos y absolutos de toda la Castilla bajomedieval: en 1294, la «cabeza de pecho» de los mudéjares de la ciudad de Sevilla era de 5.500 maravedíes, la de Constantina, 1.150, y la de Córdoba, 2.000, y eran las únicas localidades donde se recaudaba. En menor medida, algo semejante ocurrió en Murcia, donde hubo una emigración muy fuerte, e incluso más de la mitad de las comunidades mudéjares de tiempos posteriores son consecuencia de «repoblaciones efectuadas en los siglos XIV y XV»[4], con el interés de contar con mano de obra rural sujeta, además, a mayor presión tributaria. Añade Rodríguez Llopis una observación, que se puede extender a Andalucía, sobre la «inexistencia de continuidad de elementos culturales islámicos en la cultura murciana posterior». Otra cosa es que, a causa de las guerras y de la frontera con Granada, el número de musulmanes cautivos fuera mayor y más frecuentes los contactos culturales y económicos entre las dos sociedades enfrentadas.

Con los pobladores cristianos llegaron también grupos de judíos, pues parece que ya no los había en aquellas tierras en los tiempos previos a la conquista, como tampoco había mozárabes. Hay noticia de judíos en las principales poblaciones: Murcia, Jaén, Úbeda, Baeza, Andújar, Córdoba, Sevilla, Écija, Jerez, Niebla, y tal vez en Carmona y Alcalá de Guadaira. Los padrones fiscales de los años 1286 a 1292 proporcionan datos útiles sobre la importancia de estas comunidades en relación con otras de Castilla: la judería de Sevilla contribuía a la «cabeza de pecho» o contribución espacial de los judíos al rey con 115.333 maravedíes, y era la segunda del reino, después de la de Toledo (216.505), por delante de las mayores de otras partes de Castilla como Burgos, Valladolid, Carrión, Palencia, Cuenca, Ávila, Segovia, Soria, Medina del Campo, Atienza, y a mucha distancia del resto de las andaluzas (38.333 la de Córdoba, 27.000 las del reino de Jaén, 17.000 las de Niebla, Jerez y Écija) y de las murcianas (22.414 en total).

En definitiva, la nueva población del sur se consolidó, aunque no de la manera esperada ni en cuantía suficiente siempre. Esto ha inducido a hablar de un «fracaso de la repoblación», concepto que, a mi entender, es excesivo, porque la tierra se pobló y se mantuvo en el seno de la Corona castellano-leonesa, aunque señala ciertas realidades que conviene tener muy en cuenta: es posible que desde los años cincuenta haya habido una disminución e incluso cierto reflujo de pobladores en Andalucía, como lo demuestran los nuevos repartos de vecindades vacantes en Sevilla, en 1255. Desde luego, la revuelta mudéjar de 1264 y las guerras desde 1275 aumentaron mucho las dificultades y desanimaron a posibles inmigrantes: en los últimos repartimientos, caso de Jerez en 1266, se observa que hay pobladores de otras partes de Andalucía, aunque sólo un 9%. Por su parte, los repartimientos murcianos, desde 1266, muestran una secuencia descendente de pobladores y de capacidad para atribuir tierra que no se debe sólo a la disminución del espacio a repartir, sino también al cambio de circunstancias militares y demográficas. Desde aquellos años, emigrar al sur ya no era atractivo, y en los decenios siguientes las transferencias de propiedad de la tierra muestran que hubo retornos o, más frecuentemente, empobrecimientos y enajenaciones que favorecían el auge de la gran propiedad en una «situación de subpoblamiento» especialmente aguda en los medios rurales.

¿Produjo la repoblación del sur un desequilibrio empobrecedor para la economía castellana en general? Desde hace mucho tiempo vienen dándose a esta pregunta respuestas que atribuyen a la repoblación de Andalucía fenómenos cuya dimensión y causas son mucho más amplias. Es cierto que el fin de la reconquista contribuyó a estimular un cambio profundo en las relaciones de poder en Castilla, pero esto tiene otros motivos, expresados en las ideas y proyectos de Alfonso X, tendentes a la construcción de un nuevo régimen político y fiscal que también emergía en otras partes de Occidente –lo que implicaba distintos repartos de poder y renta–, en la modificación de las circunstancias económicas, con mayor inestabilidad, que se expresa en la fuerte monetización de estas actividades, en quiebras de moneda, tasas de precios, expansión de mercados, y en el cambio de equilibrios políticos y militares con respecto a otros países europeos y al mundo islámico. Todo esto no puede reducirse a efectos de una actividad repobladora importante pero, en definitiva, marginal a pesar de sus costos, y que no afectó mucho a la situación poblacional de otras regiones castellanas[5].

2. EL RÉGIMEN DE LA TIERRA. CULTIVOS Y PAISAJES. POBLAMIENTO RURAL. PROPIEDAD Y USUFRUCTO

Se ha especulado mucho sobre las permanencias y cambios en el régimen de la tierra a causa del paso de la época musulmana a la cristiana. Hay que advertir, ante todo, que la agricultura de tipo mediterráneo, basada en el cultivo de trigo y cebada –en Andalucía en proporción de dos a uno o «pan terciado»–, olivar y viñedo, y en un equilibrio entre zonas agrícolas y zonas de pasto, en especial para bovinos, era una constante histórica que apenas se modificó, aunque aspectos tales como el cultivo de la vid o la cría de ganado de cerda aumentaran rápidamente con respecto a su escasez o inexistencia en época islámica. No debía de haber en Andalucía sistemas de regadío comparables a los de Valencia o Murcia, en contra de lo que a veces se ha supuesto: sólo habría regadío en reducidas zonas de huerta donde se cultivaban frutales, hortalizas y, a veces, lino y algodón, «y más raramente olivos y morales». En el Aljarafe, cerca de Sevilla, predominaba el cultivo del olivar combinado con el higueral y, a veces, con la viña, pero esta situación no se puede extender a otras zonas andaluzas, como tampoco el cultivo excepcional en algún punto del arroz o la caña de azúcar. El caso de Murcia, que conservó su Huerta, es parcialmente distinto.

Sin embargo, es cierto que los conquistadores traían siempre consigo «sistemas de cultivo y tradiciones alimenticias» diferentes, que potencian el cultivo cerealista de secano en rotación bienal (año y vez) y la ganadería en los amplios baldíos, y mostraban poco interés por otras variedades de productos, aunque pudieron permanecer con carácter complementario. Además, en el paso de una situación a otra hay que tener en cuenta las destrucciones causadas por razias y talas, y por la continuidad de la guerra en las zonas fronterizas con Granada, así como la emigración de los mudéjares y la disminución del número de habitantes, lo que propició el abandono de tierras y cierto «avance del medio natural», como se deduce de la lectura del *Libro de la montería,* escrito en el segundo cuarto del siglo XIV, en especial en las zonas de frontera con el reino musulmán de Granada, sujetas a un régimen especial de uso del territorio, con fuertes limitaciones y nada atractivo para la repoblación[6].

Permaneció, pese a todo, una parte de «la red básica del poblamiento y elementos más o menos abundantes de la cultura material». En el segundo aspecto, instalaciones tales como molinos aceiteros o harineros, por ejemplo los de Alcalá de Guadaira, cerca de Sevilla. En el primero, la toponimia conservada en los libros de repartimiento y en los testimonios de «amojonamiento» de límites entre concejos, que suelen respetar los de la época anterior, a veces tal vez de origen romano; el análisis de la toponimia muestra, por una parte, la abundancia de aldeas o «alcarías», a veces con «barrios» dependientes de ellas, y, por otra, la frecuencia del régimen de gran propiedad –aldeas enteras con sus términos y barrios, «machares» o cortijos, torres, con los suyos– y, al tiempo, de gran explotación, en cortijos o «haciendas», que permanecerían o reaparecerían en el futuro. «Todo parece indicar que en época islámica la propiedad de la tierra estaba concentrada en pocas manos», al menos en las zonas sevillanas mejor estudiadas, pero se deshizo, salvo casos de permanencia bajo la forma de «donadío», en unidades de explotación menores o transformada en espacios comunales de «ruedos» y «ejidos». Algo semejante sucedió con bastantes «donadíos» murcianos, que antes habían sido grandes fincas con alquerías de época musulmana, pero en su mayor parte se fragmentaron y desaparecieron en el siglo XIV.

En la época de la repoblación, hubo profundas y rápidas transformaciones del poblamiento rural: «triunfo del poblamiento concentrado», a menudo aprovechando emplazamientos defensivos, y abandono de muchísimas aldeas y de casi todo el poblamiento disperso de la época anterior: en el Aljarafe había más de 160, de las que sólo se repoblaron, al principio, una treintena; en Écija se previó conservar 32 aldeas, pero sólo sobrevivieron tres; territorios extensos, como los de Carmona o Jerez de la Frontera, no tuvieron aldeas en un principio. En estas circunstancias, el modelo repoblador de la Extremadura, basado en el régimen de ciudad o villa-cabecera y numerosas aldeas, sufrió grandes adaptaciones a una situación en la que se combinaban menor número de pobladores que antaño y peligros guerreros para propiciar los núcleos de población mayores con grandes «espacios intercalares», y, en ocasiones, de nueva planta, como ocurrió en la zona cordobesa de la Campiña, donde «diez de los treinta y dos municipios actualmente existentes son posteriores a la conquista». En Murcia el poblamiento rural se redujo a «escasos núcleos de población» amurallados, centro de los términos municipales nuevamente delimitados, «aun cuando reapareciera en ellos el poblamiento aldeano desde el siglo XVI en adelante».

En los paisajes rurales organizados a raíz de la repoblación se observa con frecuencia la clásica distinción entre el *ager* bien cultivado, formado por los «ruedos» donde se instalaban los huertos, los cultivos forrajeros –por ejemplo el «alcacel» o cebada segada verde–, los cerealistas, el olivar y el viñedo, y el *saltus* que integraban los «espacios seminaturales profundamente modificados por la acción del hombre» y «los espacios intermedios sometidos alternativamente a fases de explotación y abandono», donde abundaban el bosque, el monte bajo y, en algunos casos litorales, la marisma. Allí se situaban la mayoría de los espacios de propiedad y uso comunal, abiertos a todos los vecinos del lugar o administrados por el concejo correspondiente, según se tratara de «comunales» propiamente dichos o de «propios», aunque esta distinción se perfiló ya en tiempos posteriores. Debe ser de origen, en cambio, la obligación de abrir al pasto común las tierras cerealistas una vez alzada la cosecha y en las épocas de barbecho y «eriazo» o descanso, aunque los propietarios de fincas grandes pudieran acotar alguna parte para pasto de sus bueyes de labor.

En aquellas circunstancias, el desarrollo de la ganadería extensiva –estante o de trashumancia corta– ocurrió sin entrar en conflicto con el de la agricultura, ni con el acotamiento de determinados espacios para usos exclusivos –«ejidos» comunales y «dehesas boyales»–, reservadas a los vecinos en cada concejo. Con frecuencia, se organizó el uso de las zonas de pasto coordinando los espacios e intereses de varios concejos mediante el establecimiento de hermandades o comunidades para su aprovechamiento. Así, la de Úbeda con Santisteban e Iznatoraf en 1232, la de Úbeda con Baeza, hacia 1235, en el alto valle del Guadalquivir, o las que formó Alfonso X en 1268 y 1269, que incluyeron a los principales concejos del reino de Sevilla.

La presencia de ganado trashumante «extremeño», integrado en la Mesta general o «de los serranos», tropezó con resistencias. Su entrada «chocaba tanto con los intereses de la ganadería local [...] como con los de la agricultura». Pero es evidente que los rebaños de la Mesta llegaron a las zonas de pasto y encinar del alto Guadalquivir y a las amplias extensiones de Sierra Morena del norte de los obispados de Córdoba, Sevilla y Silves –ya en el Algarve portugués– e incluso a las serranías subbéticas en la zona de Cádiz. En 1261 se llegó a un acuerdo para el pago del diezmo eclesiástico. En octubre de 1272 el «ordenamiento» real de la Mesta señala que habrá «alcaldes entregadores» de ella en el valle del Guadalquivir y en el del Bajo Guadiana. Mientras tanto, en el reino de Murcia comenzaría la organización de los pastos invernales del Campo de Cartagena y otros aprovechados por los trashumantes «extremeños» de las serranías ibéricas que utilizaban para sus desplazamientos la cañada de Cuenca[7].

* * *

Tras la conquista, los éxodos de población y los repartimientos provocaron la «renovación completa de la titularidad de la propiedad de la tierra» en muy poco tiempo. Se ha demostrado la falsedad de la teoría que atribuye a aquellos fenómenos el origen de la gran propiedad latifundista, en manos de la «gran nobleza laica y eclesiástica y de las órdenes militares»; por el contrario, el desarrollo de la gran propiedad se debió a motivos complejos, lentos en su desarrollo y a menudo posteriores a la época de la repoblación, en la que predominó el reparto de mediana y pequeña propiedad.

En el repartimiento de Sevilla se entregaron 213.607 ha a 2.083 propietarios en «heredamiento» para que se avecindasen. De ellos, 1.164 recibieron de una a tres «yugadas» (la yugada andaluza tiene 33 hectáreas; el lote básico del peón era de una «yugada» de tierra de labor y cuatro aranzadas de olivar, a razón de media hectárea cada aranzada), 875 de cuatro a diez, y sólo 44 más, hasta un máximo de 60 yugadas en algún caso. Únicamente este último grupo, que recibe el 12,40% de la tierra repartida, puede considerarse dueño de gran propiedad, dadas las condiciones técnicas del cultivo en la época. Otros ejemplos, menos completos, muestran las mismas tendencias.

Se trataba, pues, de asentar muchos pobladores dotados de «heredamientos» de distinta calidad y tamaño según fueran su condición social y sus deberes militares, y reservar la entrega de «donadíos», de mayor importancia y extensión, a pocas instituciones y personas, sin poner en peligro el éxito de la repoblación, además de dejar muchas extensiones de tierra sin repartir, para usos comunales o para futuros pobladores, o bien formando parte de la que se reservaba directamente el rey para su explotación («almacén real», «cillero real»). Así, por ejemplo, en el conjunto de los «repartimientos» conocidos de Écija, Carmona, Jerez y Vejer no se entregan a vecinos más de 106.000 ha sobre un total disponible de 423.000.

Los «heredamientos» se daban, como antes en otras regiones, a los pobladores que efectivamente se asentaban y eran «vecinos» durante un tiempo mínimo, que suele fijarse en cinco años, salvo en algunos casos, en que se eleva a doce. Los más extensos eran para los «caballeros de linaje» o «caballeros hidalgos», o «de feudo» en Jerez, categoría cuya implantación se favoreció para contar con una nobleza autóctona en el futuro. Solían recibir de 6 a 8 yugadas. El caballero no noble, cuatro, y el peón, dos, aunque algunos con especial función militar –ballesteros, «almocadenes», «adalides»– podían recibir algo más. Así, en Orihuela, el caballero recibe como dos, el peón como uno, pero el «adalid» y el «hombre bueno» o vecino distinguido, como uno y medio. Una peculiaridad de los repartimientos murcianos

Capítulo quinto: El Sur

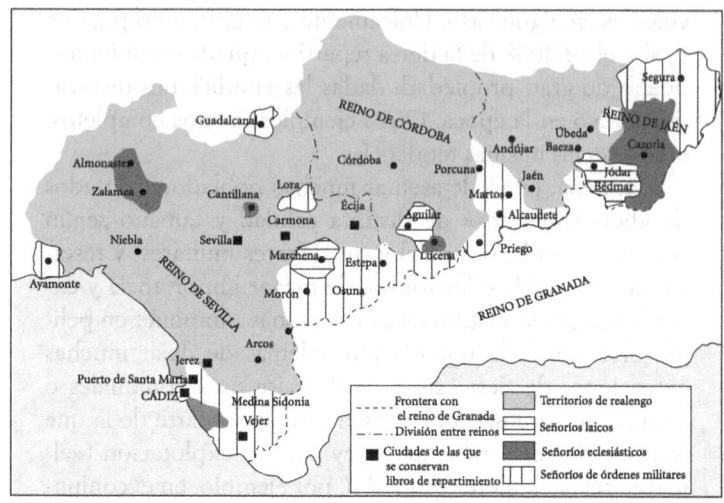

Mapa 18. Repoblación de Andalucía bética (h. 1280). (Según M. González Jiménez)

consiste en que dentro de cada categoría –caballero, peón– se distinguen tres clases, mayor, mediana y menor, de acuerdo con un uso de origen catalano-aragonés.

En cualquier caso, los caballeros no nobles, o ciudadanos, se distinguían desde el principio por su mayor riqueza, y éste fue el criterio seguido o exigido para el acceso a la caballería ya en el siglo XIV, en tiempos de Alfonso XI, y primero en ciudades andaluzas: los vecinos que poseyeran bienes por encima de determinado nivel tenían que servir en la guerra a caballo y con armas adecuadas. Precisamente por esta obligación, derivada del importe de sus bienes, se les llamaría caballeros «de premia» o «de cuantía».

Los «donadíos» eran, en ocasiones, fruto de la merced o gracia real, otras, «premio a servicios personales o militares», en ocasiones, también, mercedes previas a cambio de un compromiso de servicio militar directo al rey; en otras, una de las maneras de dotar a las sedes episcopales que se constituían, o a las órdenes militares. En Sevilla se distinguió entre «donadíos mayores» y «menores»; los primeros, a menudo, eran entregados a miembros de la familia real, instituciones eclesiásticas y algunos grandes nobles castellanos y leoneses. Según el libro de repartimiento, se dieron en «donadío» unas 362.000 «aranzadas» de tierra de labor y 58.000 de olivar –cultivo mucho más rentable– a 63 beneficiarios de «donadíos mayores» y 1.384 de los considerados «menores».

Sin duda, muchos donadíos eran gran propiedad: así, por ejemplo, el olivar de Borgabenzoar, del arzobispado de Sevilla, tenía 2.500 aranzadas. En Los Pedroches, al norte de Córdoba, el infante don Manuel, hermano de Alfonso X, recibió 100 yugadas de tierra. Pero la cuestión principal es que muchos de sus titulares eran absentistas y no pudieron rentabilizar sus propiedades ante la escasez de mano de obra disponible –no la hay servil, ni jornalera–, lo que explica la inestabilidad de este tipo de propiedad en los decenios siguientes a los repartos. También se dio el caso de que dueños de donadíos procedieran a su repoblación posterior, repartiéndolo en lotes de heredamiento e imponiendo a sus pobladores ciertas obligaciones comunes de renta, organización, etc., que tenían que ser compatibles con el mantenimiento de la jurisdicción municipal de la ciudad-cabecera, a cambio de la cesión perpetua del dominio útil del lote o heredamiento respectivo. Y es que, en definitiva, el donadío mayor era un tipo de gran propiedad capaz de generar formas de relación señorial bajo determinadas circunstancias, sobre todo si se acumulaban varios en la misma persona o institución. Alfonso X no dejó de percibir el peligro que esto entrañaba para el realengo y, por este y otros motivos, procuró limitar su número.

También la pequeña y mediana propiedad pronto sufrieron cambios, ante las dificultades económicas y los riesgos bélicos que menudearon desde el último cuarto del siglo XIII, y ya no fue posible reforzarlas con la llegada de nuevos colonos. Por el contrario, sin modificar el reparto territorial de los predios y parcelas, fue más fácil que algunas personas e instituciones concentraran propiedad rústica por compra o donación. El resultado sería una fuerte y rápida modificación del régimen de la tierra nacido con las repoblaciones de la época anterior.

3. LAS CIUDADES. LA ORGANIZACIÓN
DE LA ACTIVIDAD MERCANTIL

El protagonismo o centralidad de las ciudades es un rasgo común a todas las sociedades mediterráneas tradicionales, y así sucedía con la andaluza si se la compara con otras regiones del Occidente europeo. La primacía urbana, en efecto, se acentuó en las regiones sureñas, donde los conquistadores se hicieron cargo de las mayores de la península por su tamaño y por la misma tradición urbana con que contaban. Aunque los nuevos pobladores «trasladaron a un marco creado por la tradición islámica costumbres que eran extrañas a ésta» (Gautier-Dalché), las ciudades, vacías de sus anteriores habitantes, conservaron, sin embargo, muchos rasgos de su anterior urbanismo y organización material, e incluso hubo cierta continuidad –no siempre directa sino inspirada en Toledo– de formas de organización económica e institucional que aceptaron los repobladores, aunque en el marco de un orden enteramente nuevo.

La prolongada tradición urbana de tiempos pretéritos explica el que no haya necesidad de nuevas creaciones de ciudades, ni tampoco fenómenos preurbanos que den lugar a futuras ciudades cristianas después de la conquista, excepto en algunas fortalezas, torres o aldeas de la frontera de Granada o de la franja marítima, donde destacarán los ejemplos de Sanlúcar de Barrameda, El Puerto de Santa María o Palos.

La permanencia de rasgos urbanísticos de época hispanomusulmana, e incluso de otras anteriores, fue característica en muchas ciudades y se mostraba en su red viaria, murallas, alcázares, emplazamientos de actividades artesanas y comerciales. Pero el cambio prácticamente total de poblaciones, la menor densidad de habitantes después de la repoblación y los usos diferentes a que a veces se dedicó el espacio urbano, así como la nueva ordenación jurídica y administrativa, conllevaron cambios notables en la distribución de barrios, en la disposición y reparto de las manzanas, unidades de vivienda e incluso red viaria en algunas zonas.

A partir de las susodichas tradiciones, los factores de renacimiento de la vida urbana aparecieron con rapidez y de una sola vez, durante el proceso repoblador del siglo XIII, aunque evolucionaron en tiempos posteriores. He aquí los principales de entre esos factores:

1. La repoblación rápida e intensa de los núcleos urbanos, concebidos como centro del territorio que se poblaba y organizaba de nuevo y en el que, como hemos indicado, desaparecieron casi siempre las formas de poblamiento rural disperso o de menor entidad, cuando las había.

2. Las funciones económicas de la ciudad se restablecieron inmediatamente: artesanía, comercio, servicios, dominio de la economía rural y de sus rentas. Atracción de recursos a la ciudad como centro de consumo. Y, en algunos casos, especialmente Sevilla, organización del gran comercio exterior a partir de ellas.

3. Las funciones sociales aseguraron la centralidad urbana, debido a que en las ciudades residían los grupos dominantes: aristocracias seglares y eclesiásticas, dueñas de tierra y de renta de origen rural. Se mantuvo así una mentatilidad urbana propia del mundo mediterráneo tradicional que se acentuaba, en este caso, ante el predominio u organización de un poblamiento rural concentrado, creador a veces de tipos de poblamiento híbridos, especie de ciudades-agrarias, que reprodujeron a menor escala el régimen organizativo de las ciudades principales.

4. La corona hizo de las ciudades centro de toda la red defensiva, hacendística y administrativa del territorio. Las dotó de un marco jurídico y de poder autónomo e hizo depender de ellas a las áreas rurales, villas de menor importancia, lugares y aldeas, mediante un régimen inspirado en el de «ciudad y tierra» que impedía la escisión ciudad/campo, como mundos aislados o mutuamente ajenos, y otorgaba a la primera el papel predominante.

5. A ello se añade la concepción de base urbana propia de la nueva organización eclesiástica, que se refuerza ante la ausencia de monacato rural y dominios agrarios o señoriales monásticos comparables a los del norte peninsular.

6. En la segunda mitad del siglo XIII, los señoríos, de implantación predominantemente rural, eran todavía relativamente poco extensos y numerosos. Posteriormente, su gran expansión y organización se realizarían en torno a núcleos

urbanos menores y reprodujeron la relación ciudad/campo vigente en las áreas de jurisdicción realenga, además de que muchos de los nobles titulares de señoríos vivían habitualmente en las ciudades principales y mantenían en ellas fuertes intereses sociales, económicos y políticos.

De todos los aspectos que acabamos de enumerar, debe retener especialmente nuestra atención el relativo a la centralidad económica de las ciudades y la organización en y desde ellas de una actividad mercantil que condicionaba la del resto de la organización económica.

En el urbanismo de aquellas ciudades permanecieron muchos rasgos de cómo se organizaba la vida económica propios de la época anterior, al igual que ocurría en Toledo, y así se refleja en la localización de actividades y oficios mercantiles y artesanales, concentrados en las mismas áreas donde ya estaban en tiempos musulmanes. En Jaén, el centro mercantil es la plaza de Santa María, frente a la catedral, en cuya «collación» y en la de San Pedro se concentraba la mayoría de las tiendas y talleres. En Sevilla son las calles, «gradas» y plazas que circundan la catedral –antigua mezquita mayor almohade– o la colegiata de El Salvador –mezquita mayor prealmohade–: allí se concentran la mayoría de los locales destinados a tiendas. En Córdoba, el centro comercial está en la collación de Santa María o de la catedral, cuyo cabildo era gran propietario de tiendas, cerca de la ribera del Guadalquivir, y en los siglos XIV y XV se añadiría el sector de la calle y plaza del Potro y calle de la Feria, con la plaza de la Puerta de la Pescadería en la confluencia entre ambos sectores comerciales. Tanto en Sevilla como en Córdoba continuaron en uso sendas alcaicerías, cercanas a las respectivas catedrales, y en Sevilla otra, al lado de El Salvador. La permanencia de los lugares de mercado urbano se constata a menudo: la «azucaica» o mercadillo de la plaza de Santa María la Blanca y la plaza del Pan, en Sevilla, las de la Paja y el Potro, en Córdoba. Pero surgieron otros nuevos en la Baja Edad Media y hubo casos en que los emplazamientos tuvieron origen cristiano, por ejemplo, en Úbeda, algunas plazas-cementerio en torno a parroquias, o en Córdoba y Jerez las respectivas calles «de la Feria». En Murcia se respetó el área probable de concentración de tiendas y antigua «alcaicería» bajo la forma de calle de la Trapería, entre la catedral y la nueva puerta del Mercado, que sustituyó en esta función a la antigua puerta del Azogue, de época musulmana. En la plaza junto a la puerta se celebraba la feria, aunque los mercaderes de la ciudad podían permanecer en la calle de la Platería o de la Feria, transversal a la de la Trapería, también durante su celebración, por motivos de seguridad[8].

La enumeración de datos sobre alhóndigas o mesones, carnicerías, pescaderías, bodegas, alfarerías y ollerías, hornos de pan y tahonas, o reparto de oficios por calles –unas veces de origen antiguo, otras debido a disposiciones de los siglos XIV y XV– apenas añadiría nada nuevo a lo que ya se ha indicado pero ayudaría a delimitar mejor las zonas de máxima actividad. Hay también otros indicadores, como es el caso de la ubicación urbana de vecinos dedicados casi exclusivamente a la artesanía o el comercio en sus diversas formas, pero se refieren al siglo XV aunque son consecuencia de situaciones anteriores: en Córdoba, el 60% de los judeoconversos se concentraba en 1497 en las collaciones de Santa María (catedral) y sus inmediatas de Santo Domingo y San Nicolás de la Ajarquía, que eran las de mayor actividad comercial. En Sevilla, los conversos vivían en las «collaciones» de la mitad oriental de la ciudad, que polarizaban la actividad comercial y manufacturera, y estaban ausentes de la mitad oeste, donde casi no había; ocupaban la antigua judería (31%), y abundaban en las collaciones inmediatas de Santa María (catedral) y El Salvador (30%)[9].

Los datos fiscales apoyan, desde otro punto de vista, las mismas conclusiones sobre el desarrollo mercantil. En 1268, cuando Alfonso X fijó los «puertos» desde los que se controlaría que no hubiera exportaciones fraudulentas de «cosas vedadas» por vía marítima y, en realidad, todo el régimen aduanero, designó como tales a Alicante, Elche y Cartagena y, en Andalucía, a Sevilla, Jerez, Vejer, Cádiz y Huelva. De los 900.000 maravedíes que obtuvo la Hacienda regia en Andalucía en 1294, casi la mitad (422.000) eran resultado de la actividad mercantil desarrollada en Sevilla –sólo su aduana rentó 146.500–, otros 44.650 procedían de los «almojarifazgos» aduaneros de Jerez, Niebla y Carmona, 94.600 del de Córdoba, y otros 46.000 de poblaciones del reino de Jaén. En Andalucía y Murcia, precisamente, ensayaría la fiscalidad regia, desde comienzos del siglo XIV, la implantación de la «alcabala», o impuesto indirecto universal sobre el tráfico de bienes, que se generalizó en Castilla entera a partir de 1342. Es decir, junto a las formas tradicionales de «apropiación del excedente» por medio de renta directamente obtenida sobre la producción agraria –diezmo eclesiástico, pagos de los usufructuarios de tierra ajena, etc.–, tuvieron desde el primer momento un gran papel las propias del beneficio mercantil y de la fiscalidad indirecta[10].

La primacía y capitalidad mercantil de Sevilla es evidente desde el primer momento. La ciudad era cabeza de uno de los grandes núcleos de comercio regional y exterior de toda

Castilla, aprovechando la cercanía de la costa y las rutas de relación entre Atlántico y Mediterráneo, en lo que recogía una tradición marítima propia ya de la región en época islámica. El otro gran núcleo, maduro en la segunda mitad del siglo XIII, se articulaba en torno a Burgos y los puertos de la costa cantábrica vascongada y castellana. Aunque Sevilla tuvo ferias desde 1254, lo que más importaba en ella era el negocio continuo y la intensidad de los mercados y transacciones cotidianas realizados en la ciudad o decididos en ella. En cambio, en otras ciudades andaluzas las ferias desempeñaron un papel importante en su vida mercantil, que se hacía más intensa durante su celebración, aprovechando que contaban con franquezas fiscales: Écija, desde 1274, Córdoba, Jerez, Cádiz, El Puerto de Santa María (1284 a 1286), y algunas localidades de señorío ya hacia 1320 (Sanlúcar de Barrameda, Gibraleón). En cambio, apenas hay mención a ferias en las ciudades del reino de Jaén, aunque estaban previstas tanto en el fuero de Baeza como en el de Úbeda. Pero en ellas, como en otras plazas andaluzas, tenía ya por entonces una importancia mayor la celebración de mercado semanal, generalmente el jueves y a veces también el viernes, en especial para el desarrollo de su comercio de paños.

La situación en Murcia se atuvo a los mismos criterios a pesar de su marginalidad respecto a las grandes rutas mercantiles, o precisamente para compensarla y favorecer el desarrollo del comercio marítimo en Alicante y Cartagena. Murcia, donde se instalaron mercaderes forasteros, tuvo feria desde 1266, Lorca a partir de 1270 y Orihuela en 1272. La conquista de la parte norte del reino por Jaime II en 1296 acentuó las dificultades de comunicación con respecto al resto de Castilla, Valencia e incluso Alicante, puertos que los mismos castellanos utilizaban más que el de Cartagena; por otra parte, la frontera de Granada y la inseguridad en la ruta del estrecho de Gibraltar hacían difícil un comercio continuo con Andalucía.

4. Jerarquías sociales

En las tierras del sur se instaló una sociedad ya madura y experimentada en sus estructuras y jerarquías. El nuevo sistema social sustituyó por completo al anterior, comenzando por el mismo desplazamiento casi total de la población musulmana. En su cúspide, la nobleza, representada por los muchos caballeros de linaje, caballeros-hidalgos, etc., que participaron en los repartimientos, casi siempre miembros menores o cadetes de familias nobles castellanas, ya que ninguna de éstas se asentó en el sur, al comienzo, en su rama principal. A continuación, los caballeros no nobles o «ciudadanos», y, último y más numeroso grupo del vecindario, los «peones».

En general, los caballeros de diversa condición componen en torno al 18 o 20% del total del vecindario repoblador. En alguna localidad de frontera especialmente militarizada y de repoblación tardía, el porcentaje de vecinos con fuertes obligaciones guerreras aumentaba, lógicamente. Así, en Vejer de la Frontera, en 1288, el 63,50% del vecindario eran caballeros y escuderos a caballo, «almocadenes» y ballesteros.

Pero, a decir verdad, esto son jerarquías establecidas desde el momento inicial de la colonización, en función de las obligaciones militares y de los recursos económicos precisos para hacerlas frente, más que distinciones sociales propiamente dichas, que hemos de buscar en la forma de acceso y posesión de la riqueza y en las dedicaciones profesionales, aparte de que sus miembros recibieran o no lotes de bienes en los repartimientos. En una sociedad de frontera, como lo fue la andaluza durante la Baja Edad Media, la guerra y la militarización propiciaron cierta fluidez interna de la sociedad misma, pero sirvieron también para consolidar a la nobleza y a la aristocracia caballeresca, en general, al proporcionarles una tarea que justificaba su predominio y lo completaba, añadiéndose a sus otros fundamentos: propiedad de la tierra, señoríos, beneficios derivados del mercado, cuasi monopolio del poder político.

Respecto al campesinado, dejando aparte la sustitución con el paso del tiempo de muchos pequeños propietarios por usufructuarios vinculados por algún tipo de contrato agrario –aparcería, arrendamiento, «censo» o «tributo» a largo plazo–, es general la inexistencia de situaciones de servidumbre o dependencia personal, propias de épocas más antiguas de aquel tipo de sociedad y de su supervivencia en otras regiones. Al contrario, muchos colonizadores emigraron de sus tierras de origen en busca de condiciones mejores, tanto de propiedad de la tierra como de tipo jurídico, y es evidente que la mayoría de ellos eran campesinos: en el repartimiento de Jerez se observa cómo seguramente lo eran casi el 90% de los 1.467 «peones» que reciben vecindad.

Hay numerosas menciones a oficios artesanales y del comercio en los documentos de la época –entre 70 y 90, según localidades–, pero la mayoría se refieren

> a garantizar una atención mínima a las necesidades fundamentales de una población de mediana entidad –escribe M. González Jiménez refiriéndose a Jerez–: abastecimiento

de víveres, confección de calzado y ropa, construcción y reparación de edificios, fabricación o reparación de armas e instrumental agrícola, transporte, etc.

En cambio, son mucho más escasas en aquel momento las menciones a profesiones liberales –escribanos, médicos– o a mercaderes de mayor cuantía. La presencia de «almotacén» en los principales concejos –al modo toledano– permitió organizar corporativamente diversos aspectos de la actividad artesanal y mercantil local: control de calidades, inspectores (veedores, alamines) para aspectos internos de determinados oficios, algunas primeras ordenanzas, etc.

5. DEMARCACIONES TERRITORIALES. IGLESIA. FUEROS. CONCEJOS. SEÑORÍOS

Tanto Murcia como, en especial, Andalucía alcanzaron sus dimensiones territoriales y comenzaron la formación de su identidad como tales regiones dentro de la Corona castellana, a partir de la época colonizadora que siguió inmediatamente a la conquista, cualquiera que haya sido la influencia de otras épocas anteriores. Los efectos de la revuelta de 1264 y de las emigraciones y repoblaciones subsiguientes fueron fundamentales para configurar un nuevo reino de Murcia, también en la delimitación de su territorio, que coincidió casi por completo con el del obispado de Cartagena, cuyos límites se establecieron en 1266. Pero las tierras del valle del Almanzora, Orce y Galera, pasaron al nuevo reino de Granada, y los grandes señoríos de Segura –santiaguistas–, y los del infante don Manuel y sus sucesores en tierras de Villena-Albacete, aunque formaban parte del reino, no se integraban en el espacio sujeto al Adelantado Mayor. El reino perdió en 1296-1304 «casi toda la ribera izquierda del Segura y toda la cuenca del Vinalopó, incorporándose las ciudades de Alicante, Elche, Orihuela, Villena [por pocos años] y toda la región comprendida entre las mismas y aun más allá del Segura hasta el Mar Menor»[11], que pasaron a formar parte del reino de Valencia –es la Gobernación de Orihuela– como consecuencia de su conquista por Jaime II de Aragón; por aquellos años, definió también mejor sus límites con el señorío de Villena, en la parte sureste de la submeseta sur, que fue siempre un territorio muy relacionado con Murcia y, en parte, englobado en el obispado de Cartagena.

En Andalucía se formaron tres reinos que no tenían existencia anterior, aunque sus respectivas capitales hubieran tenido dominio sobre territorios más o menos amplios: los de Jaén, Córdoba y Sevilla. La incorporación en 1262 del taifa de Niebla no dio lugar a un nuevo reino, al parecer, sino que esos territorios se integraron en el de Sevilla, aunque la titulación de los reyes castellanos, desde Alfonso X, como «reyes del Algarbe» puede referirse a esta parte occidental de Andalucía, pues el Algarve propiamente dicho pasó a pleno dominio de los reyes de Portugal en 1267 (Tratado luso-castellano de Badajoz).

* * *

La restauración de sedes episcopales y las divisiones eclesiásticas se llevaron a cabo al mismo tiempo que las seglares, en general adaptándose a ellas con criterios de racionalidad y simplicidad ya muy experimentados, y los reyes dotaron a las nuevas iglesias con bienes raíces, rentas –comenzando por las mismas mezquitas y los que estaban anejos a ellas– y a veces pequeños señoríos. El obispado de Baeza (1231) pasó a tener su sede principal en Jaén desde la conquista de esta ciudad en 1246. El de Córdoba cubría casi exactamente el territorio de su reino. Ambas sedes fueron sufragáneas de la de Toledo. El de Sevilla tuvo categoría de arzobispado y fue cabeza de una provincia eclesiástica de la que formaron parte los obispados de Cádiz (1266), Silves, en el Algarve, y Marruecos, *in partibus infidelium*. Los primeros arzobispos de Sevilla reivindicaron a veces la formación de una provincia eclesiástica de Andalucía, sobre todo en 1289-1290, pero Toledo resistió aquel intento con éxito. En Murcia, el obispado de Cartagena fue restaurado en 1250, todavía durante la época de protectorado militar castellano, pero su delimitación data de 1266 y hace coincidir su territorio con el del reino murciano[12].

Los reyes actuaban como patronos de la Iglesia en el momento de restauración de diócesis, aunque tal patronato no esté tipificado como tal y se ejerza más bien como uso de presentación o suplicación de personas para la provisión de beneficios eclesiásticos. Hasta 1285 no cedería la realeza el suyo en la archidiócesis de Sevilla, a favor del arzobispo y cabildo. El modelado de la sociedad eclesiástica corresponde en gran medida a los intereses de la política regia, lo mismo que sucedía con el de la sociedad andaluza de la repoblación, en general. Por eso se cuida con especial esmero la dotación y protección de los intereses económicos y jurídicos de la clerecía. Así, por ejemplo, al proteger el cobro del diezmo eclesiástico, o al aplicar desde 1256 a los canónigos y racioneros de Sevilla los mismos derechos económicos, honras y franquicias fiscales que tenían los de Toledo, lo que comportaba el cobro del diezmo, la inmunidad de domicilios y bienes, así como exenciones de pechos. En 1271 se hacía extensiva dicha franqueza de pechos al clero parroquial sevillano, paniaguados y pastores a su servicio, y parece que al cabo no quedó clérigo sin ella. Lo mismo ocurriría en las otras diócesis. La protección se refería también a las licencias de compra de bienes raíces (Sevilla, 1256, 1274) y al ejercicio de la propiedad eclesiástica en el realengo (Sevilla, 1287), a pesar de que esto podía ser contrario a otros intereses de la política regia, pero, como explicaba Alfonso X:

> La eglesia de Sevilla es fechura de mi padre e mía, e ganola mi padre e yo ayudele y, a grant onrra e a grant prez de vos e de toda la christiandat, et otra arçobispal non ay ganada de nuevo en todo el mundo sinon ésta, porque es derecho que todos fagamos y bien.

La potencia de cada Iglesia puede medirse a través de su nivel global de rentas –que no conocemos hasta el siglo XV– o mediante el número de «beneficios» eclesiásticos dotados en ellas. Así, por ejemplo, en la diócesis de Córdoba hubo 150, de ellos unos 60 en la ciudad. En la archidiócesis de Sevilla, 360, de los que unos 60 en la capital. Aparte de los «beneficios» dotados en la iglesia catedral y en las colegiatas: la catedral de Jaén contaba con 8 «dignidades», 18 «canónigos» y 23 «racioneros», más 4 «dignidades» y 8 «canónigos» en cada una de las colegiatas de Úbeda y Baeza. La catedral de Córdoba tenía 8 «dignidades», 20 «canónigos» y 30 «racioneros». La de Sevilla, 10 «dignidades», 52 canónigos y 40 «racioneros».

Aparte de los obispados estaban los señoríos de órdenes militares, con un régimen o concierto entre estas instituciones y las sedes correspondientes igual al que se había establecido poco antes en Castilla la Nueva y Extremadura. Por lo demás, apenas hubo, en principio, monasterios –si exceptuamos el cisterciense de San Isidoro del Campo en Santiponce, próximo a Sevilla, fundado en 1301–. Andalucía y Murcia, en cambio, conocieron la rápida instalación, propiciada por la monarquía, de conventos urbanos de las nuevas órdenes mendicantes y redentoristas que por entonces se establecían por toda Castilla: de los 36 conventos que había a finales del siglo XIII, 21 se habían fundado en vida de Fernando III.

* * *

Ambas regiones, como ya se ha indicado, consiguieron a partir de entonces una identidad estable y clara en el conjunto castellano. Contribuyó mucho a ello la presencia de la frontera de Granada, la última con el Islam andalusí, que continuaría viva hasta finales del siglo XV. Alfonso X constituyó varios Merinos Mayores y Adelantados Mayores desde comienzos de su reinado, que actuarán en su nombre en grandes distritos territoriales, con amplias facultades militares y judiciales: hubo uno desde 1253 en Andalucía, denominado indistintamente así –Adelantado Mayor de Andalucía– o de la Frontera, y otro en Murcia –Merino en 1252, Adelantado desde 1258–. Andalucía tuvo también un Notario Mayor específico en la Cancillería real y un Alcalde en la corte del rey para juzgar los casos ocurridos en su territorio que llegaban en alzada. Murcia, en cambio, parece que se integró en ambos casos en las correspondientes instituciones creadas para Toledo y su reino.

En otro orden de cosas, la creación del Almirantazgo de Castilla por Alfonso X, desde 1254, para dirigir la guerra por mar y tener un tribunal de justicia específico para asuntos marítimos tuvo gran relación con la condición de Sevilla como gran centro portuario y cabecera del tráfico entre el Mediterráneo y el Atlántico, por lo que la sede principal de la institución estuvo en esta ciudad, donde el rey rehízo y puso de nuevo a funcionar sus importantes atarazanas[13].

El territorio se dividió, por lo demás, en términos concejiles, ya fueran los concejos de «realengo», que fue al comienzo lo más frecuente, o de «señorío». Los concejos principales, radicados en ciudades, eran además el centro organizativo de extensas «tierras» donde había muchos otros concejos rurales con sus respectivos términos, además de tierras sin repartir o adjudicar a ninguno de ellos. Más adelante se expondrán algunos datos sobre «tierras» y aldeas de las ciudades principales.

El derecho local que se aplicó en Andalucía y Murcia no era original, sino ya probado en otras partes, lo que, de nuevo, muestra el criterio de racionalidad y utilidad con que se actuó. En Úbeda, Baeza y algunas otras poblaciones del alto valle del Guadalquivir (por ejemplo, Sabiote), Fernando III otorgó fueros de la «familia» del de Cuenca, considerándolas como término de la expansión que se había producido siguiendo el eje del Sistema Ibérico. Pero todas las demás ciudades y sus territorios recibieron el derecho de Toledo, con diversas variantes, en especial en Córdoba, y en Sevilla, cuyo ordenamiento jurídico se aplicó sin cambios en Murcia, Carmona, Écija, Jerez, Niebla, Arcos de la Frontera y otras poblaciones: era, sin duda, el más favorable al predominio de la ciudad-cabecera sobre una «tierra» muy amplia, y el que mejor permitía compaginar los intereses políticos de predominio monárquico con la formación de gobiernos aristocráticos locales, en manos de los caballeros, nobles o no, en asambleas reducidas, sin necesidad, incluso, de reunir concejo de todo el vecindario, o sólo excepcionalmente: en Sevilla, el número de los que formaban la asamblea fue de «veinticuatro», y de ahí el nombre con que se les conoció, presididos por los «alcaldes mayores» y el «alguacil mayor» de la ciudad. Al igual que en otras poblaciones que contaban con el mismo régimen, hubo también en Sevilla «jurados», que eran elegidos por los vecinos de las «collaciones» o parroquias, y que tenían funciones de control del vecindario y de organización de sus deberes militares y fiscales[14].

Toledo fue en este aspecto, como en muchos otros, modelo para las nuevas ciudades andaluzas –y a la vez recibiría influencias de ellas más adelante–: gracias al ejemplo toledano conservaron o, mejor dicho, recuperaron parte de la herencia andalusí, que, de otra manera, no habrían tenido porque no hubo en ellas, al contrario que en Toledo, un período largo de contacto y asimilación cultural debido, especialmente, a los mozárabes. Por el contrario, en el sur se había instalado una nueva sociedad que organizó rápidamente el territorio según sus propias pautas políticas y culturales. Por lo demás, la foralidad inicial se completó y amplió ya desde tiempos de Alfonso X con el otorgamiento diferenciado de privilegios y ordenamientos reales, y con la redacción de las primeras ordenanzas por los poderes municipales.

A los pocos decenios de su constitución, los concejos andaluces participaron en la formación de hermandades, característica del período 1265-1325, lo que es muestra, por otra parte, de su madurez. En la primera de las fechas citadas hubo ya una hermandad en el obispado de Jaén, destinada a la coordinación de la defensa fronteriza. Las más significativas tienen lugar en 1282 (entre Córdoba y Jaén), entre 1295 y 1303 y desde 1313 a 1323, momento en el que llegó a haber hermandad general de todos los concejos andaluces –1318: «la hermandad que todos los de las villas de Andalucía avemos en uno»–, tanto para cuestiones políticas de ámbito castellano como, en especial, para la defensa frente a granadinos y meriníes[15].

* * *

Los reyes que dirigieron la repoblación no concedieron muchos señoríos. La sede toledana obtuvo uno extenso en las serranías donde nace el río Guadalquivir, conquistadas por la hueste arzobispal, y formó allí el llamado Adelantamiento de Cazorla. Fernando III dio otros a las órdenes militares de Calatrava y Santiago, especialmente en el reino de Jaén, y entre éste y el de Córdoba, para que contribuyeran a la defensa de una frontera todavía mal delimitada y a los avances territoriales: Segura y su sierra, con Beas, Montizón y otras poblaciones, a los santiaguistas, así como Bédmar. Porcuna, Martos y otras plazas a los calatravos. Después de la revuelta musulmana de 1264, hubo nuevas mercedes reales en señorío, siempre para defensa de la frontera: Osuna y Morón a la orden de Alcántara, Estepa a la de Santiago y, por algunos años, El Puerto de Santa María –sede de la efímera orden de Santa María de España–, Medina Sidonia, Vejer, Alcalá de los Gazules. La orden de San Juan recibió un señorío de importancia apreciable en el curso del Guadalquivir, entre Córdoba y Sevilla, en torno a Lora del Río. Las órdenes recibieron algunos territorios de menor importancia –por ejemplo Castilleja de la Cuesta, Villanueva del Ariscal y Mures, en el ámbito sevillano, la de Santiago– y bienes urbanos, pero no tuvieron en la repoblación andaluza y reparto de territorio más que una importancia secundaria, muy lejos del protagonismo que alcanzaron en La Mancha y Extremadura. Los señoríos más extensos, que eran los de la orden de Calatrava, sumaban en conjunto unos 2.500 km² y llegaron a tener una veintena de poblaciones. En Murcia, la orden de Santiago tuvo señoríos en las zonas montañosas del interior, continuación de los que poseía en la Alta Andalucía y La Mancha oriental, y Cartagena fue por unos años sede también de la orden de Santa María de España.

La dotación de las sedes episcopales tampoco produjo cesiones señoriales de importancia, sino más bien de donadíos y otros bienes raíces urbanos –antiguas mezquitas, casas, tiendas, almacenes– y rústicos. Sólo la sede de Sevilla tuvo señoríos de cierta importancia (Zalamea, Almonaster, Cantillana y otras aldeas hasta una quincena). Algo semejante ocurre con la concesión de señoríos a nobles. Algunos miembros de la familia real recibieron señoríos vitalicios, en tiempos de Fernando III, que no se consolidarían en el reinado de Alfonso X: Carmona fue de la segunda mujer de Fernando III, Juana de Ponthieu; Morón, Cote y zonas del Bajo Guadalquivir, del infante Enrique; Baena, Luque, Cabra y Zuheros, en la campiña cordobesa, de Rodrigo Alfonso, hermano de Fernando III; Marchena, del infante Luis, etc. La mayor importancia de aquellas concesiones era que abrían camino a futuras mercedes en señorío de carácter prolongado o permanente, al otorgarse aquellas plazas más adelante a nobles u órdenes militares.

Sin embargo, los primeros señoríos de la nobleza fueron escasos y marginales; además, se referían al ejercicio de la jurisdicción, pero no a la propiedad de la tierra. Los más antiguos, en la frontera cordobesa (Aguilar, de Gonzalo Yáñez do Viñal). Luego, desde 1284, comenzó el auge de linajes nobiliarios autóctonos, originados en ramas cadete de familias castellanas, una de cuyas finalidades inmediatas fue la obtención de señoríos, casi siempre en la frontera y con compromisos de defensa y repoblación de aquellas zonas yermas. Fue el caso de algunos almirantes y otros oficiales reales que recibieron plazas costeras con Sancho IV –El Puerto de Santa María, Huelva, Palos–, el de Alfonso Pérez de Guzmán, señor de Sanlúcar de Barrameda, Chiclana, Conil y Vejer a fines del siglo XIII, o el de sus yernos Fernán Pérez Ponce, señor de Marchena, y Luis de la Cerda, que lo fue de parte del Puerto de Santa María desde 1306. O de los primeros señoríos nobiliarios en la campiña cordobesa –Espejo–, y en la costa atlántica onubense, también considerada zona de frontera por otros motivos: Huelva, Gibraleón en 1303, Palos, Ayamonte, que estuvo en manos de la orden de Santiago antes de pasar a las de Alfonso Pérez de Guzmán hacia 1300. Al morir Sancho IV en 1295, 40.654 km^2 eran realengo y 15.000 señorío (73 y 27% respectivamente), pero de estos últimos sólo 1.750 km^2 eran de la nobleza (3,1%)[16].

En resumen: la época repobladora no dio lugar a una «marea» feudo-señorial ni favoreció un «enriquecimiento excesivo ni exclusivo» de la nobleza, pero su conclusión prematura y la insuficiencia de los resultados estuvieron en la base del predominio aristocrático y neoseñorial durante la Baja Edad Media que, además, aprovechó las circunstancias propias de aquellos territorios nuevos para desarrollarse sin reproducir muchas de las formas antiguas, ya arcaicas, que tenía en otras regiones.

2. Zonas y épocas de la repoblación andaluza

1. EL REINO DE JAÉN

Tras la batalla de Las Navas de Tolosa (julio de 1212), Alfonso VIII de Castilla estableció una cuña en el paso hacia el valle del Guadalquivir: castillos de Castro Ferral, Tolosa, Baños y, en especial, Vilches, pero no consolidó su efímero dominio sobre Úbeda. Siguieron años de dificultades económicas y políticas, y de treguas, hasta que en 1225 el reyezuelo de Baeza cedió Martos a Fernando III, que fue una importante base militar, entregada en 1128 a la orden de Calatrava, y Andújar. También pasaron entonces a dominio cristiano los castillos de Baños y Salvatierra, este último próximo a Calatrava la Nueva. En Andújar, que tuvo cinco collaciones, se respetó el término que había tenido «en tiempo de moros», se repartió la tierra entre los nuevos vecinos, se entregaron bienes a las órdenes de Santiago y Calatrava y se estableció un hospital para cautivos. Nada nuevo, en suma: el futuro estaba por escribir.

Pero en diciembre de 1226 los castellanos tomaron por capitulación Baeza, y con ella las poblaciones y castillos de Sabiote, Jódar y Garciez, y poco después los de Chincóyar y Ablir, lo que significaba ya la plena entrada en el alto valle del Guadalquivir. Baeza se repobló sin tener en cuenta los antecedentes, cuando había sido castellana en tiempos de Alfonso VII. No se conoce su libro de repartimiento, sino sólo una nómina de 300 caballeros repobladores, compuesta en el siglo XVI, que parece contener exageraciones y falsedades. Es posible que su primera repoblación fuera insuficiente, pues el rey se reservó un tercio del término, fijado en 1231, y dispuso otro para alta nobleza y órdenes militares. Paulatinamente, Baeza recibió varios castillos y sus territorios: Baños, Vilches, Estibiel, Chincóyar y Ablir –cuya tenencia tenía vitaliciamente Sancho Martínez de Jódar, que tuvo además la de Garciez desde 1254–, y las aldeas de San Esteban y Cabra, más los castillos de Tíscar, Huesa y Belerda (1254). La primera repoblación no cubrió todas las necesidades defensivas, como lo demuestra que Alfonso X cediera –a fuero de Cuenca– en 1269 el alcázar de la ciudad a 33 caballeros, más las aldeas de Xaraf y Torre de Gil Olid y seis yugadas de tierra a cada una, a cambio de mantener caballo y armas y de mantener pobladas sus casas. ¿Fue esto una iniciativa repobladora o, simplemente, el privilegio otorgado a algunos pobladores para asegurar su fidelidad y predominio, como parece más probable?

Mucho antes, en 1233, Fernando III había dotado la sede episcopal, recién restaurada en Baeza. La proveyó con el diezmo de las rentas de los bienes reales o «quintas» de la ciudad, del «real cillero» y de las salinas; más la merced de la torre de Tiédar con 40 yugadas de heredad, el castillo de Bejíjar, la torre de Canalejas y diversos «pagos» de viñedo. El primer clero provino de Sevogia y Toledo, y la ciudad se organizó en cinco parroquias, aunque llegó a tener 10 «collaciones». Más adelante, en 1243, se alcanzó un acuerdo de límites entre la sede de Baeza y su metropolitana de Toledo.

Úbeda, a una decena de kilómetros de Baeza, asediada desde 1232, capituló en julio de 1233 y sus habitantes musulmanes la abandonaron, pero el repartimiento no se hizo hasta septiembre de 1236. Sólo conservamos de él copia parcial del siglo XIV, un «memorial de todos los donadíos», donde se detalla los que se dieron a la sede arzobispal de Toledo, muy próxima en su señorío de Cazorla, y a varios caballeros. En 1254, la ciudad recibió la aldea de Arquillos y vio cómo se elevaba a categoría de colegial su iglesia de Santa María de los reales alcázares. Llegó a tener 11 «collaciones».

Mientras tanto, al margen de estas dos principales ciudades de realengo, otras partes del futuro reino de Jaén eran objeto de conquista y entrega en señorío. Así, Quesada y otras poblaciones próximas –Cazorla, La Iruela, etc.–, que formaron desde 1231 el Adelantamiento de Cazorla, señorío de los arzobispos de Toledo, quienes repartieron o dejaron a disposición de repobladores los dos tercios de las tierras; también Iznatoraf (1235), evacuada por sus habitantes musulmanes, fue señorío de los prelados toledanos. Añadamos las poblaciones que formaron el amplio señorío de la orden de Santiago en torno a Segura. Y las de la orden de Calatrava: Martos, Bivoras y Porcuna desde 1228, Locubín en 1240 –más la promesa de futuro de Alcalá de Benzayde–, Carcabuey, Zambra en 1251. En ambos casos, permaneció al comienzo población musulmana, lo que permitió fijar los términos municipales tal como eran antes de la conquista.

Arjona, conquistada en 1244, conservó muy poca población musulmana. Fue el precedente inmediato de lo ocurrido en Jaén, que capituló en 1246, de donde salieron casi todos los musulmanes, aunque hubo «morería» hasta el asalto granadino de 1366. Ambas plazas permanecieron en realengo, Jaén como punto avanzado frente al emirato de Granada, pero no hay datos sobre los respectivos repartimientos; sólo uno sobre la importancia de Jaén, que tuvo 11 collaciones. Alcaudete y Priego se entregaron con Jaén y pasaron, en un primer momento, a manos de la orden de Calatrava.

2. Córdoba y la Campiña

En el nuevo reino de Córdoba la situación fue menos compleja que en el de Jaén, donde la conquista había durado más de veinte años y se habían cedido muchas plazas y territorios a las órdenes militares y a la sede toledana. Sólo hubo dos campañas, la de 1236, con la toma de la ciudad de Córdoba, y la de 1240, en que se conquistó toda su campiña y las zonas aún no dominadas de la sierra, y la repoblación se llevó a cabo bajo mando directo del rey. La ciudad quedó vacía de toda su población musulmana inmediatamente después de la conquista, pero no fue fácil poblarla, a pesar de la llegada de muchos cristianos, porque hasta 1240 careció de sus medios habituales de aprovisionamiento. No cabe duda de que era una urbe dotada de gran espacio, pues se conservaron tanto la antigua «medina» musulmana como el arrabal oriental o «axarquía», y se establecieron en ellas la catedral y 13 parroquias.

A falta de libro de repartimiento, sólo se conoce con detalle las mercedes hechas por el rey a órdenes militares, algunos nobles y, en especial, a la Iglesia cordobesa, restaurada (en el llamado *Libro de las Tablas*). El concejo de Córdoba se organizó desde 1241, y en los años siguientes recibió su extenso término o «tierra», de unos 9.000 km² al comienzo, y, en ella, muchos castillos que fueron núcleo de otras tantas poblaciones: en 1243, Almodóvar (del Río), y, en la sierra, Ovejo, Chillón, Santa Eufemia, Gahete, Pedroche y Mochuelos. En 1258, Cabra y Baena. En 1264, Posadas del Rey. En 1265, Santaella, tras la emigración de los mudéjares. En 1284, Luque, Zuheros y, de nuevo, Baena. De Córdoba dependieron una veintena de poblaciones repartidas en los tres ámbitos de su «tierra»: la sierra norteña, la Campiña y las estribaciones montañosas del sur, en la frontera con Granada, o «banda morisca»[17].

En realidad, en aquellas poblaciones de la campiña y zona sur, permanecieron los musulmanes hasta la revuelta de 1264. «Los castellanos –escribe Julio González– se limitan a posesionarse de las fortificaciones y a repartirse las casas y terrenos abandonados por los fugitivos y los del fisco.» Por ejemplo, en 1241, la Iglesia de Córdoba recibió Lucena, y en 1249 Zambra, ambas en la «banda morisca» o frontera con el naciente emirato de Granada. Después de los sucesos de 1264, Baena, Luque y Zuheros fueron señorío de miembros de la familia real, así como Cabra, que luego pasó a manos de la orden de Calatrava, mientras que las otras tres poblaciones regresaban al realengo, en dependencia de Córdoba, en 1284. Aquella inestabilidad era fruto de las dificultades con que se tropezaba para asegurar la defensa de unas plazas fronterizas muy costosas de mantener. Al cabo, muchas de ellas se entregaron en señorío a las órdenes militares, tanto allí como más al oeste: Osuna a la de Calatrava en 1264, y su anexo de Cazalla en 1279; Estepa a la de Santiago en 1267. Más adelante, algunas serían el núcleo de señoríos de la nobleza cordobesa, a costa del realengo mantenido hasta entonces por la ciudad.

Écija pactó su entrega en 1240 y los cristianos se limitaron a ocupar el alcázar o «calahorra» mientras que la población musulmana permaneció hasta 1263, en que fue obligada a abandonar la ciudad, tal vez tras una revuelta, y se procedió al repartimiento sistemático, mejor conocido gracias a la conservación del libro correspondiente. La ciudad se dividió en cruz en cuatro barrios o «cuarteles», con las correspondientes cuatro advocaciones parroquiales: Santa Cruz, Santa María, San Juan y Santa Bárbara. Se repartió el casco urbano y el llamado «término de la legua», en torno a él, con las tierras de cultivo más intenso y continuo. Posteriormente, después de 1264, se amojonó la «tierra» de la ciudad, que lindaba con Córdoba, Estepa, Osuna, Marchena, Carmona y Lora, conservándolo tal como había sido «en tiempo de moros», y se proyectó establecer en él 32 nuevas aldeas, de entre cinco y diez vecinos cada una, aunque en algún caso se previeron hasta veinte; además, en una docena de ellas se proyectó que cada poblador viviría en su finca, con lo que se estimulaba una forma de poblamiento disperso. En total se repartieron 725 yugadas de tierra para 198 vecinos, además de delimitarse la dehesa de cada aldea. Aquella repoblación rural fracasó a causa de las guerras contra los musulmanes desde 1275, y fue sucedida por mercedes de tierras a favor de las órdenes militares, sobre todo la de Calatrava, por obra del rey y de particulares. Mientras tanto, Écija recibía el mismo fuero que Córdoba en 1266 y se consolidaba como principal centro urbano entre esta ciudad y Sevilla: tuvo feria desde 1274 y privilegios reales que favorecían la producción y venta de su cosecha de vino (1282) y cereales (1325) en términos semejantes a los otorgados a otras ciudades andaluzas.

Las circunstancias de la ocupación y reparto de bienes en las plazas de la campiña tomadas por pacto o conquistadas en los años cuarenta del siglo XIII se conocen peor. Lora, Almenara y Setefilla fueron de la orden militar de San Juan desde 1241. Morón y Cote, que se ganaron por capitulación en 1240, estuvieron bajo señorío del infante Enrique, hasta que su hermano Alfonso X le privó de él en 1253, pero tanto ambas plazas como sus «machares» o cortijos siguieron habitados por musulmanes hasta que en 1255 la ciudad de Sevilla, que había sucedido al infante en el dominio señorial, pobló Morón con cristianos. La orden de Calatrava disponía ya de propiedades importantes, pero, cuando las condiciones de defensa de la frontera se hicieron más difíciles, fue la de Alcántara quien tomó a su cargo el señorío de Morón, Cote y El Arahal, en diciembre de 1279.

Marchena se mantuvo como municipio independiente, no integrado en la «tierra» de ninguno de mayor importancia, porque fue señorío vitalicio del infante don Luis. Algo semejante ocurrió con la vecina Carmona, que capituló tras asedio en septiembre de 1247, por lo que los musulmanes, en principio, «fincaron en lo suyo». La plaza, muy bien fortificada, fue en principio señorío de la reina Juana, aunque recibieron extensos donadíos las órdenes de Santiago, Calatrava y San Juan. Alfonso X procedió al repartimiento sistemático desde 1252, según el modelo sevillano, pues Carmona recibió el mismo fuero y se dispuso que los alcaldes de Sevilla verían «en alzada» los litigios sentenciados por los carmoneses. En los documentos de amojonamiento del término, en abril de 1255, se observa la permanencia de topónimos antiguos, incluso de origen romano, y se mencionan puntos de poblamiento disperso –alcarías, machares, cortijos, un villar– que ya habían desaparecido.

3. SEVILLA Y SU REGIÓN[18]

El repartimiento de Sevilla ha sido estudiado con mucho detalle, tanto en sí mismo como en su condición de modelo de la mayoría de los andaluces que seguían a la conquista de una ciudad y su abandono por los pobladores musulmanes. Las dimensiones de Sevilla excedían con mucho incluso a las de Toledo, fue la ciudad con mayor número de parroquias o collaciones de Andalucía (24 en total), y en ella emplearon Fernando III sus últimos años y Alfonso X los primeros y bastantes más de su reinado para conseguir la formación de una gran ciudad, «con buen concejo y organización eclesiástica, ligada directamente a la Corona y sin problemas o perturbaciones procedentes de grandes señores»[19], aunque se atendiera a eclesiásticos y nobles con importantes donaciones pero sin poner en riesgo el éxito de la repoblación, que, por otra parte, no era «un reparto entre los militares victoriosos pues el rey ha liquidado sus obligaciones económicas con ellos por otras vías generalmente», aunque algunos recibieran tanto donadíos como, si se avecindaban porque tal era su deseo, «heredamientos».

Como en otros casos, el rey nombró una junta de «partidores», encabezada por el futuro primer arzobispo de la ciudad, Remondo o Raimundo de Losaña, que actuó hasta finales de 1252 e hizo, previamente, el catastro de casas, fincas y otros bienes que iban a ser objeto de reparto en la ciudad y su entorno rural en las comarcas del Aljarafe, Ribera y Campiña. El grueso del reparto se hizo en 1253, con revisiones en 1255-1257 y 1263, para redistribuir los bienes raíces abandonados por algunos de sus primeros beneficiarios sin cumplir el plazo mínimo de cinco o doce años de residencia.

Los donadíos fueron abundantes, pues de las 222 alquerías y antiguas aldeas mencionadas en el libro de repartimiento, 90 fueron dadas bajo esta forma. Los principales a miembros de la familia real, órdenes militares, diversas instituciones eclesiásticas del reino. Otros, a personas de la casa real, al servicio directo del monarca, incluso algunos musulmanes y judíos, y a «almogávares», «adalides», «almocadenes» y otro personal militar. «Salvo los grandes "donadíos", que son latifundios completos –explica Julio

González–, los demás [...] son fracciones de alquerías, a veces pequeñas, análogas por su importancia económica a un heredamiento».

Los «heredamientos» propios de repobladores normales, sujetos a obligaciones de residencia con su familia, fiscales, militares y demás propias de su condición de vecinos y miembros del concejo, fueron entregados por el mismo concejo de Sevilla desde mediados de 1253. Constaban siempre de casa, tierra cerealista y olivar. Viña y huerta, al ser muy escasas, sólo correspondieron a algunas categorías superiores de repobladores. El reparto se hizo por sorteo, teniendo en cuenta la población de las parroquias o collaciones en que la ciudad se dividió, la calidad social de sus pobladores y otras razones de proximidad o conveniencia; coordinaron el reparto de suertes o lotes los partidores y los escribanos del repartimiento, junto con los jurados concejiles de cada collación, y se hizo reserva de lotes para futuros pobladores, así como de tierras para aprovechamientos y usos comunales o para el concejo.

Las «calidades» sociales de los nuevos vecinos fueron, como en otras ciudades de Andalucía y Murcia, tres: peón, caballero y caballero «de linaje» o noble. De estos últimos, recibieron heredamiento en Sevilla doscientos, con obligación de residir al menos doce años. Además del lote o «suerte de caballería» que les correspondiera, recibían otro lote especial de bienes, formado por más tierras cerealistas, olivar, viña y huerta. Fueron el núcleo principal de la nueva nobleza urbana establecida en Sevilla como en las demás ciudades de Andalucía, siguiendo los criterios de jerarquización social propios de la época.

En el repartimiento se previeron lotes de importancia para los «cómitres» o «capitanes de mar» encargados de construir, mantener y mandar una flota de «galeras del rey», que tendría su base en las restauradas «atarazanas» de Sevilla, y se delimitó un «barrio de la mar», en torno a ellas, donde se asentaron vecinos dedicados a actividades del mar y río y sujetos a una jurisdicción especial, distinta de la de los otros vecinos, en todo lo tocante al «fuero de mar», que, en definitiva, dependía del almirante. El rey se reservó además, para su «cillero real», las rentas de algunos pueblos que, sin embargo, se poblaron a fuero de Sevilla: Alcalá del Río, Alcalá de Guadaira, Sanlúcar la Mayor, Aznalcázar y Tejada (hoy despoblado); no pasaron muchos años antes de que el rey cediera a Sevilla tales rentas. Por último, el rey se reservó también la propiedad completa de ciertas fincas y bienes que formaron el «almacén del rey»: La Algaba, Huévar, Gelves, las islas Mayor y Menor, la Huerta del Rey, etc. Salvo esta última, las demás fueron enajenadas por el monarca en los años siguientes.

Es evidente que, en Sevilla como en otras partes, el «repartimiento» no fijó de forma permanente una población ni un régimen de propiedad. Hubo abandonos, sustituciones de personas, ausencias una vez cumplidos los plazos mínimos de vecindad, compraventas y donaciones, de tal modo que el régimen de propiedad debió de ser bastante fluido y móvil hasta mediados del siglo XIV, durante las tres generaciones que siguieron a la conquista, y, en general, para beneficio de la tendencia a la concentración de propiedad a la que ya hemos aludido.

Resulta imposible hacer un cálculo aproximado sobre el número de los repobladores de la ciudad. La cifra de 24.000 avanzada por J. González es posiblemente demasiado alta, pero, desde luego, debió de ser pronto la primera ciudad hispánica en número de habitantes. La gran mayoría de los pobladores procedía de Castilla –Burgos, Palencia, Valladolid, Toledo, Cuenca, Huete...–, muchos menos de León, Galicia y Asturias, posiblemente superados en número por navarros y alaveses. Escasos, también, los que procedían de la cuenca del Guadiana, en curso de repoblación ella misma. Incluso hay algunos de otras partes de la Andalucía bética. También fueron pocos los portugueses, aunque hay 35 entre los 200 caballeros «de linaje», y los aragoneses. Los inmigrantes de origen catalán formaron grupos compactos en algunas zonas de Sevilla y aseguraron la repoblación de Coria del Río, al sur de la capital, en el curso del Guadalquivir.

Villa a quien el navío del mar le viene por el río todos los días. De las naves y de las galeas y de los otros navíos de la mar, hasta dentro a los muros apuertan allí con todas las mercadorías de todas partes del mundo: de Tánger, de Ceuta, de Túnez, de Bugía, de Alejandría, de Génova, de Portugal, de Inglaterra, de Pisa, de Lombardía, de Burdeos, de Bayona, de Sicilia, de Gascuña, de Cataluña, de Aragón, y aun de Francia y de muchas partes de allende mar, de tierra de cristianos y de moros, de muchos lugares que muchas veces allí acaecen (Alfonso X, *Primera Crónica General*).

Sin duda, Sevilla era el centro de una gran región agraria y una encrucijada de rutas terrestres, fluviales y, a través de las costas de su reino, marítimas, lo que hizo de ella rápidamente un rico mercado de tráficos interiores y un centro de gran comercio exterior, a lo que corresponde, también, la importancia que alcanzó su ceca real o «casa de la moneda». Esto contribuye a explicar la rápida formación de su judería –que no existía cuando la ciudad capituló en 1248–, hasta llegar a ser la segunda de Castilla, después de la toledana. Y, también, la presencia de colonias de mercaderes de otros países: la ciudad tuvo una calle o barrio especial para los genoveses, que recibieron privilegios fiscales y de extraterritorialidad desde 1251 –algunos ya los tenían en época almohade–; algo más adelante se observa la presencia de mercaderes catalanes, lombardos y pisanos: «placentines» y catalanes tuvieron zonas o «lonjas» especiales, pero desaparecieron en el siglo XIV y no alcanzaron la importancia de los genoveses. Sevilla, y Jerez a imitación suya, tuvo un «barrio de francos», al modo toledano, donde poblaron en principio inmigrantes de esta procedencia.

> Sevilla es la más noble e fue que todas las otras del mundo. Grande es otros y non tan solamente el cuerpo de la cibdat, que es mayor que otro que sea en Espanna, mas aun todo el regno, ca la su longueza tiene desde la grant mar misma fasta las sierras de Ronda e de ende adelante como va la tierra derechamente fasta Guadiana, assí que dentro en estos términos hay muchas grandes villas e castillos muy fuertes.

Esta descripción, contenida en el *Septenario,* es, como la transcrita párrafos atrás, una de las que dedica a la ciudad y a su reino el monarca que más la admiró, Alfonso X. De los más de 30.000 km² del reino de Sevilla, unos 12.000 formaron la «tierra» de la ciudad, sujeta a la jurisdicción del municipio sevillano, aunque en ella había muchas otras localidades con municipio propio, más de setenta, pero subordinado al de la ciudad-cabecera. La importancia de la tierra en la vida sevillana era, como en los otros casos que hemos ido estudiando, mucha y variada. Por una parte, la ciudad extraía de ella contribuciones y ejercía un predominio militar y administrativo que la convertía en centro de un amplio territorio al que gobernaba con gran autonomía. Por otra, la tierra era fundamental para el aprovisionamiento de la urbe, muchos de cuyos vecinos pudientes vivían en buena parte de las rentas que generaban sus propiedades rurales.

Las zonas en que se dividía la tierra sevillana se conocieron desde el siglo XIII con los nombres que han llegado a nuestros días: Sierra, Aljarafe, Ribera y Campiña. La Sierra, al norte, había sido ocupada por capitulación, y permaneció alguna población musulmana en ella hasta 1264; fue una comarca muy poblada en los últimos decenios del siglo XIII, sobre todo en su zona occidental, próxima a Portugal, de donde el nombre con que se la conoció más adelante de «banda gallega» (Aroche, Aracena –donde se conservaron una treintena de aldeas–, Fregenal, Las Cumbres, Zalamea y Almonaster –que eran señorío de la sede arzobispal de Sevilla–, Cortegana, Castil de las Guardas...), pero también en la oriental (Constantina, Alanís, Cazalla, San Nicolás del Puerto, Puebla del Infante –fundada en tiempos de Alfonso X–, El Pedroso). El Aljarafe (El Otero) era una comarca rica en olivares e higuerales, situada al oeste de la ciudad y repartida junto con ella, pues era su principal zona de aprovisionamiento agrícola; allí se localizaban, según el «libro de repartimiento», unas 200 alquerías, cuyo número se redujo a la tercera parte en los años siguientes, aunque siguió habiendo nuevas repoblaciones en los siglos XIV y XV. De cualquier modo, el poblamiento rural del Aljarafe, con numerosas pequeñas localidades, era muy diferente del de otras partes de la Baja Andalucía: Aznalcázar, Sanlúcar la Mayor y Aznalfarache eran cabezas de distrito en época musulmana, así como Tejada, que desapareció sustituida por Manzanilla y Castilleja del Campo, entre otras poblaciones. La Ribera seguía el curso del Guadalquivir tanto aguas arriba de Sevilla (Alcalá del Río, Santiponce, La Algaba, y los señoríos de la orden de San Juan en torno a Lora, así como Cantillana, repoblada por la sede arzobispal de Sevilla en 1345) como aguas abajo (Coria, La Puebla, Gelves). Por último, la Campiña, zona cerealista por excelencia al sur y sureste de la ciudad, estaba más sujeta a las incursiones musulmanas, sobre todo en la llamada «banda morisca», en la frontera de Granada, lo que causaba mayor inseguridad y potenciaba la concentración de habitantes en localidades bien defendidas: Utrera, Alcalá de Guadaira –que tuvo la condición de barrio o «collación» de Sevilla– y Lebrija, repoblada después de 1264, fueron los núcleos principales, pues en otros no se consolidó la población hasta la segunda mitad del siglo XIV –Las Cabezas de San Juan, El Coronil, Villamartín–. Abundaron allí desde el comienzo las plazas sujetas a señorío, entre otras cosas para asegurar mejor su defensa: Marchena, Morón y Cote, Estepa, Osuna.

4. LAS ZONAS COSTERAS

En las tierras del Guadalete, del Bajo Guadalquivir y de la costa, las repoblaciones fueron algo más tardías, pues, en general, comenzaron después de los sucesos de 1264 aunque los castellanos ya tuvieran en ellas presencia militar, por pacto, desde años atrás, a raíz de la conquista de Sevilla. Así, en Arcos, el rey sólo dispuso de bienes del fisco, con los que hizo mercedes a la orden de Calatrava en 1255-1256 (aldeas de Mathet, Madafil y Cañillas, castillo y términos de Matrera), y estableció un concejo cristiano ya en 1256, pero la repoblación definitiva fue posterior a 1264, siempre a fuero de Sevilla aunque con algunas ventajas añadidas para compensar los riesgos de la frontera: los arcobricenses sólo tendrían que acudir a la hueste regia cuando actuara entre el Guadalquivir y la costa atlántica, y los vecinos peones quedaron libres del diezmo real que pagaban los de Sevilla, según el uso de origen toledano. Arcos perteneció en diversos momentos a la «tierra» de Sevilla, pero mantuvo siempre sus peculiaridades, debidas en gran parte a la situación fronteriza.

Jerez también tuvo guarnición castellana desde 1249, pero, al igual que en Arcos, el repartimiento no se efectuó hasta después de la expulsión de los musulmanes, en 1265, y se conserva el libro correspondiente[20]. Sevilla fue, una vez más, el modelo seguido en todo, pues incluso Jerez formó parte de su arzobispado y se fijó el río Guadalete como límite con el obispado de Cádiz. En total se repartieron 2.058 casas para 1.927 vecinos, distribuidas en seis collaciones: San Salvador, que era la principal y sede de la iglesia colegiata, San Mateo, San Lucas, San Juan, San Marcos y San Dionisio, donde se instaló una judería para 96 vecinos. El número de donadíos se limitó a 30 en 1269, para garantizar un reparto más equilibrado de la tierra, pero el riesgo de la frontera impuso su presencia: Jerez no tuvo, en principio, aldeas en su término. El libro de repartimiento jerezano permite conocer con detalle la procedencia de los repobladores: alrededor de un 30% de tierras de Castilla la Vieja, un 15% de León y un 8% de Galicia, un 13% de Castilla la Nueva, un 8,5% de la misma Andalucía, un 7,40% de la Corona de Aragón, un 3,35% de Navarra y un 2,95% de Portugal, procedentes algunos de ellos del Algarve, recién integrado en el reino lusitano.

Cádiz fue un caso excepcional, por muchos motivos. La conquista definitiva de la plaza ocurrió en 1262, como parte de los planes de Alfonso X para contar con bases marítimas y prolongar la «cruzada» al lado africano del Atlántico. Por ello, su proyecto inicial de población fue muy ambicioso: pretendió instalar 300 vecinos, de los que 100 serían ballesteros, y concedió, en 1263, grandes privilegios económicos para estimular su venida, como fueron la feria, la exención de portazgo en todo el reino, y de impuestos para cuanto compraran los gaditanos con destino a su sustento. Dotó una modesta sede episcopal, cuyo término se delimitó definitivamente en 1265 (3.800 km^2). Y procuró compensar la escasez de tierra y rentas disponibles al permitir a los gaditanos comprar «heredamientos» en término de Jerez, y conceder al obispo cantidades sobre las rentas del «almojarifazgo» de Jerez y Cádiz y sobre las almadrabas atuneras de la costa próxima. Con todo, es poco probable que Cádiz llegara a tener más de 800 habitantes, y los sucesos posteriores a 1265, la repoblación de Jerez y la del Puerto de Santa María, relegaron al olvido, en gran parte, el proyecto inicial alfonsino.

El resto de las localidades de la costa o próximas a la frontera de Granada se pobló después, más precariamente y con mayores dificultades. El rey pretendió convertir a El Puerto de Santa María en gran base marítima, hasta cierto punto en sustitución de Cádiz, pero con mejor arraigo en el traspaís agrario[21]. En 1272 la cedió a una nueva orden militar, la de Santa María de España, cuya finalidad sería hacer la guerra por mar, pero la orden desapareció a los pocos años y, en 1280, El Puerto era de realengo y recibía nuevos privilegios, entre ellos los que protegían de manera especial a los mercaderes extranjeros. De los 404 nombres de pobladores que conocemos, 219 tienen mención de procedencia: 26 son de la costa vascongada, 51 de Cantabria, 15 de Asturias y 19 de Galicia, 17 de León, 50 de las dos Castillas, 8 de la misma Andalucía, 10 catalanes, 7 portugueses, 9 navarros... Como en otras localidades costeras andaluzas, la proporción de inmigrantes de la zona cantábrica es superior a la de las plazas del interior. Poco después, El Puerto pasaba a manos de la orden de Santiago y, a comienzos del XIV, se consolidaba como señorío del linaje de La Cerda. Por entonces había comenzado ya la promoción señorial, basada en tareas de defensa y colonización, de Alfonso Pérez de Guzmán, a raíz de la defensa de Tarifa, que protagonizó en 1294: en 1297 recibía el señorío de Sanlúcar de Barrameda, Rota y Chipiona, entonces simples torres sin población, en 1303 el de Conil con su anejo de Chiclana, en 1307 el de Vejer, cuya lenta y azarosa repoblación se había iniciado veinte años antes. Vejer, junto con Medina Sidonia y Alcalá de los Gazules, que permanecieron por entonces en el realengo, era la clave de la defensa fronteriza frente a granadinos y meriníes: los intentos por mejorar o restaurar la población de estas plazas se sucedieron a lo largo del siglo XIV[22].

En las tierras más occidentales, o «Algarbe», la cuestión primera fue delimitar la frontera entre la Andalucía castellana y Portugal. Los acontecimientos se sucedieron desde que los portugueses llegaron al extremo sur: Ayamonte ya era suyo en 1240, y se planteó la disputa sobre la frontera en el Guadiana y la pertenencia del actual Algarve portugués, sobre el que los reyes de Castilla pretendían derechos al considerarlo parte del reino taifa de Niebla, que era vasallo suyo. La delimitación fronteriza, y el paso del Algarve actual a Portugal, se produjeron entre 1253 y 1267, fecha esta última del tratado de Badajoz, pero, a los efectos de la ocupación del territorio, el suceso fundamental fue el asedio y toma de Niebla (agosto de 1262) y la inmediata repoblación de la ciudad, su territorio y aldeas, y de las villas próximas de Huelva y Gibraleón, con cristianos, pues parece que la población musulmana prácticamente desapareció después de 1264. La carta-puebla de Niebla es de febrero de 1263, y en ella dispone Alfonso X que la ciudad –donde se establecieron cuatro parroquias– tenga los mismos privilegios y libertades que Sevilla, aunque se rija por el Fuero Real –años después pasaría a tener también el sevillano–. El plazo de residencia mínimo para los nuevos pobladores, antes de que pudieran enajenar los bienes recibidos, se redujo a dos años, caso insólito, y en julio de 1263 a sólo uno, tal vez para estimular la llegada de colonos a la ciudad y su término, que fue el mismo de «tiempo de moros», en el que ya habría también algunas de las aldeas luego pobladas por los cristianos. Huelva y Gibraleón, con categoría de «villas», se poblaban al mismo tiempo y con las mismas condiciones que Niebla, cuyo concejo continuó con las iniciativas repobladoras en los 3.000 km² de su «tierra» hasta el primer cuarto del siglo XIV, en condiciones cada vez más difíciles y con menor defensa frente a la presencia señorial, que ya se había hecho con Gibraleón y Huelva y que conseguiría hacerse con Niebla desde 1368[23].

5. Evolución bajomedieval[24]

Las circunstancias bajomedievales favorecieron en Andalucía tanto el desarrollo de la gran propiedad como el de los señoríos jurisdiccionales en manos de la nobleza, fenómenos distintos, aunque guarden relación tanto en sus causas como en sus efectos sociales. Continuaron, además, las tareas colonizadoras, tanto en el realengo como, especialmente, en los señoríos, aunque de manera discontinua y siempre muy localizada.

Desde el último cuarto del siglo XIII se produjo la «ruptura de los esquemas que habían presidido la tarea del repartimiento». Las «dificultades económicas, problemas militares, inversión de la corriente migratoria, crisis demográficas del siglo XIV» estimularon un fuerte movimiento de ventas que favoreció a los únicos capaces de invertir, esto es, a los miembros de la nobleza y a algunas instituciones eclesiásticas –conventos, capellanías, cabildos catedralicios–, con la vista puesta en formas de renta estable y beneficios a largo plazo, en unos casos, y, en otros, también en ventajas de orden social y político, por lo que aumentaría rápidamente la gran propiedad desde ese momento, en circunstancias diferentes de las propias de la primera época repobladora. A esto se añadieron los efectos indirectos del auge de los señoríos jurisdiccionales, pues muchos de sus titulares tendían a comprar tierra en los mismos espacios, y, a veces, a privatizar o usurpar espacios y aprovechamientos comunales[25].

Así, creció mucho el número de campesinos cultivadores en tierra ajena, no propietarios o dueños sólo, en el mejor de los casos, de pequeñas parcelas –viñas, huertas, pedazos de tierra de labor u olivar, etc.– con las que completaban los ingresos obtenidos en su labor principal como aparceros, arrendatarios o usufructuarios a «censo» de otras tierras. A veces, incluso, la pequeña propiedad de este tipo creció en zonas pobladas en los siglos XIV y XV, pues los colonos la recibían, para estimular su asentamiento y mejorar sus condiciones laborales, pero no se puede equiparar a los lotes de vecindad repartidos en el siglo XIII, porque no bastaba para asegurar el sustento de una familia campesina.

Los propietarios medianos, generalmente de tierras de «pan llevar», eran ya con frecuencia miembros de «las oligarquías urbanas: de cabildos municipales, hidalgos, caballeros "de cuantía"...», pero, a la vez, muchos medianos y pequeños propietarios tenían arrendadas las tierras de producción cerealista de los grandes propietarios, que eran absentistas, sobre todo en las campiñas de la media y Baja Andalucía. Tal situación estaba ya consolidada en el siglo XV, cuando el cambio de circunstancias económicas y las mejores posibilidades de inversión con que contaron los nobles impulsaron un crecimiento sostenido del precio de la tierra.

* * *

En aquellas condiciones, hubo despoblados y tierras abandonadas ya en el siglo XIII, la subpoblación se acentuó en el XIV, con el consiguiente aumento de las zonas de baldíos y «montes», y sólo lentamente fue cediendo a lo largo de la fase de crecimiento demográfico del XV y buena parte del XVI. En este último momento, aparecieron formas de poblamiento rural disperso –cortijos, haciendas–, inexistentes en la Baja Edad Media, época en la que sólo hubo poblamiento rural concentrado y, con frecuencia, fortificado y únicamente se constata la existencia de aldeas pequeñas en el Aljarafe sevillano, y de algún poblamiento disperso en puntos de la sierra norte cordobesa y sevillana.

Las iniciativas colonizadoras continuaron, a pesar de todo, por obra de los nobles en sus señoríos, de las instituciones eclesiásticas y órdenes militares en los suyos, y de algunos concejos de realengo, en la primera mitad del siglo XIV[26]. Así, nacieron media docena de pequeños pueblos de señorío en la Campiña sevillana, a partir de antiguos dona-

1. Andalucía y Murcia

díos, y una quincena de aldeas en el Aljarafe de Sevilla, aunque no todas se consolidaron, tres o cuatro en tierra de Carmona, cuatro al sur de Córdoba (Espejo, Fernán Núñez, El Carpio, Montemayor), alguna en el Adelantamiento de Cazorla, y se logró con dificultad aumentar la población de algunas localidades señoriales en zona gaditana (Vejer, Medina Sidonia) y onubense (Gibraleón, Moguer, Palos). En la zona del estrecho de Gibraltar y frontera con Granada, la repoblación era obra de nobles, que recibían el señorío sobre las localidades, como fue el caso de Alonso Pérez de Guzmán (Sanlúcar de Barrameda, Trebujena, Rota, Chipiona, Chiclana, Conil, El Puerto de Santa María) o del esfuerzo de la Corona por mantener guarnición y un vecindario militarizado y exento de impuestos, apoyados con el envío periódico de «pagas y llevas» y otros privilegios, en las plazas que iba conquistando (Tarifa, Gibraltar, Olvera, Teba, Priego, Alcalá la Real, Alcaudete, Luque, Algeciras...). Durante el siglo XV y primer tercio del XVI, el fenómeno se intensificó, apoyado en un fuerte incremento de población, tuvo más éxito y a veces consolidó o restauró fundaciones del XIV. Al menos nacieron 22 poblaciones nuevas sólo en el reino de Sevilla, por iniciativa señorial o concejil casi todas[27].

* * *

El crecimiento en número, importancia y extensión de los señoríos jurisdiccionales en manos de casas nobles fue otro gran hecho de la Baja Edad Media andaluza –tanto o más que en otras regiones castellanas–. Otros tipos de señoríos se estabilizaron o, ya en el siglo XV, tendieron a disminuir –los eclesiásticos y los de órdenes militares descendieron de

12.400 km² en 1295 a 7.600 hacia 1500–; los de miembros de la familia real tampoco se estabilizaron, aunque tanto los desaparecidos antes de que concluyera en el siglo XIII como los que surgieron en el XIV serían a menudo precedente para la entrada definitiva de las respectivas localidades en señorío nobiliario. Este tipo de señorío creció desde tiempos de Fernando IV (alcanza los 5.000 km²) y, en especial, Alfonso XI (6.250 km²), y volvió a desarrollarse en época de la dinastía Trastámara, sobre todo en los reinados de Enrique II (12.000 km²) y Enrique IV (21.700 km²). En 1480, los señoríos cubrían el 48,8% del territorio andaluz (29.252 km² –de los que 7.600 eran eclesiásticos y de órdenes militares–, frente a 30.695 del realengo); su importancia relativa era mucho mayor en las zonas rurales, pues sólo formaban parte de ellos algunas localidades urbanas de importancia media o baja (Niebla, Medina Sidonia, Arcos, Marchena...), a menudo muy ruralizadas en su población y actividades, aunque algunas tenían también una importante actividad marítima (Huelva, Sanlúcar de Barrameda, El Puerto de Santa María...).

* * *

Los cambios en la organización del espacio y en la titularidad de la propiedad y de los diversos usos de la tierra incidieron sobre las formas de su aprovechamiento. En el siglo XIV jugaban a favor de la expansión de la ganadería, estante, trashumante de corto radio o de largo recorrido (ganados «extremeños» de la Mesta); eran formas de explotación ganadera con diferentes intereses, lo que dio lugar a roces y disputas, más frecuentes durante la fase de expansión demográfica del siglo XV, y al retroceso o retraimiento de la

Mesta de los «serranos», salvo en el alto valle del Guadalquivir y Sierra Morena, en favor de la trashumancia «travesía» o de corto radio regulada por numerosas mestas locales. Al mismo tiempo, se distinguieron mejor los pastos en tierras de uso comunal para todos los vecinos de un concejo y sus hermanados de aquellas otras que administraba el mismo concejo –«propios»– y, por supuesto, de las zonas acotadas para uso privado –«dehesas»–.

En la larga fase de expansión que ocurrió en el siglo XV y buena parte del XVI se actuó a favor de las estructuras ya existentes, que así se consolidaron mucho más: predominio de la gran propiedad, cultivada por aparceros y arrendatarios más que por censualistas –todavía no predominaban los jornaleros–, adecuación de las producciones agrarias a las demandas de los mercados urbanos y exteriores, control del mundo rural por gentes de la ciudad, ya como propietarios rentistas, ya como arrendatarios de ellos. Así se aseguró el predominio de la nobleza y de la aristocracia caballeresca, dueñas políticas, al mismo tiempo, de los gobiernos municipales y titulares de los señoríos.

En los últimos decenios del siglo XV aumentaron las tierras cultivadas y la producción cerealista, de aceite de oliva y de vino, intensificándose la «presión sobre los espacios comunales y baldíos» y las tendencias a privatizar usos comunales en relación con un afán de dominio de la tierra que se manifiesta también en las pugnas por aumentar el número de habitantes –vasallos– sujetos a la jurisdicción de cada señor, con detrimento de otros o, más frecuentemente, del realengo. Y, tanto en los señoríos como en las tierras controladas por concejos de realengo, en la pugna por controlar los puntos de cobro de portazgo sobre el tránsito de productos agrarios y otras mercancías, para participar en los beneficios generados por una economía agraria muy integrada en circuitos e intereses mercantiles. Otro hecho coetáneo fue la intensificación del dominio del mar –construcción naval, pesquerías, almadrabas– y el aumento de la masa monetaria y de su velocidad de circulación gracias a la acuñación de gran cantidad de piezas en la ceca de Sevilla, bien abastecida de plata y, sobre todo, de oro africano.

Esta característica explica mejor el porqué del éxito de ciertos predominios sociales en Andalucía. Se habían consolidado tendencias originarias: en la «apropiación del excedente» desempeñaban un papel muy grande las rentas sobre la circulación, comercialización y consumo, y las que derivaban del ejercicio de la jurisdicción, junto con las que gravaban directamente la producción. Y a ellas se añadía la participación en los beneficios mercantiles obtenidos a partir de los productos agrarios, en lo que participaban tanto mercaderes de las ciudades como, sobre todo, aristócratas propietarios de tierra, residentes en las mismas ciudades; y su actitud común era reinvertir beneficios en la compra de tierra y en nuevos negocios mercantiles. «Triunfo de la ciudad», se ha repetido con frecuencia. Protagonismo y consolidación de una nobleza a la vez territorial, señorial y urbana, que supo aprovechar en su favor nuevas formas económicas que, de otro modo, habrían alentado el crecimiento de una burguesía distinta.

El fenómeno no fue exclusivo de Andalucía, pero sí más importante en ella que en otras regiones porque se desarrolló a partir de raíces autóctonas desde la repoblación del siglo XIII y permitió el despliegue de una economía regional autónoma, «yuxtapuesta», más que integrada con la del resto de Castilla, según observa García de Cortázar:

los señores andaluces se adaptaron a una economía mercantil y un estilo de vida plenamente urbano; con mucha frecuencia sus inversiones en tierra, como las de los vecinos poderosos de las ciudades de valle del Guadalquivir, no tuvieron el sentido defensivo del rentista, sino el ofensivo del inversionista especulativo, del burgués.

Pero tampoco conviene extremar estas comparaciones y contrastes entre una «intensa vocación mercantil» y «un espíritu de especulación capitalista», de una parte, y formas y comportamientos más conservadores y tradicionales, de otra. Se trata, más bien, de un modelo regional de aprovechamiento de las posibilidades económicas y de integración política en el conjunto de Castilla distinto de otros –cuenca del Guadiana o la Extremadura, por ejemplo–, pero que participa de las características comunes del sistema y de sus tendencias evolutivas: los ideales sociales y culturales, los comportamientos políticos de los señores de Andalucía no eran sustancialmente distintos de los observados en otras regiones de la Corona castellano-leonesa, y probablemente veían sus prácticas económicas –influidas por una situación y unas posibilidades mercantiles específicas– como medio de sustentar y financiar aquellos ideales y comportamientos.

3. El reino de Murcia

1. LA ÉPOCA DE PROTECTORADO CASTELLANO (1243-1265)

Las conquistas en el sureste de Castilla la Nueva y Alta Andalucía habían comenzado a erosionar los bordes del territorio del taifa murciano desde la década de 1230 en la zona próxima a la plaza castellana de Alcaraz y en la sierra de Segura, cuya conquista por la orden militar de Santiago en 1242 incluyó un gran territorio, en el que de momento permaneció mucha población musulmana. Los santiaguistas lanzaban por entonces expediciones más al sur, contra Huéscar, Orce y Galera, y acabaron consolidando un gran señorío, en tierras actuales de Jaén, Albacete y Murcia[28].

Pero la plena presencia castellana en el reino taifa de Murcia comenzó como consecuencia del pacto de protectorado establecido por el infante heredero don Alfonso con el rey murciano y los gobernadores o «arráeces» autónomos de las principales villas (Alcaraz, abril 1243). En aquellas condiciones, Castilla y Aragón acordaron un tratado fronterizo (Almizra, marzo 1244) que respetaba la presencia y los derechos castellanos en la totalidad de Murcia, cuya superficie abarcaba en aquel momento,

> desde las alturas en que el Cabriel desemboca en el Júcar y puerto seco de Bíar [...] hasta la cuenca del Almanzora y Vera, lo que suponía la parte serrana de la provincia de Valencia con el valle de Ayora, comarcas conquenses, casi la totalidad de Albacete hasta Alcaraz, zonas limítrofes de Jaén y Granada, gran parte de Almería y la casi totalidad de Alicante hasta Villajoyosa[29].

El territorio murciano había tenido demarcaciones diversas a lo largo de los tiempos anteriores. Sólo en parte era heredero de la antigua *kura* de Tudmir, lejano precedente del siglo VIII. En el IX, los musulmanes habían fundado la misma Murcia, y a lo largo de los siglos XI y XII se habían perfilado distintas distribuciones territoriales, hasta alcan-

1. Andalucía y Murcia

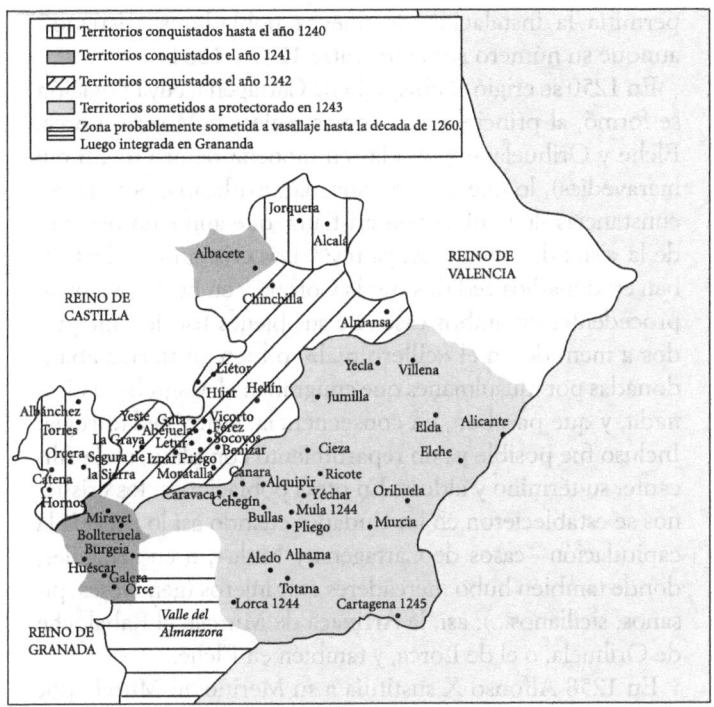

Mapa 19. Conquista del reino de Murcia. (Según M. Rodríguez Llopis)

zarse la vigente en 1243. Pero, en aquel momento, Murcia era un reino en trance de descomposición debido a la rebeldía de muchos «arráeces»: el infante don Alfonso hubo de realizar campañas militares de importancia hasta conseguir la sumisión de Mula, Lorca y Cartagena. Consiguió así su objetivo principal, y puso freno a cualquier proyecto de Jaime I de Aragón para avanzar más al sur de lo acordado en Cazola (1179); pero el «protectorado» castellano apenas permitía la instalación de nuevos pobladores cristianos, aunque su número aumentó entre 1243 y 1264.

En 1250 se erigió el obispado de Cartagena, cuya dotación se formó, al principio, con rentas reales en Murcia, Lorca, Elche y Orihuela, expresadas en moneda de oro (ocho mil maravedíes), lo que era una novedad explicable por las circunstancias de la presencia cristiana, que aumentó después de la visita de Alfonso X, ya rey[30]. Los cristianos se instalaban en donadíos cedidos por la Corona y en heredamientos, procedentes en ambos casos de sus bienes fiscales, integrados a menudo en el «cillero real», o bien en tierras abandonadas por musulmanes que emigraban al Magreb o a Granada, y que pasaban, en consecuencia, a propiedad regia. Incluso fue posible ya un repartimiento completo, el de Alicante, su término y aldeas. En otras poblaciones, los cristianos se establecieron en las ciudades cuando así lo preveía la capitulación –casos de Cartagena y Mula–, o en arrabales, donde también hubo mercaderes extranjeros (genoveses, pisanos, sicilianos...): así, la Arrixaca de Murcia, el Rabaloche de Orihuela, o el de Lorca, y también en Elche.

En 1258 Alfonso X sustituía a su Merino en Murcia por un Adelantado Mayor y repartió entre los pobladores cristianos de la Arrixaca o «Murcia la nueva» el heredamiento de Las Condominas, de regadío, en «caballerías» y «peonías», unas 4.000 tahúllas. Posiblemente, la presión castellana aumentó desde entonces. En 1263, el antiguo rey musulmán de Murcia acusaba a Alfonso X ante el papa de «no cumplir las capitulaciones». Aquella presión, contemporánea a la que se daba en Andalucía, fue uno de los desencadenantes de la revuelta mudéjar de 1264, que en Murcia sólo concluyó con la venida de Jaime I de Aragón al frente de su ejército.

1. Andalucía y Murcia

Desde mediados de 1264 a febrero de 1266, el reino de Murcia es escenario de la sublevación mudéjar, que afectó sólo a una parte del Adelantamiento. En la capital, Cartagena, Elche, Villena, Petrel, Moratalla y alguna otra posesión santiaguista, triunfaron los rebeldes, pero sin fuerzas suficientes para imponer su dominio al resto del reino, pese a la ayuda militar de al-Ahmar de Granada.

La restauración del dominio cristiano se debió a los esfuerzos realizados por Jaime I y su hijo el infante Pedro desde Valencia, en 1265 y, campaña final, entre noviembre de 1265 y febrero de 1266, aunque el rey aragonés reintegró a Alfonso X en su dominio sobre Murcia, pues su objetivo principal había sido evitar que la revuelta se extendiera a Valencia. Con ella se habían roto definitivamente los pactos anteriores, y el monarca castellano pudo actuar con mucha mayor libertad[31].

2. Los repartimientos a partir de 1266: Murcia, Orihuela, Lorca

Los repartimientos principales se efectuaron entre 1266 y 1276. Luego fue casi imposible, ante la emigración masiva de mudéjares, los ataques granadinos y el mismo abandono de bastantes repobladores, lo que produjo el hundimiento de las actividades y zonas agrarias menos atractivas o rentables, o bien más costosas de realizar; en estas condiciones hubo, como en otras partes, un auge del cereal y el viñedo de secano y de la ganadería, a pesar de la gran importancia que conservó la Huerta murciana[32].

En Murcia y su huerta, los repartidores utilizaron la «organización catastral musulmana», lo que se refleja en el cuidado y detalle de los libros de repartimiento, en los que se atribuye gran cantidad de parcelas de tierra huertana de regadío, utilizando como unidad de medida la tahúlla (1.118 m². Seis tahúllas eran una fanega. Nueve, una hectárea), con sus divisores (ochava, de 32 brazas), y como unidad de valoración de la tierra, según su arbolado, riego, cercanía, etc., la alfaba. En el reparto de las fincas de secano («rafales»), se mantuvo la unidad tradicional, que era la yugada (32,297 ha; una yugada tiene 50 fanegas o 500 estadales)[33].

A raíz de la recuperación de la ciudad, en febrero de 1266, Jaime I pactó con los musulmanes murcianos dejar en su propiedad la mitad de la huerta y de la ciudad, e hizo unas treinta mercedes en la huerta, con mil a tres mil tahúllas cada una, a cien «hombres de valor», aunque para que las cultivaran mudéjares. Dada la escasez de mano de obra musulmana, si aquellas mercedes se hubieran mantenido, la repoblación efectiva apenas habría sido posible. De hecho, algunos grandes donadíos tendieron a convertirse en señoríos –Alcantarilla, Alguazas–, pues en Murcia, como en Andalucía, sus propietarios debían tener la tierra cultivada y asumían algunas obligaciones militares, pero no estaban sujetos al régimen general de derechos y obligaciones concejiles, aunque la jurisdicción en el territorio del donadío correspondiera al concejo. Se ha señalado como muchos de los donadíos murcianos

> reproducen casi siempre las grandes propiedades islámicas, de manera que se produjo una transferencia directa desde la aristocracia musulmana a la cristiana, que hizo pervivir estas grandes superficies durante algunas décadas más [...] pero, en contra de lo que pudiera parecer, estas grandes propiedades se fragmentaron a lo largo del siglo XIV y casi ninguna de

ellas sirvió de base a la gran propiedad y a los mayorazgos bajomedievales y modernos[34].

Alfonso X sólo respetó las mercedes que el rey aragonés había hecho con casas en el casco urbano y procedió a un nuevo reparto, que concluyó en octubre de 1267, después de desalojar a los musulmanes de su mitad de la ciudad e instalarlos en el arrabal de la Arrixaca, respetándoles por entonces la mitad de la huerta. Además, prohibió que se comprara tierra por encima de cierto límite, para evitar la acumulación de propiedad. En el reparto de 1267 y en otro que lo completó y reformó en 1269-1270 se distribuyeron 33.756 tahúllas, valoradas en 8.023 alfabas. De ellas, 7.135 fueron donadíos, valorados en 2.298 alfabas, y el resto heredamientos. La ciudad tenía 308 vecinos caballeros en 1270 y 1.369 peones con lote de reparto completo, más otros que no dispondrían de él. Poco a poco, sin embargo, la población mudéjar disminuía, y partes de la huerta que habían sido suyas pasaban a poder de los cristianos: en 1271, cuando se llevó a cabo un nuevo reparto, las tres cuartas partes de la huerta eran ya de los repobladores, cuyo número no aumentó mucho en aquella ocasión, ya que abundaron las mercedes de donadíos. Un nuevo reparto, en 1272, muy poco conocido, alude de nuevo a la emigración de los musulmanes. Por entonces, entre 1268 y 1272, se repartió también el Campo de Cartagena, tanto en su mitad cristiana como en la musulmana, ya abandonada: «se menciona rafales derrocados, casas derribadas, pocos árboles e incluso la creación de una dehesa de conejos. La despoblación es ya evidente en el Campo y no acaba de repartirse en su totalidad». También se repobló someramente Cieza, en el camino de Cartagena hacia Castilla, pero modificando su emplazamiento anterior, que fue abandonado por los musulmanes tras la revuelta de 1264.

Lorca y Orihuela, con sus términos, fueron los otros dos núcleos principales en los que hubo repartos y de los que se conservan los correspondientes libros. Lorca fue plaza fronteriza con Granada de máxima importancia a partir de 1265, y así lo reconoció Alfonso X en marzo al eximir del pago de «quinto real» sobre el botín que obtuvieran en las «cabalgadas» a los caballeros y peones de la ciudad, y ordenar que sólo se repartiera heredamiento a los que mantuvieran en Lorca su «casa mayor poblada», con mujer e hijos. Ya en 1257 se hizo un primer reparto, durante el viaje de Alfonso X a Murcia, con las villas de Puentes y Feli, y el rey autorizó a los vecinos cristianos de Lorca a comprar tierras a «todo moro que vendergelo quisiere», pero con la condición de no venderlas antes de diez años. El reparto principal se efectuó en 1268-1270: huerta y tierra de labor para 738 «herederos», que reciben 445 «caballerías» y 292 «peonías». Las revisiones de 1272 y 1330-1337 tuvieron por objeto reasignar tierras vacantes por abandono de los cristianos que las tenían, o por emigración de los pocos mudéjares que quedaban. Hubo, evidentemente, un retroceso de la población desde los años setenta del siglo XIII, debido en gran parte a los riesgos de la frontera: la revisión de 1330-1337 afectó a 127.000 tahúllas y a 607 herederos, aunque ignoramos si eran la totalidad de los vecinos de Lorca con heredamiento en aquel instante[35].

Las condiciones de Orihuela eran mucho más favorables para atraer pobladores, hasta el extremo de que se repartió tierra que en la época inmediatamente anterior no había tenido dueño, y permanecieron las pequeñas aldeas y alquerías o «rafales», donde se instaló parte de la nueva población[36]. El primer reparto, en 1266, tuvo lugar bajo la influencia de lo que había hecho en los meses anteriores Jaime I, al otorgar bastantes donadíos; en total, se repartieron 2.700 tahúllas a 691 herederos. «Los donadíos oriolanos responden por su ubicación y delimitación a alquerías o rafales de anteriores señores musulmanes o a la suma de ellos [...] A causa de su extensión y valor, tienden a convertirse en señoríos si el concejo, a quien pertenece la jurisdicción, no adopta las medidas precisas.» Ejemplos de este proceso: Guardamar, Abanilla, Molina, Redovan, Crevillente.

Por eso, el segundo reparto, que tuvo lugar en 1267 y fue el principal, no respetó todos los donadíos ya establecidos. Se entregaron 44.000 tahúllas de regadío y otras de secano, lo que constituía «gran parte del término de Orihuela». A los 799 vecinos que ya había se añadieron otros 438. Según Font Rius, se solía dar de una a cinco «caballerías» por vecino (a 50 tahúllas la caballería). Hubo, al menos, cuatro revisiones y complementos de reparto hasta comienzos del siglo XIV. En 1269-1271 se comprobó la marcha de 323 herederos, y se instalaron 173 nuevos en 12.851 tahúllas. En 1272-1275, ante el aumento de los que se habían ausentado, se repartieron otras 20.000 tahúllas, que habían sido suyas en gran parte, o bien a nuevos pobladores o bien para «mejorar» a algunos de los que ya estaban. El reparto de 1288-1295, por el contrario, se hizo sobre 6.751 tahúllas no partidas antes, para 269 pobladores de los que, al menos, 108 eran nuevos. Por último, después de la conquista de Jaime II y de la incorporación de Orihuela al reino de Valencia, se hizo un esfuerzo político para aumentar la población, y el municipio repartió tierras para unos 775 nuevos colonos procedentes de la Corona de Aragón, pero a menudo eran ya tierras de mala calidad. Ignoramos si hubo emigración de algunos pobladores anteriores como consecuencia del cambio de dominio.

Las cifras totales que se manejan sobre el número de vecinos instalados en las tres ciudades –Murcia, Lorca, Orihuela– sólo en parte coinciden con las que mencionan los repartos, pero son muy significativas sobre el origen de los pobladores: en Murcia habrían poblado 1.108 catalanes y 175 de otras partes de la Corona de Aragón, 517 castellanos y 507 sin procedencia conocida, que serían castellanos también casi todos, más 68 de otros orígenes. En Orihuela, 266 catalanes, 240 de otras partes de la Corona de Aragón, 238 castellanos y 259 sin origen conocido, más 97 de otras procedencias. En Lorca, 372 castellanos, 131 catalanes, 155 de otras partes de la Corona de Aragón, 40 de otros países y 20 sin indicación de origen. En Mula se instalaron 80 vecinos. Sumando algunos datos referidos a Alicante y Cartagena, parece que el número total de vecinos «heredados» no superó los 5.000 –esto es, entre 20.000 y 25.000 personas–, lo que significa un descenso de población muy notable con respecto a la época anterior, teniendo en cuenta, además, que la gran mayoría de los musulmanes abandonó el país. Sobre otras iniciativas repobladoras apenas hay datos: por ejemplo, sobre Elche, que fue señorío del infante don Manuel y luego de su hijo don Juan Manuel.

Aun integrada firmemente en la Corona castellana, Murcia tenía una nueva población de origen mixto, con muchos catalanes y aragoneses que, en buena parte, procederían de la vecina Valencia. Era, además, una población escasa, lo que contribuye a explicar mejor el cambio de dominio político de una parte del reino como consecuencia de la conquista de Jaime II de Aragón en 1297 y de la sentencia arbitral de Torrellas de 1304.

2. El reino de Granada

El emirato de Granada bajo la dinastía nazarí fue el último espacio político e histórico de al-Andalus, desde su formación entre 1232 y 1246, al mismo tiempo que se producía la conquista del valle del Guadalquivir por castellanos y leoneses, hasta su propia conquista e integración en la Corona de Castilla entre 1482 y 1492. El pacto establecido entre Fernando III y Muhammad ibn Nasr en 1246 creaba el reino de Granada y fijaba la condición de sus emires como vasallos de los reyes castellanos, a la vez que establecía una tregua de veinte años. Ambos aspectos, vasallaje y tregua, indican la provisionalidad con la que, del lado castellano, se consideró la situación, aunque durara dos siglos y medio, con numerosas épocas de tregua, pero la confrontación fue el estado más frecuente y el proyecto de conquista la imagen de mayor peso en la conciencia política castellana, pese a la importancia que también tuvieron las relaciones económicas, las mutuas influencias culturales y los períodos de relación pacífica, tanto entre los dos países como entre los hombres que vivían a uno y otro lado de la frontera.

Todo ello ha sido estudiado con detalle en otras publicaciones cuyo contenido no repetiré aquí[37], salvo para recordar cómo la historia política y militar del emirato pasó por varios tiempos bien marcados: una época de formación, hasta 1274, protagonizada por su primer emir. Otra de difíciles equilibrios entre la influencia norteafricana de los meriníes y las relaciones, a menudo hostiles, con Castilla, hasta mediados del siglo XIV, seguida por un tiempo de relativa paz y estabilidad hasta comienzos del XV. Y, por último, el declive causado por las luchas políticas internas y por los sucesivos intentos castellanos para abordar la conquista: el infante Fernando en 1407-1410; Juan II y don Álvaro de Luna entre 1431 y 1439; Enrique IV desde 1455 hasta 1462. Los Reyes Católicos recogieron el proyecto y lo llevaron a cabo utilizando medios militares y económicos mayores y, sobre todo, con una tenacidad que había faltado a sus antecesores, hasta conquistar la totalidad del emirato y convertirlo en un reino integrado en la Corona de Castilla.

La conquista de Granada comenzó con un asalto por sorpresa, el de Alhama, y esto la condicionó mucho porque la guerra giró en torno a esta plaza, a su mantenimiento y apoyo, entre 1482 y 1484, y para ello se asestaron golpes continuos sobre Loja y la zona occidental del emirato, cuyo centro era Ronda. En el invierno de 1484 a 1485, se produjeron hechos importantes que permitieron dar un nuevo curso a la guerra: fue, por una parte, la dedicación más continua de los reyes, que permanecieron en Andalucía largas temporadas, y, por otra, la agudización de la crisis política interior de Granada, que venía siendo un elemento a favor de los castellanos desde 1483 y alcanzó entonces posibilidades

2. El reino de Granada

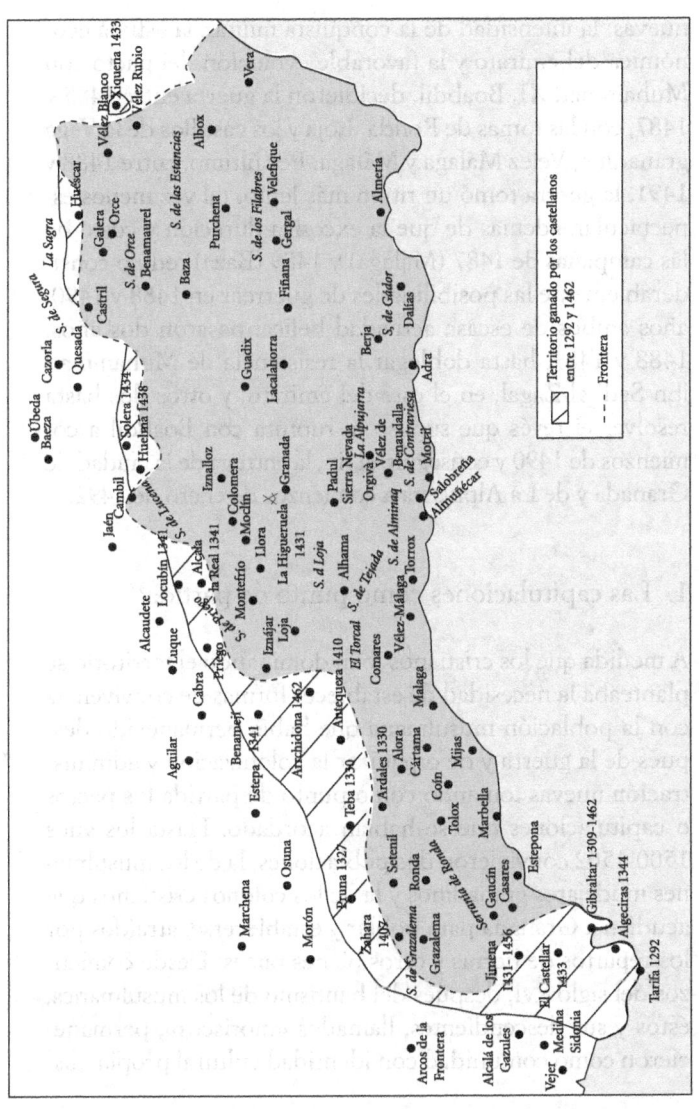

Mapa 20. Frontera de Granada en 1480, según M. Á. Ladero Quesada

nuevas: la intensidad de la conquista militar, la asfixia económica del emirato y la favorable evolución del pacto con Muhammad XI, Boabdil, decidieron la guerra entre 1485 y 1487, con las tomas de Ronda, Loja y los castillos de la Vega granadina, Vélez Málaga y Málaga. Por último, entre 1488 y 1491, la guerra tomó un ritmo más lento, tal vez menos espectacular, además de que la excesiva duración y costo de las campañas de 1487 (Málaga) y 1489 (Baza) redujo considerablemente las posibilidades de guerrear en 1488 y 1490, años ambos de escasa actividad bélica: pasaron dos años, 1488 y 1489, hasta doblegar la resistencia de Muhammad ibn Sad' al-Zagal, en el este del emirato, y otros dos hasta resolver el revés que supuso la ruptura con Boabdil a comienzos de 1490 y conseguir, al fin, la entrega de la ciudad de Granada y de La Alpujarra a comienzos de enero de 1492.

1. Las capitulaciones como punto de partida[38]

A medida que los cristianos iban dominando el territorio se planteaba la necesidad de establecer formas de convivencia con la población musulmana que había permanecido después de la guerra y de organizar la colonización y administración nuevas tomando como punto de partida los pactos o capitulaciones que se habían acordado. Hasta los años 1500-1502 convivieron dos poblaciones, la de los musulmanes mudéjares granadinos y la de los colonos cristianos que acudían a Granada para poblar y establecerse, atraídos por los repartos de tierras y otros bienes raíces. Desde comienzos del siglo XVI, después del bautismo de los musulmanes, éstos y sus descendientes, llamados «moriscos», permanecieron como comunidad con identidad cultural propia, distinta de la formada por los «cristianos viejos» descendientes de los colonos. Por último, la rebelión de los moriscos entre 1569 y 1571 provocaría su expulsión del territorio y el final de la Granada islámica, que aún sobrevivía a través de ellos. Aquí trataremos especialmente del primer período, hasta comienzos del siglo XVI.

En él, las capitulaciones fueron la base legal de convivencia, pero hemos de distinguir varios tipos, aplicados después de cada conquista o campaña militar. El primero es la misma ausencia de capitulación, la rendición sin condiciones, que implica cautividad, pérdida de todos los bienes y, a veces, castigos ejemplares: hubo muy pocos casos aunque dos notorios, el de Alhama, en 1482, y el de Málaga, en 1487; en esta última ciudad fueron cautivas de 11.000 a 15.000 personas y de la venta de buena parte de ellas y de sus bienes obtuvo la Hacienda regia unos 150.000 ducados. En todos los demás casos hubo capitulaciones, que tienen como factor común el respeto a la libertad personal de los musulmanes, a su estructura social, a su ley religiosa y a su orden jurídico, y, en fin, a todos los demás aspectos de su cultura islámica; las comunidades mudéjares quedan sometidas a un poder político y militar nuevo, y poco más, aunque, dentro de estos caracteres comunes, hay una gradación de menor a mayor generosidad en otros aspectos, especialmente los económicos, que permite delimitar tres formas de capitulación: una aplicada entre 1484 y 1487 en la parte occidental del reino, salvando alguna excepción; otra que se empleó sobre todo en 1488 y 1489, en la parte oriental, y una tercera exclusiva de Granada y La Alpujarra, en 1491.

En la primera de ellas, es general la obligación de abandonar los bienes raíces sin compensación alguna por parte de los vencidos que hubieran opuesto resistencia armada antes de capitular: sólo conservaron sus tierras musulmanes de aldeas y lugares abiertos ocupados sin lucha. En las otras dos formas no fue así, sino que los musulmanes conservaron íntegramente sus bienes raíces, aunque la revuelta ocurrida en Baza, Guadix y Málaga en el verano de 1490, meses después de capitular, privó a sus moradores de aquel derecho. Este criterio de diferenciación es importante porque sólo en los lugares donde hubo abandono de bienes raíces fue posible la repoblación en masa; en los demás, sería preciso comprar las tierras o utilizar las del dominio público.

Otro punto en el que el criterio de los vencedores se fue suavizando progresivamente fue el tocante a los cautivos. Antes de 1489, exigían la liberación pura y simple de los cautivos cristianos. A partir de aquel año la indemnizaron y, además, prometieron reconocer que todo musulmán cautivo que llegara en su fuga a Baza, Guadix o Almería recuperaría su libertad y, en 1491, los reyes pagaron la liberación de los granadinos y alpujarreños que estaban cautivos en Castilla.

Otras concesiones importantes fueron las diversas amnistías por delitos de guerra, la inviolabilidad de domicilio, el respeto a los musulmanes que antiguamente hubieran sido cristianos, al prometer que no se les obligaría a volver a su antigua fe «contra derecho». Los granadinos acogidos a los tipos de capitulación segundo y tercero conservaron sus caballos y armas blancas; los sujetos al primero también, salvo cuando habían capitulado después de oponer resistencia. Se reconoció la libertad que tenían para comerciar, el derecho que les asistía para no realizar ninguna clase de trabajo sin recibir un salario justo y la continuidad del régimen fiscal de la época anterior. Las autoridades religiosas y judiciales continuaron en sus puestos, así como los cargos de la administración local indispensables para la organización de las comunidades mudéjares: a menudo, los mismos reyes nombraron a los respectivos «alguaciles».

Las capitulaciones recogían muchas tradiciones y modos de hacer en tiempos anteriores y podían haber sido el punto de partida para la perduración de comunidades musulmanas pese al profundo reajuste de situaciones y a la necesidad de asegurar la buena defensa del reino conquistado, pero su vigencia quedó truncada con las revueltas y bautismos de 1499 a 1501, debidas a motivos concretos, aunque no se debe olvidar los elementos de fondo que actuaban en contra: por una parte, las tendencias políticas del momento, que ponían de relieve los factores de asimilación forzosa sobre los de convivencia entre comunidades de distinta cultura y religión. Por otra, la presión humana ejercida por los conquistadores, manifestada en el afán de ocupar tierras, de reivindicar una posición preferente, de manifestar, en suma, su condición de vencedor. Los granadinos, por su parte, aceptaron las capitulaciones como un mal inevitable, con una insinceridad que derivaba de lo imposible que era para ellos adaptar su mentalidad al nuevo estado de cosas.

2. Los mudéjares granadinos[39]

Ante el musulmán granadino se abrían dos posibilidades, emigrar o permanecer sujeto a lo que las capitulaciones disponían. Las facilidades para la emigración fueron grandes en el momento de las capitulaciones y sólo se vieron cortadas en algunos lugares concretos al cederlos los reyes en señorío a favor de algún noble. Hubo, generalmente, un plazo –uno a tres años– en el que los barcos fletados por la Corona transportaban gratuitamente a cuantos querían pasar al norte de África; más adelante, se estableció un precio de pasaje que fue de tres doblas de oro granadinas y el diezmo de los bienes muebles, salvo para los emigrantes incluidos en la capitulación de la ciudad de Granada, que sólo habían de pagar una dobla. En general, se aplicaron las «leyes de sacas» castellanas, que prohibían la salida del reino de oro y plata, hierro, armas, caballos y otros materiales considerados preciosos o estratégicos, aunque los emires y sus colaboradores inmediatos fueron excepción, y pudieron sacar todas las indemnizaciones que habían recibido y el producto de la venta de sus bienes raíces, lo que supuso un total de más de 116.400 ducados de oro.

Muchos granadinos, sobre todo los de mejor posición social y económica, emigraron, en parte siguiendo el mandato islámico que reprueba vivir en tierra de infieles: hay que tener en cuenta la importancia de este hecho en la degradación de los valores culturales del Islam granadino y la mayor gravedad de los momentos críticos que iban a venir. No conocemos con detalle cuántas personas emigraron, cuándo y por qué puertos, aunque hay numerosos datos parciales; a las salidas legales hay que añadir las clandestinas, que aumentaron durante los años 1500 a 1502 y de nuevo en 1505-1507 y, por supuesto, las bajas ocurridas durante la guerra, de modo que el reino de Granada perdió al menos la mitad de su antigua población, estimada en unos 300.000 habitantes antes de 1480: así, el padrón de 1504 da noticia de 30.994 vecinos moriscos, unas 150.000 personas, aunque quince años después no habría más de 125.000[40].

Las capitulaciones se cumplieron, aunque siempre en el sentido más favorable a los vencedores, pues se consideraba que dejaban abiertas posibilidades peligrosas, inmediatamente aprovechadas por algunos musulmanes, o que limitaban el despliegue de la colonización. Los bienes inmuebles se conservaban cuando así se había pactado, es cierto, pero a veces implicaban o la residencia obligatoria o su pérdida, por ejemplo en Sierra Bermeja, o bien se permitía a los mudéjares su venta pero no la compra de otros, como sucedía en la Vega granadina. En la ciudad de Granada, en 1498, hubo un acuerdo para que los musulmanes abandonaran la medina a los vecinos cristianos y pasaran a residir en los arrabales de Albaicín y Antequeruela, y al año siguiente se prohibió que los musulmanes de otras comarcas del reino, en especial de La Alpujarra, residieran en la ciudad. En otras partes, las capitulaciones o los sucesos inmediatos a ellas habían producido el abandono de las ciudades por los musulmanes.

En definitiva, hacia 1500, los reajustes de poblamiento habían producido una distribución de pobladores en la que los mudéjares quedaban reducidos a zonas rurales y de montaña, en general, según el siguiente esquema propuesto por J. E. López de Coca: en el oeste del antiguo emirato, los musulmanes permanecieron en las serranías de Villaluenga, Havaral, Gaucín, Casares y Marbella, mientras que los pobladores cristianos se asentaban en los cascos urbanos y tierras de labor de Ronda, Marbella, Setenil y El Burgo. La ciudad de Málaga fue repoblada por completo[41], y también lugares costeros próximos (Mijas, Benalmádena y Bezmiliana) y del valle del Guadalhorce (Álora, Cártama, Alhaurín, Coín, Alozaina), mientras que los musulmanes permanecieron en las aldeas y montes de la Ajarquía y Garbía. Algo similar ocurrió en Vélez Málaga, repoblada con cristianos pero rodeada por un arco montañoso de poblamiento musulmán, hasta el paso de Zafarraya, que comunicaba con el interior del país. Con todo, en el ámbito del obispado de Málaga quedaban en 1504 sólo 4.166 vecinos moriscos porque había sido muy afectado por la emigración. En tierras del arzobispado de Granada, Loja y Alhama fueron repobladas por completo con inmigrantes, así como las villas fortificadas al norte de la Vega de Granada (Moclín, Íllora, Montefrío, Piñar, Colomera, Iznalloz), y se fundó Santa Fe, a una legua de Granada[42]; pero en la ciudad, sus alquerías y La Alpujarra permanecieron los musulmanes[43], de acuerdo con las capitulaciones, y los cristianos sólo se instalaron en las plazas de la costa con valor estratégico (Almuñécar, Salobreña, Adra), en La Alhambra y, poco a poco, en la misma ciudad, donde el primer ayuntamiento, en mayo de 1492, estuvo formado por musulmanes; en 1504 había en la demarcación del arzobispado 16.874 vecinos moriscos, de los que casi la mitad estaban en los arrabales y alquerías de Granada. En la zona oriental, las capitulaciones de 1488 y 1489, y la revuelta del verano de 1490, dejaron en manos de la nueva población cristiana los núcleos urbanos y sus distritos: Guadix, Baza, Fiñana, Almería, Vera y Mojácar, aunque continuó habiendo musulmanes en las zonas rurales y lugares abiertos, mientras que las fortalezas tenían guarniciones cristianas, del rey o del señor noble al que se hubiera cedido la jurisdicción del lugar correspondiente. En las demarcaciones de los obispados de Guadix y Almería vivían, en 1504, 5.221 y 4.733 vecinos moriscos respectivamente.

Así pues, en muchas partes los granadinos conservaron el sistema productivo agrario tradicional, tanto en regadío como en secano, y el dominio de la tierra como medianos o pequeños propietarios o como cultivadores. Y mantuvieron sus «aljamas» o comunidades locales, dirigidas por sus «alcadíes, alfaquíes, viejos e buenos hombres» y por los alguaciles. Los reyes solían otorgar tales oficios a personas conocidas, «bien abundantes» en lenguaje de la época, o sea, ricas y capaces de dirigir a la comunidad. Por encima, escribe A. Galán, había aún «una poderosa oligarquía mudéjar formada por restos de las aristocracias nazaríes, algunos alfaquíes y un puñado de comerciantes», entre los que se contaron los principales colaboradores musulmanes de la Corona: Yahya al-Nayyar, de la familia real granadina, antiguo defensor de Baza, alguacil mayor de Granada, origen de la casa de los marqueses de Campotéjar; el alfaquí mayor de Granada, Muhammad el Pequeñí; el mercader Alí Dordux, en Málaga; los hermanos Muhammad y Alí (Abduladín) en Vélez Blanco y Vélez Rubio.

Los musulmanes siguieron sujetos a la fiscalidad de época nazarí y sólo pasaron a la castellana cuando se convirtieron en cristianos nuevos moriscos, aunque tuvieron que aceptar dos contribuciones extraordinarias, en 1495 y 1499, equivalentes a 20.800 ducados en cada caso, del mismo modo que los súbditos de otras partes de la Corona sufrían las suyas. Con todo, la fiscalidad ordinaria de origen nazarí era muy gravosa, y uno de los estímulos que habían llevado a la capitulación y la paz fue, precisamente, la esperanza de que se aliviara, por lo que no es de extrañar que aquellos «servicios» hayan producido malestar y alguna resistencia localizada. Dentro de la fiscalidad nazarí destacaba por su importancia la renta de la seda, producto que sólo se podía comercializar en las «alcaicerías» de Granada, Málaga y Almería, donde se cobraba el impuesto: su valor era tanto que se conservó después de 1500.

3. Defensa del reino y procesos de colonización[44]

El problema de fondo era la misma presencia, en aumento, de los pobladores cristianos, y el abismo cultural e ideológico que existía entre vencedores y vencidos. La poca simpatía hacia la nueva legalidad establecida y el temor a las presiones crecientes dieron pie a casos esporádicos e inconexos de agitación, o al alzamiento de bandoleros («monfíes»). Las incursiones de corsarios norteafricanos en la costa eran bastante habituales y no puede decirse que repugnaran a muchos mudéjares, aunque el servicio de vigilancia y torres costeras se pagó con cargo a una contribución o «farda» especial que tuvieron que pagar ellos; la ordenanza de 1501 preveía el mantenimiento de 70 torres atalayas, 119 guardas en ellas y 5 «atalayadores», 22 «atajadores» y 10 inspectores o «requeridores», aunque no se pudo evitar el peligro, endémico durante varios siglos. Un medio para disminuirlo era la habitual réplica con «cabalgadas» marítimas contra la costa magrebí, que protagonizaban más frecuentemente marinos de la costa atlántica andaluza; y otro, la conquista de plazas al otro lado del mar de Alborán, como es el caso de Melilla, en 1497, cuya guarnición y concejo se organizaron según el modelo de las antiguas fortalezas de la frontera de Granada, al igual que había ocurrido en Ceuta, conquistada por los portugueses en 1415. Hubo también armadas de vigilancia naval, más o menos eficaces: naos y carabelas andaluzas y vascas, y, más adelante, galeras catalanas, contratadas en todos los casos por la Corona.

Por otra parte, la defensa militar del territorio en la inmediata posguerra era una preocupación fuerte: se exigió el mantenimiento de armas y deberes militares a los repobladores según su condición de peones o caballeros, para que combatieran llegado el caso; se mantuvieron guarniciones y armamento en cerca de cien castillos y torres, aunque su número y los gastos de sostenimiento disminuyeron mucho entre 1492 y 1498, a medida que se consideró la menor necesidad de algunos, y el esfuerzo se centró en otros, sobre todo en las fortalezas costeras (Almuñécar, Salobreña, Albuñol, Castell de Ferro, Adra, Almería, Mojácar) y en las próximas a Granada y su vega, y a La Alpujarra, debido a la gran población musulmana que había allí. Al frente del dispositivo militar estaba el Capitán General del reino de Granada y alcaide de La Alhambra, don Íñigo López de Mendoza, conde de Tendilla; sus sucesores, los marqueses de Mondéjar, conservarían el oficio hasta 1570. La Alhambra tuvo una abundante guarnición, a veces de caballeros de las órdenes militares, en otros momentos de «capitanías» de la Hermandad y de las Guardas Reales, e incluso se pensó poblar la ciudadela con cien vecinos para aumentar su capacidad militar. Una consecuencia de la guerra fue la gran abundancia de armamento que hubo en las fortalezas, e incluso en Málaga un parque de artillería: todo ello sería útil para la guerra de Nápoles en 1501.

Los pobladores que se asentaban en el país quedaban encuadrados, por lo tanto, en un régimen militar, administrativo, jurídico y religioso, para su uso exclusivo y para conservación de la conquista. Tres hombres, desde la ciudad de Granada, tuvieron a su cargo la ímproba tarea de dar al reino de Granada una nueva organización, en estrecha comunicación epistolar con los reyes: fray Hernando de Talavera, primer arzobispo de la ciudad, monje jerónimo, confesor de la reina Isabel y gran coordinador de las finanzas regias durante la pasada guerra; Hernando de Zafra, secretario real, hombre de confianza de los reyes y hábil negociador, y el ya mencionado conde de Tendilla, especialmente en el plano militar.

A través de los nuevos cauces abiertos por la organización militar, administrativa y eclesiástica, los súbditos de los Reyes Católicos que llegaban al antiguo emirato para obtener bienes vacantes podían conservar los vínculos con el mundo en el que habían vivido hasta entonces y beneficiarse, al mismo tiempo que se avecindaban, de importantes exenciones fiscales. En torno a 9.000 «vecinos» repobladores (más de 40.000 personas) entraron en el país, como mínimo, entre 1485 y 1498. La mayoría, posiblemente más de la mitad en líneas generales, eran andaluces, y el resto de otras regiones de la Corona: Castilla, León, Castilla la Nueva, Extremadura y Murcia; los murcianos abundaron en Guadix y en plazas del este del reino aunque, por motivos especiales, en Almería hubo muchos más pobladores originarios de las dos Castillas, León y Extremadura que andaluces y murcianos, además de un 25% de gentes de la Corona de Aragón, que en otras partes apenas hicieron acto de presencia, aunque hubo valencianos en Málaga y Vélez Málaga, como también fueron muy escasos los extranjeros avecindados en aquellos primeros años, casi siempre como mercaderes y artesanos. Para los andaluces, la emigración era más sencilla pues, aparte de estar más cerca, se repoblaba al mismo tiempo buena parte del área fronteriza antigua, que ya no estaba expuesta a los peligros de la guerra. Los colonos procedían tanto del realengo como de los señoríos, porque los reyes prohibieron que se pusiera dificultades a estos últimos si deseaban acudir y participar en la colonización.

Los repobladores debían ser casados, o formar familia en breve plazo; se quiso excluir, aunque no siempre se consiguió, a gentes sin oficio o sin familia, a individuos de mal vivir y marginados —«onbres revoltosos ni cizañadores [...] omes de cabtela...»—, a judeoconversos «reconciliados» por la Inquisición y a mudéjares de otras partes de Castilla. Los proyectos de reparto solían prever un número de colonos que no siempre se cumplió, por falta de candidatos o por abandonos: de 400 a 600 vecinos en Ronda, 506 en Loja, 600 en Vélez Málaga, 2.000 en Málaga, 800 en Guadix, 600 en Baza, 500 en Almería, 300 en Vera –donde sólo fueron 120–, de 80 a 150 en plazas de tipo medio y entre 20 y 50 en las menores. Las zonas fronterizas, antes casi desiertas, aumentaron también mucho su población: Antequera, por ejemplo, nunca tuvo más de 200 vecinos entre la fecha de su conquista en 1410 y 1480, aunque se previó la instalación de 620, pero pasó a contar con más de 3.000 en 1518, incluyendo sus arrabales. Algo semejante ocurre en Archidona, que pasa de 120 vecinos a más de 500 en 1521, y en Olvera, de 120 a 500, o en Huelma, cuyo «Libro de vecindades» enumera las producidas desde 1494 hasta 1509, y en las localidades fronterizas pobladas por la ciudad de Jaén desde 1508 siguiendo un proyecto para 800 vecinos: Campillo de Arenas, Otiñar y Noalejo, entre ellas. Son sólo algunos ejemplos para ilustrar aquella presión humana, que determinó repartos de tierras entre numerosos colonos, aunque sólo llegó tardía y difícilmente a algunas zonas, como sucedió en las tierras montañosas al norte y noreste de Granada y Guadix (Montejícar, Castril).

Porque no en todas partes se actuaba con igual intensidad, por supuesto. En general, los repobladores se instalan en ciudades, desde las que controlan el territorio y los asentamientos rurales de los mudéjares, de modo que

> el espacio repoblado terminó coincidiendo con la espina dorsal del reino, si por tal entendemos los núcleos que merecían el grado de ciudad, ya estuvieran en el interior (Ronda, Alhama, Loja, Guadix, Baza) o en el litoral (Marbella, Málaga, Vélez-Málaga, Almería)[45].

A esto cabe añadir algunas villas con importante función defensiva, como Almuñécar y Salobreña en la costa, o las de los Montes de la Vega de Granada, en el interior. En total, se instaló población en 37 plazas; algo más de la mitad de los 9.000 vecinos constatados se repartió por 16 localidades en el territorio del obispado de Málaga, 1.769 en 13 del de Granada, 1.647 en 3 del de Guadix y 849 en 5 del de Almería.

Los repartimientos de tierras y otros bienes raíces se hacían en virtud del principio de que los *bona vacantia* como consecuencia de la guerra y de las capitulaciones eran dominio de la Corona, que, por lo tanto, controló todas las formas de distribución, o de adquisición cuando se trataba de bienes que tenían propietario. Había tres formas de obtener casas y tierras. Primera, la compra, que fue el instrumento utilizado cuando los musulmanes abandonaban sus bienes raíces voluntariamente, como sucedió en la ciudad de Granada; para evitar acaparamientos, se prohibió que nadie pudiera comprar por valor de más de 200.000 maravedíes, pero la orden fue incumplida en reiteradas ocasiones. Segunda, la merced real, medio ampliamente utilizado para recompensar muchos servicios de guerra, del mismo modo que, en otras ocasiones, se había procedido a repartos de botín: hay noticia de cerca de un millar de mercedes antes de que terminara el siglo XV y quejas de que, en ocasiones, ponían en peligro la efectividad de la colonización. Tercera forma, el reparto reglamentado de tierra en todos los lugares de donde la población musulmana hubo de salir, a tenor de las cláusulas de capitulación. La técnica de los repartimientos no sería muy diferente de la empleada dos siglos y medio antes en el valle del Guadalquivir: los reyes nombraban repartidores que, acompañados por un escribano, deslindaban y medían las tierras objeto de reparto y atribuían los lotes a los colonos atendiendo al número de «vecindades» que debían proveerse y a las categorías sociales de aquéllos. De las localidades donde no hubo reparto de tierras, sólo la capital, Granada, consiguió pronto un núcleo importante de pobladores cristianos. Hay que señalar la movilidad de algunos colonos entre unos y otros lugares del reino, por afán de mejorar su posición, aunque con ello perdían su vecindad anterior al no residir en ella durante el tiempo mínimo que se fijaba, que solía ser de cinco años. La Corona organizaba la colonización para asegurar a la vez la producción y la defensa del territorio, y no interesaban el vagabundaje ni los abusos en los repartos.

Los procesos colonizadores tendían a reproducir las jerarquías sociales que ya existían en otras partes de Castilla. En todos los repartimientos se mantiene la distinción entre «caballeros» y «peones», que reciben, respectivamente, lotes dobles y sencillos de casas, tierras para cereal, huerta, viña, olivar, etc. A ello se añade el reparto de lotes triples a vecinos que son antiguos miembros de las capitanías de las Guardas Reales o de la Hermandad. Hay una reserva para bienes comunales y de «propios», y la dotación de las iglesias supuso siempre capítulos importantes en cada reparto. Y también las mercedes reales, a veces excesivas. Las distorsiones y abusos en los repartos fueron a menudo revisados y corregidos en «reformaciones» hechas en los años siguientes, pero, al cabo, en todas partes hubo procesos de acumulación de propiedad y, en algunas, surgieron una o varias figuras preeminentes como Álvaro de Luna y Fernán Pérez del Pulgar, en Loja; Gutierre de Cárdenas, en Ronda y Almería; Enrique Enríquez, en Baza; Diego López de Ayala, en Guadix; Diego López de Haro, en Mojácar; Hernando de Zafra, en diversas localidades. De todos modos, el impulso repoblador fue intenso, y gracias a él se consumó la conquista en sus aspectos profundos y hubo un predominio inicial de la mediana y pequeña propiedad, puesto que los «peones» superan el 50% de los beneficiarios de reparto en casi todas partes, predominio completado a veces con nuevos repartos a comienzos del siglo XVI (Loja, reparto de «rozas» en 1506-1508) o con repoblaciones tardías de poco volumen (Estepona, Fuengirola, Motril, Nerja, Montejícar, Guadahortuna, Castril...), y con el asentamiento de contingentes menores de artesanos y mercaderes a los que, por razón de su oficio, se repartían lotes de tierra mucho menores.

El primer impulso colonizador vino acompañado, casi siempre, de privilegios de exención de impuestos, distintos según las áreas y que, en ocasiones, se modificaron o renovaron en el último decenio del siglo, sobre todo en localidades costeras más sujetas al riesgo de incursiones musulmanas. Se pretendía con ellos estimular la inmigración y flexibilizar algo unas estructuras sociales cuyos rasgos básicos no cambian con respecto a los de otras regiones castellanas. Además, las franquezas fiscales no sólo atrajeron a personas de condición económica modesta, sino también a otras más ricas, que veían así aumentadas las posibilidades de obtener beneficio con su instalación en las nuevas tierras, y si, por una parte, hubo repobladores que se empobrecieron y vieron degradada su situación o renunciaron pasados unos años, por otra, a partir de las bases que la misma repoblación facilitaba, hubo un auge de los grupos oligárquicos y con ello procesos de concentración de la propiedad de la tierra, dominio de la actividad económica y control del poder local, acentuado durante la época de dificultades que tuvo lugar en los dos primeros decenios del siglo XVI, cuando se arruinaron o empobrecieron bastantes pequeños o medianos propietarios de tierra y surgieron chispazos de revueltas, como la ocurrida en Málaga, en 1516, contra el pago de los derechos de almirantazgo, o los alzamientos antiseñoriales de Huéscar contra el duque de Alba, entre 1516 y 1521, alentados por señores vecinos, o el movimiento «comunero» de Baza en 1520, que sólo tiene de tal el nombre.

Sin embargo, no se produjo un fracaso de la repoblación, aunque sí un retroceso con respecto a la etapa expansiva de los años anteriores a 1500 y un endurecimiento de las estructuras sociales, con el fin de muchas ventajas transitorias que los colonos habían encontrado a su llegada. Que el proceso repoblador continuó y culminó, sobre todo en núcleos urbanos y áreas agrícolas ricas en cultivos de subsistencia, lo demuestra el que, hacia 1530, casi la mitad de la población del reino de Granada estuviera formada por «cristianos viejos», cuyo número superaba las 100.000 personas.

* * *

Hay que mencionar también la alteración que la conquista y las repoblaciones introdujeron tanto en el paisaje como en el sistema económico granadino, aunque

> la repoblación y la organización del espacio están presididas por la voluntad de adaptarse a lo que se encuentra, sin hacer tabla rasa del pasado en el plano material [...] allí donde no se encuentra resistencia, se castellaniza; de lo contrario, se impone la adaptación y, en ocasiones, la continuidad respecto a la situación anterior[46].

lo que contribuye a explicar la permanencia de paisajes y elementos materiales de origen andalusí en una tierra cuya población pasaba a ser cristiana y de origen castellano. En las ciudades comenzó a haber ensanches y regularizaciones de calles, trazados de plazas, etc., que modificaron parcialmente los paisajes anteriores. En los agrarios, la creación de ejidos, dehesas y zonas comunales de pastos y, en general, la ordenación de la actividad ganadera y la promoción del cultivo de cereales introducirían paulatinamente cambios, pero los sistemas de uso del agua y cultivo de huertas y frutales continuaron como en la época anterior.

Aunque hubo un trasvase gigantesco de bienes, acompañado por la sustitución parcial de una cultura y unas técnicas de quehacer productivo por otras, en el ámbito agrario, y en el artesanal de Granada —como lo demuestra la cría del gusano de seda—, convivieron durante algunos decenios lo andalusí y lo castellano, y fueron posibles los intercambios y las enseñanzas mutuas: un buen ejemplo es el tratado de Gabriel Alonso de Herrera, *Obra de Agricultura,* impreso a comienzos del siglo XVI.

También se alteró el sentido del comercio exterior al insertarse el reino granadino en un conjunto diferente. El puerto de Málaga, que es el caso mejor conocido, siguió practicando la «contratación de Berbería» en condiciones semejantes a como se hacía en Sevilla y Cádiz, contando para ello desde 1490 con una bula pontificia de licencia que exceptuaba del tráfico las tradicionalmente conocidas como «cosas vedadas». Málaga continuó, por tanto, ejerciendo la función de intermediario y enlace con las plazas norteafricanas mediterráneas. Hasta 1508, el tráfico se efectuó con mayor libertad, sobre todo con los puertos del emirato de Tremecén, pero la conquista militar de «presidios» en aquella costa a partir de 1505 obligó a concentrar en ellos el comercio africano malagueño, incluso en régimen de monopolio de contratación, con objeto de hacer más rentable la presencia castellana en Mazalquivir, el peñón de Vélez de la Gomera, Orán y Bugía.

Su función mercantil permitió a Málaga conservar también el papel de puerto de salida para las producciones tradicionales granadinas: seda, azúcar, frutos secos, «anchova», y de entrada para el trigo y otros bienes en los que la tierra era deficitaria. Pero lo más novedoso fue la conversión de Málaga en puerto para toda la Andalucía media, cordobesa y jiennense, a través del eje Córdoba-Antequera-Málaga. Por él circulaban las importaciones de especias, metales, colorantes, armas blancas, papel, pañería inglesa, y las exportaciones de trigo y lana andaluces. Por todos estos motivos, la presencia de mercaderes genoveses en Málaga y su intervención en los tráficos continuaron siendo muy importantes, como en la época anterior, aunque también los hubo de muchas otras procedencias: transportistas vascos, portugueses interesados en el tráfico de trigo y esclavos, provenzales, catalanes y valencianos que practicaban una navegación de cabotaje intensa. La ciudad conservaba y renovaba así su función mercantil a pesar del cambio completo de sus pobladores en 1487.

4. Municipios. Señoríos. Diócesis

Un aspecto importante en los procesos repobladores fue la aparición de marcos administrativos locales. En la capital, Granada, esto no se consiguió plenamente hasta después del bautismo de los musulmanes, puesto que la carta real constituyente del municipio granadino data del 20 de septiembre de 1500. No obstante, los reyes habían organizado un «ayuntamiento» musulmán con 21 regidores, al que otorgaron ordenanzas en mayo de 1492, y en los años siguientes se fue organizando un «regimiento» de la comunidad cristiana, formado por algunos funcionarios reales y vecinos notables que se reunieron al menos desde 1497. En 1500 se formó un cabildo de 24 regidores, con dos alcaldes ordinarios, un alguacil y 20 jurados, según el modelo de Sevilla, y la «tierra» de Granada, que hasta entonces comprendía sólo la Vega, se extendió a La Alpujarra y la costa, incluyendo Almuñécar, Salobreña y Motril. Así, en el nuevo ayuntamiento se podía integrar a personajes moriscos de importancia junto a los regidores «cristianos viejos»[47].

En el resto del reino, a medida que se completaban los repartimientos, se organizaban los nuevos concejos siguiendo el modelo de Sevilla, salvo Loja, que siguió el de Córdoba, y conservando en general los mismos «términos» rurales que tenían en la época anterior. Los reyes designaron en un primer momento a los regidores, jurados, escribanos y otros oficiales entre vecinos «abonados», es decir, con suficiente solvencia económica. Los regidores, presididos por el corregidor real, gobernaban y administraban reunidos en cabildo. Desde el primer momento, y pese a las dotaciones de bienes raíces y rentas previstas por la corona, la mayor debilidad de aquellos municipios fue la «insuficiencia financiera, y los agobios fiscales se convirtieron en un mal endémico»[48].

Desde diciembre de 1494 hasta finales de 1495, los reyes otorgaron a los principales municipios granadinos unas ordenanzas conocidas habitualmente como Fuero Nuevo, que también recibió Almuñécar en 1498. El Fuero Nuevo

2. El reino de Granada

introdujo modificaciones notables en el régimen municipal: desaparecieron los jurados, el número de regidores se redujo a cuatro o seis, según los casos; habría tres alcaldes ordinarios y un alguacil que actuaría en ausencia del corregidor real, un «personero» y dos «procuradores del común», representantes del conjunto del vecindario. Todos aquellos oficios serían elegidos por sorteo («insaculación»), tendrían duración bianual y serían de carácter rotatorio, de modo que quienes los ejercieran sólo podrían repetir pasados al menos cuatro años. La incorporación del personero y de los dos procuradores era una pequeña compensación al común de los vecinos ante el rapidísimo proceso de dominio oligárquico que se había producido en aquellas administraciones locales, como en el resto de las castellanas, y la «insaculación» limitaba las luchas de bandos. El procedimiento regulado por el Fuero Nuevo tuvo vigencia hasta los primeros años del siglo XVI pero entró en crisis definitiva a partir de 1508 ante la generalización del nombramiento directo de regidores con carácter vitalicio por parte de la Corona y la desaparición de personero y procuradores; la patrimonialización «culmina la oligarquización de las sociedades urbanas [...] Con posterioridad a 1508, la movilidad de las elites locales se redujo considerablemente». El modelo municipal del Fuero Nuevo había servido para la comunidad local de repobladores y colonos, pero no era válido para la sociedad posterior a los bautismos de 1500-1501, en la que la gran mayoría del vecindario, fuera cual fuese su origen, quedó al margen del gobierno local, una vez que se consolidaron las oligarquías o elites locales, formadas por un conjunto de origen heterogéneo de «hombres principales», a veces de origen noble, otras antiguos miembros de las Guardas Reales o de la Hermandad, o vasallos de los reyes que recibían paga o «acostamiento» de la Corona, «continos» y otros antiguos oficiales de la administración real, «ciudadanos honrados» dedicados al comercio, y miembros de las antiguas aristocracias granadinas que habían colaborado con la nueva situación.

Los municipios granadinos no diferían en sus aspectos organizativos básicos de los existentes en otras partes de Castilla. Eran poderes de ámbito territorial –puesto que abarcaban el núcleo urbano principal y un término donde podía haber aldeas– «dotados de autonomía en numerosos aspectos judiciales, administrativos, de organización militar y hacendísticos». Sus recursos financieros, por ejemplo, se componían de «bienes propios» y rentas que procedían de fincas urbanas y rurales, derechos como los del «peso del concejo», almotacenazgo, alhóndiga, monopolio del jabón, «tigual» del pescado, a veces, y otros sobre la producción y comercialización de bienes, y de participaciones en rentas reales –un cuarto de la «hagüela» en Granada–, hasta completar la cantidad global que la Corona había estimado como suficiente en cada caso cuando procedió a la repoblación: 100.000 maravedíes para Ronda o Loja, 300.000 para Santa Fe, 200.000 para Baza... siempre eran escasos en relación con las necesidades y proyectos, lo que obligaba a cobrar impuestos o sisas extraordinarios, con permiso regio: Málaga recaudaba una de 400.000 maravedíes en 1509, y Granada pasó grandes apuros para desempeñar la villa de Montefrío en 1509, retenida desde 1491 por los Fernández de Córdoba, señores de Aguilar, como prenda de un préstamo de siete millones de maravedíes que habían hecho a los reyes en 1491. Y eso que Granada disponía de una amplísima «tierra», donde estaba poblando su villa de Montejícar, de las rentas de numerosas alquerías, de alhóndigas y edificios urbanos de uso mercantil, y de diversos derechos sobre las ventas.

* * *

La concesión de señoríos jurisdiccionales a miembros de casi todas las casas de la primera nobleza castellana y andaluza, y a algunos colaboradores regios, se refirió a lugares y zonas del reino que seguían habitadas por musulmanes. Aunque los reyes se reservaron siempre el derecho a resolver litigios en grado de apelación y otras atribuciones consideradas regalía, con la donación en señorío se interponía entre ellos y los mudéjares un poder adecuado para impedir violaciones de la capitulación que lo dañarían a él mismo y a sus rentas y, también, un señor responsable del descontento que pudiera provocar, de tal modo que los reyes podrían adoptar siempre el papel de árbitros y no verse involucrados como parte en los desmanes que pudieran ocurrir.

Después de una primera oleada de mercedes en señorío, ocurrida en junio de 1491, y de otras concesiones en los años siguientes, hacia 1515 se habían cedido a la jurisdicción señorial unos 60 lugares y «alquerías» en la actual provincia de Granada, otros tantos en la de Almería y 28 en la de Málaga, pero no más de 50 eran poblaciones de cierta entidad. En conjunto, no alcanzaban el 20% de la superficie del reino, y, en 1504, vivía en ellos un 23,85% de los moriscos (unos 7.500 vecinos). En general «son pobres, suelen estar separados unos de otros por territorio realengo o bajo jurisdicción de otros señores, y se encuentran lejos de los núcleos centrales» de los señoríos de la respectiva casa noble[49]. Destacan los otorgados en el sector nororiental del reino (Castril, Huéscar, Orce, Galera, Castilleja, los dos Vélez), valle del río Almanzora, sierra de los Filabres y Cenete de Guadix, en La Alpujarra, en el ámbito malagueño los de las serranías de Bentomiz, Comares, Tolox y Monda, y en las serranías de Ronda y Marbella (Villaluenga, Casares, Gaucín, Montejaque, Benahavis y Daidín...), mientras que en el territorio del arzobispado de Granada, salvando La Alpujarra, fueron mucho más escasos.

Los señoríos granadinos no eran importantes ni rentables, si se los compara con los que las grandes casas nobles tenían en otras partes de Castilla. El paso de los musulmanes a la condición de «moriscos», o «cristianos nuevos», con la consiguiente integración en la fiscalidad común, hizo más patente aquel déficit puesto que la renta principal, las alcabalas y tercias, era del rey, que no siempre hizo mercedes sobre ella al señor. Con todo, en algunos casos, la posesión de señoríos sirvió a algunos miembros de las elites locales para aumentar su dominio y presencia en concejos de realengo próximos, donde ejercían oficios municipales y tenencias de fortalezas, y compraban bienes raíces urbanos y rústicos, lo que les convertía en personajes de gran riqueza e influencia en el ámbito local correspondiente. Pero otros muchos titulares de señoríos, que eran grandes nobles, se vieron un tanto defraudados y los consideraron como un elemento de prestigio, como una parte más, y nunca la principal, de sus dominios señoriales; casi nunca los incluyeron en los respectivos mayorazgos y algunos los vendieron, pasados algunos años, a otros nobles o a personajes en busca de promoción social, más interesados en aumentar o redondear sus señoríos granadinos, como ocurría con don Rodrigo de Mendoza, marqués del Cenete y constructor del palacio de La Calahorra, o con los Fajardo murcianos, marqueses y señores de Vélez Blanco y Vélez Rubio.

2. El reino de Granada

En síntesis, los señoríos fueron un procedimiento importante para encuadrar parte de la población rural musulmana y luego morisca, y para conservar mejor el antiguo régimen de distribución y uso de tierras y aguas, aunque a veces, después de las revueltas de 1500 y 1501, algunos recibieron pobladores cristianos, como ocurrió en la gaditana serranía de Villaluenga. En aquel momento, se organizaron los concejos correspondientes, siguiendo el modelo de los realengos, aunque hubo alguna situación peculiar: Huéscar, por ejemplo, volvió a recibir el fuero de Cuenca, que ya había tenido en 1331, cuando se produjo su primera y efímera conquista.

* * *

La organización y restauración eclesiásticas fueron obra del cardenal Pedro González de Mendoza y de su sobrino el arzobispo de Sevilla, Diego Hurtado de Mendoza, delegados apostólicos para «erigir e instituir todas las dignidades y beneficios» en las nuevas iglesias granadinas, en virtud de las bulas que Inocencio VIII había expedido en 1486, atendiendo a lo que los Reyes Católicos le pidieron mediante una embajada extraordinaria que encabezó el conde de Tendilla (bulas *Provisionis nostrae*, *Dum ad illam* y *Orthodoxae fidei*). A los dos eclesiásticos antes citados se sumó, y les sucedió en la tarea, fray Hernando de Talavera, primer arzobispo de Granada, junto con los de Málaga (Pedro de Toledo, también de origen judeoconverso), Almería (Juan de Ortega, capellán real) y Guadix-Baza[50].

Roma había declarado a las iglesias del reino de Granada sujetas a «patronato regio», por lo que la libertad de acción de los reyes fue mucho mayor, así como la sujeción eclesiástica a los intereses del estado monárquico. Los reyes y sus sucesores tenían derecho de presentación de los candidatos a las plazas de obispo y otros beneficios mayores y el papa tenía que nombrar a las personas propuestas si reunían los requisitos eclesiásticos necesarios. Además, los reyes poseían el derecho de presentación ante los respectivos prelados de los candidatos a ocupar los beneficios menores en cada diócesis, en las mismas condiciones.

En resumen, los reyes, de hecho, designaban al personal eclesiástico, pagaban sus salarios, erigían los templos... sólo no intervenían en los aspectos doctrinales y pastorales. El modelo del patronato granadino se extendió a las Islas Canarias, a las Indias y al resto de los reinos españoles en 1523, y marcó durante siglos el funcionamiento y la evolución de la Iglesia en ellos.

Como parte de sus derechos de patronato, los Reyes Católicos cobraron las dos terceras partes del diezmo eclesiástico desde el bautismo de los mudéjares en 1500-1501, lo que no les compensó económicamente, pues habían tenido que establecer fuertes dotaciones económicas para las nuevas iglesias, con cargo al tesoro real: 4.000.000 de maravedíes al año para la sede y catedral de Granada, 2.192.000 para la de Málaga, 1.140.000 para la de Almería e igual cantidad para la de Guadix, además de lo que costaba sostener los «beneficios» o cargos eclesiásticos, restaurar iglesias –a menudo mediante transformación de antiguas mezquitas– y proporcionarles objetos de culto, así como propiedades que produjeran alguna renta, con frecuencia antiguos bienes de «habices» de la época islámica.

La primera sede restaurada fue Málaga, que incluyó en su territorio a Ronda y Antequera, pese a la disputa con la sede arzobispal de Sevilla, de la que Málaga permaneció como sufragánea. En mayo de 1492 se erigieron las sedes de Granada, Guadix-Baza y Almería y, en abril de 1493, se delimitaron sus territorios y se dispuso una nueva provincia eclesiástica con Granada como metropolitana y Guadix y Almería como sufragáneas. La organización de los cabildos catedralicios siguió las pautas comunes a Castilla, con 6 a 10 «dignidades» en cada caso, 12 a 40 canónigos, 12 a 20 «racioneros» y otros tantos capellanes y «acólitos». Entre 1501 y 1505 se completó la organización parroquial: 97 parroquias con 219 beneficios dotados en la archidiócesis granadina, 54 con 124 en la diócesis de Málaga, 44 con 77 en la de Almería, 21 con 35 en la de Guadix. En total, 455 «beneficios», más 321 sacristanías.

También en 1486, Inocencio VIII concedió a los reyes la facultad de establecer «monasterios y casas religiosas de uno u otro sexo, y de cualquier orden», sin más requisitos, y así surgieron conventos de las distintas órdenes religiosas: más de 30 en 1504, que eran ya 74 en 1591. Entre ellos destacaron franciscanos, dominicos, carmelitas, agustinos, jerónimos, cartujos, mercedarios y trinitarios, así como monjas comendadoras de la orden militar de Santiago. Nunca se ha de olvidar que la conquista se había considerado un triunfo religioso, y el mismo carácter había tenido su justificación ideológica. Los reyes lo señalaron también en la advocación de las iglesias mayores de muchos pueblos, que fue la de Santa María de la Encarnación, destinada a poner de manifiesto la divinidad de Cristo, nacido de María, cuestión incompatible con la creencia islámica y con cualquier concesión de tipo sincretista. Mientras, en las catedrales se establecían fiestas litúrgicas recordatorias de la conquista: los principales ejemplos son la llamada «misa de la paz», en la de Málaga, y la «dedicación de Granada» y otros rezos con motivo de la fiesta «de la toma», elaborados por fray Hernando de Talavera. En definitiva, la organización eclesiástica del nuevo reino fue uno de los aspectos mejor y más prontamente logrados, por convicción y porque correspondía a la «ideología restauradora» que presidió la colonización de Granada.

3. Las Islas Canarias

1. La expansión atlántica en sus orígenes medievales

«La expansión europea de los siglos XIII al XVI –ha escrito Pierre Chaunu– es un capítulo importante de un proceso plurimilenario de ruptura del aislamiento, de paso de un plural a un singular», de los «universos compartimentados» a la «humanidad planetaria»[51]. Pues bien, el escenario principal de aquella empresa no estaría en Asia, aunque fue el primero en aparecer, sino en el Atlántico, una frontera de la cristiandad latina descuidada hasta entonces, pero que gana en importancia desde que se abre al tráfico habitual la ruta marítima entre el Mediterráneo y el mar del Norte, que atraviesa el estrecho de Gibraltar, en el último cuarto del siglo XIII, y comienzan a utilizarse nuevos tipos de barco mejor adaptados a la navegación oceánica, cuyo ejemplar más antiguo es la coca.

El período fundamental de los descubrimientos, entre 1350 y 1500, tuvo lugar en el Atlántico, a partir de su sector más próximo al Mediterráneo, lo que contribuyó a desplazar el «centro de gravedad» de la aventura a los reinos españoles, en los que se volcó parte de la capacidad comercial, naval y financiera de las ciudades marítimas y mercantiles italianas, en especial Génova, cuyo interés en las escalas portuarias hispánicas –Valencia, Málaga, Sevilla, Lisboa– aumentó sin cesar desde finales del siglo XIII, y mucho más todavía desde mediados del XV.

Entró también en juego entonces el espíritu conquistador propio de la historia hispánica medieval, y se proyectó fuera de su espacio peninsular, hacia África y hacia el descubrimiento de nuevas rutas marítimas, de modo que no sólo hubo una transferencia o desplazamiento de intereses mercantiles del este hacia el oeste, sino también una continuidad de los ideales y expectativas de cruzada y misión, en los que el Atlántico, totalmente desconocido entonces en aquellas latitudes, importaba mucho menos que el África musulmana o que la posibilidad de encontrar el modo de rodear el mundo islámico hasta tomar contacto, más allá de sus territorios, con potenciales aliados, puesto que las experiencias de la época anterior apoyaban esta esperanza.

Más allá del estrecho de Gibraltar, en el ámbito geográfico que ahora nos interesa estudiar, las costas africanas continuaban hacia el sur, hasta perderse en el misterio. Su sector más próximo y conocido era aún de dominio musulmán, objetivo de posibles cruzadas y conquistas, como la que lanzó en 1260 Alfonso X de Castilla contra el puerto de Salé, cerca de Rabat. Pero se podía imaginar que, si se navegaba hacia el sur y no había barreras terrestres, sería posible llegar *per Mare Oceanum ad partes Indiae,* y eso fue precisamente lo que intentaron en 1291 los hermanos Ugolino y Guido Vivaldi, de cuya expedición con dos galeras, salida de Mallorca, nunca se volvió a tener noticia, pero que coincidió con la caída de San Juan de Acre en manos musulmanas –era el último reducto de los cruzados en Siria– y con proyectos del kan mongol de Persia para bloquear la ruta del mar Rojo. ¿Fue aquel viaje una iniciativa aislada o un intento para establecer contacto con el posible aliado tártaro? Otros genoveses preferían la realidad, más sólida, del comercio o del servicio político y naval en los reinos hispánicos. En Castilla, el cargo de almirante, creado por Alfonso X, fue ejercido a veces por genoveses: Hugo Vento, tal vez, en 1264, Benedetto Zaccaría en 1291, Egidio Bocanegra en 1341. Y también en Portugal, donde el primer almirante fue Manuel Pessagno, en 1317.

2. Exploradores y misioneros en el siglo XIV

El nuevo descubrimiento de las Canarias fue, por lo tanto, un aspecto de la expansión europea en el Atlántico medio y se realizó a través de dos fases. Una primera, desde fines del siglo XIII hasta fines del XIV, en que la iniciativa correspondió a marinos del Mediterráneo. Otra segunda, en la que pasó a las marinas atlánticas.

La primera fase se construyó sobre la prosperidad mercantil mediterránea del siglo XIII. Sus protagonistas fueron italianos, genoveses sobre todo, aunque seguidos muy de cerca por mallorquines y catalanes, y empleando como base puertos andaluces –Sevilla en especial– y portugueses, y tripulaciones de la misma procedencia. Las limitaciones de esta primera expansión se debieron tanto al empleo de medios técnicos insuficientes como a la inexistencia de motivaciones profundas que la alentaran. En el primer aspecto, es de destacar el empleo preferente hasta mediados del siglo XIV de un tipo de navío, la galera, menos adecuado para los viajes atlánticos –aunque es cierto que las expediciones a Canarias emplearon a partir de entonces la coca–, y la falta de adaptación a la práctica marítima atlántica, antes del siglo XV, de los progresos teóricos conseguidos en el Mediterráneo en el campo de la navegación. En el segundo aspecto, es evidente el escaso interés comercial que ofrecía la zona, en aquel momento, para unos marinos mediterráneos muy bien instalados en otras rutas y que, además, a causa de las crisis económicas de la segunda mitad del XIV, sentirían cada vez más la necesidad de concentrar en ellas sus actividades: los genoveses daban mayor importancia a su presencia en los mercados norteafricanos, peninsulares y del ámbito del mar del Norte, y también los catalanes, para los que, además, aquellas rutas de Poniente pierden interés desde finales del siglo XIV ante la importancia muchísimo mayor que tenían para ellos las mediterráneas.

Sevilla era en el siglo XIV un centro mercantil y marinero cada vez más importante, y se convirtió, desde el primer momento, en la escala principal y obligada en las rutas hacia el Atlántico, pero los primeros descubrimientos fueron obra de marinos mediterráneos porque sería otro genovés, Lancelotto Malocello, el primero en volver a descubrir las Islas Canarias, hacia 1336, y en dar nombre a una de ellas, la de Lanzarote. El mallorquín Angelino Dulcert representó ya el descubrimiento en su atlas, tres años después. En 1341, una expedición del almirante Pessagno, con dos barcos que tenían maestres genoveses y florentinos y tripulación castellana y portuguesa, recorría las islas –aunque no desembarcó en Tenerife–, facilitaba una primera descripción y también aportaba los primeros cautivos y productos.

3. Las Islas Canarias

Desde 1342, comenzaron las expediciones mallorquinas, cuya finalidad principal era la evangelización. Así comenzó la incorporación de las islas al mundo occidental[52].

Al ser las Islas Canarias tierra ajena al dominio de cualquier príncipe cristiano y habitada por paganos, el primer título jurídico para intentar su dominio o, al menos, la relación con sus moradores tenía que venir, desde el punto de vista europeo, del pontificado, tanto en razón de su suprema *auctoritas* religiosa como por las atribuciones que se le reconocían en el campo de la llamada *potestas in temporalibus*. Dentro de nuestra época de estudio, en efecto, la posibilidad máxima de legitimar el dominio de cualesquiera tierras o mares por un poder político venía del otorgamiento por el pontificado en virtud de la susodicha *potestas in temporalibus*, a la que los papas no habían renunciado a pesar de la crisis de su poder político después de la gran querella o confrontación con los emperadores desde finales del siglo XI a mediados del XIII, y pese, también, a la crisis de su misma autoridad espiritual durante la época de su residencia en Avignon. Por el contrario, mantenían en determinados casos la validez de la *plenitudo potestatis* de la Santa Sede. El principio se aplica, en este caso, al otorgamiento a príncipes cristianos de tierras habitadas por infieles y a su capacidad para reconocer derechos de conquista, con la idea implícita o expresa de que aquello conllevaría la evangelización de las poblaciones.

Así sucedió con la infeudación del reino de las Islas Afortunadas o Canarias hecha por Clemente VI a favor de Luis de la Cerda por la bula *Tue devotionis sinceritas* (15 de noviembre de 1344). En el plano político, las Canarias –que aparecen en el documento pontificio todavía con los nombres que les puso Plinio– nacían como reino feudatario de la Santa Sede. Luis de la Cerda era hijo de Alfonso de la Cerda y biznieto de Alfonso X, aunque formaba parte de la nobleza de Francia. No llegó a ejercer sus derechos, pero la iniciativa pontificia daría lugar a la inmediata presentación de otras gamas de títulos jurídicos, como veremos, aun respetando la validez de la apelación a Roma. Así, Alfonso XI de Castilla expuso un argumento «goticista»: las islas habrían formado parte de la Mauritania Tingitana, dominio de la monarquía visigoda, de la que él se consideraba sucesor. Por su parte, Alfonso IV de Portugal aducía la prioridad que le daba el viaje hecho en 1341 por Pessagno como almirante suyo.

Pero, en aquel momento, lo único efectivo eran las expediciones evangelizadoras de mallorquines y catalanes. Las exploraciones atlánticas de aquellos marinos se conocen muy mal pese a la importancia que debieron de tener: en lo que toca a la misión de Canarias, los viajes se suceden desde 1351, fecha en que el papa Clemente VI erigió el obispado misionero de Fortuna y nombró al primer prelado, que fijó su sede en Telde (Gran Canaria) desde 1352. Hay noticias del obispado hasta 1391, fecha de la última expedición catalana de la que tenemos datos.

3. El señorío sobre las islas en el siglo XV

Los castellanos hicieron pasar definitivamente la cuestión canaria del ámbito de la exploración y evangelización incipientes al de la conquista, seguida de procesos de repoblación y aculturación que transformarían por completo el sistema social y cultural del archipiélago, así como la mayoría de su población, a lo largo del siglo XV y comienzos del XVI.

3. Las Islas Canarias

Castilla tomó la delantera efectiva y legal sobre Portugal en las Islas Canarias y ya nunca la abandonó, pero los portugueses tuvieron presencia también en diversos intentos de conquista y en los procesos de repoblación, y además protagonizaron la colonización de otros archipiélagos atlánticos, los de Madeira y Azores, donde no había poblaciones autóctonas.

Ambos reinos hispánicos tenían motivos y medios adecuados: la posición de los puertos andaluces y portugueses era excelente para explorar a partir de ellos el Atlántico medio, esos dos millones de kilómetros cuadrados de océano a los que Chaunu denominó «Mediterráneo atlántico». Existía un espíritu de cruzada y conquista más vivo que en otras partes de Europa. Había también estímulos económicos, que iban desde la necesidad de buscar aprovisionamiento triguero y nuevas tierras de colonización, en el caso portugués, hasta la atracción que ejercían productos como el oro y los esclavos sudaneses, monopolizados hasta entonces por el comercio a través del Sahara que efectuaban los musulmanes del Magreb. Tampoco hay que olvidar los estímulos de la misión evangelizadora y del afán de descubrimiento que actuaban sobre muchos de los dirigentes y promotores de aquellas empresas.

Así, durante el siglo XV, castellanos y portugueses, dueños de marinas muy florecientes, buscaron el dominio del nuevo ámbito a través de tres líneas de acción, en las que a menudo rivalizaron: la expansión en el Magreb, el dominio de las islas atlánticas y el descenso hacia Guinea y más allá, con el propósito de captar el comercio con el Sudán y con la esperanza de tomar contacto, de aquella manera, con posibles aliados a espaldas del mundo islámico. La idea de alcanzar la India por aquella ruta no se había perdido, y reapareció en el horizonte de las exploraciones desde mediados de siglo para consolidarse en los años ochenta; al mismo tiempo, iba madurando el proyecto de Cristóbal Colón para viajar al Catay por una ruta occidental.

La primera expedición castellana a las islas se llevó a cabo en 1393, con ánimo de exploración y saqueo, y sus promotores, según la *Crónica de Enrique III,* «enviaron a decir al rey lo que allí fallaron, e como eran aquellas islas ligeras de conquistar, si la su merced fuese, e a pequeña costa». Debió de haber otras expediciones similares, siempre desde Sevilla, en los años siguientes, pero la empresa de conquista propiamente dicha comenzó en mayo de 1402 cuando el noble normando Jean de Bethencourt, junto con Gadifer de la Salle, zarpó de La Rochelle y, tras avituallarse en El Puerto de Santa María, desembarcó en Lanzarote, isla que conquistó sin mucha dificultad. Desde diciembre de 1402, Enrique III acogió la empresa bajo su protección soberana —con lo que revalidaba sus títulos de dominio político sobre las islas— y aceptó el vasallaje de Bethencourt, que poseería las islas en feudo, con título de rey, gozando de ventajas de monopolio mercantil en su comercio con Castilla y del «quinto real» del botín que obtuviera. En enero de 1403, el papa concedió indulgencia de cruzada para la empresa porque la evangelización de los aborígenes justificaba aquellos actos pese a que, en la práctica, producían con frecuencia depredación y esclavitud de los isleños, como ocurrió en los años siguientes, hasta 1408, con la conquista de Fuerteventura y en los intentos sobre las islas de Gran Canaria y Hierro.

Maciot Bethencourt sucedió a su tío en la gobernación del feudo y en 1418 cedió sus derechos a don Enrique de Guzmán, conde de Niebla, aunque continuó en las islas como lugarteniente suyo. En definitiva, la empresa de los normandos tuvo duración y alcance limitados. Las islas no eran una fuente importante de riqueza, ni su conquista fácil y rápida, ni atrayente su situación «en un rincón del mundo», según se lee en un documento portugués de 1451. Harían falta nuevas motivaciones para que la tarea de conquistarlas se emprendiera con vigor. Mientras tanto, entre 1418 y 1477, ocurrieron tres conjuntos simultáneos de hechos: primero, los relativos al señorío sobre las Canarias. Segundo, la manifestación en ellas de la rivalidad que enfrentaba a Castilla y Portugal en el dominio de las rutas atlánticas. Tercero, los comienzos del proceso de integración cultural a través de la cristianización.

1. La rivalidad entre Castilla y Portugal

La conquista de Canarias fue tarea de aristócratas y marinos sevillanos hasta la intervención directa de la Corona en 1477[53]. La relativa proximidad de los puertos de la Andalucía atlántica, su potencia marinera y mercantil, la integración de los asuntos canarios en los intereses señoriales y económicos de algunos personajes: tales fueron las razones del empeño que algunos linajes de la aristocracia local sevillana pusieron en controlar las islas, manteniéndolas así unidas a los destinos de Castilla en el siglo XV. La iniciativa de 1402 había sido la primera manifestación clara de unos títulos de dominio, los de la monarquía castellana, que ya no decaerían ante ningunos otros, y cuando el señorío de las islas conquistadas pasó a manos de miembros de la aristocracia local sevillana, la primitiva situación feudal se transformó y redujo a la que era propia de los señoríos jurisdiccionales castellanos, más sujetos a determinadas prerrogativas regias.

Primero fue Alfonso de las Casas quien obtuvo de Juan II el señorío sobre las islas no conquistadas –Gran Canaria, La Palma, La Gomera y Tenerife–, en 1420, y adquirió diez años después del conde de Niebla el señorío sobre Lanzarote, Fuerteventura y El Hierro. En 1445, sus nietos Guillén e Inés Peraza heredaron la titularidad del señorío, que pasaría más adelante a manos de Fernán Peraza, hijo de Inés.

Pero la presencia castellana en Canarias perturbaba los planes portugueses de expansión en el norte del África atlántica y de descenso hacia el sur en busca de los centros productores de oro situados más allá del Sahara. En varias ocasiones, a medida que desarrollaba tales planes, Portugal intentó desplazar a los castellanos de las islas o, al menos, compartir con ellos su dominio, entre 1424 y 1466, especialmente en tiempos del infante don Enrique el Navegante, e incluso obtuvieron en 1436 el apoyo pontificio para intentar el de las islas aún no conquistadas, lo que daría lugar a una conocida réplica castellana sobre el mejor derecho de sus reyes presentada en 1437 ante el Concilio de Basilea. Como el interés papal era asegurar la acción misionera, aceptó la reclamación castellana, del mismo modo que otorgó prioridad a los portugueses en la navegación y conquistas al sur del cabo Bojador (bula *Romanus Pontifex*, 1455). La disputa entre ambos reinos por las Canarias se zanjó definitivamente en el tratado de Alcaçovas-Toledo de 1479, que puso fin a la guerra de sucesión iniciada en 1475 cuando accedió al trono castellano Isabel I con la oposición de Alfonso V de Portugal. Las Islas Canarias, donde ya había intervenido directamente la Corona, fueron definitivamente parte de Castilla mientras que Portugal refrendó su monopolio en la navegación hacia Guinea: la bula *Aeterni regis* (21 junio 1481) de Sixto IV confirmó lo capitulado en Alcaçovas en lo tocante a la navegación hacia Guinea y al monopolio lusitano al sur del cabo Bojador.

Mientras tanto, como anteriormente señalé, los portugueses habían procedido a la colonización de Madeira y Azores. En las islas de Madeira y Porto Santo desde 1425 aproximadamente, en las Azores desde la década de los cuarenta, aunque hasta los años 1460 no se produjo la instalación en todas las islas del archipiélago. La iniciativa correspondió al infante don Enrique, que tuvo el señorío sobre ellas y actuó mediante *capitâes-donatários* que reclutaban a los primeros centenares de colonos, dirigían su instalación y ejercían el poder local. En Madeira se desplegó desde mediados de siglo una economía agraria basada en la producción de cereales, que en buena parte se exportaban a la península, en el cultivo de la caña de azúcar y en la explotación de los recursos forestales, y pronto tuvieron concejos propios las dos aldeas principales –Funchal y Machico–, elevadas a la categoría de «villas» en 1451. En las Azores, se alcanzó la madurez de la colonización ya en los años 1470, basada en producciones cerealistas, forestales y pesqueras; la presencia de mercaderes y pobladores extranjeros, como flamencos o genoveses, fue algo menor que en Madeira, debido a la mayor dificultad de la colonización y al menor desarrollo del comercio[54].

2. Integración religiosa y cultural

La *potestas in temporalibus* pontificia sólo tuvo ocasión de aplicarse en el ámbito estricto de las Islas Canarias en 1344 y, en cierto modo, en 1436. Mucho más importante fue, en cambio, la intervención de la Santa Sede en el campo de la *auctoritas* espiritual o propiamente religiosa, al apoyar un tipo de acción misionera y evangelizadora que debía prevalecer sobre otros aspectos de dominio, a la vez que legitimarlos, y que estaba destinada a evitar abusos sobre los aborígenes. El que esto no se lograra en la práctica, a menudo, no impide que se dé la importancia debida al principio doctrinal y a la exigencia de su cumplimiento.

La evangelización fue un aspecto básico de la incorporación de las islas al mundo europeo, no solamente porque abarcaba los aspectos religiosos, intelectuales y morales de la aculturación, sino también porque definía un tipo nuevo, menos inhumano, de relaciones entre aborígenes y conquistadores. El papel misional de frailes y clérigos les llevaba a veces a enfrentarse con los abusos de los señores sobre los aborígenes, como luego ocurriría en las Indias. Aquella tensión interna entre principios cristianos, ideas señoriales y prácticas depredadoras fue el factor que más contribuyó a suavizar las condiciones de la conquista, aunque no cabe olvidar que ambos elementos, clerecía y señores, formaban parte de los grupos sociales dominantes, ni que la presencia europea se justificaba ideológicamente por el derecho universal a evangelizar. Por lo demás, era lógico que la Iglesia adoptara aquella función protectora en una época en la que toda definición de lo que hoy consideramos derechos humanos pasaba por una previa reflexión religiosa.

Sin este elemento, la suerte de las poblaciones aborígenes habría sido todavía mucho peor, y más teniendo en cuenta el escaso o nulo aprecio que se sentía hacia su cultura en todos los aspectos. A las depredaciones y daños previos o paralelos a las conquistas, y a la ruptura inevitable de sus cuadros sociales y culturales, se habría añadido una esclavización general e inmisericorde de acuerdo con la práctica que se seguía en las luchas contra el infiel sarraceno si no había pacto o capitulación. Pero los canarios no eran «infieles» sino «paganos», susceptibles de ser incorporados directamente a la Iglesia, y por ello era preciso respetar la libertad de sus personas si aceptaban pacíficamente la presencia de misioneros y, en definitiva, el dominio del príncipe cristiano. Ésta fue la tesis que prevaleció, la que impidió un proceso esclavizador generalizado, la que convirtió en abusos perseguibles lo que de otra manera habrían sido usos crueles pero indiscutidos. Que tales abusos se cometieron, y en gran número, es indudable, como que los indígenas se rebelaron por tal motivo contra la presencia de los mismos misioneros, pero también es cierto que en Canarias se aplicó ya un criterio distinto del que había sido habitual en los siglos medievales, y que el despliegue, a veces, durante siglo y medio, de acciones misioneras permitiría, también, un proceso de aculturación que dotó a muchos isleños de cierta capacidad para adaptarse mejor a formas de vida y de relación nuevas[55].

Cuando se produjo la primera conquista, protagonizada por Jean de Bethencourt y Gadifer de la Salle, Benedicto XIII la apoyó concediendo indulgencias en 1403 a quienes colaboraran en la empresa, por su dimensión misionera, y creando la nueva sede episcopal de Rubicón en Lanzarote, sufragánea de Sevilla, con todo el archipiélago como ámbito, en sustitución del desaparecido obispado misionero de Fortuna. Años más tarde, después de que concluyera definitivamente el cisma pontificio, Martín V nombró en 1423 al franciscano fray Juan de Baeza vicario general de su orden en Canarias, comenzó un nuevo período de acción misional en las islas a cargo de franciscanos de origen andaluz, y se tuvieron nuevos argumentos para impedir o, al menos, dificultar la esclavización de aborígenes en las islas no conquistadas, lo que era práctica frecuente en las expediciones navales. Fue precisamente la reacción contra estos excesos lo que motivó el informe del obispo de Rubicón, don Fernando Calvetos, y sendas bulas pontificias del año 1434, en las que se reafirmaba el carácter misional de la intervención en Canarias, se prohibía la esclavización de canarios y se ordenaba la liberación de quienes lo hubieran sido.

Se ha señalado la importancia doctrinal que tuvieron, en aquellas circunstancias, los dictámenes de dos juristas de la curia pontificia, Antonio Minucci da Pratovecchio y Antonio de Rosellis, sobre las condiciones en que era lícita la expansión y conquista de tierras no cristianas. En síntesis, sólo aceptan la posibilidad de una guerra de conquista previa autorización pontificia –puesto que no se trataría de recuperar tierras propias perdidas– y siempre que los infieles no aceptaran pacíficamente la predicación del Evangelio o vivieran claramente en contra de los principios de la ley natural. Para Rosellis, que sigue a otros autores, «todos los hombres son libres por naturaleza, también los gentiles»; si se trata de paganos –no de infieles sarracenos–, no se puede guerrear contra ellos sin causa legítima, ni siquiera para obligarlos a convertirse a la fe cristiana, pues esto sería coacción.

> Sólo en caso de expulsar a los predicadores de la fe podría castigarlos el papa, en defensa de un derecho inalienable de la Iglesia. Esto debió reafirmar al papa en proteger la labor misional efectuada por Castilla de forma pacífica: aunque más lenta que recurriendo a las armas, era más acorde con la justicia [...] La argumentación de Rosellis sobre los derechos de los infieles está muy próxima ya a los postulados de los autores del siglo XVI como Francisco de Vitoria o Suárez [...][56].

Aquellos principios no se modificaron en lo sucesivo. Son los que hacen posible la protesta en 1442 de don Juan Cid, obispo de Rubicón, contra los abusos del señor de Lanzarote sobre los aborígenes. Son los fundamentos que respeta Diego García de Herrera, señor de Canarias, cuando desembarca en Las Isletas (Gran Canaria), en 1461, o en El Bufadero (Tenerife), en 1464, y, a la vez que recibe la pleitesía de los reyezuelos «guanartemes» o «menceyes», según el caso, lo que debería evitar la acción armada, asegura la práctica misionera estableciendo iglesias y protegiendo eremitorios, como el que se instaló hacia 1462 en Telde. Por entonces, el breve *Pastor bonus* de Pío II insistía en los aspectos que ya hemos citado sobre la evangelización de los naturales de las islas.

Como término de lo expuesto hasta ahora podemos señalar las intervenciones de la Corona para que se devolviera la libertad y la residencia en su isla a los gomeros cristianos sublevados contra Fernán Peraza y esclavizados en 1478. O el diseño de la intervención en Gran Canaria, desde 1477, en apoyo de la misión y con dinero procedente de bulas de indulgencia, como ya había ocurrido en otros casos. O las acciones de la reina Isabel, que se suceden en los años ochenta a favor de canarios, palmeros y gomeros injustamente apresados, para que se les devuelva su libertad.

4. La conquista de las islas de realengo

Hasta 1476, los reyes de Castilla habían actuado en las islas a través de poderes señoriales interpuestos, pero a partir de aquella fecha, con la ruta marítima hacia el oro de Guinea ya abierta, y en plena guerra contra Portugal, la Corona tomó la decisión de intervenir directamente y asegurar la conquista y dominio del archipiélago. Hecha la información oportuna sobre la situación jurídica, se reconoció a los Peraza el dominio señorial sobre Lanzarote, Fuerteventura, La Gomera y El Hierro, y la Corona se reservó la conquista y dominio directo de las llamadas «islas mayores» –Gran Canaria, Tenerife y La Palma–, que serían de realengo[57]. Pero no lo hizo enviando directamente tropas, sino firmando capitulaciones con eclesiásticos y capitanes encargados de llevarla a efecto, según el mismo procedimiento que más adelante se siguió en América[58].

La capitulación para la conquista de Gran Canaria se asentó con el obispo de Rubicón, don Juan de Frías, y con el capitán Juan Rejón y se financió primeramente con dinero que se recuperaría en las limosnas de la bula de cruzada. La hueste era pequeña: 50 jinetes y 600 peones embarcados en seis carabelas y dos fustas, a los que se sumaron al año siguiente otros 400 peones. Rejón desembarcó en junio de 1478 y fundó el real de Las Palmas –futura capital de la isla– como base de operaciones de una guerra lenta, caracterizada por las operaciones de desgaste. En agosto de 1479 llegó el primer gobernador real, Pedro Fernández de Algaba, y un año después el segundo, Pedro de Vera, que sustituyó a Rejón y completó la conquista en varias fases, primero el «bando» de Telde, cuyo «guanarteme» viajó a la corte, lo mismo que el del «bando» de Galdar, sometido en 1482. Los últimos resistentes capitularon el 29 de abril de 1483, y Vera continuó en la isla varios años más, organizando la instalación de colonos y repartos de tierra, pese a los abusos e incluso esclavizaciones a que sometió a los canarios. Éstos, con todo, se asimilaron rápidamente a la nueva situación cultural, y un grupo de ellos intervino en las conquistas de La Palma y Tenerife al lado de los castellanos.

3. Las Islas Canarias

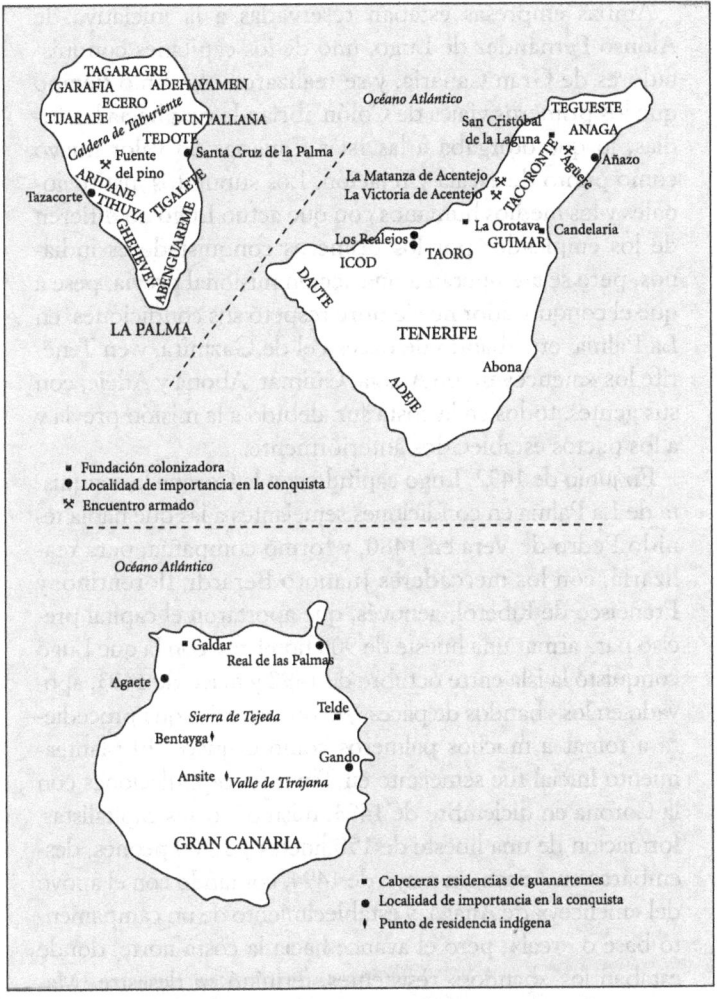

Mapa 21. Conquista y colonización de Gran Canaria, La Palma y Tenerife. (Según M. Á. Ladero, *La España de los Reyes Católicos,* Alianza, Madrid, 1999)

Ambas empresas estaban reservadas a la iniciativa de Alonso Fernández de Lugo, uno de los capitanes conquistadores de Gran Canaria, y se realizaron al mismo tiempo que los primeros viajes de Colón abrían la ruta hacia las Indias, lo que otorgaba a las Islas Canarias un valor nuevo como punto de escala y relación. Los supuestos institucionales y los medios humanos con que actuó Lugo no difieren de los empleados por los primeros conquistadores indianos, pero se atemperan a una acción misional previa, pese a que el conquistador no siempre respetó sus condiciones: en La Palma, era «bando de paces» el de Gazmira, y en Tenerife los «menceyes» de Anaga, Güimar, Abona y Adeje, con sus gentes, todos en la costa sur, debido a la misión previa y a los pactos establecidos anteriormente.

En junio de 1492, Lugo capituló con la Corona la conquista de La Palma en condiciones semejantes a las que había tenido Pedro de Vera en 1480, y formó compañía, para realizarla, con los mercaderes Juanoto Berardi, florentino, y Francisco de Riberol, genovés, que aportaron el capital preciso para armar una hueste de 900 hombres, con la que Lugo conquistó la isla entre octubre de 1492 y mayo de 1493, apoyado en los «bandos de paces», lo que no evitó que procediera a tomar a muchos palmeros como cautivos. El planteamiento inicial fue semejante en Tenerife: capitulaciones con la Corona en diciembre de 1493, mismos socios capitalistas, formación de una hueste de 150 jinetes y 1.500 peones, desembarco en Añaza, en mayo de 1494, contando con el apoyo del «mencey» de Anaga, y establecimiento de un campamento base o «real»; pero el avance hacia la costa norte, donde estaban los «bandos» resistentes, terminó en desastre (Matanza de Acentejo, 26 de mayo), y Lugo hubo de reembarcar hacia Gran Canaria con los restos de su expedición[59].

El segundo intento, con una nueva compañía de financiadores, se produjo en noviembre de 1495 y obtuvo éxito tras la derrota de los isleños hostiles en Agüere (actual La Laguna) y en Acentejo. Las operaciones continuaron en la primavera de 1496 hasta el total dominio de los «bandos» de la costa norte. Las violencias del conquistador contra los isleños o guanches, incluso los de los «bandos de paces», provocaron algunas revueltas locales, como había sucedido en otras islas, hasta 1499. Además, las protestas de los aborígenes movilizaron a la reina Isabel, cuyas órdenes y enviados lograron paliar, en parte, aquellos abusos, como antes habían hecho en La Gomera y La Palma. Sin embargo, la Corona nombró a Alonso de Lugo gobernador vitalicio de Tenerife y La Palma a finales de 1496 y adelantado en 1502, de modo que pudo dirigir el proceso colonizador, el asentamiento de pobladores y el reparto de tierras para su puesta en explotación hasta su muerte en 1525[60].

5. Colonización y organización económica

En las Canarias hubo una importante colonización de poblamiento a raíz de la conquista, realizada de acuerdo con formas jurídicas semejantes a las que habían servido para organizar las repoblaciones medievales de Castilla: las últimas, ocurridas en el reino de Granada, son contemporáneas de las canarias. Los conquistadores y muchos de los pobladores que acudieron a las islas mayores en los años inmediatos a su conquista recibieron «datas» o lotes de tierra en propiedad, a condición de permanecer un tiempo mínimo, que solía ser de cinco años, y de avecindarse con su familia. El proceso repoblador motivó desde un principio diferencias sociales y económicas considerables entre los inmigrantes, puesto que los principales conquistadores y sus colaboradores recibieron «datas» mucho mayores y hubo además un intenso flujo de compraventa y de acumulación de tierra en manos de los dueños del negocio de la caña de azúcar, de modo que se formó una aristocracia mixta de caballeros y mercaderes interesados en el comercio atlántico[61].

En Gran Canaria, los primeros repartos de tierras fueron obra del gobernador Pedro de Vera; desde 1495, el nuevo gobernador, Alonso Fajardo, procedió a entregar nuevas «datas» y a reformar los repartimientos anteriores debido a los abusos ocurridos. Un tercer momento de reparto de tierras ocurrió ya a partir de 1505. En Tenerife, el proceso se conoce mucho mejor porque se conservan los libros de repartimiento o de datas[62]: «los repartimientos se concentran en tres períodos que coinciden con la puesta en explotación de nuevas zonas. Entre 1498 y 1505 se produce el primer asentamiento y más importante. En él se reparten tierras para los "ingenios" azucareros y para el cultivo de cereal». Hay una reforma general del repartimiento en 1506; «pocos años después, en 1512, se otorga otro número importante de "datas" y, por último, hacia 1517 se hace la última entrega». En general,

> en muy poco tiempo en algunas islas se provocó una transformación irreversible del paisaje y del territorio: desaparecen las antiguas demarcaciones, senderos de trashumancia y tierras de suelta [de ganado]; los montes son talados, las aguas, de propiedad individual o municipal, son conducidas y vigiladas, los campos roturados y cercados [...] Se crean así nuevas condiciones ecológicas que hacen inoperante el antiguo sistema tribal[63].

3. Las Islas Canarias

La repoblación, pese a todo, fue compatible con la permanencia de aborígenes, tal vez un máximo de cinco o seis mil, que se incorporaron a la nueva situación social y cultural en el plazo de una o dos generaciones, mediante procesos de transculturación en los que se retuvo muy poco del pasado puesto que, casi siempre, fueron más bien fenómenos de «aculturación compulsiva» a favor del nuevo orden de cosas y, además, tuvieron efecto «de forma individualizada, ya que la sociedad aborigen, como tal, desapareció», pues sus «marcos sociales y sus instituciones habían quedado totalmente prescritos». Antes de la conquista, no había habido trasvases de población ni apenas comunicaciones entre unas islas y otras, de modo que la situación de los aborígenes fue distinta en cada caso, aunque había elementos comunes: una economía agraria neolítica que condicionaba fuertemente el número de habitantes, cuyo máximo habría sido de 30.000 personas en el siglo XIV, antes del descenso fortísimo de población como consecuencia de los cautiverios que acompañaron a las depredaciones y conquistas a lo largo del XV y de la misma disolución de las bases de la organización social indígena. En las islas de señorío sólo permaneció una población indígena apreciable y mejor organizada en La Gomera, adonde llegaron muy pocos repobladores. En las de realengo las conquistas acarrearon el cautiverio de bastantes isleños, sobre todo en Gran Canaria, pero algunos grupos ya bautizados, como sucedió con los procedentes de los «bandos de paces» pudieron adaptarse mejor a la nueva situación, especialmente en La Palma y Tenerife, conservar libertad y tierras, o bien obtener «datas» en repartimientos de islas que no eran la suya de origen: así, en Tenerife recibieron tierras algunos grancanarios y gomeros e incluso nativos de Fuerteventura y

Lanzarote; otros aborígenes se emplearon como pastores en zonas de montaña, pues fue en la ganadería donde sobrevivió algún elemento del pasado, o como jornaleros y criados, e incluso como «alzados» o huidos en las zonas más abruptas durante algunos años. Hubo, además, uniones mixtas entre colonos y mujeres de las islas y, por lo tanto, cierto nivel de mestizaje.

El elemento fundamental en la creación del nuevo sistema social fueron los repobladores, por su número y por su condición de portadores de las transformaciones. «La nueva sociedad canaria se puede definir como "pueblo trasplantado", siguiendo la terminología de D. Ribeiro, porque no sólo conservaría las características étnicas originales sino que tratará de reproducir en las islas la sociedad europea a la que pertenece.» Hubo repobladores que acudieron como señores, no como colonos. Fueron los conquistadores más importantes: los normandos y caballeros sevillanos de Lanzarote y Fuerteventura, o los beneficiarios de grandes «datas» en Gran Canaria, La Palma y Tenerife. Ocuparon los puestos de gobierno y administración y contribuyeron a crear en las islas fenómenos señoriales semejantes en su forma, aunque menores por su importancia, a los de la Castilla del siglo XV, sobre todo cuando poseyeron capitales o enlazaron con grandes mercaderes dueños de ellos, italianos y flamencos en especial. Charles Verlinden denominó a esto «feudalismo colonial».

Pero hubo al mismo tiempo gran cantidad de colonos efectivos: los simples soldados de la conquista que se afincaron en las islas y los repobladores venidos en los primeros tiempos. Muchos de ellos recibieron tierras y bienes en cantidad suficiente para avecindarse y ser pequeños propietarios o, en el peor de los casos, vivieron trabajando tierra de otros, como arrendatarios o aparceros con contratos «a partido» y de «complantación» que hicieron posible la coexistencia de la pequeña explotación y el hábitat rural disperso con el régimen de gran propiedad agraria. Estos repobladores fueron la «espina dorsal» de la repoblación de Canarias, y los hubo en casi todas las islas, pues, por ejemplo, en La Gomera y El Hierro las «datas» otorgadas por los señores se suceden desde fines del siglo XV y a lo largo del XVI. En las tres islas de realengo observamos varios tipos diferentes: andaluces, extremeños, gallegos y gentes de otras partes de la Corona de Castilla, sin duda los más numerosos, dedicados a la agricultura y a la ganadería; junto a ellos gente «de las islas» procedente de las señoriales de Fuerteventura y Lanzarote, que perdieron población a fines del XV y comienzos del XVI. Y portugueses, sobre todo en La Palma y Tenerife: artesanos o campesinos de situación económica modesta, promotores de cultivos cerealistas en las zonas de «medianías» o técnicos de ingenios azucareros.

Acudieron también grupos minoritarios pero con gran poder económico, procedentes de los grandes centros mercantiles europeos, que capitalizaron la puesta en explotación de las islas, en especial la azucarera. Aplican técnicas tomadas de la tradición mercantil mediterránea del Medievo e integran la economía canaria en los circuitos del incipiente capitalismo comercial. Sus miembros más poderosos tienden a enlazar con la otra aristocracia, la procedente de la conquista, e incluso hubo algunos grandes mercaderes, como ya se ha indicado, que la financiaron. Los genoveses formaban el núcleo más importante de este grupo minoritario, que también contó, algo después, con flamencos y algunos bretones y normandos.

Hacia 1525, cuando la primera época colonizadora concluyó, habría en las islas unos 20.000 a 25.000 habitantes.

La isla más poblada era Tenerife, tal vez con la mitad de esa cifra; su capital, San Cristóbal de La Laguna, tenía unos 600 «vecinos» (3.000 personas, aplicando un coeficiente cinco)[64], igual o algo más que Las Palmas de Gran Canaria; había otros 150 en La Orotava[65], y Tenerife contaba además con diez núcleos de población concentrada; en total, Tenerife hacia 1520 tenía al menos 1.600 vecinos, Gran Canaria unos 700 y La Palma en torno a 500. La escasez de población impulsaba a contar con mano de obra esclava, que comenzó a llegar, aunque no en gran cantidad, de Sudán, a través de los mercados portugueses, y también de Berbería y Sahara.

* * *

Las producciones potenciadas o puestas en marcha después de la conquista estuvieron orientadas desde el primer momento tanto a la subsistencia como a la comercialización[66]. Parece que las islas se beneficiaron poco de la relativa proximidad de bancos de pesca, aprovechados por los marinos andaluces desde mediados del siglo XV, salvo para asegurar su propio abastecimiento[67]. En cambio, se comercializaron desde fecha muy temprana, entre los productos de recolección, la «orchilla», liquen tintóreo, o la pez y la madera de los pinares tinerfeños y palmeros, o también algunos derivados de la abundante ganadería menor, en especial cueros y quesos. La ganadería mayor, mucho más escasa, llegó con los repobladores, y las autoridades se preocuparon de mantener grandes reservas o dehesas para pasto, incluso en detrimento de la expansión de la agricultura.

Los cereales, trigo y cebada casi siempre, se cultivaban en las zonas de «medianías», por encima de 400 o 500 m de altitud, después de desmontar y roturar los terrenos, puesto que tales cultivos no existían antes de la llegada de los repobladores, de modo que su expansión produjo un cambio fundamental en los paisajes rurales del archipiélago. Además, se producía para el consumo interno y, al menos en Tenerife, también para la exportación, a cuyo efecto, en 1512 los vecinos fueron autorizados a exportar hasta un tercio de sus cosechas, una vez aseguradas las necesidades isleñas, tal como sucedía desde comienzos del siglo XIV en la Baja Andalucía. En cambio, la producción cerealista fue habitualmente deficitaria en Gran Canaria.

Parrales y huertas se extendieron por zonas de regadío, a baja altura, pero en aquel momento sus productos se limitaban al consumo interno y aún no había comenzado la gran época canaria de exportación de vinos. El primer cultivo especulativo destinado a los mercados exteriores fue la caña de azúcar, que también requería tierras bajas, cálidas y de riego, hasta el extremo de que fue preciso organizar el régimen de uso del agua, y, además, dispuso de mucha madera como combustible en los «ingenios» y para el embalaje del producto. Se introdujo primero en Gran Canaria, procedente de Madeira, y luego en las otras islas mayores. El número de ingenios era de unos 25 en Gran Canaria hacia 1515; en Tenerife había 10 u 11 «haciendas», pero de mayor tamaño, y varias más en La Palma, entre ellas la de Tazacorte, propiedad de alemanes y, desde 1510, del flamenco Jácomo Groenenberch o Monteverde.

El cultivo de la caña atrajo las inversiones de capital más importantes y estimuló las relaciones mercantiles directas con metrópolis comerciales de Italia y Flandes; eran los dos elementos requeridos: capital disponible y red comercial para dar salida al producto en Europa. Baste con decir que el capital de los mercaderes, sobre todo genoveses, se volcó en inversiones azucareras que iban desde la financiación de plantaciones e ingenios hasta la comercialización del producto. Del azúcar surgieron las primeras grandes fortunas isleñas y, con el paso del tiempo, las alianzas familiares que permitieron la fundación del mayorazgo de Arucas, en Gran Canaria, y el señorío de Adeje, en Tenerife. Y es que el rendimiento económico de los ingenios era muy grande: el capital invertido se amortizaba en dos o, a lo sumo, en cuatro años sin renunciar a beneficios desde el comienzo; así, un ingenio en Gran Canaria cuyo costo fue de dos millones de maravedíes producía azúcar, un año con otro, por este mismo valor.

Gracias a la exportación de azúcar se pudieron obtener en contrapartida las manufacturas y otros productos que las islas necesitaban. Los barcos procedentes de Sevilla, Cádiz, Génova, Marsella, Nápoles, Venecia, Brujas o Amberes –plaza a la que el primer azúcar canario llegó en 1508–, y otras plazas, traen «ropa», término genérico que incluye sedas, lienzos y paños, armas, mercería, cobre y herrajes, papel, quincallería, aceite y jabón andaluces, azafrán y especias, muebles e incluso obras de arte. Hay que señalar, también, que aquel comercio exterior se vio dificultado en los primeros tiempos por la escasez de moneda en las islas, hasta el punto de que se «premió» la moneda de oro, plata y vellón dándole un curso legal superior en un 33 % al que tenía en Castilla, y más todavía para la moneda de vellón, con lo que se favorecía su entrada. Por otra parte, se obligaba a los mercaderes foráneos a tomar como flete de retorno mercancías isleñas a las que se confería un valor fijo, como si se tratara de moneda: azúcar, trigo y cebada especialmente.

6. Las instituciones del reino

Las islas formaron un reino dentro de la Corona de Castilla, tal como consta en la intitulación de los Reyes Católicos desde 1485: «reyes de la Gran Canaria con todas sus islas». Como tal, fue de aplicación en ellas la legislación regia general y las islas de realengo formaron parte de la estructura jurisdiccional y administrativa en cuya cúspide estaban el Consejo de Castilla y la Audiencia Real, en este caso la situada en Ciudad Real y, desde 1505, en Granada. Hubo algunos oficios regios de ámbito general para el archipiélago: en el plano honorífico, esto es, sin jurisdicción, Alonso Fernández de Lugo fue nombrado en 1503 Adelantado de las islas de Canarias; en el cancilleresco, se creó una Notaría Mayor, con funciones, honores y derechos iguales a los que existían en los reinos de Castilla, León, Toledo y Andalucía; en el fiscal, las islas constituyeron un ámbito aduanero específico, lo que requirió el nombramiento de un alcalde y un escribano «de sacas y cosas vedadas».

En definitiva, la Corona organizó y trató a las Canarias como un reino más integrado en la Corona de Castilla, en pie de igualdad con los demás territorios. Pero también reconoció las necesidades singulares del archipiélago: ante todo, en el plano fiscal, porque, para fomentar la población y el desarrollo económico, renunció al cobro de alcabalas sobre las compraventas, y se limitó al de una aduana o «almojarifazgo» del 3% sobre el valor de las mercancías cargadas o descargadas en puertos de las islas, con importantes excepciones puesto que las destinadas al aprovisionamiento de los isleños estaban exentas. A este impuesto se añadía el importe de las «tercias reales» (dos novenos del diezmo eclesiástico) y el de algunas regalías o monopolios de la Corona, como eran la recogida de orchilla, el quinto de las «cabalgadas» que se realizaban contra la costa africana o el importe de las licencias para comerciar allí («armadas», «rescates»). En síntesis, una fiscalidad poco gravosa y vinculada a actividades de intercambio distintas de las indispensables para el abastecimiento de los pobladores.

Por otra parte, la lejanía de las islas exigió otorgar mayor autonomía administrativa a sus órganos de gobierno propios, que eran los concejos o cabildos. Refiriéndose al realengo, escribe E. Aznar:

> en Canarias, la tierra de cada concejo o cabildo coincidía con los límites de la isla, lo que explica la pervivencia del término para designar instituciones posteriores. Sólo en Gran Canaria existía una zona que escapaba a la jurisdicción concejil, era la villa de Agüimes, señorío de la cámara episcopal. Las villas capitales de las islas realengas eran Las Palmas, Santa Cruz de La Palma y San Cristóbal de La Laguna, que constituían las sedes de los concejos y a las que estaban supeditadas las restantes villas y aldeas.

En las otras islas, lógicamente, la unidad de jurisdicción era el señorío, en aquel momento todavía único para las cuatro –Lanzarote, Fuerteventura, La Gomera, El Hierro–, aunque en su seno se desarrollasen también concejos locales.

El derecho local canario se inspira inicialmente en el sevillano, pero en diciembre de 1494 se añadió o superpuso en Gran Canaria un ordenamiento real nuevo, el llamado «Fuero de Gran Canaria», que, en realidad, es común con muchas poblaciones del reino de Granada (es el Fuero

Nuevo) y tiene por objeto, en todos los casos, regular los nombramientos y el ejercicio de cargos concejiles en aquellos municipios de nueva creación, de una manera más simple y acorde con los intereses políticos de la Corona. Además de la normativa regia, los concejos se dotaron de ordenanzas propias en cada caso, que regulaban todos los aspectos de la vida pública y los referidos a las actividades y recursos comunes. Aunque los primeros textos sistemáticos conocidos son del segundo cuarto del siglo XVI, su elaboración comenzó desde los primeros años de actividad municipal, ya que son el resultado de deliberaciones y acuerdos de los respectivos cabildos.

La Corona nombraba gobernadores que presidían las reuniones y actividades concejiles y ejercían funciones de representación del poder regio más amplias que las asignadas a los corregidores en ciudades peninsulares. En Tenerife y La Palma lo fue, con carácter vitalicio, Alonso Fernández de Lugo. En Gran Canaria se sucedieron varios, a partir de Pedro Fernández de Algaba y Pedro de Vera, según la voluntad de la Corona. Sus atribuciones eran, en líneas generales, las enumeradas en los *Capítulos* para gobernadores, corregidores y jueces de residencia del año 1500, básicamente judiciales y administrativas, más algunas otras de carácter extraordinario, como fueron el reparto y atribución de tierras, la jefatura militar o las intervenciones extraordinarias en la administración de las islas de señorío. Bajo la presidencia del gobernador real o de su lugarteniente, el cabildo concejil ejercía todas las funciones propias de esta institución en la Castilla de la época. El mismo gobernador nombraba a sus oficios principales, los alcaldes mayores y el alguacil mayor, mientras que los regidores, que también eran de nombramiento real, surgían por elección anual entre compromisarios. Todos ellos, reunidos en cabildo, designaban a los otros oficios municipales, ejercían el gobierno local y administraban los recursos propios del concejo. El envío cada cierto tiempo por la Corona de jueces de residencia completa este cuadro institucional: su misión era, como en otras partes de Castilla, la revisión de las actuaciones llevadas a cabo por los gobernadores y cabildos, para comprobar su legalidad y efectividad.

Paralelamente, se completó la organización eclesiástica de las islas, que formaban una sola diócesis con sede episcopal en Gran Canaria, heredera de la de Rubicón, en Fuerteventura, también según un modelo institucional inspirado en el de Sevilla: el cabildo catedralicio tenía seis «dignidades», 18 canonjías y 12 «medias-raciones» más. La diócesis se dividía en vicarías y los «beneficios» eclesiásticos locales se integraban en ellas. Las constituciones sinodales de 1514-1515 dispusieron la primera división territorial interna de la diócesis y el reparto de vicariatos en ellas: tres en Gran Canaria, uno en La Palma y sólo dos en Tenerife, pese a ser la isla más poblada. Las dificultades mayores en aquellos primeros tiempos consistieron en el absentismo de los obispos –o, más bien, en su breve tiempo de residencia antes de pasar a otra diócesis– y en la escasez de clérigos con formación adecuada para servir los «beneficios». Desde entonces, también, se instalaron pequeños conventos de franciscanos, dominicos y agustinos en las localidades principales, según la pauta común con el resto de Castilla.

Conclusión

Conviene concluir este libro con una breve visión sincrónica de cuanto se ha escrito en los capítulos anteriores diferenciado por ámbitos regionales. Después del largo período inicial, en los siglos VIII y IX, menos conocido y sujeto a mayor número de debates, se observa en todas las que he denominado tierras originarias el grado de madurez a que ha llegado la colonización a lo largo del siglo X y primera mitad del XI, el aumento de población, la complejidad creciente de la organización y de las jerarquías sociales y políticas.

A continuación, desde mediados del siglo XI hasta el primer tercio del XII, la situación cambia rápidamente, a través de momentos bien marcados, pues de los beneficios que derivan de la debilidad de los taifas andalusíes se pasa a la necesidad de defender y ampliar lo conquistado frente a los almorávides, mientras los reinos cristianos se abren a una integración mucho más estrecha con la cristiandad occidental. Los efectos fueron decisivos: por una parte, ruptura del esquema defensivo andalusí, con las tomas de Toledo y Zaragoza; por otra, posibilidad de colonizar vastos territorios entre el Duero y el Tajo y en el valle medio del Ebro, y de iniciar el avance hacia las tierras de la Cataluña Nueva. En tercer lugar, reorganización del poblamiento en torno al Camino de Santiago, con ayuda de los inmigrantes ultrapirenaicos, y en las tierras próximas a las antiguas fronteras con al-Andalus, ya superadas. Y, en fin, singularización creciente de los reinos cristianos, iniciada a la muerte de Sancho Garcés III de Pamplona, continuada con el reparto del reino pamplonés en 1076 entre los reyes de Aragón y Castilla, y que culmina en torno a 1134-1139 con la restauración de Navarra, la ampliación de Aragón y su incipiente unión dinástica con Barcelona, el nacimiento de Portugal como reino. Todo ello, en torno al desarrollo del concepto leonés de *imperium,* cuya plenitud se alcanza bajo Alfonso VI y Alfonso VII.

Entre el segundo tercio del siglo XII y el primer cuarto del XIII, el enfrentamiento con al-Andalus, bajo dominio político de los imperios norteafricanos, alcanzó sus manifestaciones más agudas: la crisis de los almorávides permitió algunos avances de importancia a mediados de siglo –Lisboa, Calatrava, Lérida, Tortosa–, pero la reorganización promovida por los almohades equilibró la situación y los avances fueron mucho más lentos desde los años setenta hasta los que siguieron a la batalla de Las Navas de Tolosa (1212). Sin embargo, los objetivos estaban mucho más claros y se tradujeron tanto en pactos de división de zonas de conquista entre los reinos cristianos, en especial entre Castilla y la naciente unión catalano-aragonesa (tratados de Tudellén y Cazola), como en fuertes enfrentamientos entre ellos, sobre todo en el ámbito leonés y portugués, para mantener abierta lo más ampliamente posible su respectiva frontera con el mundo andalusí; sólo Navarra quedó al margen de aquella situación, e incluso se vio reducida a sus límites anteriores al siglo XI, después de diversas alternativas de pugna con Castilla entre 1135 y 1200. Pugnas fronterizas entre reinos cristianos que, dicho sea de paso, también absorbieron mucho tiempo y esfuerzos a los monarcas castellanos, leoneses y portugueses de la época.

El crecimiento demográfico y la capacidad colonizadora se intensificaron notablemente desde mediados del siglo XII, lo que produjo un impulso perceptible en todos los ámbitos: en las tierras de la cuenca del Duero desde Castilla hasta Portugal, en las del noroeste gallego, en algunos puntos de la costa cantábrica; por supuesto, en un nuevo empuje colonizador en las Extremaduras y sus respectivas Transierras, y en el reino de Toledo, donde se esbozó incluso una «repoblación adelantada» de tierras en la cuenca castellana del Guadiana y se inició la de sus márgenes –Cuenca al este, Plasencia al oeste–. Algo similar ocurría en el valle del Ebro, donde, además, las conquistas de mediados de siglo permitieron abordar la colonización de toda la Cataluña Nueva, con centros principales en Tortosa y Lérida, y la del macizo de Teruel y Bajo Aragón. Mientras tanto, en Portugal, el dominio de Lisboa y Santarém aseguraba el éxito de las tareas colonizadoras entre los ríos Duero y Tajo, en especial en la Estremadura, e incluso en zonas al sur de este último río.

La crisis del poder almohade y la descomposición política de al-Andalus, entre 1225 y 1275, se combinan con la capacidad conquistadora de los reinos cristianos para provocar una rápida expansión territorial de la que sólo se libra el nuevo emirato de Granada, bajo protectorado castellano a partir de 1246. Los avances fueron acompañados por procesos de colonización y reorganización del poblamiento rápidos y simultáneos con los que seguían ocurriendo en las demás regiones, de modo que estamos ante el momento histórico culminante del crecimiento demográfico y de la expansión hispánica medieval en el interior mismo de cada región o reino y en las tierras recién incorporadas.

Es la época en que se generaliza la formación de «polas» y villas nuevas en toda la orla cantábrica y se completa la propia de Galicia, mientras culmina el crecimiento de las ciudades y pueblos al norte del Duero y la organización de las Extremaduras –con la colonización de tierras montañosas hasta entonces dejadas casi al margen– y de las demás tierras incorporadas desde finales del siglo XI hasta comienzos del XIII, tal como sucede, por ejemplo, en los «extremos» y «montes» de Toledo, al tiempo que las órdenes militares pueden colonizar plenamente sus dominios en la cuenca castellana del Guadiana. La madurez de la organización territorial y del poblamiento en Portugal y León-Castilla es el fenómeno de fondo que acompaña a las nuevas tareas pobladoras en Alentejo y Algarve, Extremadura, la Andalucía del Guadalquivir y Murcia, del mismo modo que esa misma madurez en Aragón y Cataluña es contemporánea y estimula las llevadas a cabo en los reinos de Mallorca y Valencia, en los decenios que siguieron a su conquista. Paralelamente, los reinos en expansión limaban sus diferencias fronterizas en tratados casi definitivos –Almizra, 1244; Badajoz, 1267–, que sólo sufrieron algunas modificaciones como consecuencia de los reajustes ocurridos en torno a 1300: tratado castellano-portugués de Alcañices (1297), sentencia arbitral de Torrellas (1304) para el ámbito murciano.

Conclusión

El cambio de tendencia que se produce en todos los órdenes entre 1275 y 1325 puso fin a aquella gran época colonizadora, aunque es posible percibir aún iniciativas, locales y discontinuas, hasta mediados del siglo XIV, según las diversas coyunturas regionales y las circunstancias bélicas y políticas. Pero, para entonces, la construcción del edificio había terminado en lo fundamental y lo que sucedió después fueron matices o ampliaciones. Matices, eso sí, de gran importancia: los numerosos despoblados bajomedievales, el definitivo predominio de las ciudades en la organización del territorio y el aumento de las zonas sujetas a jurisdicción señorial de diversas casas nobles, especialmente en Castilla.

Aunque surgidos en la crisis, muchos de aquellos matices continuaron desarrollándose durante la nueva fase de crecimiento demográfico y económico que arranca en el siglo XV, sobre todo desde su segundo tercio, y llega hasta finales del XVI. La centralidad de las ciudades creció, el número de señoríos también, a menor ritmo en Castilla desde 1480, pero, aunque siguieron produciéndose despoblados rurales, lo más característico de la fase expansiva fue la fundación selectiva de nuevas aldeas, especialmente en zonas antes marginales o mal explotadas tanto del realengo como de los señoríos, y la capacidad para emprender nuevas tareas de conquista, expansión territorial y colonización, cuyos frutos fueron la incorporación de Granada y de las islas atlánticas a una Corona de Castilla que contaba con 4.300.000 habitantes; en la de Aragón había 850.000; en Navarra 120.000, y en Portugal un millón largo.

Unos años después, el impulso alcanzaría a América, si bien en circunstancias distintas: «Quien no poblare no hará buena conquista –escribía el cronista indiano Francisco López de Gómara, refiriéndose a México–, y no conquistando la tierra no se convertirá la gente, así que la máxima del conquistador ha de ser poblar»[1]. Resuenan en estas líneas viejas experiencias medievales: conquistar, poblar, integrar a las gentes en la misma fe para asegurar la cohesión social... ecos de un pasado que debe ser entendido y asumido en su propia realidad para que no perturbe la nuestra sino que, por el contrario, nos ayude a comprenderla mejor.

Notas

Capítulo primero. Conquistar y poblar

1. Exposición más amplia en M. Á. Ladero Quesada, «La "Decadencia" española como argumento historiográfico», en *Lecturas sobre la España histórica,* Madrid, Real Academia de la Historia, 1998, pp. 213-285.
2. J. Ortega y Gasset, *España invertebrada. Bosquejo de algunos pensamientos históricos,* Madrid, 1921.
3. A. Castro, *España en su historia. Cristianos, moros y judíos,* Buenos Aires, 1948, y *La realidad histórica de España,* México, 1954.
4. Cl. Sánchez-Albornoz, «España y Francia en la Edad Media. Causas de su diferenciación política», *Revista de Occidente,* 2 (1923), 294-316; «España y el Islam», *Revista de Occidente,* 24 (1929), 1-30; algunos ensayos reunidos en su *De la invasión islámica al Estado continental,* Sevilla, 1974, y sobre todo su gran libro *España, un enigma histórico,* Buenos Aires, 1957, 2 vol., 1.487 páginas (véanse también los comentarios añadidos en la edición de 1973), así como sus numerosas investigaciones sobre el reino de Asturias (cfr. el resumen «La España cristiana de los siglos VIII al XI: el reino astur-leonés [722-1037]», en *Historia de España Menéndez Pidal-Jover Zamora,* Madrid, 1980, VII/1). Otros puntos de vista e interpretaciones en A. Barbero y M. Vigil, *La formación del feudalismo en la Península Ibérica,* Madrid, 1978. J. M. Mínguez, *La Reconquista,* Madrid, 1989.
5. Sobre el concepto historiográfico de reconquista y sus contenidos: M. González Jiménez, con una exposición crítica de los diferentes puntos de vista, «¿Re-conquista? Un estado de la cuestión», en E. Benito Ruano (coord.), *Tópicos y realidades de la Edad Media,* Madrid, Real Academia de la Historia, 2000, pp. 155-178. También J. A. García de Cortázar et al., en la introducción a *La organización social del espacio en la España medieval.*

La Corona de Castilla en los siglos VIII a XV, Barcelona, 1985, y más recientemente, F. García Fitz, *La Reconquista,* Granada, 2010; también M. F. Ríos Saloma, *La Reconquista: una construcción historiográfica (siglos XVI-XIX),* Madrid, 2011, y *La reconquista en la historiografía española contemporánea,* Madrid, 2013. Sobre la ideología restauradora medieval, A. P. Bronisch, *Reconquista und Heiliger Krieg. Die Deutung des Krieges im christlichen Spanien von der Westgoten bis ins frühe 12. Jahrhundert,* Münster, Aschendorff Verlag, 1998 (trad.: *Reconquista y guerra santa: la concepción de la guerra en la España cristiana desde los visigodos hasta comienzos del siglo XII,* Granada, 2007), y Th. Deswarte: *De la destruction à la restauration. L'idéologie du royaume d'Oviedo-León (VIIIe-XIe siècles),* Turnhout, 2003. Th. Deswarte y Ph. Sénac (eds.), *Guerre, pouvoirs et idéologies dans l'Espagne chrétienne aux alentours de l'an mil,* Brepols, 2005. D. W. Lomax, *The Reconquest of Spain,* Londres, 1978 *(La Reconquista,* Barcelona, 1984). J. F. O'Callaghan, *Reconquest and Crusade in Medieval Spain,* Filadelfia, 2002. O. Engels, *Reconquista und Landesherrschaft,* 1989 *(II. Reconquista-Studien),* y J. Flori, «Réforme, *reconquista,* croisade. L'idée de reconquête dans la correspondance pontificale d'Alexandre II à Urbain II», *Cahiers de Civilisation Médiévale,* 40 (1997), 317-335. La frontera entre al-Andalus y la España cristiana en E. Manzano Moreno, *La frontera de Al-Andalus en época de los omeyas,* Madrid, 1991; A. Bazzana, P. Guichard y Ph. Sénac, «La frontière dans l'Espagne médiévale», *Castrum,* 4 (Roma-Madrid, 1992), 35-59. A. Bazzana, Ph. Sénac, «Frontières, peuplement et "reconquête" dans la Péninsule ibérique au moyen âge», en *Château et territoire. Limites et mouvances,* Besançon, 1995, pp. 103-124. P. Guichard, «Avant Tordesillas: la délimitation des terres de reconquête dans l'Espagne des XIIe et XIIIe siècles», en M. Balard y A. Ducellier (eds.), *Le partage du monde,* París, 1998. F. Sabaté (ed.), *Arqueología medieval. La transformación de la frontera medieval musulmana,* Lérida, 2009 (II curs internacional d'arqueologia medieval).
6. Una síntesis más amplia de estos y otros aspectos relacionados con ellos en el capítulo, en M. Á. Ladero Quesada, «España: reinos y señoríos medievales», en *Lecturas sobre la España histórica,* cit. pp. 11-69.
7. Cfr. M. Á. Ladero Quesada, «Sobre la evolución de las fronteras medievales hispánicas (siglos XI a XIV)», en C. Ayala, P. Buresi y

Ph. Josserand (eds.), *Identidad y representación de la frontera en la España medieval (siglos XI-XIV)*, Madrid, Casa de Velázquez, 2001, pp. 5-49, y otros estudios contenidos en este mismo libro. Aspectos varios en *Fronteras y límites interiores* (dossier en *Studia Historica. Historia Medieval*, 24, 2006) y en J. Martos Quesada y M. Bueno Sánchez (eds.), *Fronteras en discusión. La Península Ibérica en el siglo XII*, Madrid, 2012.

8. Estado de cuestiones en M. Á. Ladero Quesada, «Monarquía y ciudades de realengo en Castilla. Siglos XII a XV», *Anuario de Estudios Medievales*, 24 (1994), 719-774; *Las ferias de Castilla. Siglos XII a XV*, Madrid, Real Academia de la Historia, 1994; «Economía mercantil y espacio urbano: ciudades de la Corona de Castilla en los siglos XII a XV», *Boletín de la Real Academia de la Historia*, 1994, 235-293, y «Las haciendas concejiles en la Corona de Castilla (Una visión de conjunto)», en *Finanzas y fiscalidad municipal*, Ávila, Fundación Sánchez-Albornoz, 1997, pp. 7-71. M. C. Gerbet, *Un élevage original au Moyen Âge. La Péninsule Ibérique*, Atlantica, Biarritz, 2000. M. Diago Hernando, *Mesta y transhumancia en Castilla (siglos XIII a XIX)*, Madrid, 2002; *Vida rural y ganadera* (ed. G. Colón Domènech y J. Sánchez Adell), *Boletín de la Sociedad Castellonense de Cultura*, LXXV (1999). J. A. Fernández Otal, *La Casa de Ganaderos de Zaragoza. Derecho y trashumancia a fines del siglo XV*, Zaragoza, 1993.

9. M. Á. Ladero Quesada, «Las regiones históricas y su articulación política en la Corona de Castilla durante la Baja Edad Media», *En la España Medieval*, 15 (Madrid, 1992), 213-247. El conjunto castellano comprendía, además de los ancianos reinos de Castilla, León y Galicia, los que habían tomado forma durante los procesos de conquista y colonización: Toledo, Jaén, Córdoba, Sevilla, Murcia, Granada, Canarias. Se trata de títulos de reino creados para honrar a aquellos territorios pero que no tenían contenido político específico; como máximo, alguna singularidad en el marco de la administración territorial de la monarquía.

10. Síntesis en M. Á. Ladero Quesada, «El ejercicio del poder real en la Corona de Aragón (siglos XIV y XV): instituciones e instrumentos de gobierno», en *La España Medieval*, 17 (1994), 31-93. J. A. Sesma Muñoz, «La fijación de fronteras económicas entre los estados de la Corona de Aragón», *Aragón en la Edad Media*, (Zaragoza, 1983), 141-163. Cataluña, cuyo título de *Principat*

(Principado) aparece a mediados del siglo XIV, y los reinos de Aragón y Valencia estaban separados por verdaderas fronteras y cada uno de ellos disponía de sus instituciones políticas (Cortes), hacendísticas y de su legislación específica, como el reino de Mallorca. Para el ámbito catalán, F. Sabaté, *El territori de Catalunya. Percepció i divisió territorial al llarg de l'Edat Mitjana,* Barcelona, 1998, y «L'estructuració territorial de Catalunya. Els eixos cohesionadors de l'espai», en *Actes del V Congrés Internacional d'història local de Catalunya,* Barcelona, 2000, pp. 36-70.

11. Don Juan Manuel, *Libro de los Estados (Biblioteca de Autores Españoles,* vol. 51, ch. XXX, p. 292).
12. Estudios de conjunto en varias publicaciones de M. Á. Ladero Quesada, *Los mudéjares de Castilla y otros estudios de historia medieval andaluza,* Granada, Universidad, 1989; «Réalité et imagination: la perception du monde islamique en Castille au cours du bas Moyen Âge», en G. Jehel (coord.), *Questions d'Histoire. Orient et Occident du IXe au XVe siècle,* París, 2000, pp. 159-198; «Las relaciones con los musulmanes en la Baja Edad Media: rechazo, coexistencia, proselitismo», en *Cristianos y musulmanes en la Península Ibérica: la guerra, la frontera y la convivencia. XI Congreso de Estudios Medievales,* 2007, Fundación Sánchez-Albornoz, León, 2009, pp. 13-65 y «Los mudéjares de Castilla cuarenta años después», *En la España Medieval,* 33 (2010), 383-426. J. Hinojosa Montalvo, *Los mudéjares. La voz del Islam en la España cristiana,* Teruel, 2002, 2 vols. Para los tiempos anteriores, R. Barkai, *Cristianos y musulmanes en la España medieval (El enemigo en el espejo),* Madrid, 1984. P. Sénac, *L'Occident médiéval face à l'Islam: l'image de l'autre,* París, 2000 (2.ª ed.).
13. Otras reflexiones recientes sobre esta cuestión en P. Guichard y D. Menjot, «Les emprunts aux vaincus. Les conséquences de la "Reconquête" sur l'organisation institutionnelle des États castillan et aragonais au Moyen Âge», en M. Balard (ed.), *État et colonisation au Moyen Âge et à la Renaissance,* Lyon, 1989, pp. 379-396. Para los siglos VIII a XII, A. Galmés de Fuentes, «Síntesis cultural cristiano-islámica» y «El guerrero tópico y la realidad socio-cultural de la Edad Media», en E. Benito Ruano (coord.), *Tópicos y realidades de la Edad Media,* Madrid, Real Academia de la Historia, 2000, pp. 119-153, y 2002 (II), pp. 157-177. La bibliografía sobre todas estas cuestiones es mucha y variada; me limito a

Notas: Capítulo primero. Conquistar y poblar

señalar un aspecto concreto menos conocido, el relativo a la metrología: J. Vallvé Bermejo, *El califato de Córdoba,* Madrid, 1992 (cap. XI: Instrumentos de la vida económica: medidas, pesos y monedas», pp. 267-283).

14. Sobre el origen griego de la mayor parte de esta ciencia «árabe», véase F. Rodríguez Adrados, *Modelos griegos de la sabiduría castellana y europea. Literatura sapiencial en Grecia y la Edad Media,* Madrid, Real Academia Española, 2002. También la edición del *Libro de la escala de Mahoma,* traducido por orden de Alfonso X (Madrid, Siruela, 1998).

15. J. A. Maravall Casesnoves, *El concepto de España en la Edad Media,* Madrid, 1954 (3.ª ed. 1981), en especial el capítulo titulado «La idea de reconquista como programa de nuestra Historia medieval». R. Homet, «La pérdida de España, mito motor de la Reconquista», *Temas Medievales,* 4 (Buenos Aires, 1994), 89-113. G. Martin, «La chute du royaume visigothique d'Espagne dans l'historiographie chrétienne des VIIIᵉ et IXᵉ siècles. Sémiologie sociohistorique», *Cahiers de Lingüistique Hispanique Médiévale,* 9 (1984). A. Bronisch, *Reconquista und Heiliger Krieg, op. cit.* en nota 5. Y las reflexiones de P. Linehan en su amplio libro *History and the Historians of Medieval Spain,* Oxford, 1993 (traducción: *Historia e historiadores de la España medieval,* Salamanca, 2011).

16. M. Á. Ladero Quesada, Introducción a *La reconquista y el proceso de diferenciación política (1035-1217). Historia de España Menéndez Pidal-Jover Zamora,* IX, Madrid, 1998, y *Lecturas sobre la España histórica, op. cit.* Recientemente, H. Sirantoine, *Imperator Hispaniae. Les idéologies impériales dans le Royaume de León (IXᵉ-XIIᵉ siècles),* Madrid, Casa de Velázquez, 2012.

17. L. Vázquez de Parga, *La división de Wamba,* Madrid, 1943. P. Linehan, *History and the Historians...*

18. A. Castro, *Español, palabra extranjera,* Madrid, 1970.

19. P. Linehan, *History and the Historians...,* pp. 196-7, 378 y 400. J. Ochoa Sanz, *Vincentius Hispanus. Canonista boloñés del siglo XIII,* Madrid, 1960. J. H. Burns (ed.), *The Cambridge History of medieval political thought,* Cambridge, 1988, p. 463, n. 35.

20. Alfonso X, *Setenario.*

21. C. de Ayala, *Directrices fundamentales de la política peninsular de Alfonso X,* Madrid, 1986. J. O'Callaghan, *El Rey Sabio. El reinado de Alfonso X de Castilla,* Sevilla, 1996.

22. *L'Europe héritière de l'Espagne wisigothique*, Madrid, 1992 (ed. Ch. Pellistrandi). D. Catalán Menéndez-Pidal, *La Estoria de España de Alfonso X. Creación y evolución*, Madrid, 1992. G. Martin, *Histoires de l'Espagne médiévale. Historiographie, geste, romancero*, París, 1997, y el dossier «Luc de Tuy: chroniqueur, hagiographe, théologien», en *Cahiers de Linguistique et de Civilisation Hispaniques Médiévales*, 24 (2001), 201-311. E. Mitre Fernández, «¿Un sentimiento de comunidad hispánica? La historiografía peninsular», en *La época del gótico en la cultura española. Historia de España Menéndez Pidal-Jover Zamora*, Madrid, 1994, pp. 407-434.
23. Una buena síntesis sobre los puntos de vista catalanes en F. Sabaté, «La noció d'Espanya a la Catalunya medieval», *Acta Historica et Archaeologica Mediaevalia*, 19 (1998), 375-390; también en F. Sabaté y J. Farré (coord.), *El comtat d'Urgell a la Península Ibèrica*, Lleida, 2002, pp. 113-130. M. Zimmermann, «Des pays catalans à la Catalogne: genèse d'une représentation», en Ph. Sénac (ed.), *Histoire et archéologie des terres catalanes au Moyen Âge*, Perpignan, 1995, y *En els origens de Catalunya. Emancipació política i afirmació cultural*, Barcelona, 1989. También R. Homet, «Aspectos de la imaginaria política: los conceptos de cristiandad, España y nacionalidad en las grandes crónicas catalanas», *Temas Medievales*, 5 (Buenos Aires, 1995), 245-258.
24. R. B. Tate, *Ensayos sobre la historiografía peninsular del siglo XV*, Madrid, 1973. Síntesis y estado de cuestiones en M. Á. Ladero Quesada, «Proyecto político y grupos sociales en la España de los Reyes Católicos», en *Lecturas sobre la España histórica...*, pp. 71-112.
25. A las obras citadas en notas anteriores, añádanse J. Valdeón Baruque, *Las raíces medievales de España*, Madrid, Real Academia de la Historia, 2002, y A. Morales Moya, J. P. Fusi et al., *Historia de la nación y del nacionalismo español*, Madrid, 2013.

Capítulo segundo. Tierras originarias

1. Como trabajo básico utilizo para estas primeras páginas el de J. A. García de Cortázar, «Del Cantábrico al Duero», en el libro dirigido por este autor, *Organización social del espacio en la España medieval*, Barcelona, 1985, pp. 43-83. Las citas correspon-

den a este trabajo, salvo que se indique otra cosa. Una precisa síntesis del mismo autor, «Estructuras sociales y relaciones de poder en León y Castilla en los siglos VIII a XII: la formación de una sociedad feudal», en *Il feudalesimo nell'Alto Medioevo. XLVII Settimana di Studio... Spoleto*, 2000, pp. 497-568, y en *Investigaciones sobre historia medieval del País Vasco (1965-2005)*, Universidad del País Vasco, 2005, pp. 589-632.

2. C. Sánchez-Albornoz, *Despoblación y repoblación del valle del Duero*, Buenos Aires, 1966, y «Repoblación del reino asturleonés. Proceso, dinámica y proyecciones», *Cuadernos de Historia de España*, LIII-LIV (1971), 236-459. Reflexiones recientes en J. J. García González, «Fruela I y la desestructuración de la cuenca del Duero», y L. Serrano-Piedecasas Fernández, «El primer siglo de la Meseta bajo dominio islámico. La reestructuración del poder», ambos en *Mundos medievales. Espacios, sociedades y poder. Homenaje... García de Cortázar*, Santander, 2012, pp. 515-528 y 901-914. G. Turienzo, *El reino de León en las fuentes islámicas medievales (Traducción crítica y directa de la lengua árabe a la española de los pasajes referentes al reino de León hasta el siglo XII d.C. y contenidos en las compilaciones históricas islámicas)*, 2010.

3. A. Barbero y M. Vigil, *La formación del feudalismo, op. cit.* C. Estepa, «Comunidades de aldea y formación del feudalismo. Revisión de la cuestión y perspectivas», en *«Romanización» y «Reconquista» en la Península Ibérica: nuevas perspectivas*, Salamanca, 1998, pp. 271-282; «Configuración y primera expansión del reino astur. Siglos VIII y IX», en *De Constantino a Carlomagno. Disidentes, heterodoxos, marginados*, Cádiz, 1992, pp. 179-195, y *Visigodos, cántabros y vascones en los orígenes sociales de la reconquista*, Madrid, 2012. I. Martín Viso, *Poblamiento y estructuras sociales en el norte de la Península Ibérica (siglos VI-XIII)*, Madrid, 2000, e I. Martín Viso (ed.), *¿Tiempos oscuros? Territorio y sociedad en el centro de la Península Ibérica (siglos VII-X)*, Madrid-Salamanca, 2009.

4. J. M. Mínguez, «Ruptura social e implantación del feudalismo en el noroeste peninsular (siglos VIII-X)», *Stvdia Historica*, III-2 (1985), 7-32; «Antecedentes y primeras manifestaciones del feudalismo astur-leonés», en *En torno a los orígenes del feudalismo hispánico*, León, 1987, pp. 85-119; «Innovación y pervivencia en la colonización del valle del Duero», en *Despoblación y colonización del valle del Duero*, León, 1995, pp. 45-80, y «Continuidad

y ruptura en los orígenes de la sociedad asturleonesa. De la "villa" a la comunidad campesina», *Stvdia Historica. Historia Medieval,* 16 (1998), 89-127.

5. E. Pastor Díaz de Garayo, *Castilla en el tránsito de la antigüedad al feudalismo. Poblamiento, poder político y estructura social del Arlanza al Duero (siglos VII-XI),* Valladolid, 1996, en una línea interpretativa próxima a las manejadas para los ámbitos pirenaicos por P. Bonnassie y, recientemente, por J.-J. Larrea, Ph. Sénac y C. Laliena. Un balance y síntesis muy claros de las distintas posturas en J. A. García de Cortázar, «Poblamiento y modelos de sociedad en la transición de la Antigüedad al Feudalismo entre el Cantábrico y el Duero», *Sautuola/VI. Estudios en homenaje al profesor Dr. García Guinea,* Santander, 1999, 501-511. Exposición de diversos puntos de vista en el congreso, ya citado, sobre *Despoblación y colonización del valle del Duero (siglos VIII al XX),* León, 1995. También hay una buena síntesis de las diversas interpretaciones en el libro de J. Escalona Monge, *Sociedad y territorio en la Alta Edad Media castellana. La formación del alfoz de Lara,* Oxford, 2002. Y elementos para el debate, con amplio análisis de bibliografía, en A. Barrios García e I. Martín Viso, «Reflexiones sobre el poblamiento rural altomedieval en el norte de la península ibérica», *Studia Historica. Historia Medieval,* 18-19 (2000-2001) [2003], 53-83, precedido por los estudios de varios autores en la monografía «El poblamiento altomedieval galaico-astur-leonés: herencia prerromana, romana y visigoda», *ibid.,* 16 (1998), 11-197.

6. R. Menéndez Pidal, «Repoblación y tradición en la cuenca del Duero», en *Enciclopedia Lingüística Hispánica,* I, Madrid, 1960, XXIX-LVII.

7. M. Riu, «Testimonios arqueológicos sobre el poblamiento del valle del Duero», en *Despoblación y colonización...,* 1995, pp. 81-102. J. A. Gutiérrez González, «Sobre los orígenes de la sociedad asturleonesa: aportaciones desde la arqueología del territorio», *Stvdia Historica. Historia Medieval,* 16 (1998), 173-197, y «Procesos de transformación del poblamiento antiguo al medieval en el norte peninsular astur», en *Mundos medievales. Espacios, sociedades y poder. Homenaje... García de Cortázar,* Santander, 2012, pp. 599-614.

8. En «Organización del espacio, organización del poder entre el Cantábrico y el Duero en los siglos VIII a XIII», *Del Cantábrico al*

Duero..., 1999, pp. 15-48 (reed. en *Sociedad y organización del espacio en la España medieval*, Granada, 2005, pp. 137-179). También, del mismo autor, «La repoblación del valle del Duero en el siglo IX: del yermo estratégico a la organización social del espacio», en *La reconquista y la repoblación...*, 1991, pp. 15-40; «Movimientos de población y organización del poblamiento en el cuadrante noroeste de la Península Ibérica (*ca.* años 750-1050), en *Movimientos migratorios, asentamientos y expansión (siglos VIII-XI). XXXIV Semana de estudios medievales de Estella*, Pamplona, 2008, y «La organización socioeclesiológica del espacio en el norte de la Península Ibérica en los siglos VIII al XIII», en J. A. Sesma y C. Laliena (coords.), *La pervivencia del concepto. Nuevas reflexiones sobre la ordenación social del espacio en la Edad Media*, Zaragoza, 2008, pp. 13-56, y «Factores eclesiales en la organización socioeclesiológica del espacio físico en la Edad Media, en *Homenaje... E. Benito Ruano*, Murcia, 2010, pp. 291-306, donde recoge y actualiza conceptos acuñados en sus trabajos anteriores.

9. Aportaciones en dos congresos recientes: L. Caballero Zoreda, P. Mateos y G. García de Castro (eds.), *Asturias entre visigodos y mozárabes*, Madrid, 2012. A. García Álvarez-Busto e I. Muñiz López, *Arqueología medieval en Asturias*, Oviedo, 2010. J. González Echegaray, *Cantabria en la transición al medievo. Los siglos oscuros: IV-IX*, Santander, 1998. E. Álvarez Llopis y E. Peña Bocos, «Límites y "fronteras" en el Norte Peninsular. Aproximación cartográfica al territorio de Cantabria entre el mundo antiguo y el medieval», *Espacio, Tiempo y Forma*, 18 (2005), 13-26. Primorias eran las Asturias al este del río Sella, aunque la divisoria entre las Asturias de Oviedo y las Asturias de Santillana se fijaría muy pronto en el Deva. Estudio de casos en E. Álvarez López, «Aproximación a la articulación y organización social del espacio de los valles centrales de Asturias de Santillana: la huella de un pasado», y S. Beltrán Suárez, «La organización social del espacio en la montaña central asturiana: el concejo de Aller en la alta Edad Media», ambos en *Mundos medievales. Espacios, sociedades y poder. Homenaje... García de Cortázar*, Santander, 2012, pp. 281-294 y 389-402.

10. La singularidad del espacio noroccidental, antigua Gallaecia, ha sido objeto de nuevos estudios, entre ellos: J. López Quiroga, *El final de la Antigüedad en la «Gallaecia». La transformación de las*

estructuras de poblamiento entre Miño y Duero (siglos V al X), La Coruña, 2004. J. C. Sánchez Pardo, *Territorio y poblamiento en Galicia entre la antigüedad y la plena Edad Media*, Santiago de Compostela, 2008; «Una propuesta de análisis neohistórico de las aldeas tradicionales gallegas», *Cuadernos de Estudios Gallegos*, 54/120 (2007), 103-134, y «Las iglesias rurales y su papel en la articulación territorial de la Galicia medieval (ss. VI-XII): un caso de estudio», *Melanges de la Casa de Velázquez*, 40/1 (2010), 149-170. F. López Alsina, «La articulación de las unidades de organización social del espacio en Galicia durante la Edad Media», en J. A. Sesma y C. Laliena (coords.), *La perviviencia del concepto. Nuevas reflexiones sobre la ordenación social del espacio en la Edad Media*, Zaragoza, 2008, pp. 57-111. J. R. Menéndez Luarca y Navia Osorio, *La construcción del territorio. Mapa histórico del Noroeste de la Península Ibérica*, Barcelona, 2000. J. Freire Camaniel, *Gallaecia. Antigüedad, intensidad y organización de su cristianismo (siglos I-VII)*, La Coruña, 2013.

11. Véase en el aspecto eclesiástico, A. E. de Mañaricúa, «Obispados de Álava, Guipúzcoa y Vizcaya hasta fines del siglo XI», en *Obispados de Álava, Guipúzcoa y Vizcaya hasta la erección de la diócesis de Vitoria*, Vitoria, 1964, pp. 1-183. J. A. García de Cortázar, «La organización del territorio en la formación de Álava y Vizcaya en los siglos VIII a fines del XI», en *El hábitat en la historia de Euskadi*, Bilbao, 1981, pp. 133-155. Las investigaciones arqueológicas han aportado interesantes novedades en los últimos años: A. Pérez de Laborda y Pérez de Rada, *Ocho siglos de romanización: del Nervión a los Pirineos*, San Sebastián, 2007. A. Ibáñez Etxeberría, *Santa María la Real de Zarautz (País Vasco): continuidad y discontinuidad en la ocupación de la costa vasca entre los siglos V a.C. y XIV d.C.*, San Sebastián, 2009. K. Larrañaga, *El hecho colonial romano en el área circumpirenaica occidental*, Vitoria, 2007. I. García Camino, *Arqueología y poblamiento. Bizkaia, siglos VI-XII. La configuración de la sociedad feudal*, Bilbao, 2003. J. A. Quirós Castillo (ed.), *Vasconia en la alta edad media 450-1000. Poderes y comunidades rurales en el norte peninsular*, Bilbao, 2011. I. Santos Salazar, «Obispos, abades, presbíteros y aldeas. Una aproximación a las formas y las bases del dominio social en la Álava del siglo IX», en *Mundos medievales. Espacios, sociedades y poder. Homenaje... García de Cortázar*, Santander, 2012, pp. 885-900.

12. Sobre el espacio castellano oriental, E. Peña Bocos, *La atribución social del espacio en la Castilla altomedieval,* Santander, 1995. La obra ya citada de E. Pastor Díaz de Garayo y los puntos de vista contenidos en I. Álvarez Borge, *Poder y relaciones sociales en Castilla en la Edad Media. Los territorios entre el Arlanzón y el Duero en los siglos X al XIV,* Salamanca, 1996. J. Escalona Monge, «Comunidades, territorios y poder condal en la Castilla del Duero en el siglo X», *Studia Historica. Historia Medieval,* 18-19 (2000), 85-119. También G. Martínez Díez, «Los obispados de Castilla condal hasta la consolidación del obispado de Oca en Burgos en el concilio de Husillos (1088)», en *El factor religioso en la formación de Castilla,* Burgos, 1984, pp. 87-164. A. Carvajal Castro, «Superar la frontera: mecanismos de integración territorial entre el Cea y el Pisuerga en el siglo X», *Anuario de Estudios Medievales,* 42/2 (2012), 601-628. Algunos aspectos en V. Clement, *De la marche-frontière au Pays-des-Bois. Forêts, sociétés paysannes et territoires en Vieille-Castille (XIe-XXe siècle),* Madrid, 2002.
13. J. A. García de Cortázar y Ruiz de Aguirre, «Organización social del espacio burgalés en la Alta Edad Media», en *II Jornadas burgalesas de historia,* Burgos, 1991, pp. 19-74 (reed. en *Sociedad y organización del espacio en la España medieval,* Granada, 2005, pp. 183-262), y *Estudios de historia medieval de La Rioja,* Logroño, 2009, donde recoge todos sus trabajos anteriores, entre ellos «La Rioja Alta en el siglo X. Un ensayo de análisis cartográfico sobre los comienzos de la ocupación y explotación cristiana del territorio», *Príncipe de Viana,* 132-133 (1973), 309-355.
14. C. Díez Herrera, *La formación de la sociedad feudal en Cantabria. La organización del territorio en los siglos IX al XIV,* Santander, 1990, y «La organización social del espacio entre la Cordillera Cantábrica y el Duero en los siglos VIII al XI: una propuesta de análisis como sociedad de frontera», en *Del Cantábrico al Duero...,* 1999, pp. 123-155. M. I. Loring García, *Cantabria en la Alta Edad Media: organización eclesiástica y relaciones sociales,* Madrid, 1987, Universidad Complutense, Tesis doctorales.
15. Sobre estos aspectos, J. J. Sánchez Badiola, *El territorio de León en la edad media. Poblamiento, organización del espacio y estructura social (siglos IX-XIII),* León, 2004, 2 vols. I. Martín Viso, «La articulación del poder en la Cuenca del Duero: el ejemplo del

espacio zamorano (siglos VI-X)», *Anuario de Estudios Medievales,* 31 (2002), 75-126, y *Fragmentos de Leviatán: la articulación política del espacio zamorano en la Alta Edad Media,* Zamora, 2002. J. A. Gutiérrez González, *Fortificaciones y feudalismo en el origen y formación del reino leonés (siglos IX-XIII),* Valladolid, 1995.

16. F. López Alsina, «Parroquias y diócesis: el obispado de Santiago de Compostela», en *Del Cantábrico al Duero...,* pp. 263-312.

17. Entre los estudios sobre el mundo rural de la época, C. Ayala Martínez, «Relaciones de propiedad y estructura económica del reino de León: los marcos de producción agraria y el trabajo campesino (850-1230)», en *El reino de León en la Alta Edad Media,* VI, León, 1994, pp. 135-410. S. Aguadé Nieto, *Ganadería y desarrollo agrario en Asturias durante la Edad Media (siglos IX-XIII),* Barcelona, 1983; *De la sociedad arcaica a la sociedad campesina en la Asturias medieval. Estudios de historia agraria,* Madrid, 1988, y «Formas de organización del espacio agrario en el espacio asturleonés durante la Alta Edad Media», *Acta Historica et Archaeologica Medievalia,* Barcelona, 9 (1988), 85-124. E. Botello Pombo, *La serna: ocupación, organización y explotación del espacio en la Edad Media (800-1250),* Santander, 1988. A. Isla Frez, *La sociedad gallega en la Alta Edad Media,* Madrid, 1989. P. Martínez Sopena, *La Tierra de Campos occidental... del siglo X al XIII,* Valladolid, 1985, y «Las repoblaciones de Castilla y León. Organización del espacio y cambios sociales entre los siglos X y XIII», en *Repoblación y Reconquista...,* 1993, pp. 57-64. C. M. Reglero de la Fuente, *Los señoríos de los Montes de Torozos... (siglos X-XIV),* Valladolid, 1993.

18. J. A. García de Cortázar, «El reino de León en torno al año mil: relaciones de poder y organización del espacio», en *La Península Ibérica en torno al año mil* (VII Congreso de Estudios Medievales, León, 1999), Ávila, 2001 (reed. en *Sociedad y organización del espacio en la España Medieval,* Granada, 2005, pp. 263-307).

19. Una revisión y otros criterios sobre el concepto y la realidad de la «comunidad de aldea», tomando como punto de partida las interpretaciones de A. Barbero y M. Vigil, en C. Estepa Díez, «Comunidades de aldea y formación del feudalismo...», cit.

20. E. Blanco Campos, «Valles y aldeas: las Asturias de Santillana», en *Del Cantábrico al Duero...,* pp. 157-187. J. García Sahagún, *La organización del espacio agrario en Liébana durante la Edad Media,* Santander, 1986. M. L. Ríos Rodríguez, «El casal medie-

val gallego: contribución al estudio de una unidad de poblamiento y explotación (siglos XI a XIII)», en *Galicia en la Edad Media,* Madrid, 1990, pp. 109-128.
21. J. A. García de Cortázar, *El dominio del monasterio de San Millán de la Cogolla. Introducción a la historia rural de Castilla altomedieval,* Salamanca, 1969. M. Bonaudo, «El monasterio de San Salvador de Oña. Economía agraria y sociedad rural (1011-1400)», *Cuadernos de Historia de España,* LI-LII (1970), 42-118. S. Moreta Velayos, *El monasterio de San Pedro de Cardeña. Historia de un dominio monástico castellano (902-1338),* Salamanca, 1971. J. M. Mínguez, *El dominio del monasterio de Sahagún en el siglo X. Paisajes agrarios, producción y expansión económica,* Salamanca, 1980. J. Puyol y Alonso, *El abadengo de Sahagún (Contribución al estudio del feudalismo en España),* Madrid, 1915. J. A. Pérez Celada, *El monasterio de San Zoilo de Carrión... (siglos XI al XVI),* Burgos, 1997. M. I. Carzolio de Rossi, «La constitución y organización de un dominio monástico: Celanova (s. X-XI)», *Cuadernos de Historia de España,* LXXII y LXXIII (1990 y 1991).
22. M. Cocheril, *Études sur le monachisme en Espagne et au Portugal,* París, 1966. Véase también notas 77 y 78.
23. Hay que señalar que, en escala muy modesta, la ciudad de León ya jugaba este papel en los siglos X y XI. C. Sánchez-Albornoz, *Una ciudad de la España cristiana hace mil años: estampas de la vida en León,* Madrid, 1991 (1.ª ed. 1925). Sobre el fuero de 1017-1020, *El Fuero de León: comentarios,* León, 1983, R. Pérez Bustamante (ed.).
24. J. A. García de Cortázar, «Las formas de organización social del espacio del valle del Duero en la alta Edad Media: de la espontaneidad al control feudal», en *Despoblación y colonización del valle del Duero,* León, 1995, pp. 11-44, y «Sociedad rural y medio ambiente en la España medieval: transformaciones del entorno físico en el reino de Castilla en los siglos VIII a XV», en J. Pérez-Embid (ed.), *La Andalucía medieval. I Jornadas de historia rural y medio ambiente,* Huelva, 2003, pp. 15-42.
25. Destaca, con carácter general, la importancia que tienen desde hace algunos años investigaciones y simposios, con una amplia gama de comunicaciones, sobre las transformaciones del poblamiento rural y los paisajes en el noreste y en los Pirineos desde la Antigüedad tardía hasta los siglos XI-XII: Ph. Sénac (ed.), *De la Tarraconaise à la marche supérieure d'al-Andalus (IVe-XIe siè-*

cle): les habitats ruraux, Toulouse, 2006; *Villes et campagnes de Tarraconaise et d'Al-Andalus (VIe-XIe siècles): la transition,* Toulouse, 2007, y *Histoire et archéologie des sociétés de la vallée de l'Ebre (VIIe-XIe siècles),* Toulouse, 2010. M. Berthe y B. Cursente (eds.), *Villages pyrénéens. Morphogenèse d'un habitat de montagne,* Toulouse, 2001. J. P. Barraqué y Ph. Sénac (eds.), *Habitats et peuplement dans les Pyrenées au Moyen Âge et à l'époque moderne,* Toulouse, 2009. J. F. Utrilla Utrilla y G. Navarro Espinach (eds.), *Espacios de montaña: las relaciones transpirenaicas en la Edad Media,* Zaragoza, 2010.

26. J. J. Larrea, *La Navarre du IVe au XIIe siècle: peuplement et société,* París, 1998. Esta cita y las siguientes, relativas a la Navarra altomedieval, proceden de este libro fundamental, salvo indicación en contrario. También J. Pavón Benito, *Poblamiento altomedieval navarro. Base socioeconómica del espacio monárquico,* Pamplona, 2001. F. Miranda García, «Migraciones campesinas y poblamiento en el Pirineo central y occidental», en *Movimientos migratorios, asentamientos y expansión (siglos VIII-XI). XXXIV Semana de Estudios Medievales de Estella,* Pamplona, 2008.

27. Libro básico sobre historia navarra, J. M. Lacarra, *Historia política del reino de Navarra desde sus orígenes hasta su incorporación a Castilla,* Pamplona, 1972. Y los capítulos escritos por A. Martín Duque en el vol. VII/2 de la *Historia de España-Menéndez Pidal,* Madrid, 1999 (siglos VIII a XI), y vol. IX, Madrid, 1998 (siglos XI-XII).

28. Ejemplos de formación y desarrollo de dominios monásticos en E. García Fernández, *Santa María de Irache: expansión y crisis de un señorío monástico navarro en la Edad Media (958-1537),* Bilbao, 1989. L. J. Fortún Ortiz de Ciriza, *Leire, un señorío monástico en Navarra (siglos IX-XIX),* Pamplona, 1993.

29. C. Laliena Corbera, «Una revolución silenciosa. Transformaciones de la aristocracia navarro-aragonesa bajo Sancho el Mayor», *Aragón en la Edad Media,* X-XI (1993), 481-502.

30. R. Ciérvide Martinena y J. A. Sesma Muñoz, *Olite en el siglo XIII: población, economía y sociedad,* Pamplona, 1980 (registro fiscal de 1264). M. E. Miranda Martínez, «Repoblaciones en Navarra en el siglo XII», *Homenaje... Lacarra,* Zaragoza, 1977, 2, pp. 115-122.

31. Como obras de referencia general, los diversos volúmenes de la *Historia de Aragón,* por Antonio Ubieto Arteta, Zaragoza, 1981-1986, y los de la *Historia de Aragón,* dirigida por A. Beltrán Martí-

nez, Zaragoza, 1985. Y las colaboraciones de diversos autores en los vols. VII/2 y IX de la *Historia de España-Menéndez Pidal*, Madrid, 1998 y 1999 (A. Martín Duque y A. Sesma Muñoz).

32. Ph. Sénac, *La frontière et les hommes (VIII-X siècle): le peuplement musulman au nord de l'Èbre et les débuts de la reconquête aragonnaise*, París, 2000 (obra fundamental). C. Laliena Corbera y J. F. Utrilla (eds.), *De Toledo a Huesca. Sociedades medievales en transición a finales del siglo XI (1080-1100)*, Zaragoza, 1998 (C. Laliena, «Expansión territorial, ruptura social y desarrollo de la sociedad feudal en el valle del Ebro, 1080-1120»).

33. C. Laliena Corbera, «La formación de las estructuras señoriales en Aragón *(ca.* 1080-*ca.* 1206)», en *Señorío y feudalismo en la Península Ibérica*, Zaragoza, 1993, I, pp. 553-585, y «El proceso de feudalización en Aragón durante los siglos XI y XII», en F. Sabaté y J. Farré (coords.), *El temps i l'espai del feudalisme*, Lérida, 2004, pp. 197-219, y, en especial, *Siervos medievales de Aragón y Navarra en los siglos XI-XIII*, Zaragoza, 2012. Agustín Ubieto Arteta, *Los «tenentes» en Aragón y Navarra en los siglos XI y XII*, Valencia, 1973.

34. A. Lapena Paul, *El monasterio de San Juan de la Peña en la Edad Media (desde sus orígenes hasta 1410)*, Zaragoza, 1989.

35. Algunas obras generales útiles como introducción: P. Vilar (dir.), *Història de Catalunya*, II y III, Barcelona, 1987-1988 (autores, J. M. Salrach y C. Batlle). J. M. Salrach, E. Duran y A. Balcells, *Història dels Països Catalans*, Barcelona, 1992. Libros básicos: R. D'Abadal, *Dels visigots als catalans*, Barcelona, 1969, 2 vols. y *Catalunya Carolingia*, 1950-1955, 3 vols., colección documental, continuada por R. Ordeig i Mata, *Catalunya Carolingia*, Barcelona, Institut d'Estudis Catalans, 1999, 2003. P. Bonnassie, *La Catalogne du milieu du Xe à la fin du XIe siècle. Croissance et mutations d'une société*, Toulouse, 1975 (hay traducciones al catalán y al castellano). J. M. Font Rius, *Cartas de población y franquicia de Cataluña*, Madrid-Barcelona, 1969-1984, 3 vols. Referencias en *Atles d'història de Catalunya*, Barcelona, 1995.

36. Es indispensable la referencia a los estudios sobre arqueología del paisaje, el poblamiento y los agentes colonizadores que vienen desarrollándose desde finales del siglo anterior, así como aludir a la multiplicación de estudios y reuniones de alcance comarcal: J. Bolós, *Els orígens medievals del paisatge català. L'arqueologia del paisatge com a font per a conèixer la història de*

Catalunya, Barcelona, 2004. J. Bolòs y E. Vicedo (eds.), *Poblament, territori i història rural. VI Congrès sobre sistemes agraris, organització social i poder local*, Lérida, 2009. J. Bolós y V. Hurtado, *Atles del comtat...*, Barcelona, Dalmau, 1998-2012 (siglos VIII a X, publicados los volúmenes sobre *Besalú, Girona, Manresa, Osona, Urgell, Rosselló, Conflent, Vallespir, Fenollet, Empúries, Peralada, Pallars, Ribagorça)*. Y los diversos volúmenes de la colección *Territori i societat a l'edat mitjana*, dirigida por J. Bolós y otros autores (Lleida, 1997 y ss. Vg., *Estudiar y gestionar el paisatge històric medieval*, 2007; *La caracterizsació del paisatge històric*, 2010). M. Miquel y M. Sala (eds.), *Tiempo de monasterios: los monasterios de Cataluña en torno al año 1000*, Barcelona, 2000. Entre los congresos y exposiciones con ponencias o capítulos sobre territorio y poblamiento: *Symposium sobre els origens de Catalunya (segles VIII-XI)*, Barcelona, 1991. *Cataluña en la época carolingia. Arte y cultura antes del románico (siglos IX y X)*, Barcelona, 1999. P. Sénac (ed.), *Histoire et archéologie des terres catalanes au moyen âge*, 1995. Ollich i Castanyer (ed.), *Actes del Congrès Internacional Gerbert d'Orilhac i el seu temps*, Vich, 1999. Entre las numerosas publicaciones de alcance comarcal, P. Bertran et al., *El Comtat d'Urgell*, Lérida, 1995. J. Camprubí Sensada, *Conquesta i estructuració territorial del Berguedà (s. IX-XI). La formación del comtat*, Lérida, 2006.

37. Buenas síntesis, con amplia información, F. Sabaté, *L'expansió territorial de Catalunya (s. IX-XII), conquesta o repoblació?*, Lleida, 1997, y *La feudalización de la sociedad catalana*, Granada, 2007. También M. Riu, «Nuevas bases para el estudio de la reconquista, la repoblación y la reorganización del territorio en Cataluña (s. IX-XIV)», *La reconquista y la repoblación...*, Zaragoza, 1991, pp. 41-54.

38. M. Zimmermann, «Le rôle de la frontière dans la formation de la Catalogne (IX-XII siècle), en *Las sociedades de frontera...*, 1993, pp. 7-29. A. R. Lewis, *The Development of Southern French and Catalan Society (718-1050)*, Austin (Texas), 1965. X. Gillard, *Hispani et apprisionnaires dans l'empire carolingien (VIIIe-Xe siècles)*, París, 2008, 2 vols. L. García Moreno, «Los "Hispani": emigrantes y exiliados ibéricos en la Francia carolingia. Realidad y mito historiográfico», en *Movimientos migratorios, asentamientos y expansión (siglos VIII-XI). XXXIV Semana de Estudios Medieva-*

les de Estella, Pamplona, 2008. E. Pastor y J. J. Larrea, «El curioso devenir historiográfico de los *hispani*», en *Mundos medievales. Espacios, sociedades y poder. Homenaje... García de Cortázar,* Santander, 2012, pp. 785-794. J. M. Salrach, «Conquesta de l'espai agrari i conflictes per la terra a la Catalunya carolingia i comtal», en *Catalunya y França meridional a l'entorn de l'any Mil...,* Barcelona, 1991. M. Riu, «Los condados pirenaicos del ámbito catalán en torno al año mil», en *La Península Ibérica en torno al año mil,* Ávila, 2001. M. T. Vinyoles i Vidal, E. Biosca i Frontera y X. Xortó Borràs, *Des de la frontera. Castells medievals de la Marca,* Barcelona, 2001.

39. En este contexto hay que situar el primer desarrollo de Barcelona. J. E. Ruiz Doménec, «The urban origins of Barcelona: agricultural revolution or commercial development», *Speculum,* LII (1977), 265-286, y *Ricard Guillem. Un sogno per Barcelona,* Nápoles, 1999. Estudios detallados en J. Sobrequés i Callicó (dirs.), *Història de Barcelona. 2. La formación de la Barcelona medieval,* Barcelona, 1992. También A. Duran i Sanpere, *Barcelona i la seva història. 1. La formación d'una gran ciutat,* Barcelona, 1973. Otras ciudades de la Cataluña condal: J. Canal et al., *Girona, de Carlemany al feudalisme, 785-1057,* Gerona, 2003, y G. Roura, *Girona Carolingia,* Gerona, 1988. E. Junyent, *La ciutat de Vic i la seva història,* Barcelona, 1976. A. Riera, «Perpiñán, 1025-1285. Crecimiento económico, diversificación social y expansión urbana», en D. Abulafia y B. Gari, *En las costas del Mediterráneo occidental,* Barcelona, 1996.

40. L. To Figueras, *Familia i hereu a la Catalunya nord-oriental (segles X-XII),* Barcelona, 1997. M. T. Ferrer i Mallol et al. (eds.), *El mas català durant l'Edat Mitjana i la Moderna (segles IX-XVIII),* Barcelona, 2001 (en especial las colaboraciones de Vila-Valentí, Riu, P. Benito i Monclús y Terradas). J. Danés i Torras, *Materials per a l'estudi de la masia,* Gerona, 2010. A. Serra i Clota, «Análisis de la evolución del manso en la organización del espacio rural y en su forma constructiva (Catalunya ss. XI-XVIII)», en *Mundos medievales. Espacios, sociedades y poder. Homenaje... García de Cortázar,* Santander, 2012, pp. 1915-1932. A. Catafau, «L'église comme centre organisateur de l'habitat en Languedoc, Roussillon et Catalogne. VIIIe-XIe siècles», en *Movimientos migratorios, asentamientos y expansión (siglos VIII-XI). XXXIV Semana de Estudios Medievales de Estella,* Pamplona, 2008, así como su

libro *Les «celleres» et la naissance du village en Roussillon (XE-XVe siècles)*, 1998.

41. Una revisión y puesta al día general sobre la génesis y desarrollo de ciudades en J. A. Solórzano Tellechea y B. Arízaga Bolumburu (eds.), *El fenómeno urbano medieval entre el Cantábrico y el Duero,* Santander, 2002.
42. L. Vázquez de Parga, J. M. Lacarra y J. Uría, *Peregrinaciones a Santiago,* Madrid, 1949, 3 vols. (obra fundamental. Reedición, Pamplona, 1997, con un apéndice bibliográfico, 1949 a 1997, a cargo de F. Miranda García). Congresos: *Las peregrinaciones a Santiago de Compostela y San Salvador de Oviedo en la Edad Media,* Oviedo, 1993. *El Camino de Santiago y la articulación del espacio hispánico* (XX Semana de Estudios Medievales de Estella), Pamplona, 1994. M. Castiñeiras (ed.), *Compostela y Europa. La historia de Diego Gelmírez,* Santiago, 2010. L. Martínez García (coord.), *El Camino de Santiago. Historia y patrimonio,* Burgos, 2011. También J. Passini, *El Camino de Santiago. Itinerarios y núcleos de población,* Madrid, 1993. J. López Alsina, «El Camino de Santiago: realidad histórica y tema historiográfico», *IV Semana Estudios Medievales de Nájera,* Logroño, 1994, pp. 89-104. F. Novoa Portela y P. Ramos Vicent, *Los caminos de la mar a Santiago de Compostela,* Madrid, 2011. La influencia en un ámbito alejado del Camino principal: M. T. Ferrer i Mallol y P. Verdés Pijuan (eds.), *El camí de Sant Jaume i Catalunya,* Barcelona, 2007.
43. J. A. García de Cortázar, «El Camino de Santiago y la articulación del espacio en Castilla», en *El Camino de Santiago y la articulación...,* 1994, pp. 157-183.
44. Término utilizado por P. Martínez Sopena, «*Fundavi bonam villam:* la urbanización de Castilla y León en tiempos de Alfonso VI», en *El Fuero de Logroño y su época,* Logroño, 1996, pp. 167-188.
45. J. I. Ruiz de la Peña, «Repoblación y sociedades urbanas en el Camino de Santiago», en *El Camino de Santiago y la articulación...,* 1994, pp. 271-314, y «Las peregrinaciones a Santiago de Compostela, cauce de transformaciones sociales y reactivación económica en la Edad Media peninsular», en *Romerías y Peregrinaciones. Cuadernos del Cemyr* (La Laguna de Tenerife), 6 (1998), 13-26.
46. L. García de Valdeavellano, *Orígenes de la burguesía en la España medieval,* Madrid, 1969.

Notas: Capítulo segundo. Tierras originarias

47. M. Defourneaux, *Les français en Espagne aux XIe et XIIe siècles*, París, 1949. J. Gautier-Dalché, «Les colonies étrangères en Castille. I: au nord du Tage», *Anuario de Estudios Medievales*, 10 (1980), 469-486. R. Pastor, «Burgueses y burgos. Artesanos y mercaderes», en *Vida y Peregrinación*, Santo Domingo de la Calzada, 1993, pp. 43-69 (ed. Ministerio de Cultura). P. Martínez Sopena, «Las migraciones de francos en la España de los siglos XI y XII», en *Los fueros de Avilés y su época*, Oviedo, 2012, pp. 253-280.
48. J. M. Lacarra, «Desarrollo urbano de Jaca en la Edad Media», *Estudios de Edad Media de la Corona de Aragón*, 4 (1950), 139-155, y «El desarrollo urbano de las ciudades de Navarra y Aragón en la Edad Media», *Pirineos* 6 (1950), 5-34.
49. C. Laliena Corbera, «La articulación del espacio aragonés y el Camino de Santiago», en *El Camino de Santiago y la articulación...*, 1994, pp. 85-128. A. Sesma Muñoz, «El camino de Santiago en Aragón», en *Las peregrinaciones a Santiago... y... Oviedo...*, 1993, pp. 87-101. J. Passini, *Aragón. Los núcleos urbanos del Camino de Santiago*, Zaragoza, 1988. *El Fuero de Jaca. Estudios*, Zaragoza, 2003, 2 vols.
50. J. M. Martinena Ruiz, *La Pamplona de los burgos y su evolución urbana. Siglos XII-XVI*, Pamplona, 1974.
51. A. J. Martín Duque, «La fundación del primer burgo navarro: Estella», *Príncipe de Viana*, 190 (1990), 317-327, y «El fenómeno urbano medieval en Navarra», en *El fenómeno urbano medieval entre el Cantábrico...*, 2002, pp. 9-58. También J. Carrasco Pérez, «Concejos y ciudades medievales en el reino de Navarra», en *Concejos y ciudades en la Edad Media hispánica*, León, 1990, pp. 21-72.
52. Referencias generales en A. J. Martín Duque, «El Camino de Santiago y la articulación del espacio histórico navarro», en *El Camino de Santiago y la articulación...*, 1994, pp. 129-156. J. Carrasco Pérez, «El camino navarro a Compostela: los espacios urbanos», en *Las peregrinaciones a Santiago... y... Oviedo...*, 1993, pp. 103-170.
53. J. García Turza, «Ciudades y aldeas: Nájera», en *Del Cantábrico al Duero...*, 1999, pp. 229-261.
54. *El Fuero de Logroño y su época*, Logroño, 1996 (ed. J. García Turza e I. Martínez Navas). J. I. Ruiz de la Peña, «La formación de la red urbana en el tramo riojano del Camino de Santiago y las colonizaciones francas», en *El Fuero de Logroño...*, pp. 209-230.

J. Passini, *Villes médiévales du chemin de Saint Jacques de Compostelle. De Pampelune à Burgos. Villes de fondation et villes d'origine romaine*, París, 1984. I. Abad Álvarez y J. Peribáñez Otero, «El fenómeno urbano medieval en Burgos y La Rioja», en *El fenómeno urbano medieval entre el Cantábrico...*, 2002, pp. 175-210. J. A. Sesma Muñoz (coord.), *Historia de la ciudad de Logroño*, Logroño, 1994.

55. J. A. García de Cortázar, «Medio natural e historia medieval: Miranda de Ebro y su entorno (siglos VIII-XVI)», en J. Clemente Ramos (ed.), *El medio natural en la España medieval. Actas del I Congreso sobre ecohistoria e historia medieval*, Cáceres, 2001, pp. 105-139.

56. P. Martínez Sopena, «El Camino de Santiago en Castilla y León y la historiografía reciente», en *Las peregrinaciones a Santiago... y Oviedo*, 1993, pp. 171-190, y «El Camino de Santiago y la articulación del espacio en Tierra de Campos y León», en *El Camino de Santiago y la articulación...*, 1994, pp. 185-211, así como J. A. García de Cortázar, «El Camino de Santiago y la articulación del espacio en Castilla», *ibid.*, pp. 157-183, y J. I. Ruiz de la Peña, «Las colonizaciones francas en las rutas castellano-leonesas del Camino de Santiago», en *Las peregrinaciones a Santiago... y Oviedo...*, 1994, pp. 283-312.

57. G. Martínez Díez, «Restauración y límites de la diócesis de Palencia», *Boletín de la Institución Tello Téllez de Meneses*, 59 (1988), 350-385.

58. *El Fuero de León. Comentarios*, R. Pérez Bustamante (ed.), León, 1983.

59. A. M. Barrero García, «Los fueros de Sahagún», *Anuario de Historia del Derecho Español*, XLII (1972), 385-597.

60. E. Portela y M. C. Pallares, «Revueltas feudales en el Camino de Santiago. Compostela y Sahagún», en *Las peregrinaciones a Santiago... y Oviedo...*, 1993, pp. 313-333.

61. A. Represa, «Evolución urbana de León en los siglos XI-XIII», *Archivos Leoneses*, XXIII (1969), 243-282. C. Estepa, *Estructura social de la ciudad de León (siglos X-XIII)*, León, 1977. El caso de la ciudad episcopal de Astorga, también en el Camino, en G. Cabero Domínguez, *Astorga y su territorio en la Edad Media (s. IX-XIV)*, León-Oviedo, 1995. C. Álvarez Álvarez y J. J. Sánchez Badiola, «El fenómeno urbano en la Edad Media leonesa», en *El fenómeno urbano medieval entre el Cantábrico...*, 2002, pp. 308-348.

62. J. Valdeón (dir.), *Burgos en la Edad Media,* Valladolid, 1984. A. Montenegro Duque (dir.), *Historia de Burgos. II. Edad Media,* Burgos, 1985; *La ciudad de Burgos... MC aniversario de la fundación de la ciudad, 884-1984,* Burgos, 1985; *I Jornadas burgalesas de historia,* Burgos, 1990; *Burgos en la plena edad media. III Jornadas burgalesas de historia,* Burgos, 1994. I. Abad Álvarez y J. Peribáñez Otero, «El fenómeno urbano medieval en Burgos y La Rioja», cit. F. Ruiz Gómez, «Las villas de La Bureba en la Edad Media», en *Mundos medievales. Espacios, sociedades y poder. Homenaje... García de Cortázar,* Santander, 2012, pp. 205-216. F. J. Goicolea Julián, «La expansión territorial de los núcleos urbanos y la articulación de las relaciones con sus aldeas en la Rioja Alta medieval», *Anuario de Estudios Medievales,* 32 (2002), 293-331. Y algunos aspectos tratados en el fundamental estudio de C. Estepa Díez, *Las behetrías castellanas,* León, 2003, 2 vols.
63. E. Portela Silva, «El Camino de Santiago y la articulación del espacio en Galicia», en *El Camino de Santiago y la articulación...,* 1994, pp. 229-245.
64. S. Suárez Beltrán, «El Camino de Santiago como elemento articulador del espacio en la Asturias medieval», en *El Camino de Santiago y la articulación...,* 1994, pp. 213-227. J. Uría Maqua, «Los caminos de peregrinación a San Salvador de Oviedo y a Santiago en Asturias», en *Las peregrinaciones a Santiago... Oviedo...,* 1993, pp. 191-210. J. I. Ruiz de la Peña Solar, M. J. Sanz Fuentes y M. Calleja Puerta (coords.), *Los fueros de Avilés y su época,* Oviedo, 2012 (estudios sobre diversos aspectos del fuero y de la vida urbana en Asturias durante los siglos XII y XIII: J. I. Ruiz de la Peña, «La villa de Avilés en la Edad Media: el movimiento portuario, pesquero y mercantil», pp. 13-73; J. A. Álvarez Castrillón, «La génesis del eje comercial Avilés-Oviedo-León», pp. 333-357).
65. C. Sánchez-Albornoz, *Despoblación y repoblación...,* 1966, cit.
66. P. Martínez Sopena, «Repoblaciones interiores, villas nuevas de los siglos XII y XIII», en *Despoblación y colonización del valle del Duero...,* León, 1995, pp. 161-187.
67. P. Martínez Sopena, «*Fundavi bonam villam...*», cit.
68. L. C. Amaral, «Organizaçâo eclesiástica de Entre-Douro-E-Minho: o caso da diocese de Braga (sécs. IX-XII)», en *Del Cantábrico al Duero...,* pp. 313-349, y «Poblamiento y organización eclesiástica en el territorio bracarense (Finales del siglo IX-Pri-

mer cuarto del siglo XI», en J. A. Sesma y C. Laliena (coords.), *La perviviencia del concepto. Nuevas reflexiones sobre la ordenación social del espacio en la Edad Media,* Zaragoza, 2008, pp. 113-147. J. Marques, *Braga medieval,* Braga, 1983.
69. A. Represa, «Génesis y evolución urbana de la Zamora medieval», *Hispania,* 122 (1972), 525-545.
70. C. Reglero de la Fuente, «El fenómeno urbano medieval en las actuales provincias de Valladolid y Palencia», en *El fenómeno urbano medieval entre el Cantábrico...,* pp. 211-240. A. Represa, «Palencia: breve análisis de su formación urbana durante los siglos XI-XIII», *En la España Medieval,* 1 (1980), 385-397. J. González (dir.), *Historia de Palencia,* Palencia, 1984, vol. I.
71. A. Represa, «Origen y desarrollo urbano del Valladolid medieval», en *Historia de Valladolid. II. Valladolid medieval,* Valladolid, 1980, pp. 65-86. F. Pino Rebolledo, *El concejo de Valladolid en la Edad Media (1152-1399),* Valladolid, 1990. A. Rucquoi, *Valladolid en la Edad Media. I. Génesis de un poder,* Valladolid, 1987.
72. A. Represa, «El "burgo" de Santo Domingo de Silos. De las "villas" a la Villa de Silos», en *Homenaje... Pérez de Urbel,* Silos, 1977, 1, pp. 309-322.
73. J. I. Ruiz de la Peña, «Los procesos tardíos de repoblación urbana en las tierras del norte del Duero (siglos XII-XIV)», *Boletín del Instituto de Estudios Asturianos,* XXXII (1976), 735-777; «Los señoríos urbanos en el norte de la Península durante la Edad Media», *Asturiensia Medievalia,* 6 (1991), 205-229; «Ciudades y sociedades urbanas en la frontera castellano-leonesa (1085-1250, circa)», en *Las sociedades de frontera...,* 1993, pp. 81-109.
74. P. Martínez Sopena, *La Tierra de Campos Occidental. Poblamiento, poder y comunidad del siglo X al XIII,* Valladolid, 1985; «Repoblaciones interiores, villas nuevas de los siglos XII y XIII», en *Despoblación y colonización del valle del Duero...,* 1995, pp. 161-187; «Réorganisation de l'espace et conflits de pouvoir: les "pueblas reales" au nord du Duero», en A. Rucquoi (ed.), *Génèse médiévale de l'Espagne Moderne. Du refus à la révolte,* Niza, 1991, pp. 7-20; «Espacios y poderes: las "villas nuevas" reales al norte del Duero», en *El Reino de León en la época de las Cortes de Benvente,* Benavente, 2002, pp. 101-113. En esta misma publicación, J. M. Monsalvo Antón, «De los *alfoces* regios al realengo concejil en el reino de León (1157-1230)». Detallado estudio en J. I. Gon-

zález Ramos, *Villas reales en el reino de León. Los procesos pobladores de Fernando II y Alfonso IX en la «tierra de León»*, León, 2008. C. M. Reglero de la Fuente, *Espacio y poder en la Castilla medieval. Los Montes de Torozos (siglos X-XIV)*, Valladolid, 1994, y *Los señoríos de los Montes de Torozos*, Valladolid, 1993.

75. A. García Gallo, «Los Fueros de Benavente», *Anuario de Historia del Derecho Español*, 1971, 1143-1192. J. I. Ruiz de la Peña, «La expansión del Fuero de Benavente», *Archivos Leoneses*, 47 (1970), 299-317. Varios autores, *El Reino de León en la época de las Cortes de Benvente*, Benavente, 2002. J. Rodríguez, *Los fueros locales de la provincia de Zamora*, Valladolid, 1990.

76. P. Martínez Sopena, «La organización social de un espacio regional: la Tierra de Campos en los siglos X a XIII», *Del Cantábrico al Duero...*, 1999, pp. 437-474, y «Los espacios de poder de la nobleza leonesa en el siglo XII», en J. A. Sesma y C. Laliena (coords.), *La pervivencia del concepto. Nuevas reflexiones sobre la ordenación social del espacio en la Edad Media*, Zaragoza, 2008, pp. 219-257.

77. J. Pérez-Embid Wamba, *El Císter en Castilla y León. Monacato y dominios rurales (siglos XII-XV)*, Valladolid, 1986. V. Álvarez Palenzuela, *Monasterios cistercienses en Castilla*, Valladolid, 1978. I. Alfonso Antón, *La colonización cisterciense en la Meseta del Duero. El dominio de Moreruela (siglos XII-XIV)*, Zamora, 1986. J. M. Lizoaín y J. J. García, *El Monasterio de las Huelgas de Burgos. Historia de un señorío cisterciense burgalés (siglos XII-XIII)*, Burgos, 1988.

78. El contexto rural en E. Portela Silva, *La región del obispado de Tuy en los siglos XII a XV. Una sociedad en la expansión y en la crisis*, Santiago de Compostela, 1976. M. C. Pallarés Méndez y E. Portela Silva, *El bajo valle del Miño en los siglos XII y XIII. Economía agraria y estructura social*, Santiago de Compostela, 1971. E. Portela Silva, *La colonización cisterciense en Galicia (1142-1250)*, Santiago de Compostela, 1981. M. C. Pallarés Méndez, *El monasterio de Sobrado: un ejemplo del protagonismo monástico en la Galicia medieval*, Santiago de Compostela, 1979. M. Romaní, *El Monasterio de Santa María de Oseira, Estudio histórico (1137-1310)*, Santiago de Compostela, 1989. *Congreso internacional sobre San Bernardo e o Císter en Galicia c Portugal*, Orense, 1992.

79. E. Ferreira Priegue, «El poblamiento urbano en la Galicia medieval», en *El fenómeno urbano medieval entre el Cantábrico...*, 2002, pp. 367-420.

80. F. López Alsina, *La ciudad de Santiago de Compostela en la Alta Edad Media,* Santiago de Compostela, 1988. X. Barreiro Somoza, «Estructuración urbán de Compostela (1037-1140)», en *II Seminario de Arqueología del Noroeste,* Madrid, 1983, pp. 290-311, y M. González Vázquez, «Urbanismo e desenvolvemento urbán en Santiago de Compostela (1150-1250)», *Museo de Pontevedra,* 51 (1997), 447-460.
81. M. C. Pallares, «Sistema feudal y proceso de urbanización: algunas reflexiones a propósito del caso gallego en los siglos XII y XIII», en *Jubilatio. Homenaje de la Facultad de Geografía e Historia a los profesores D. Manuel Lucas Álvarez y D. Ángel Rodríguez González,* Santiago de Compostela, 1987, y en la misma publicación, E. Portela, «Sistema feudal y proceso de urbanización: las ciudades de Galicia ante la crisis bajomedieval», y F. López Alsina, «La formación de los núcleos urbanos de la fachada atlántica del señorío de la iglesia de Santiago de Compostela en el siglo XII: Padrón, Noya y Pontevedra».
82. F. López Alsina, *Introducción al fenómeno urbano medieval gallego a través de tres ejemplos: Mondoñedo, Vivero y Ribadeo,* Santiago, 1976, y «La repoblación costera del norte peninsular», en *Los fueros de Avilés y su epoca, op. cit.,* pp. 131-231.
83. M. D. Barral Rivadulla, *La Coruña en los siglos XIII al XV. Historia de una villa de realengo en la Galicia medieval,* La Coruña, 1997.
84. J. Armas Castro, *Pontevedra en los siglos XII a XV,* Pontevedra, 1992.
85. C. Barros, «La frontera medieval entre Galicia y Portugal», *Medievalismo,* 4 (1994), 27-40.
86. M. Durany Castrillo, *La región del Bierzo en los siglos centrales de la Edad Media, 1070-1250,* Santiago de Compostela, 1989, y «Organización social del espacio berciano (siglos IX-XIII)», en J. A. Sesma y C. Laliena (coords.), *La pervivencia del concepto. Nuevas reflexiones sobre la ordenación social del espacio en la Edad Media,* Zaragoza, 2008, pp. 149-196.
87. *El Fuero de Santander y su época,* Santander, 1989: entre otras colaboraciones, J. I. Ruiz de la Peña, «El desarrollo urbano y mercantil de las villas cántabras en los siglos XII y XIII», pp. 255-291. J. A. Solórzano Tellechea, «El fenómeno urbano medieval en Cantabria», en *El fenómeno urbano medieval entre el Cantábrico...,* 2002, pp. 241-307, y *Santander en la Edad Media. Patrimo-*

nio, parentesco y poder, Santander, 2002 (referido especialmente al siglo XV). J. Baró Pazos y M. Serna Vallejo (eds.), *El fuero de Laredo en el octavo centenario de su concesión,* Santander, 2001. J. Baró Pazos, «Algunas hipótesis sobre el fuero (perdido) de la villa de Castro Urdiales (1163)», en *Mundos medievales. Espacios, sociedades y poder. Homenaje... García de Cortázar,* Santander, 2012, pp. 363-374. J. Añibarro Rodríguez, *La implantación urbana medieval en la costa de Cantabria ¿Creación original o herencia del pasado?,* Santander, 2010.

88. *El Fuero de San Sebastián y su época,* San Sebastián, 1982.
89. *Vitoria en la Edad Media. Actas del Congreso...,* Vitoria, 1982. También G. Martínez Díez, «Villas y fueros municipales (siglos XII-XIV)», en su libro *Álava Medieval,* Vitoria, 1974. J. R. Díaz de Durana, «El fenómeno urbano medieval en Álava y Vizcaya», en *El fenómeno urbano medieval entre el Cantábrico...,* 2002, pp. 59-109.
90. J. A. García de Cortázar, «Álava, Guipúzcoa y Vizcaya en los siglos XIII a XV: de los valles a las provincias», *Revista Internacional de Estudios Vascos,* 45/1 (2000), 197-234. C. González Mínguez, «A propósito de la fundación de Mondragón y la difusión de su Fuero en Guipúzcoa: reflexiones sobre cronología y periodización del proceso de urbanización del País Vasco en la Edad Media», en *El historiador Esteban de Garibay...,* San Sebastián, 2001, pp. 17-46. También el simposio titulado *Las formas del poblamiento en el señorío de Vizcaya,* Bilbao, 1978, y *El hábitat en la historia de Euskadi,* Bilbao, 1981. M. Achúcarro Larrañaga, «La tierra de Guipúzcoa y sus "valles": su incorporación al reino de Castilla», *En la España Medieval,* 5 (1984), 13-45. Con carácter general para las «villas nuevas» de Vasconia, Asturias, Cantabria, Navarra y Aragón, artículos en *Las villas nuevas medievales en el suroeste europeo. De la fundación medieval al siglo XXI. Análisis histórico y lectura contemporánea,* Arkeolan, 14 (2006) (ed. P. Martínez Sopena y M. Urteaga).
91. J. I. Ruiz de la Peña, *Las «polas» asturianas en la Edad Media. Estudio y diplomatario,* Oviedo, 1981, y «El desarrollo urbano de Asturias en la Edad Media», en *El fenómeno urbano medieval entre el Cantábrico...,* 2002, pp. 349-366. Del mismo autor, referido al ámbito rural, «La parroquia, célula de encuadramiento de la sociedad rural asturiana (siglos XI-XIII)», en J. A. Sesma y C. Laliena (coords.), *La pervivencia del concepto. Nuevas re-*

flexiones sobre la ordenación social del espacio en la Edad Media, Zaragoza, 2008, pp. 197-217.
92. E. Pastor Díaz de Garayo, *Salvatierra y la Llanada oriental alavesa (siglos XIII-XVI),* Vitoria, 1986.
93. B. Arízaga Bolumburu, *El nacimiento de las villas guipuzcoanas en los siglos XIII y XIV: morfología y funciones urbanas,* San Sebastián, 1978, y *Urbanística medieval (Guipúzcoa),* Santander, 1990. L. Fernández González, «El fenómeno urbano medieval en el territorio guipuzcoano: aspectos fundamentales sobre su origen y desarrollo», en *El fenómeno urbano medieval entre el Cantábrico...,* 2002, pp. 110-174. G. Martínez Díez y otros, *Colección de documentos medievales de las villas guipuzcoanas (1200-1369),* San Sebastián, 1991.
94. En el caso riojano, las nuevas ferias formaban parte de la nueva política pobladora del rey: E. Cantera Montenegro, «Franquicias regias a ciudades y villas riojanas en el marco de la política repobladora de Alfonso X», en *Alfonso el Sabio. Vida, obra y época,* Madrid, 1989, pp. 79-93.
95. A la bibliografía ya indicada, añádase J. A. García de Cortázar (dir.), B. Arízaga Bolumburu, M. L. Ríos Rodríguez y M. I. del Val Valdivieso, *Vizcaya en la Edad Media. Evolución demográfica, económica, social y política de la comunidad vizcaína medieval,* San Sebastián, 1985, 4 vols., y B. Arizaga Bolumburu y S. Martínez Martínez, *Atlas de villas medievales de Vasconia. Bizkaia,* Bilbao, 2006.
96. Información general en grandes síntesis: J. Serrão y A. H. Oliveira Marques (dir.), *Nova História de Portugal. III. Portugal em definição de Fronteiras (1096-1325),* Lisboa, 1996. J. Mattoso (dir.), *História de Portugal. II. A Monarquía Feudal (1096-1480),* Lisboa, 1993, y en interpretaciones de conjunto de J. Mattoso, *Identificação de um país. Ensaio sobre as origens de Portugal, 1065-1325,* Lisboa, 1985, 2 vols.; *Fragmentos de uma composição medieval,* Lisboa, 1987; «Grupos sociais na fronteira portuguesa. Seculos X a XIII», en *Las sociedades de frontera...,* 1993, pp. 111-124. A. Aguiar Andrade, *A construção medieval do territorio,* Lisboa, 2001 (en especial sobre las fronteras norte y noroeste), y «El fenómeno urbano medieval en las regiones portuguesas al norte del Duero», en *El fenómeno urbano medieval entre el Cantábrico...,* 2002, pp. 421-457. V. Rau, *Sesmarias Medievais portuguesas,* Lisboa, 1946. Para la época del rey Alfonso I y el siglo XII,

muchas de las comunicaciones contenidas en el *2.º Congresso histórico de Guimarães,* Guimarães, Universidade do Minho, 1997, 7 vols.
97. M. Mendonça, «Bragança: de vila de Fronteira à capital de Província», en *Cidades, Vilas e Aldeias de Portugal. Estudos de História Regional Portuguesa,* Lisboa, 1995, pp. 235-253. P. Dordio Gomes, «O povoamento medieval em Trás-os-Montes e no Alto-Douro: primeiras impressões e hipóteses de trabalho», *Arqueología Medieval* (Porto), 2 (1993), 171-190. N. J. Pizarro Pinto Dias, «Chaves medieval (seculos XIII e XIV), *Revista Aquae Flaviae,* 3 (1990), 35-94, y «As cidades de fronteira de Portugal com a Galiza», *Cadernos do Noroeste* (Braga), 3 (1990), 81-102.
98. Mapas detallados en A. Aguiar Andrade, *A Construção Medieval do Território...,* pp. 38-47. Véase también de esta autora, *Um espaço urbano medieval: Ponte de Lima,* Lisboa, 1990.
99. E. Piedrafita Pérez, *Las cinco villas en la Edad Media (ss. XI-XIII),* Zaragoza, 2000. C. Laliena Corbera, «La articulación del espacio aragonés...», cit.
100. Véanse las referencias citadas en nota 39. Además, St. P. Bensch, *Barcelona and its rulers, 1096-1291,* Cambridge, 1995. M. Risques y M. Aventín (dir.), *Història del Ajuntament de Barcelona. I. Dels origens al 1808,* Barcelona, 2007.

Capítulo tercero. Del Duero a Sierra Morena

1. J. A. García de Cortázar, «De una sociedad de frontera (el valle del Duero en el siglo X) a una frontera entre sociedades (el valle del Tajo en el siglo XII)», en *Las sociedades de frontera en la España medieval,* Zaragoza, 1993, pp. 51-68, a quien corresponden las citas textuales de estas primeras páginas.
2. Las primeras investigaciones fueron obra de J. González González, «Repoblación de la "Extremadura" leonesa», *Hispania,* III (1943), 195-273. Y «La Extremadura castellana al mediar el siglo XIII», *Hispania,* XXXIV (1974), 265-464. Posteriormente, L. M. Villar García, *La extremadura castellano-leonesa. Guerreros, clérigos y campesinos (711-1252),* Valladolid, Junta de Castilla y León, 1986. E. Portela, «Del Duero al Tajo», en *Organización social del espacio en la España medieval...,* Barcelona, 1985,

pp. 85-122. A. Barrios García, «Del Duero a Sierra Morena. Estructuración y expansión del feudalismo medieval castellano», en *España. Al-Andalus. Sefarad. Síntesis y nuevas perspectivas,* Salamanca, 1988, pp. 37-48, y «Repoblación y feudalismo en las Extremaduras», en *En torno al feudalismo hispánico...,* León, 1989, pp. 417-433. M. Asenjo González, «La repoblación de las extremaduras (s. X-XIII)», en *Reconquista y repoblación...,* Zaragoza, 1991, pp. 73-100. J. M. Monsalvo Antón, «Frontera pionera, monarquía en expansión y formación de los concejos de villa y tierra. Relaciones de poder en el realengo concejil entre el Duero y la cuenca del Tajo (*c.* 1072-*c.* 1222), *Arqueología y territorio medieval,* 10/2 (2003). Etimología y usos del nombre en B. Palacios Martín, «Sobre el origen y significado del nombre de Extremadura. Estudio historiográfico de la etimología duriense», *Espacio, Tiempo y Forma,* 1 (1988), 409-423. Algunas colaboraciones en *La historia peninsular en los espacios de frontera: las «Extremaduras históricas» y la «Transierra» (siglos XI-XV)* (ed. F. García Fitz y J. F. Jiménez Alcaraz [coords.]), Cáceres-Murcia, 2012 (comunicaciones sobre los ámbitos castellano, portugués, aragonés y mallorquín, entre ellas, G. Cavero Domínguez, «Organización eclesiástica y religiosidad en el espacio extremadurano hispánico, una valoración historiográfica (1960-2010)», pp. 457-516).

3. Son fundamentales sus estudios sobre la evolución del poblamiento: «Toponomástica e historia: notas sobre la despoblación en la zona meridional del Duero», *En la España Medieval,* 2 (1982), 115-134; «Repoblación de la zona meridional del Duero. Fases de ocupación, procedencias y distribución espacial de los grupos repobladores», *Studia Historica,* 3 (1985), 33-82. Para la zona de Soria, la evidencia de las necrópolis: C. de la Casa Martínez, «Despoblación y repoblación de los *Extrema Durii»,* en *Repoblación y Reconquista...,* 1993, pp. 89-94. M. L. Bueno Sánchez, «¿Frontera en el Duero oriental? Construcción y mutación de funciones en el tagr Banû Sâlim (siglos VIII-XI)», en J. Martos Quesada y M. Bueno Sánchez (eds.), *Fronteras en discusión. La Península Ibérica en el siglo XII,* Madrid, 2012. M. J. Recuero Astray, «Los ámbitos fronterizos castellano-leoneses frente al Islam entre los siglos XI-XII», en *Mundos medievales. Espacios, sociedades y poder. Homenaje... García de Cortázar,* Santander, 2012, pp. 823-834.

4. R. Grande del Brío, *Eremitorios altomedievales en las provincias de Salamanca y Zamora. Los monjes solitarios*, Salamanca, 1996.
5. E. Lorenzo Sanz (coord.), *Historia de Medina del Campo. I. Nacimiento y expansión*, Medina del Campo, 1986.
6. *Historia de Salamanca. II. Edad Media* (J. M. Mínguez, A. Barrios García, J. L. Martín y J. M. Monsalvo), Salamanca, 1997. Antecedentes en F. Maíllo Salgado, *Salamanca y los salmantinos en las fuentes árabes. Consideraciones críticas relativas a la dominación árabe, al poblamiento y a la frontera*, Salamanca, 1994. R. Grande del Brío, *Salamanca en la alta edad media*, Salamanca, 2011. J. M. Monsalvo Antón, «Zamora y Salamanca en la Alta Edad Media según la cronística cristiana», en *Mundos medievales. Espacios, sociedades y poder. Homenaje... García de Cortázar*, Santander, 2012, pp. 769-784. *Historia de Ávila. II. Edad Media (siglos VIII-XIII)* (A. Barrios García, Ávila), 2000, y *III, IV. Edad Media (siglos XIV-XV)* (G. del Ser Quijano [coord.]), Ávila, 2006-2009. Algunos estudios contenidos en C. Luis López, *Formación del territorio y sociedad en Ávila (siglos XII-XV)*, Ávila, 2010.
7. M. Asenjo González, *Espacio y sociedad en la Soria medieval. Siglos XIII-XV*, Soria, 1999.
8. A. Bernal Estévez, *Ciudad Rodrigo en la Edad Media*, Salamanca, 1981.
9. E. C. de Santos Canalejo, *La historia medieval de Plasencia y su entorno geohistórico: la Sierra de Béjar y la Sierra de Gredos*, Cáceres, 1986.
10. J. González, «La extremadura castellana...». A. Barrios García y A. Martín Expósito, «Demografía medieval: modelos de poblamiento en la Extremadura castellana a mediados del siglo XIII», *Stvdia Historica*, 1 (1983), 113-148. A. Barrios García, «Poder y espacio social: reajustes del poblamiento y reordenación del espacio extremadurano en los siglos XIII-XV», en *Despoblación y colonización del valle del Duero...*, 1995, pp. 225-276.
11. Ejemplos sobre la evolución bajomedieval de cultivos y paisajes en M. Diago Hernando, *Soria en la Baja Edad Media. Espacio rural y economía agraria*, Madrid, 1993. J. M. Monsalvo Antón, *Comunalismo concejil abulense. Paisajes agrarios, conflictos y percepciones del espacio rural en la tierra de Ávila y otros concejos medievales*, Ávila, 2010.
12. J. Fernández Viladrich, «La comunidad de villa y tierra de Sepúlveda durante la Edad Media», *Anuario de Estudios Medieva-*

les, 8 (1972-1973), 199-224. V. Clement, «La forêt et les hommes en Castille au XIII siècle. L'exemple du territoire de Sepúlveda», *Melanges de la Casa de Velázquez,* XXX (1994), 253-274.
13. B. Velasco Bayón, *Historia de Cuéllar,* Segovia, 1974 (2.ª 1981). E. Corral García, *Las comunidades castellanas y la villa y tierra antigua de Cuéllar,* Salamanca, 1978.
14. Descripción de «tierras» ya formadas en G. Martínez Díez, *Las comunidades de villa y tierra de la Extremadura castellana (Estudio histórico-geográfico),* Madrid, 1983 (incluye algunas de Castilla la Nueva). V. Muñoz Gómez (ed.), *Las comunidades de villa y tierra. Dinámicas históricas y problemáticas actuales,* Murcia, 2010 (en especial los estudios de G. Martínez Díez, C. Estepa, M. Diago y J. M. Jara). Para Segovia, A. Represa Rodríguez, «La "tierra" medieval de Segovia», *Estudios Segovianos,* XXI (1969), 5-22. M. Santamaría Lancho, «Del concejo y su término a la comunidad de ciudad y tierra: surgimiento y transformación del señorío urbano de Segovia (siglos XIII-XVI)», *Studia Historica,* 2 (1995), 83-116. J. Martínez Moro, *La tierra en la comunidad de Segovia. Un proyecto señorial urbano (1088-1500),* Valladolid, 1985. M. Asenjo González, *Segovia. La ciudad y su tierra a fines del medievo,* Segovia, 1986.
15. J. M. Lacarra, «Les villes-frontière dans l'Espagne des XIe et XIIe siècles», *Le Moyen Âge,* 69 (1963), 205-222, y «Acerca de la atracción de pobladores en las ciudades fronterizas de la España cristiana», *En la España Medieval,* 3 (1982), 7-31.
16. J. A. Ruiz Hernando, *Historia del urbanismo en la ciudad de Segovia del siglo XII al XIX,* Segovia, 1982.
17. A. M. Barrero García, «Los derechos de la frontera», en *Las sociedades de frontera en la España medieval,* Zaragoza, 1993, pp. 69-80.
18. *Los Fueros de Sepúlveda,* Segovia, 1953 (Estudios de E. Sáez, R. Gibert, M. Alvar y A. González Ruiz-Zorrilla).
19. Añadamos a la bibliografía ya citada el detallado libro de F. J. Martínez Llorente, *Régimen jurídico de la Extremadura castellana medieval. Las Comunidades de Villa y Tierra,* Valladolid, 1990. Casos de evolución bajomedieval en M. Asenjo González, *Segovia. La ciudad y su tierra...,* y *Espacio y sociedad en la Soria...,* cit., y M. Diago Hernando, *Estructuras de poder en Soria a fines de la Edad Media,* Valladolid, 1993.
20. Este autor elaboró un modelo de estudio sobre el caso de Ávila: *Estructuras agrarias y de poder en Castilla. El ejemplo de Ávila (1085-1320),* Salamanca, 1983-1984, 2 vols. J. M. Monsalvo An-

tón, «Pobladores, caballeros, pecheros y señores. Conflictos sociales en el concejo de Ávila (ss. XII-XIII)», en *La historia peninsular en los espacios de frontera...*, pp. 375-425.

21. Estudios generales sobre las jerarquías y condiciones sociales desde un punto de vista jurídico en A. García Ulecia, *Los factores de diferenciación entre las personas en los fueros de la Extremadura castellano-aragonesa*, Sevilla, 1975. H. Dillard, *La mujer en la Reconquista*, Madrid, 1993, y M. T. Gacto Fernández, *Estructura de la población de la Extremadura leonesa en los siglos XII y XIII*, Salamanca, 1977.

22. Es básico el gran estudio de J. González, *Repoblación de Castilla la Nueva*, Madrid, Universidad Complutense, 2 vols., 1975-1976. Síntesis y puntos de vista en E. Cabrera Muñoz, «Del Tajo a Sierra Morena», en *Organización social del espacio en la España medieval...*, Barcelona, 1985, pp. 123-161, y «Conquista y repoblación de Extremadura y Castilla la Nueva. Estado de la cuestión», en *Reconquista y repoblación...*, Zaragoza, 1991, pp. 101-120. J. P. Molénat, «L'organisation du territoire entre Cordillère Centrale et Sierra Morena du XIIe au XIVe siècles», en A. Rucquoi (ed.), *Génesis medieval del Estado Moderno. Castilla y Navarra*, Valladolid, 1987, pp. 67-78. J. A. García de Cortázar, «La organización social del espacio en La Mancha medieval», en *Espacios y Fueros en Castilla. La Mancha (siglos XI-XV)*, Madrid, 1995, y «La organización del territorio en la España de la Reconquista en los siglos XIII a XV: los modelos de la Mancha y Andalucía», en *Poteri economici e poteri politici, sec. XIII-XVIII*, XXX Settimana di Studi. I. Datini, Prato, Florencia, 1999, pp. 273-301. El primer tomo del *Congreso de Historia de Castilla-La Mancha*, s.l., 1988, y R. Izquierdo Benito (coord.), *Castilla-La Mancha medieval*, Ciudad Real, 2002. D. Urquiaga Cela, *El poblamiento medieval en la cuenca media del Tajo: provincias de Toledo, Cuenca, Guadalajara y Madrid*, Madrid, 2004.

23. J.-P. Molénat, «Les diverses notions de "frontière" dans la región de Castilla-La Mancha au temps des Almoravides et des Almohades», en *Alarcos 1195*, Cuenca, 1996, 105-123.

24. P. Guichard y P. Buresi, «L'espace entre Sierra Morena et Manche à l'époque almohade», en *Alarcos 1195. Actas del Congreso*, Cuenca, 1996, pp. 125-143. Y la tesis doctoral de P. Buresi, *La frontière entre Tage et Sierra Morena. XIe-XIIIe siècles* (Université Lyon II, diciembre de 2000).

25. J.-P. Molénat, «Tolède fin XIe-début XIIe siècle. Le problème de la permanence ou de l'émigration des musulmans», en C. Laliena y Ph. Sénac (coord.), *De Toledo a Huesca. Sociedades medievales en transición,* Zaragoza, 1998, pp. 101-111.
26. E. Rodríguez-Picavea Matilla, *La villa y la tierra de Talavera en la plena Edad Media. Orígenes, consolidación y crecimiento de un concejo de realengo (siglos XI-XIII),* Talavera de la Reina, 1996, y *La villa de Maqueda y su tierra en la Edad Media,* Toledo, 1996. H. J. García Garcimartín, *El valle del Alberche en la baja edad media (siglos XII-XV),* Madrid, 2005. M. Montero Vallejo, *El Madrid medieval,* Madrid, 1987. C. Segura Graíño (ed.), *Madrid en la Edad Media,* Madrid, 1986. S. Muriel Hernández y C. Segura Graíño (eds.), *Organización social del espacio. III: Madrid en el tránsito de la edad media a la moderna,* Madrid, 2008. E. Jiménez Rayado (ed.), *La villa y la tierra de Madrid en los albores de la capitalidad (siglos XIV-XVI),* Madrid, 2010. E. Mitre Fernández, P. Ballesteros San José y B. Pavón Maldonado, *En el IX centenario de la conquista de Guadalajara,* Guadalajara, 1988.
27. A. Castillo Gómez, *Alcalá de Henares en la Edad Media. Territorio, sociedad y administración. 1118-1515,* Alcalá de Henares, 1990.
28. Sobre el ámbito madrileño, I. Martín Viso, «La construcción del territorio del poder feudal en la región de Madrid», *En la España Medieval,* 26 (2003), 61-96. C. Segura Graíño (ed.), *Orígenes históricos de la actual Comunidad Autónoma de Madrid. La organización social del espacio en la Edad Media,* Madrid, 1995.
29. C. Delgado Valero, *Toledo islámico: ciudad, arte e historia,* Toledo, 1987.
30. A. Blázquez Garbajosa, *El señorío episcopal de Sigüenza,* Guadalajara, 1988.
31. F. Layna Serrano, *Historia de la villa de Atienza,* Madrid, 1945.
32. M. E. Cortés Ruiz, *Articulación jurisdiccional y estructura socioeconómica en la comarca de Molina de Aragón a lo largo de la Baja Edad Media,* Madrid, 2000 (Universidad Complutense, Tesis doctoral).
33. C. Mignot, «Evolución de la estructura jurisdiccional en la región alcarreña (ss. XI-XV)», *Hispania,* 163 (1986), 245-282.
34. J.-P. Molénat, *Campagnes et Monts de Tolède du XIIe au XVe siècle,* Madrid, 1997 (investigación fundamental).
35. R. Pastor, *Del Islam al Cristianismo. En la frontera de dos formaciones económico-sociales, Toledo siglos X-XIII,* Barcelona, 1975, y

«Problèmes d'assimilation d'une minorité: les Mozarabes de Tolède», *Annales ESC,* 1970, 351-390.
36. J.-P. Molénat, «Deux éléments du paysage urbain: adarves et alcaicerías», en *Le paysage urbain au moyen âge»,* Lyon, 1981, pp. 213-224, y «Places et marchés de Tolède au Moyen Âge. XIIIe-XVIe siècles», en *Plazas et sociabilité en Europe et Amérique latine,* París, 1982, pp. 43-52. M. Á. Ladero Quesada, «Toledo y Córdoba en la Baja Edad Media. Aspectos urbanísticos», *Revista del Instituto Egipcio de Estudios Islámicos en Madrid,* XXX (1998), 181-219, 1999. T. Pérez Higuera, *Paseos por el Toledo del siglo XIII,* Madrid, 1984.
37. M. Á. Ladero Quesada, *Fiscalidad y poder real en Castilla (1252-1369),* Madrid, 1993 (2.ª ed. 2011).
38. J. González, «Repoblación de las tierras de Cuenca», *Anuario de Estudios Medievales,* 12 (1982), 183-204. M. E. Espoille de Roiz, «Repoblación de la tierra de Cuenca, siglos XII a XVI», *ibid.,* pp. 205-239. *La economía conquense en perspectiva histórica,* (ed. J. Canorea Huete y M. C. Poyato Holgado), Cuenca, 2000.
39. Modélico estudio en J. Díaz Ibáñez, *Iglesia y poder en Castilla: el obispado de Cuenca,* Cuenca, 2003, y *El clero y la vida religiosa en Huete durante la Edad Media,* Cuenca, 1996.
40. *Moya: estudios y documentos. I.,* Cuenca, 1996, en especial L. Mombiedro, «Moya en 1210». M. C. Poyato Holgado y J. Montesinos (eds.), *La cruz de los tres reinos. Espacio y tiempo en un territorio de frontera,* Cuenca, 2012 (estudios sobre Moya, Requena, Rincón de Adamuz).
41. A. Pretel Marín *Alcaraz, un enclave castellano en la frontera del siglo XIII,* Albacete, 1974, y algunos aspectos de su *Una ciudad castellana en los siglos XIV y XV (Alcaraz 1300-1475),* Albacete, 1978, así como sus libros más recientes: *Conquista y primeros intentos de repoblación del territorio albacetense (del periodo islámico a la crisis del siglo XIII),* Albacete, 1986, y *La villa de Albacete en la Baja Edad Media,* Albacete, 2010. F. J. Royo Alique e I. de Urioste Sánchez, «Algunos aspectos de la conquista y repoblación de Alcaraz (1213-1220)», *Repoblación y Reconquista,* Aguilar de Campoo, 1993, pp. 221-227.
42. Es básica la gran síntesis de C. de Ayala Martínez, *Las órdenes militares hispánicas en la Edad Media (siglos XII-XV),* Madrid, 2003. E. Rodríguez-Picavea Matilla, *Las Órdenes Militares y la frontera. La contribución de las Órdenes a la delimitación de*

la jurisdicción territorial de Castilla en el siglo XII, Madrid, 1995, y *Los monjes guerreros en los reinos hispánicos. Las órdenes militares en la Península Ibérica durante la Edad Media*, Madrid, 2008. F. Ruiz Gómez, *Los orígenes de las Órdenes Militares y la repoblación de los territorios de La Mancha (1150-1250)*, Ciudad Real, 2003.

43. E. Rodríguez-Picavea Matilla, «Monarquía castellana: Alfonso VIII y la Orden de Calatrava», en *Alfonso VIII y su época*, Aguilar de Campoo, 1992, pp. 361-378, y, en especial, su libro *La formación del feudalismo en la meseta meridional castellana. Los señoríos de la Orden de Calatrava en los siglos XII-XIII*, Madrid, 1994. J. Molero García, «La territorialización del poder señorial en Castilla. Sobre los límites del Campo de Calatrava en el siglo XIII», en *Mundos medievales. Espacios, sociedades y poder. Homenaje... García de Cortázar*, Santander, 2012, pp. 1605-1618.

44. M. Rivera Garretas, *La Encomienda, el priorato y la villa de Uclés en la Edad Media (1174-1310). Formación de un señorío de la orden de Santiago*, Madrid-Barcelona, 1985. J. A. García Luján, *Ocaña, villa y encomienda de la orden militar de Santiago (siglos XII-XVI)*, Ocaña, 2011.

45. J. V. Matellanes Merchán, *La Orden de Santiago y la organización social y económica de la Transierra castellano-leonesa (siglos XII-XIV)*, Madrid, 1996 (Tesis doctoral. Universidad Autónoma).

46. C. Barquero Goñi, *Los Hospitalarios en Castilla y León (siglos XII y XIII)*, Madrid, 1994 (Universidad Autónoma, Tesis doctoral; investigación fundamental). P. Guerrero Ventas, *El gran priorato de Castilla y León de la Orden de San Juan de Jerusalén en el Campo de La Mancha*, Toledo, 1969, y las actas del congreso *La Orden Militar de San Juan en la Península Ibérica durante la Edad Media*, Alcázar de San Juan, Ayuntamiento, 2002. P. Porras Arboledas et al., *Documentos medievales del Archivo Municipal de Alcázar de San Juan (siglos XII-XV)*, Alcázar de San Juan, 2012.

47. E. C. de Santos Canalejo, *La historia medieval de Plasencia y su entorno geohistórico: la Sierra de Béjar y la Sierra de Gredos*, Cáceres, 1986.

48. J. Clemente Ramos, «La Extremadura musulmana (1142-1248). Organización defensiva y sociedad», *Anuario de Estudios Medievales*, 24 (1994), 647-702; J. Clemente Ramos y J. L. de la Montaña Conchiña, «La Extremadura cristiana (1142-1230).

Ocupación del espacio y transformaciones socioeconómicas», *Historia. Instituciones. Documentos,* 21 (1994), 83-124. J. Clemente Ramos, «Ocupación del espacio y formas de explotación. Dehesas y adehesamiento en Extremadura *(c.* 1250-*c.* 1450), en *La historia peninsular en los espacios de frontera...,* Cáceres-Murcia, 2012, pp. 253-278. J. L. Martín Martín, «La repoblación de la transierra (s. XII-XIII)», en *Estudios dedicados a Carlos Callejo Serrano,* Cáceres, 1979, pp. 477-497.
49. M. I. Pérez de Tudela Velasco, «Alfonso XI y el Santuario de Santa María de Guadalupe», *En la España Medieval,* 3 (1982), 271-286. L. V. Díaz Martín, «La consolidación de Guadalupe bajo Pedro I», *ibid.* 2 (1982), 315-336. J. C. Vizuete Mendoza, *Guadalupe: un monasterio jerónimo (1389-1450),* Madrid, 1988.
50. J.-P. Molénat, «Structures agraires en Nouvelle-Castille: la Manche tolédane et la Ribera de Tajo, de la structure islamique à la structure chrétienne», *Castrum* (Madrid), 5 (1999), 175-183.
51. L. R. Villegas Díaz, *Ciudad Real en la Edad Media. La ciudad y sus hombres (1255-1500),* Ciudad Real, 1981.
52. C. Barquero Goñi, «Aportación al estudio de la repoblación sanjuanista en la Mancha: cartas de población de Villacañas de Algodor y de Villaverde... y capítulos de la población de Argamasilla de Alba...», *Repoblación y Reconquista,* Aguilar de Campoo, 1993, pp. 169-177.
53. Aspectos de la explotación señorial en Ph. Josserand, «Nourrir la guerre. L'exploitation domaniale des ordres militaires en Castille aux XIIIe et XIVe siècles», en *L'espace rural au Moyen Âge. Portugal, Espagne, France (XIIe-XIVe siècles). Mélanges en l'honneur de Robert Durand,* Rennes, 2002, pp. 167-192. Un aspecto singular en L. R. Villegas Díaz, «Frontera y actividad cinegética. Una aproximación a los territorios fronterizos manchegos (siglos XII-XIII)», en *IV Estudios de Frontera,* Alcalá la Real, 2002, pp. 611-629. Los datos del siglo XV en las amplias investigaciones de E. Solano Ruiz, *La Orden de Calatrava en el siglo XV. Los señoríos castellanos de la Orden al fin de la Edad Media,* Sevilla, 1978, y P. Porras Arboledas, *La Orden de Santiago en el siglo XV. La Provincia de Castilla,* Madrid, 1997.
54. A. Pretel Marín, *Don Juan Manuel, señor de la llanura (Repoblación y gobierno de la Mancha albacetense en la primera mitad del siglo XIV),* Albacete, 1982; *Conquista y primeros intentos de repoblación del territorio albacetense (del período islámico a la crisis*

del siglo XIII*)*, Albacete, 1986; en colaboración con M. Rodríguez Llopis, *El Señorío de Villena en el siglo* XIV, Albacete, 1998. *Congreso de historia del señorío de Villena,* Albacete, 1987.
55. A. Bernal Estévez, *Poblamiento, transformación y organización social del espacio extremeño (siglos* XIII *al* XV*)*, Mérida, 1998.
56. Sobre la evolución de Trujillo a fines de la Edad Media, C. Fernández-Daza Alvear, *La ciudad de Trujillo y su tierra en la baja Edad Media,* Badajoz, 1993. M. Á. Sánchez Rubio, *El concejo de Trujillo y su alfoz en el tránsito de la Edad Media a la Edad Moderna,* Badajoz, 1993.
57. J. L. de la Montaña Conchiña, *La Extremadura cristiana (1142-1350). Poblamiento, poder y sociedad,* Cáceres, 2002; entre sus trabajos anteriores, «Iglesia y repoblación. La red parroquial de la Transierra castellana (1142-1350)», *Anuario de Estudios Medievales,* 28 (1998), 857-874.
58. P. Rubio Merino, «Badajoz: Edad Media cristiana, 1248-1516», en M. Terrón Albarrán (dir.), *Historia de la Baja Extremadura,* I., Badajoz, 1986.
59. F. Novoa Portela, *La Orden de Alcántara y Extremadura (siglos* XII-XIV*)*, Mérida, 2000. Los datos del siglo XV en D. Rodríguez Blanco, *La Orden de Santiago en Extremadura en la Baja Edad Media (siglos* XIV *y* XV*)*, Badajoz, 1985.
60. G. Martínez Díez, «Estructura administrativa en el naciente reino de Toledo», en *Estudios sobre Alfonso VI y la reconquista de Toledo,* Toledo, 1985-1988, 4 vols., vol. 2, pp. 43-162. Un estudio modelo es el de R. Gibert y Sánchez de la Vega, *El concejo de Madrid. Su organización en los siglos* XII *a* XV, Madrid, 1949.
61. J. Alvarado Planas (ed.), *Espacios y fueros en Castilla-La Mancha (siglos* XI-XV*). Una perspectiva metodológica,* Ciudad Real, 1995.
62. J. V. Matellanes Merchán, «Expansión de un modelo socio-económico: los fueros de la Orden de Santiago en Castilla, siglos XII-XIII», en *Repoblación y Reconquista,* Aguilar de Campoo, 1993, pp. 193-202. E. Rodríguez-Picavea Matilla, «Política foral y mecanismos repobladores en los señoríos calatravos castellano-manchegos (siglos XII-XIII)», *ibid.*, pp. 209-220.
63. Véase la edición y estudio del *Fuero de Cuenca* de R. de Ureña y Smenjaud (Madrid, 1935. Reimpresión, Cuenca, Universidad de Castilla-La Mancha, 2003, con estudio previo de R. Escutia Romero), así como una traducción de A. Valmaña Vicente (Cuenca, 1978).

64. P. J. Arroyal Espigares y M. T. Martín Palma, «La tradición manuscrita del derecho de Cuenca. Los fueros de Plasencia, Villaescusa de Haro y Huete», *Historia. Instituciones. Documentos*, 19 (1992), 7-60. Sobre el *Fuero de Plasencia*, el estudio y edición de E. Ramírez Vaquero (Mérida, 1984).
65. Véase el estudio de G. Sánchez a la edición del *Fuero de Madrid*, Madrid, 1932 (2.ª ed., 1963).
66. Véase la edición y estudio del *Fuero de Coria* por J. Maldonado y E. Sáez, Madrid, 1949.
67. A. García Gallo, «Los fueros de Toledo», *Anuario de Historia del Derecho Español*, 45 (1975), 341-488. R. Izquierdo Benito, *Privilegios reales otorgados a Toledo durante la Edad Media (1101-1494)*, Toledo, 1991.
68. J. A. García Luján, *Privilegios reales de la Catedral de Toledo (1086-1462): formación del patrimonio de la S.I.C.P. a través de las donaciones reales*, Toledo, 1982, 2 vols. F. J. Hernández, *Los cartularios de Toledo*, Madrid, 1996. M. J. Lop Otín, *El cabildo catedralicio de Toledo en el siglo XV*, Madrid, 2003.
69. F. J. Hernández, «Los mozárabes del siglo XII en la ciudad y la iglesia de Toledo», *Toletum*, 16 (1985), 57-124. J.-P. Molénat, *Campagnes et Monts*, o.c., «Quartiers et communautés à Tolède (XII-XV siècles», en *La España Medieval*, 12 (1989), 163-191, y «La fin des chrétiens arabisés d'al-Andalus. Mozárabes de Tolède et du Gharb au XIIe siècle», en C. Aillet, M. Penelas y P. Roisse (eds.), *¿Existe una identidad mozárabe? Historia, lengua y cultura de los cristianos de al-Andalus (siglos IX-XII)*, Madrid, 2008. Documentación en A. González Palencia, *Los mozárabes de Toledo en los siglos XII y XIII*, Madrid, 1930-1934, 4 vols. L. Cardaillac (dir.), *Tolède, XIIe-XIIIe. Musulmans, chrétiens et juifs: le savoir et la tolérance*, París, 1991. Puntos de vista recientes, a partir de nuevas investigaciones, en D. A. Olstein, *La era mozárabe. Los mozárabes de Toledo (siglos XII y XII) en la historiografía, las fuentes y la historia*, Salamanca, 2006, y R. Hitchcock, *Mozarabs in Medieval and Early Modern Spain: Identities and influences*, Aldershot, Ashgate, 2008.
70. J. L. Lacave, «Los judíos de Extremadura antes del siglo XV», en *Actas de las Jornadas de Estudios Sefardíes. Universidad de Extremadura*, Cáceres, 1980, 201-213, y «Sinagogas y juderías extremeñas», *Sefarad*, XL (1980), 215-234. M. Á. Ladero Quesada, *Fsicalidad y poder real...*, 1993, pp. 81-84.

71. Obra de conjunto sobre el mundo rural, R. Durand, *Les campagnes portugaises entre Douro et Tage aux XIIe et XIIIe siècles*, París, 1982. Y la mayor parte de las colaboraciones en el volumen en homenaje a R. Durand, M. Bourin y St. Boissellier (ed.), *L'espace rural au Moyen Âge. Portugal, Espagne, France (XIIe-XIVe siècles)*, Rennes, 2002. Colaboraciones de interés en M. J. Barroca e I. C. F. Fernandes (eds.), *Muçulmanos e cristãos entre o Tejo e o Douro (secs. VIII a XIII)*, Oporto, 2005.
72. Para época más reciente, M. H. da Cruz Coelho, *O Baixo Mondego nos finais da Idade Media*, Coimbra, 1983, 2 vols.
73. M. A. Beirante, *Santarém medieval*, Lisboa, 1980.
74. A. Aguiar Andrade, «O papel da Estremadura na formação e consolidação do Portugal medieval», en *A construção medieval do território*, 2001, pp. 106-116. Sobre Oporto, L. A. de Oliveira Ramos (dir.), *História do Porto*, Porto (2.ª ed.), 1994.
75. A. J. Paraschi, *História dos templarios em Portugal*, Lisboa, 1990.
76. R. Costa Gomes, *A Guarda medieval. Posição, morfologia e sociedade (1200-1500)*, Lisboa, 1987.
77. M. Á. Ladero Quesada, «La formación de la frontera de Portugal en los siglos XII y XIII y el tratado de Alcañices (1297)», *Boletín de la Real Academia de la Historia*, CXCIV, III (1997), 425-457. A. de la Torre, *La frontera que nunca existió. Viaje por la Raya de Extremadura y el Alentejo*, Mérida, 2006.
78. Obras de conjunto, C. Picard, *Le Portugal musulman (VIIIe-XIIIe siècles). L'Occident d'Al-Andalus sous domination islamique*, París, 2000. S. Boissellier, *Naissance d'une identité portugaise. La vie rurale entre Tage et Guadiana, de l'Islam à la Reconquête (X^e-XIVe siècles)*, Lisboa, 1999, y *Le peuplement médiéval dans le sud de Portugal*, París, 2003. J. C. García, *O espaço medieval da Reconquista no sudoeste da Península Ibérica*, Lisboa, 1986, y *O Baixo Guadiana Medieval: formação de uma fronteira*, Lisboa, 1983. H. Vasconcelos Vilar, «Território e poder em espaços de fronteira: a construção das unidades diocesanas no sul de Portugal no século XIII», en *La historia peninsular en los espacios de frontera...*, Cáceres-Murcia, 2012, pp. 517-534.
79. M. A. Rocha Beirante, *Evora na Idade Media*, Lisboa, 1996.
80. J. Marques, «Os castelos algarvios da Ordem de Santiago no reinado de D. Afonso III», en *Relaçoes entre Portugal e Castela nos finais da Idade Media*, Braga, 1994, pp. 125-152.

81. C. Torres, S. Macías y O. Sardinha (eds.), *Portugal islâmico: os últimos sinais do Mediterráneo,* Lisboa, 1998 (algunas colaboraciones sobre el Algarve).
82. L. Dailliez, *L'Ordre de Saint-Jean de Jérusalem au Portugal,* XI-XV *siècles,* Niza, 1977.
83. F. Pérez Embid, *Castilla y Portugal en la Sierra de Aracena,* Sevilla, 1974. C. de Ayala, «Alfonso X, el Algarve y Andalucía: el destino de Serpa, Moura y Mourão», *II Congreso de Historia de Andalucía,* Córdoba, 1991.
84. H. Baquero Moreno, *Os municipios portugueses nos séculos* XIII *a* XVI. *Estudos de história,* Lisboa, 1986. En relación con el desarrollo urbano, S. L. Carvalho, *Cidades medievais portuguesas. Uma introdução ao seu estudo,* Lisboa, 1989. A. H. de Oliveira Marques, I. Gonçalves y A. Aguiar Andrade, *Atlas de Cidades Medievais Portuguesas (Séculos* XII-XV*),* I, Lisboa, 1990. V. Rau, *Feiras medievais portuguesas. Subsidios para o seu estudos,* Lisboa, 1982.

Capítulo cuarto. Del Ebro al Mediterráneo

1. J. M. Lacarra, «Reconquista del valle del Ebro», en *La reconquista y la repoblación del país,* Zaragoza, 1951, pp. 39-83 (repr. *Estudios... Aragón,* Zaragoza, 1987); *Documentos para el estudio de la reconquista y repoblación del Valle del Ebro,* ed. M. T. Iranzo Muñío y M. J. Sánchez Usón, 1.ª ed. 1946-1952, Zaragoza, 1982-1985, 2 vols., y *Alfonso el Batallador,* Zaragoza, 1978. J. A. Lema Pueyo, *Instituciones políticas del reinado de Alfonso I el Batallador, rey de Aragón y Pamplona (1104-1134),* Bilbao, 1997. C. Stalls, *Possessing the Land: Aragon's expansion in Islam's Ebro frontier under Alfonso the Battler, 1104-1134,* Leiden, 1995. C. Laliena, «Repartos de tierras en el transcurso de la conquista feudal del valle del Ebro (1080-1160)», en E. Guinot y J. Torró (eds.), *Repartiments a la Corona d'Aragó (segles* XII-XIII*),* Valencia, 2007, pp. 17-50, y *Pedro I de Aragón y Navarra,* Burgos, 2000. A tener en cuenta la situación previa, en Ph. Sénac, *La frontière et les hommes (*VIII-XII *siècles). Le peuplement musulman au nord de l'Èbre et les débuts de la reconquête aragonaise,* París, 2000, y «Paysans et habitats ruraux de la Marche supérieure d'al-Andalus: les données des textes et de l'archéologie», en *Movimientos mi-*

gratorios, asentamientos y expansión (siglos VIII-XI). XXXIV Semana de Estudios Medievales de Estella, Pamplona, 2008.
2. J. M. Lacarra, «La conquista de Zaragoza por Alfonso I (18 diciembre 1118)», *Al Andalus,* 12 (1947), 65-96 (repr. *Estudios dedicados a Aragón,* 1987), y «Edad Media (del siglo V al XII), en VV.AA. *Historia de Zaragoza,* Zaragoza, 1976.
3. J. M. Lacarra, «La repoblación de Zaragoza por Alfonso el Batallador», *Estudios de Historia Social de España,* 1 (1949), 205-223 (repr. *Estudios dedicados a Aragón,* 1987), y «A propósito de la colonización "franca" en Aragón», en *Colonización, parias, repoblación y otros estudios,* Zaragoza, 1981, pp. 171-184. C. Laliena Corbera, «Organización social del espacio en tierra de conquista: el entorno rural de Zaragoza en el siglo XII», en J. A. Sesma y C. Laliena (coords.), *La pervivencia del concepto. Nuevas reflexiones sobre la ordenación social del espacio en la Edad Media,* Zaragoza, 2008, pp. 259-297. Sobre otros ámbitos, Ph. Sénac (ed.), *Aquitaine-Espagne (VIIIe-XIIIe siècle),* Poitiers, 2001. El espacio zaragozano norteño en E. Piedrafita Pérez, *Las Cinco Villas en la Edad Media. Sistemas de repoblación y ocupación del espacio,* Zaragoza, 2000, y los estudios, algunos de ámbito más amplio, contenidos en E. Sarasa Sánchez (coord.), *Las Cinco Villas aragonesas en la Europa de los siglos XII y XIII. De la frontera natural a las fronteras políticas y socioeconómicas (foralidad y municipalidad),* Zaragoza, 2007.
4. J. L. Corral Lafuente, *La Comunidad de aldeas de Daroca en los siglos XIII y XIV: origen y proceso de consolidación,* Zaragoza, 1987. M. T. Iranzo Muñío y J. M. Ortega Ortega, «Disciplina agraria y reorganización del poblamiento bajomedieval en el territorio de la Comunidad de aldeas de Daroca», *Aragón en la Edad Media,* 22 (2011), 67-126. J. L. Corral Lafuente, *La comunidad de aldeas de Calatayud en la edad media,* Zaragoza, 2012.
5. Sobre la transformación urbana, R. Beltrán Abadía, *La forma de la ciudad: las ciudades de Aragón en la Edad Media,* Zaragoza, 1992. Introducción bibliográfica general en I. Falcón Pérez, «Historia de las ciudades y villas del reino de Aragón en la Edad Media», *En la España Medieval,* 23 (2000), 395-439, y el clásico estudio de J. M. Lacarra, «El desarrollo urbano de las ciudades de Navarra y Aragón en la Edad Media», *Pirineos,* 15-16 (1950), 5-29.
6. Un ejemplo nobiliario: C. Laliena Corbera, «La formación de redes nobiliarias y grandes propiedades en el marco de la con-

quista del Valle del Ebro en el siglo XII. El destino ejemplar de Íñigo Galíndez de Alagón (1127-1157)», *Aragón en la Edad Media,* 22 (2011), 187-212. Un destacado caso monástico: C. Contel Barea, *El Císter zaragozano en los siglos XIII y XIV: Abadía de Nuestra Señora de Rueda de Ebro,* Zaragoza, 1977-1978, 2 vols.

7. M. L. Ledesma Rubio, *Las órdenes militares en Aragón,* Zaragoza, 1994, y *Templarios y Hospitalarios en el Reino de Aragón,* Zaragoza, 1982.

8. M. L. Ledesma Rubio, *Cartas de población del reino de Aragón en los siglos medievales,* Zaragoza, 1991.

9. A. Sesma Muñoz, en su contribución a *La Reconquista y el proceso de diferenciación política (1035-1217). Historia de España-Menéndez Pidal,* IX, Madrid, 1998 (Aragón y Cataluña, 1134-1214).

10. C. Laliena Corbera, *Sistema social, estructura agraria y organización del poder en el Bajo Aragón en la Edad Media (siglos XII-XV),* Teruel, 1987, sobre la encomienda de Alcañiz.

11. J. M. Lacarra, «El Rey Lobo de Murcia y la formación del señorío de Albarracín», *Estudios dedicados a... Menéndez Pidal,* Madrid, 1952, 3, pp. 515-526, y «Acerca de las fronteras en el valle del Ebro», *En la España Medieval,* 1 (1980), 181-191, y «Acerca de la atracción de pobladores en las ciudades fronterizas de la España cristiana», *ibid.,* 3 (1982), 7-31. M. Almagro Basch (dir.), *Historia de Albarracín y su sierra,* Teruel, 1959.

12. A. Gargallo Moya, *El concejo de Teruel en la Edad Media, 1177-1327,* Teruel, 1997, 3 vols., y A. M. Barrero García, *El fuero de Teruel. Su historia, proceso de formación y reconstrucción crítica de sus fuentes,* Madrid, 1980.

13. R. Saiz de la Maza Lasoli, *La Orden de Santiago en la Corona de Aragón. La encomienda de Montalbán (1210-1327),* Zaragoza, 1980. También A. Mur i Raurell, *La encomienda de San Marcos. La Orden de Santiago en Teruel (1200-1556),* Teruel, 1988.

14. M. L. Ledesma Rubio, «La sociedad de frontera en Aragón (siglos XII y XIII)», en *Las sociedades de frontera en la España medieval,* Zaragoza, 1993, pp. 31-50, y «La caza en las cartas de población y fueros de la extremadura aragonesa», *Aragón en la Edad Media,* VIII (1989), 427-439. G. Navarro Espinach, «La evolución económica de la frontera meridional aragonesa durante los siglos XII-XV», y J. Utrilla Utrilla, «La sociedad de frontera en el Aragón meridional en los siglos XII y XIII: cristianos, mudéjares

y judíos», ambos en F. García Fitz y J. F. Jiménez Alcaraz (coords.), *La historia peninsular en los espacios de frontera: las «extremaduras» históricas y la «transierra»,* Cáceres-Murcia, 2012, pp. 227-252 y 321-350. S. de la Torre Gonzalo, *Construir el paisaje: hábitat disperso en el Maestrazgo turolense de la Edad Media,* Zaragoza, 2012.

15. F. Sabaté, *La transformació de la frontera al segle XI. Reflexions des de Guissona arran del IX centenari de la consagració de l'esglesia de Santa Maria,* Lleida, 2000.
16. La denominación *Principat* para referirse al conjunto de Cataluña se utilizaba ya a mediados del siglo XIV, pero el rey de Aragón mantuvo la titulación de conde de Barcelona, que expresaba su dominio político sobre el conjunto de Cataluña.
17. M. Bonet Donato, *Aproximació a la societat i economía de Tarragona a la Plena Edat Mitjana,* Tarragona, 1996, y, con A. Isla Frez, *Tarragona medieval. Capital eclesiástica y del Camp,* Lérida, 2011. Y la primera parte de la fundamental tesis doctoral de E. Juncosa Bonet, *Estructura y dinámicas de poder en el señorío de Tarragona. Creación y evolución de un dominio compartido (ca. 1118-1462),* Madrid, Universidad Complutense, 2014.
18. A. Virgili Colet, «*Ad detrimentum Yspanie*»: *la conquista de Turtusa i la formación de la societat feudal: 1148-1200,* Valencia, 2001, y «Les conquistes catalanes del segle XII i els repartiments», en E. Guinot y J. Torró (eds.), *Repartiments a la Corona d'Aragó (segles XII-XIII),* Valencia, 2007, pp. 51-74. L. Pagarolas i Sabaté, *Els templiers de les terres de l'Ebre (Tortosa). De Jaume I fins a l'abolició de l'ordre,* Tarragona, 1999. J. M. Font Rius, «La comarca de Tortosa a raíz de la Reconquista cristiana (1148)», *Cuadernos de Historia de España,* XIX (1953), 106-130.
19. A. Altisent, «Un poble de la Catalunya Nova en els segles XI i XII. L'Espluga de Francolí de 1079 a 1200», *Anuario de Estudios Medievales,* 3 (1966), 131-213.
20. Algunas investigaciones útiles, aunque referidas a épocas más recientes: A. Altisent, *La descentralización administrativa del Monasterio de Poblet en la Edad Media,* Tarragona, 1985; *Les granges de Poblet al segle XV. Assaig d'història agrària d'unes granges cistercenques catalanes,* Barcelona, 1962, y «L'estructura econòmica del monestir de Poblet el 1460», *Scriptorium Populeti,* 3 (1970), 267-332. E. Fort i Cogul, *El senyoriu de Santes Creus,* Barcelona, 1972.

21. P. Ortega, *Musulmanes en Cataluña. Las comunidades musulmanas de las encomiendas templarias y hospitalarias de Ascó y Miravet (siglos XII-XIV)*, Barcelona, 2000. Sobre la presencia y herencia islámica en Cataluña, en especial en las zonas de Tarragona y Lérida, *El Islam y Cataluña*, Madrid, Lunwerg, 2000 (varios autores), y P. Balañà i Abadia, *L'Islam a Catalunya (segles VIII-XII)*, Barcelona, 1997. Una introducción general en A. J. Forey, *The Templars in the Corona de Aragón*, Oxford, 1973. Los hospitalarios tenían ya el señorío de Amposta: M. Bonet Donato, *La orden del Hospital en la Corona de Aragón. Poder y gobierno en la castellanía de Amposta (ss. XII-XV)*, Tarragona, 1994.
22. J. Lladonosa, *Història de la ciutat de Lleida*, Barcelona, 1980 (1.ª ed., 1972), y *La conquesta de Lleida*, Barcelona, 1990. J. Busqueta i Riu (coord.), *Lleida: de l'Islam al feudalisme*, Lleida, 1996. F. Sabaté, *Història de Lleida. 2. Alta Edat Mitjana*, Lleida, 2003.
23. J. M. Font Rius, «La gènesi del dret municipal a la Catalunya Nova», en *VII Centenari dels Costums d'Orta (1296-1996)*, Orta de Sant Joan, 1997, pp. 49-59, y «Carta de població de Lleida (1150)», *Documents jurídics de la Història de Catalunya*, Barcelona, 1991. A. M. Barrero, «Las costumbres de Lérida, Horta y Miravet», *Anuario de Historia del Derecho Español*, XLIV (1974), 485-536. R. Cuellas Campodarbe (ed.), *El «Llibre de costums, privilegis i ordinacions» de la ciutat de Balaguer*, Lleida, 2011. Fundamental: J. Serrano Daura, *Senyoriu i Municipi a la Catalunya Nova (segles XII-XIX)*, Barcelona, 2000, 2 vols.
24. X. Eritja Ciuro, *De l'«Almunia» a la «turris»: organització de l'espai a la regió de Lleida (segles XI-XIII)*, Lleida, 1998. J. Bolós i Masclans, «Changes and survival: the territory of Lleida (Catalonia) after the twelfth-century conquest», *Journal of Medieval History*, 27 (2002), 313-329, y, como coordinador, *Paisatge i societat a la Plana de Lleida a l'Edat Mitjana*, Lleida, 1993; *Paisatge i història en època medieval a la Catalunya Nova. Organització del territori i societat a la vila d'Agramunt (Urgell) i a la vall del Sió (segles X-XIX)*, Lleida, 2002; *Poblament, territorio i història rural. VI Congrès sobre sistemes agraris, organització social i poder local*, Lleida, 2009 (varias ponencias sobre la Cataluña Nueva). C. Cuadrada, *L'aixada i l'espasa: l'espai feudal a Catalunya*, Tarragona, 1999.
25. P. Freedman, *The Origins of Peasant Servitude in Medieval Catalonia*, Cambridge, 1991, y los casos expuestos por T. N. Bisson, *Tor-

mented Voices. Power, Crisis and Humanity in Rural Catalonia 1140-1200, Cambridge Mss., 1998.
26. Algunas referencias generales: M. T. Ferrer i Mallol (ed.), *Jaume I. Commemoració del VIII centenari del naixement de Jaume I*, Barcelona, 2013, 2, estudios en la sección titulada «l'expansió territorial vers les Illes i el regne de València». A. Santamaría Arández, «Mallorca del Medioevo a la Modernidad», en J. Mascaró Pasarius (coord.), *Historia de Mallorca*, Palma, 1970, III, pp. 1-360; *Ejecutoria del Reino de Mallorca, 1250-1343*, Palma de Mallorca, 1990; «Mallorca en el siglo XIV», *Anuario de Estudios Medievales*, 7 (1970-1971), 165-238. P. Cateura Bennasser, *Mallorca en el segle XIII*, Palma de Mallorca, 1997, y *Sociedad, jerarquía y poder en la Mallorca medieval*, Palma de Mallorca, 1984. E. Belenguer y M. Deyà (dirs.), *Història de les Illes Balears*, Barcelona, 2004.
27. Sobre la repoblación, A. Santamaría, «Conquista y repoblación del reino de Mallorca», en *La reconquista y la repoblación...*, Zaragoza, 1991, pp. 135-232, y «Repoblación y sociedad en el reino de Mallorca (1230-1343)», *Espacio, Tiempo y Forma*, 1 (1989), 525-540. R. Soto i Company, «Repartiment i "repartiments": l'ordenació d'un espai de colonització feudal a la Mallorca del segle XIII», en *De Al Andalus a la sociedad feudal: los repartimientos bajomedievales*, Barcelona, 1990, pp. 1-51; «Colonizació i diferenciación pagesa a Mallorca», en *Doctor Jordi Nadal: la industrialització i el desenvolupament economic d'Espanya*, Barcelona, 1999, I, pp. 375-401, y, con A. Mas, «Els repartiments de Mallorca: diversitat de fonts i d'interpretacions metrològiques», en E. Guinot y J. Torró (eds.), *Els repartiments a la Corona d'Aragó...*, 2007, pp. 75-113. J. Portella Comas, «Cómo se exporta el feudalismo: el caso de Mallorca», en *L'incastillamento...*, 1998, pp. 85-98. A. Ortega-Villoslada, «La "Extremadura" mediterránea: Mallorca en el siglo XIII», en F. García Fitz y J. F. Jiménez Alcázar (coords.), *La historia peninsular en los espacios de frontera...*, pp. 73-86. Los datos arqueológicos en H. Kirchner, *La construcció de l'espai pagès a Mayurqa: les valls de Bunyola, Orient, Coanegra i Alaró*, Mallorca, 1997. «Una arqueología colonial: espais andalusins i pobladors catalans a les Illes Balears», en M. Barceló et al. (eds.), *El feudalisme comptat i debatut. Formació i expansió del feudalisme català*, Barcelona, 2003, y «Conquista y colonización feudal: arqueología de los cambios produci-

dos en los espacios irrigados de origen andalusí. El caso de las Islas Baleares», en J. A. Eiroa Rodríguez (ed.), *La conquista de Al-Andalus en el siglo XIII,* Murcia, 2012. La ciudad de Mallorca, en M. Barceló Crespí y G. Rosselló Bordoy, *La ciudad de Mallorca. La vida cotidiana en una ciudad mediterránea medieval,* Palma de Mallorca, 2006, y M. Barceló Crespí, *El Raval de mar de la ciutat de Mallorca (segles XIII-XV),* Palma de Mallorca, 2012.

28. Véanse las excelentes ediciones de G. Rosselló Bordoy, *Documents cabdals del Regne de Mallorca. El Libre del Repartiment i la documentación feudal,* Palma de Mallorca, 2007, 3 vols., *El Islam en las Islas Baleares. Mallorca musulmana según la «Remembrança» de Nunyo Sanç y el «Repartiment» de Mallorca,* Mallorca, 2007; con A. Mut Calafell, *La «Remembrança...» de Nunyo Sanç. Una relació de les seves propietats a la ruralia de Mallorca,* Mallorca, 1993; con A. Mas Forners y R. Rosselló Vaquer, *Història d'Alcúdia. De l'epoca islámica a la Germanía,* Alcudia, 2000.

29. M. L. Serra Belabre y G. Rosselló Bordoy (eds.), etc., *Historia de Menorca. I: de los orígenes al final de la Edad Media* (1977). M. Barceló y F. Retamero (eds.), *Els barrancs tancats. L'ordre pagès al sud de Menorca en època andalusina (segles X-XIII),* Maó, 2005. B. Escandell Bonet, *Ibiza y Formentera en la Corona de Aragón (siglos XIII-XVIII). I. Bases técnicas del conocimiento científico y arranque histórico de la catalanidad insular* (1994).

30. La conquista del territorio y la formación del reino de Valencia pueden estudiarse en algunas obras de conjunto: E. Belenguer Cebrià (coord.), *Història del País Valencià,* II, Barcelona, 1989. *Nuestra historia: el reino de Valencia en la Edad Media,* III, en P. Guichard, J. Guiral y J. Hinojosa Valencia, 1980. A. Furió, *Història del País Valenciá,* Valencia, 1995. J. Hinojosa Montalvo, *Diccionario de historia medieval del Reino de Valencia,* Valencia, 2002, 4 vols. Una investigación indispensable para el estudio de la Valencia del siglo XIII es la tesis de P. Guichard, *Les musulmans de Valence et la Reconquête (XIe-XIIIe siècles),* Institut Français de Damas, Damasco, 1991-1992, 2 vols. (ed. en español, *Al-Andalus frente a la conquista cristiana: los musulmanes de Valencia [siglos XI-XIII],* Valencia, 2001). Es fundamental la investigación llevada a cabo por R. I. Burns, *The Crusader Kingdom of Valencia. Reconstruction on a Thirteenth-Century Frontier,* Cambridge Mss., 1967, 2 vols.; *Islam under the Crusaders.*

Colonial Survival in the Thirteenth-Century Kingdom of Valencia, Princeton, 1974; *Medieval Colonialism. Postcrusade Exploitation of Islamic Valencia*, Princeton, 1975; *Muslims, Christians and Jews in the crusader Kingdom of Valencia*, Cambridge, 1984; *Society and Documentation in Crusader Valencia. Diplomatarium*, Princeton, 1985-2007 *(Unifyiing Crusader Valencia, the central years of Jaume the Conqueror [1270-1273], documents 1000-1500*, Princeton, 2007). A completar con los estudios en honor del P. Burns editados por M. E. Perry y P. Freedman, *Warrior Neighbours. Crusader Valencia in its International Context*, 2013.

31. Sobre la formación territorial del reino de Valencia y sus fronteras, E. Guinot Rodríguez, *Els límits del regne. El procès de formació territorial del País Valencià medieval (1238-1500)*, Valencia, 1995. Sobre las tierras incorporadas por Jaime II, J. M. del Estal, *Conquista y anexión de las tierras de Alicante, Elche, Orihuela y Guardamar al Reino de Valencia por Jaime II de Aragón (1296-1308)*, Alicante, 1982, y *El Reino de Murcia bajo Aragón (1296-1305). Corpus documental*, Alicante, 1985-1990, 2 vols., y M. T. Ferrer i Mallol, *Organització i defensa d'un territori fronterer. La Governació d'Oriola en el segle XIV*, Barcelona, 1990. J. Martínez Ortiz, *Alicante y su territorio en la época de Jaime I de Aragón*, Alicante, 1993. Véase además las referencias contenidas en el capítulo quinto de este libro.

32. J. Cortes (ed.), *Liber privilegiorum civitatis et regni Valencia. I. Jaume I (1236-1276)*, Valencia, 2001. V. García Edo (ed.), *El Llibre dels privilegis de Valencia*, Valencia, 1988.

33. V. Cárcel Ortí, *Historia de la Iglesia de Valencia*, Valencia, 1987, 2 v.

34. F. García-Oliver, *Cistercencs del País Valencià. El monestir de Valldigna (1298-1530)*, Valencia, 1998.

35. Aspectos generales en P. Guichard, «Quelques notes à propos du repeuplement de Valence», en *V Asamblea Sociedad...*, Zaragoza, 1991, 121-134, y, «Les structures sociales de Shark al-Andalus à travers la documentation chrétienne des "repartimientos", en *De Al Andalus a la sociedad feudal. Los repartimientos bajomedievales*, Barcelona, 1990, pp. 53-70. R. Ferrer Navarro, *Conquista y repoblación del Reino de Valencia*, Valencia, 1999, y «Repoblación y feudalismo en el reino de Valencia», en *En torno al feudalismo hispánico*, León, 1989, pp. 403-416. J. Torró, *El naixement d'una colònia. Dominació i resistència a la frontera valenciana (1238-1276)*, Alicante, 1999 (especial referencia a las comarcas del sur).

También P. López Elum, *La conquista y repoblación valenciana durante el reinado de Jaime I*, Valencia, 1995, y *Los castillos valencianos en la edad media (materiales y técnicas constructivas)*, Valencia, 2002, 2 vols., y E. Guinot Rodríguez, «La creación de las comunidades campesinas y las parroquias rurales en una sociedad feudal de conquista: el sur de la Corona de Aragón (mitad del siglo XII-mitad del siglo XIII)», en *Mundos medievales. Espacios, sociedades y poder. Homenaje... García de Cortázar*, Santander, 2012, pp. 583-598.

36. M. D. Cabanes Pecourt y R. Ferrer Navarro, *Llibre del Repartiment del regne de València*, Zaragoza, 1979-1980. E. Guinot Rodríguez, *Cartes de poblament medievals valencianes*, Valencia, 1991; «La construcción de un paisaje medieval, Poder feudal y organización social del espacio rural en la Valencia del siglo XIII», en J. A. Sesma (coord.), *La Corona de Aragón en el centro de su historia. Aspectos económicos y sociales*, Zaragoza, 2010, pp. 109-133, y «El repartiment feudal de l'horta de València al segle XIII: jerarquització social i reordenación del paisatge rural», en E. Guino y J. Torró (eds.), *Repartiments a la Corona d'Aragó (segles XII-XIII)*, Valencia, 2007, pp. 115-199. J. Torró, *La formació d'un espai feudal. Alcoi de 1245 a 1305*, Valencia, 1992, y «Guerra, repartiment i colonització al regne de València (1248-1249)», *Repartiments a la Corona d'Aragó...*, pp. 201-276. C. Ferragud Domingo, *El naixement d'una vila rural valenciana. Cocentaina, 1245-1304*, Valencia, 2003.

37. E. Guinot, *Els fundadors del regne de València. Repoblament, antroponimia i llengua a la València medieval*, Valencia, 1999, 2 vols. y *Los valencianos de tiempos de Jaime I*, Valencia, 2012. M. D. Cabanes Pecourt, «El barrio de Zaragoza y los zaragozanos en la repoblación valenciana», *Aragón en la Edad Media*, 22 (2011), 49-66.

38. T. Glick, *Regadío y sociedad en la Valencia medieval*, Valencia, 1988 (ed. original, Cambridge Mss., 1970). A. Furió y L. P. Martínez, *L'espai del aigua. Xarxes i sistemes d'irrigació a la Ribera del Xùquer en la perspectiva històrica*, Alzira-Valencia, 2000. V. Fairén Guillén, *El Tribunal de las Aguas de Valencia y su proceso*, Valencia, 1975. Y algunas de las ponencias publicadas en J. Torró y E. Guinot (eds.), *Hidráulica agraria i sociedad feudal. Prácticas, técnicas, espacios*, Valencia, 2012.

39. R. Azuar, S. Gutiérrez y F. Valdés (eds.), *Urbanismo medieval del País Valenciano*, Valencia, 1993. M. Sanchis Guarner, *La ciutat de*

Valencia. Sintesi d'historia i de geografia urbana, Valencia, 1999 (1.ª ed., 1972).
40. M. Beti Bonfill, *Morella y el Maestrazgo en la Edad Media,* Castellón, 1972. J. Alanyà i Roig, *Urbanisme i vida a la Morella medieval (segles XIII-XV),* Morella, 2000. C. González García, *La orden del Temple. Estudio comentado de sus posesiones en la provincia de Castellón,* Madrid, 1995. E. Guinot Rodríguez, *Feudalismo en expansión en el norte valenciano,* Castellón, 1986, y con F. Esquilache, *Moncada i l'Orde del Temple en el segle XIII. Una comunitat rural de l'Horta de València en temps de Jaume I,* Valencia, 2010.
41. E. Guinot Rodríguez, «Senyoriu i reialenc al País Valencià a les darreries de l'època medieval», en *Lluís de Santàngel i el seu temps,* Valencia, 1992, pp. 185-204. A. Furió, «Senyors i senyories al País Valencià al final de l'Edat Mitjana», *Revista d'Història Medieval* (Valencia), 8 (1997), 109-151. Un caso destacado, ya en la segunda mitad del siglo XIV: B. Tomás Botella, *El condado de Denia en tiempos de Alfonso el Viejo. Rentas y poder señorial,* Valencia, 2013.
42. J. Hinojosa Montalvo, «Señorío y fiscalidad mudéjar en el reino de Valencia», en *Señorío y Feudalismo en la Península Ibérica,* Zaragoza, 1993, pp. 105-129. M. V. Faber Romaguera (ed.), *Cartas pueblas de las morerías valencianas y documentación complementaria (1234-1372),* Valencia, 1991. R. Benítez Sánchez-Blanco y J. V. García Marsilla (eds.), *Entre tierra y fe. Los musulmanes en el reino cristiano de Valencia (1238-1609),* Valencia, 2009.

Capítulo quinto. El Sur

1. J. A. García de Cortázar, «La organización del territorio...: los modelos de la Mancha y Andalucía», en *Poteri economici e poteri politici, op. cit.*
2. Los estudios sistemáticos y globales sobre conquista y repoblación comenzaron con las investigaciones de J. González González, *Repartimiento de Sevilla,* Madrid, 1951, 2 vols. (2.ª ed., Sevilla, 1998), y *Reinado y diplomas de Fernando III,* Córdoba, 1980-1986, 3 vol. (vol. I, pp. 287-460). Una síntesis en C. Segura Graíño, *La formación del pueblo andaluz,* Madrid, 1983. Y la serie fundamental de trabajos de M. González Jiménez, *En tor-*

no a los orígenes de Andalucía, Sevilla, 1988 (2.ª ed.); «Andalucía bética», en *Organización social del espacio...,* 1985, pp. 163-194; «Repartimientos andaluces del siglo XIII. Perspectiva de conjunto y problemas», en *De Al Andalus a la sociedad feudal...,* 1990, pp. 95-117; «Conquista y repoblación de Andalucía. Estado de la cuestión», en *La reconquista y la repoblación...,* 1991, pp. 233-248; «Del Duero al Guadalquivir: repoblación, despoblación y crisis en la Castilla del siglo XIII», en *Despoblación y colonización del valle del Duero. Siglos VIII-XX,* Ávila, 1995, pp. 209-224; «Colonización agraria en los reinos de Córdoba y Sevilla. 1236-1350», en *La Andalucía medieval. I. Jornadas de Historia Rural y Medio Ambiente.* J. Pérez-Embid (ed.), Huelva, 2003, pp. 231-248; *Andalucía a debate y otros estudios,* Sevilla, 1994; *Cuatro décadas de estudios medievales,* Sevilla, 2011 (los trabajos relativos a «los orígenes de Andalucía»); y su estudio y edición del *Diplomatario andaluz de Alfonso X,* Sevilla, 1991.

3. M. González Jiménez, *En torno...,* 1988, para esta y las siguientes citas textuales si no se indica otra cosa.

4. M. Rodríguez Llopis, «Repercusiones de la política alfonsí en el desarrollo histórico de la Región de Murcia», en *Alfonso X. Aportaciones de un rey castellano a la construcción de Europa,* Murcia, 1997, pp. 173-199. Sobre el número y reparto de mudéjares en la Baja Edad Media, M. Á. Ladero Quesada, *Los mudéjares de Castilla y otros estudios de historia medieval andaluza,* Granada, 1989.

5. M. González Jiménez, «Del Duero al Guadalquivir...». M. Á. Ladero Quesada, *Fiscalidad y poder real en Castilla (1252-1369),* Madrid, 1993 (2.ª ed., Madrid, 2011).

6. A. López Hontiveros y otros, «Caza y paisaje geográfico en las tierras béticas según el Libro de la Montería», *Coloquios de Historia Medieval de Andalucía,* Córdoba, 1988, pp. 281-307. M. Á. Ladero Quesada, «La frontera de Granada, 1265-1481», *Revista de Historia Militar* (Madrid. número extraordinario: *Historia militar: Métodos y recursos de investigación),* año XLV (2002), 49-121.

7. C. Argente del Castillo Ocaña, *La ganadería medieval andaluza, siglos XIII-XVI. Reinos de Jaén y Córdoba,* Jaén, 1991. M. A. Carmona Ruiz, *La ganadería en el reino de Sevilla durante la Baja Edad Media,* Sevilla, 1998.

8. M. Á. Ladero Quesada, «Economía mercantil y espacio urbano: ciudades de la Corona de Castilla en los siglos XII a XV», *Boletín*

de la Real Academia de la Historia, CXCI, II (1994), 235-293; *Las ferias de Castilla. Siglos* XII *a* XV, Madrid, 1994; «Las ciudades de Andalucía occidental en la Baja Edad Media: sociedad, morfología y funciones urbanas», *En la España Medieval,* 10 (La Ciudad Hispánica. Siglos XIII al XVI), Madrid, 1987, 69-107; «Toledo y Córdoba en la Baja Edad Media. Aspectos urbanísticos», *Revista del Instituto Egipcio de Estudios Islámicos en Madrid,* XXX (1998), 181-219. A. Collantes de Terán Sánchez, *Sevilla en la Baja Edad Media. La ciudad y los hombres,* Sevilla, 1977 (2.ª ed., Sevilla, 2007); sus estudios contenidos en *Una gran ciudad bajomedieval. Sevilla,* Sevilla, 2008, y «La ciudad medieval andaluza: balance y propuestas para el futuro», en *Historia de Andalucía. VII Coloquio* (ed. A. Malpica Cuello et al.), Granada, 2010, 203-226. Sobre Córdoba, J. M. Escobar Camacho, A. López Ontiveros y J. F. Rodríguez Neila, *La ciudad de Córdoba: origen, consolidación e imagen,* Córdoba, 2009.

9. M. Á. Ladero Quesada, «Los conversos de Córdoba en 1497». *El Olivo.* Documentación y estudios para el diálogo entre judíos y cristianos. Volumen dedicado al profesor Luis Suárez Fernández, XIII, 29-30 (1989), pp. 187-205; «Sevilla y los conversos. Los habilitados en 1495», *Sefarad,* LII, 2 (1992), 429-447.

10. M. Á. Ladero Quesada, *Fiscalidad y poder real...,* 1993 (2.ª ed., 2011).

11. J. Torres Fontes, «La evolución de las fronteras peninsulares durante el gran avance de la reconquista *(c.* 1212-*c.* 1350), prólogo a *Historia de España-Menéndez Pidal,* XIII, Madrid, 1990.

12. J. Sánchez Herrero (coord.), *Historia de las diócesis españolas. 10. Iglesias de Sevilla, Huelva, Jerez y Cádiz y Ceuta,* Madrid-Córdoba, 2002. I. Sanz Sancho, *La Iglesia y el obispado de Córdoba en la Baja Edad Media (1236-1426),* Madrid, Universidad Complutense, 1989. J. Rodríguez Molina, *El obispado de Baeza-Jaén (siglos XIII-XVI),* Jaén, 1986. J. Torres Fontes, «El obispado de Cartagena en el siglo XIII», *Hispania,* XIII (1953), 339-401 y 515-580.

13. J. A. Calderón Ortega, *El Almirantazgo de Castilla: Historia de una institución conflictiva (1250-1560),* Alcalá de Henares, 2003.

14. D. Kirschberg Schenck y M. Fernández Gómez, *El concejo de Sevilla en la Edad Media (1248-1454). Organización institucional y fuentes documentales,* Sevilla, 2002, 2 vols.

15. M. Nieto Cumplido, *Orígenes del regionalismo andaluz (1235-1325),* Córdoba, 1978. M. García Fernández, «La Hermandad

General de Andalucía durante la minoría de Alfonso XI. 1312-1325», *Historia. Instituciones. Documentos*, 12 (1986), 351-375.
16. A. Collantes de Terán Sánchez, «Los señoríos andaluces. Análisis de su evolución territorial en la Edad Media», *Historia. Instituciones. Documentos*, 6 (1979), 89-112; E. Cabrera, «Repoblación y señoríos en Andalucía (siglos XIII y XIV)», en *Mundos medievales. Espacios, sociedades y poder. Homenaje... García de Cortázar*, Santander, 2012, pp. 1109-1124.
17. J. B. Carpio Díez, *La Tierra de Córdoba. El dominio jurisdiccional de la ciudad durante la Baja Edad Media*, Córdoba, 2000. *I Congreso de historia de Carmona: edad media*, en *Archivo Hispalense*, 243-245 (1997-1998).
18. Síntesis sobre los diversos aspectos en M. Á. Ladero Quesada, *Historia de Sevilla. La ciudad medieval (1248-1492)*, Sevilla, 1989 (3.ª ed.). Numerosos estudios en M. González Jiménez (coord.), *Sevilla 1248. Congreso internacional conmemorativo del 750 aniversario de la conquista de la ciudad de Sevilla por Fernando III, rey de Castilla y León*, Madrid, 2000. También M. González Jiménez, M. Borrero Fernández e I. Montes Romero-Camacho, *Sevilla en tiempos de Alfonso X el Sabio*, Sevilla, 1987; las investigaciones de M. González Jiménez reeditadas en *La repoblación del reino de Sevilla en el siglo XIII*, Granada, 2008. J. A. Pérez Macías y J. L. Carriazo Rubio (eds.), *La banda gallega. Conquista y fortificación de un espacio de frontera (siglos XIII-XVIII)*, Huelva, 2005. M. García Fernández, *La campiña sevillana y la frontera de Granada (siglos XIII-XV): estudios sobre poblaciones de la banda morisca*, Sevilla, 2005.
19. J. González, *Repartimiento de Sevilla...*, 1951.
20. M. González Jiménez y A. González Gómez, *El Libro del repartimiento de Jerez de la Frontera*, Cádiz, 1980. E. Martín Gutiérrez, *La identidad rural de Jerez de la Frontera. Territorio y poblamiento durante la baja edad media*, Cádiz, 2003.
21. M. González Jiménez (ed.), *Repartimiento de El Puerto de Santa María*, El Puerto de Santa María, 2002.
22. M. Á. Ladero Quesada y M. González Jiménez, «La población en la frontera de Gibraltar y el repartimiento de Vejer. Siglos XIII y XIV». *Historia. Instituciones. Documentos*, 4 (1977), 199-316.
23. M. Á. Ladero Quesada, *Niebla, de reino a condado. Noticias sobre el Algarbe andaluz en la Baja Edad Media*, Madrid, Real Academia de la Historia, 1992.

Notas: Capítulo quinto. El Sur

24. Síntesis y bibliografía en M. Á. Ladero Quesada, *Andalucía a fines de la Edad Media. Estructuras. Valores. Sucesos,* Cádiz, 1999; «Andalucía en sus orígenes medievales (de Las Navas de Tolosa a la conquista de Granada)», en *Andalucía Medieval. Nuevos estudios,* Córdoba, 1979, 39-71, y «Andalucía en la Baja Edad Media. Tiempos, trabajos y perspectivas de la investigación», en *De historia andaluza,* Córdoba, *Hespérides,* 2004, pp. 33-88, y en *La historia de la provincia de Huelva,* Huelva, Diputación Provincial, 2007, pp. 21-76.

25. M. González Jiménez, M. Borrero Fernández e I. Montes Romero-Camacho, «Origen y desarrollo del latifundismo andaluz (siglos XIII-XV)», *Economia e Sociologia,* 45-46 (Évora, 1988), 41-61. M. Borrero Fernández, «Cambios políticos y paisajes agrarios en la Edad Media. El ejemplo andaluz (siglos XIII-XV)», *Cuadernos del Cemyr,* 7 (1999), y algunos de los estudios contenidos en su recopilación titulada *Mundo rural y vida campesina en la Andalucía medieval,* Granada, 2003. E. Cabrera Muñoz, «Evolución de las estructuras agrarias en Andalucía a raíz de su reconquista», *Coloquio de Historia Medieval de Andalucía,* Córdoba, 1988, pp. 171-189. M. González Jiménez, «El latifundio en Carmona: del repartimiento a los tiempos modernos», en *Mundos medievales. Espacios, sociedades y poder. Homenaje... García de Cortázar,* Santandes, 2012, pp. 1417-1432.

26. M. González Jiménez, *La repoblación de la zona de Sevilla durante el siglo XIV,* Sevilla, 1993 (2.ª ed., 3.ª ed., 2001); «Poblamiento en la Baja Andalucía: de la repoblación a la crisis (1250-1340)», en *Europa en los umbrales de la crisis.* XXI Semana... Estella, Pamplona, 1995, pp. 63-86.

27. A. Collantes de Terán Sánchez, «Nuevas poblaciones del siglo XV en el reino de Sevilla», *Cuadernos de Historia. Anexos de Hispania,* VII (1977), 283-336.

28. Las principales poblaciones en la parte del antiguo reino taifa murciano serían Segura de la Sierra, Yeste, Socovos, Moratalla, Caravaca y, más al este, Cieza, Ricote y Aledo. Salvo estas últimas, considero a las demás junto con los señoríos santiaguistas en Castilla la Nueva y Alta Andalucía. Sobre su organización a mediados del siglo XV, M. Rodríguez Llopis, *Señoríos y feudalismo en el reino de Murcia. Los dominios de la Orden de Santiago entre 1440 y 1515,* Murcia [1985]. P. Porras Arboledas, *La Orden de Santiago en el siglo XV. Provincia de Castilla,* Madrid, 1997 (tesis doctoral del año 1981).

29. Síntesis en J. Torres Fontes, «Los repartimientos murcianos del siglo XIII», en *De Al Andalus a la sociedad feudal: los repartimientos bajomedievales,* Barcelona, 1990, pp. 71-94, y «Reconquista y repoblación del reino de Murcia», en *V Asamblea General...,* Zaragoza, 1991, pp. 249-272.
30. J. Torres Fontes, «El obispado de Cartagena en el siglo XIII», *Hispania,* XIII (1953), 339-401 y 515-580. J. Torres Fontes y A. L. Molina Molina, *La Diócesis de Cartagena en la Edad Media (1250-1502),* Murcia, 2013.
31. J. Torres Fontes, *Incorporación del reino de Murcia a la Corona de Castilla,* Murcia, 1973, y *La reconquista de Murcia en 1266 por Jaime I de Aragón,* Murcia, 1967. J. D. Garrido i Valls, *Jaime I i el regne de Murcia,* Barcelona, 1997.
32. I. García Díaz, *La huerta de Murcia en el siglo XIV (Propiedad y producción),* Murcia, 1990.
33. Los Libros de Repartimiento han sido estudiados y editados por J. Torres Fontes, *Repartimiento y repoblación de Murcia en el siglo XIII,* Murcia, 1990 (2.ª ed.); *La repoblación murciana en el siglo XIII,* Murcia, 1963; *El poblamiento murciano en el siglo XIII,* Murcia, 1962; *Repartimiento de la huerta y campo de Murcia en el siglo XIII,* Murcia, 1971. Estudio general sobre la Murcia bajomedieval en D. Menjot, *Murcie castillane. Une ville au temps de la frontière (1243-milieu du XVème siècle),* Madrid, 2002, 2 vols. Aspectos urbanísticos en A. L. Molina Molina, *La evolución urbana de la región de Murcia (siglos XIII-XVI),* Murcia, 2003.
34. M. Rodríguez Llopis, «Repercusiones de la política alfonsí en el desarrollo histórico de la Región de Murcia», en *Alfonso X. Aportaciones de un rey castellano a la construcción de Europa,* Murcia, 1997, pp. 173-199.
35. J. Torres Fontes, *Repartimiento de Lorca. Estudio y edición,* Murcia, 1977 (2.ª ed., 1994). J. F. Jiménez Alcaraz, *Lorca: ciudad y término (ss. XIII-XVI),* Murcia, 1994. I. García Díaz, *Documentación medieval del Archivo municipal de Lorca (1257-1504),* Murcia, 2007.
36. J. Torres Fontes, *Repartimiento de Orihuela,* Murcia, 1988. Después de la integración en el reino de Valencia, J. A. Barrio Barrio, *El ejercicio del poder en un municipio medieval: Orihuela 1308-1479,* Alicante, 1993, y «La delimitación territorial y el control de espacios en la frontera meridional del Reino de Valencia. Siglos XIII-XV», en *Mundos medievales. Espacios, socie-*

dades y poder. Homenaje... García de Cortázar, Santander, 2012, pp. 1053-1066. Y como coordinador, junto con J. Millán y otros, *Fronteras e identidades en el sur valenciano. Siglos XIII-XVI*, Orihuela, 2005.

37. M. Á. Ladero Quesada, *Granada. Historia de un país islámico (1232-1571)*, Madrid, 1989 (3.ª ed.); *Las guerras de Granada en el siglo XV*, Barcelona, 2002, y «Granada en la Corona de Castilla: las instituciones», en *Isabel I de Castilla. Siete ensayos sobre la reina, su entorno y sus empresas*, Madrid, Dykinson, 2012, pp. 177-204 y 252-255. Estudios de diversos autores en M. Barrios Aguilera y R. G. Peinado Santaella (eds.), *Historia del reino de Granada. I. De los orígenes a la época mudéjar (hasta 1502)*, Granada, 2000. R. Peinado Santaella, *«Cómo disfrutan los vencedores cuando se reparten el botín». El reino de Granada tras la conquista castellana (1483-1526)*, Granada, 2011.

38. Un estudio general en M. Á. Ladero Quesada, *Castilla y la conquista del reino de Granada*, Granada, 1993 (3.ª ed.; primera, Valladolid, 1967).

39. Además de los estudios reeditados en M. Á. Ladero Quesada, *Granada después de la conquista. Repobladores y mudéjares*, Granada, 1993 (3.ª ed.), es fundamental A. Galán Sánchez, *Los mudéjares del reino de Granada*, Granada, 1991. M. Barrios Aguilera, *Granada morisca. La convivencia negada*, Granada, 2002. R. G. Peinado Santaella, *Los inicios de la resistencia musulmana en el reino de Granada*, Granada, 2011.

40. A. Galán Sánchez y R. G. Peinado Santaella, *Hacienda regia y población en el Reino de Granada: la geografía morisca a comienzos del siglo XVI*, Granada, 1997.

41. J. M. Ruiz Povedano, *Málaga, de musulmana a cristiana*, Málaga, 2000.

42. R. G. Peinado Santaella, *La fundación de Santa Fe (1491-1520). Estudio y documentos*, Granada, 1995, y *La repoblación de la tierra de Granada: los Montes Orientales (1485-1525)*, Granada, 1989.

43. C. Trillo San José, *La Alpujarra antes y después de la conquista castellana*, Granada, 1994. J. Cañavate Toribio, *Granada, de la madina nazarí a la ciudad cristiana*, Granada, 2006.

44. J. E. López de Coca Castañer, «El reino de Granada», en J. A. García de Cortázar (dir.), *Organización social del espacio en la España medieval*, Barcelona, 1985, pp. 195-240. A. Malpica Cuello,

«De la Granada nazarí al reino de Granada», en *De Al Andalus a la sociedad feudal...,* 1990, pp. 119-153. Los trabajos sobre arqueología del paisaje contenidos en A. Malpica Cuello (ed.), *Análisis de los paisajes históricos. De al Andalus a la sociedad feudal,* Granada, 2009. R. G. Peinado Santaella, «La repoblación del Reino de Granada. Estado de la cuestión y perspectivas de la investigación», en *La Reconquista y repoblación...,* 1991, pp. 273-334, y «El reino de Granada después de la conquista: la sociedad repobladora según los libros de repartimiento», en M. González Jiménez (ed.), *La Península Ibérica en la Edad de los Descubrimientos (1391-492),* Sevilla, 1997, II, pp. 1575-1630. Algunas ediciones recientes: *Libro de los repartimientos de Loja,* ed. C. Trillo San José, Granada, 1999; M. T. Martín Palma, *Los repartimientos de Vélez-Málaga. Primer repartimiento,* Granada, 2005: P. Arroyal Espigares, *El repartimiento de Torrox,* Granada, 2006; J. E. López de Coca Castañer, «Los últimos repartimientos medievales: el Reino de Granada», en *Historia de Andalucía. VII Coloquio,* A. Malpica Cuello et al. (eds.), Granada, 2010, pp. 309-342. Sobre organización defensiva: A. Jiménez Estrella, *Poder, ejército y gobierno en el siglo XVI. La Capitanía General del Reino de Granada y sus agentes,* Granada, 2004.

45. R. Peinado Santaella, «La sociedad repobladora: el control y la distribución del espacio», en *Historia de Granada...,* 2000, I, cap. 12.

46. J. E. López de Coca, «El reino de Granada», en *Organización social del espacio...,* 1985.

47. J. A. López Nevot, *La organización institucional del municipio de Granada durante el siglo XVI (1492-1598),* Granada, 1994. M. Á. Ladero Quesada, «La noble, honrada e grand çibdad de Granada», en *Documentos de nuestra historia,* Granada, Ayuntamiento de Granada, 2000, pp. 25-51. R. Peinado Santaella, «La Granada mudéjar y la génesis del régimen municipal castellano», *Chronica Nova,* 28 (2001), 357-399.

48. J. M. Ruiz Povedano, «Las ciudades y el poder municipal», en *Historia de Granada,* 2000, I, cap. 15, y *El primer gobierno municipal de Málaga (1489-1495),* Granada, 1991. J. Castillo Fernández, «El origen del concejo y la formación de la oligarquía ciudadana en Baza (1491-1520)», *Chronica Nova,* 20 (1992), 39-74.

49. E. Pérez Boyero, *Moriscos y cristianos en los señoríos del reino de Granada (1490-1568),* Granada, 1997, y «Los señoríos y el mundo rural», en *Historia de Granada...,* 2000, cap. 14.

50. R. Marín López, «La Iglesia y el encuadramiento religioso», en *Historia de Granada...*, 2000, cap. 16.
51. P. Chaunu, *La expansión europea (siglos XIII al XV)*, Barcelona, 1982. Sobre el proceso en conjunto, la síntesis de S. Olmedo Bernal, *El dominio del Atlántico en la Baja Edad Media. Los títulos jurídicos de la expansión peninsular hasta el Tratado de Tordesillas*, Valladolid, Junta de Castilla y León, 1995. M. Á. Ladero Quesada, «Los debates sobre el *Mare Clausum*», *Cuadernos de Historia de España* (Buenos Aires), LXXIV (1977), 233-253. E. Aznar Vallejo, «Castilla y la frontera atlántica durante la Baja Edad Media», en J. R. Díaz de Durana y J. A. Munita Loinaz (eds.), *La apertura de Europa al mundo atlántico*, Bilbao, Universidad del País Vasco, 2011, pp. 39-67. A. Rumeu de Armas, *España en el África atlántica*, Madrid, 1956 (2.ª ed. 1996). F. Morales Padrón (dir.), *Historia de Canarias*, Las Palmas, Prensa Ibérica, 1991 (vol. I, *Prehistoria. Siglo XV*, coord. E. Aznar Vallejo). M. J. Vázquez de Parga y Chueca, *Redescubrimiento y conquista de las Afortunadas*, Aranjuez, Ed. Doce Calles, 2003.
52. A. Rumeu de Armas, *El obispado de Telde (Misioneros mallorquines y catalanes en el Atlántico)*, Madrid-Telde, 1986 (2.ª ed.), y «La exploración del Atlántico por mallorquines y catalanes en el siglo XIV», *Archivos del Instituto de Estudios Africanos*, 72 (1964), 7-20.
53. M. Á. Ladero Quesada, «Los señores de Canarias en su contexto sevillano (1403-1477)», *Anuario de Estudios Atlánticos*, 23 (1977), 125-164 (reeditado en *Los señores de Andalucía. Investigaciones sobre nobles y señoríos en los siglos XIII a XV*, Cádiz, Universidad, 1998, pp. 487-520).
54. Un resumen muy claro en A. H. de Oliveira Marques, *História de Portugal, I*, Lisboa, 1985 (12.ª ed.), pp. 268-274.
55. Textos fundamentales desde la primera conquista: E. Serra y A. Cioranescu, *Le Canarien. Crónicas francesas de la conquista de Canarias*, La Laguna, 1959-1964, 3 vols., y B. Pico, E. Aznar y D. Corbella, *Le Canarien. Manuscritos, transcripción y traducción*, La Laguna, Instituto de Estudios Canarios, 2003, y *Le Canarien. Retrato de dos mundos. I. Textos. II. Contextos*, Tenerife, Instituto de Estudios Canarios, 2006, 2 vols. A. Tejera Gaspar, *Majos y europeos. El contacto de culturas en Lanzarote en los siglos XIV y XV (Un precedente americano)*, La Laguna, 1996. E. Aznar Vallejo y A. Tejera Gaspar, «El encuentro de las culturas prehistó-

ricas canarias con las civilizaciones europeas», Las Palmas de Gran Canaria, pp. 21-73. A. Tejera Gaspar (ed.), *La sorpresa de Europa (El encuentro de culturas)*, La Laguna, 1977. J. Onrubia Pintado, *La isla de los Guanartemes: territorio, sociedad y poder en la Gran Canaria indígena (siglos XIV-XV)*, Las Palmas de Gran Canaria, 2003. A. Rumeu de Armas, *Política indigenista de Isabel la Católica*, Valladolid, 1969.

56. S. Olmedo Bernal, cit., pp. 198-199 y 216-224.
57. *Pesquisa de Cabitos*. Estudio, transcripción y notas de E. Aznar Vallejo, Las Palmas, 1990, y «La transmisión del señorío de Canarias en el siglo XV. Nuevos documentos y nuevas perspectivas», *Boletín de la Real Academia de la Historia*, CCIV/II (2007), 221-259. Sobre la evolución de las islas de señorío, G. Díaz Padilla y J. M. Rodríguez Yanes, *El señorío en las Canarias occidentales. La Gomera y El Hierro hasta 1700*, Tenerife, 1990.
58. F. Morales Padrón, *Canarias: crónicas de su conquista*, Sevilla/Las Palmas, 1978.
59. A. Rumeu de Armas, *La conquista de Tenerife*, Tenerife, 1975 (2.ª ed., 2006).
60. E. Serra Ràfols, *Alonso Fernández de Lugo, primer colonizador español*, Santa Cruz de Tenerife, 1972.
61. Sobre todos los aspectos de organización y colonización, E. Aznar Vallejo, *La integración de las Islas Canarias en la corona de Castilla, 1478-1526. Aspectos administrativos, sociales y económicos*, Sevilla, 1983 (2.ª ed., Las Palmas, 1992; 3.ª ed., Tenerife, 2009). Del mismo autor, «La colonización de las Islas Canarias en el siglo XV», *En la España Medieval*, 8 (1986), 195-218, y «Los itinerarios atlánticos en la vertebración del espacio hispánico. De los Algarbes al Ultramar Oceánico», en *Itinerarios medievales e identidad hispánica*, XXVII Semana de Estudios Medievales de Estella, Pamplona, 2001, pp. 47-82. Así como F. Fernández Armesto, *The Canary Islands after the Conquest. The Making of a Colonial Society in the Early Sixteenth Century*, Oxford, 1982 (trad. española, Las Palmas, 1997). M. Gambín García, *Control y descontrol de los oficiales reales de Canarias después de la conquista (1480-1526)*, Tenerife, Instituto de Estudios Canarios, 2004.
62. E. Serra Ràfols, «La repoblación de las Islas Canarias», *Anuario de Estudios Medievales*, 5 (1968), 409-429. J. M. Bello León, «El reparto de tierras en Tenerife tras la conquista», *Historia. Insti-*

tuciones. Documentos, 17 (1990), 1-30. *Repartimientos de Gran Canaria.* Estudio, transcripción y notas por M. Ronquillo y E. Aznar Vallejo, Las Palmas de Gran Canaria, 1998.

63. A. Tejera Gaspar y R. González Antón, *Las culturas aborígenes canarias,* Gran Canaria, Interinsular, 1987, pp. 165-182, para esta cita y las siguientes.
64. M. I. Navarro Segura, *La Laguna 1500: la ciudad-república. Una utopía insular según «Las Leyes» de Platón,* La Laguna, 1999.
65. L. de la Rosa Olivera, *La Orotava hasta 1650,* Santa Cruz de Tenerife, 1977.
66. M. Á. Ladero Quesada, «La economía de las Islas Canarias a comienzos del siglo XVI», *Anuario de Estudios Americanos,* XXXI (1976), pp. 725-749. E. Aznar Vallejo, *La organización económica de las Islas Canarias después de la conquista (1478-1527),* Las Palmas de Gran Canaria, 1979. B. Rivero Suárez, *El azúcar en Tenerife, 1496-1550,* La Laguna de Tenerife, 1990.
67. A. Rumeu de Armas, «Las pesquerías españolas en la costa de África (siglos XV-XVI)», *Hispania,* 130 (1975), pp. 295-319.

Conclusión

1. *Historia de las Indias,* cit. por F. Morales Padrón, *Los conquistadores de América,* 1974, p. 70.

Bibliografía

Bibliografía general

Con carácter general menciono, ante todo, dos trabajos de síntesis de gran importancia:

MOXÓ, S. de, *Repoblación y sociedad en la España cristiana medieval*, Madrid, 1979.
GARCÍA DE CORTÁZAR, J. A., y otros autores, *Organización social del espacio en la España medieval. La Corona de Castilla en los siglos VIII a XV*, Barcelona, 1985, y las consideraciones generales y metodológicas de J. A. García de Cortázar, *Sociedad y organización del espacio en la España medieval*, Granada, 2005 («Espacio, sociedad y organización medievales» y «Organización social del espacio», pp. 16-139).

Algunos congresos y reuniones de especialistas, celebrados en los últimos años, han renovado o sintetizado muchos conocimientos. Como será frecuente citar el contenido de estas publicaciones, presento ahora una relación de las principales, lo que permitirá abreviar la referencia en las notas correspondientes:

De Al Andalus a la sociedad feudal: los repartimientos bajomedievales, Barcelona, 1990.
La reconquista y repoblación de los reinos hispánicos. V Asamblea General de la Sociedad Española de Estudios Medievales, Zaragoza, Diputación General de Aragón, 1991.
Las sociedades de frontera en la España medieval, Zaragoza, 1993.
Repoblación y reconquista. III Curso de Cultura Medieval, Aguilar de Campoo, Centro de Estudios del Románico, 1993.
Las peregrinaciones a Santiago de Compostela y San Salvador de Oviedo en la Edad Media, Oviedo, 1993.
El Camino de Santiago y la articulación del espacio hispánico, Pamplona, 1994.
Despoblación y colonización del valle del Duero. Siglos VIII al XX, León, 1995.

L'Incastillamento. Actas de las reuniones de Girona... y de Roma, Roma, 1998.
Del Cantábrico al Duero. Trece estudios sobre organización social del espacio en los siglos VIII a XIII, Santander, 1999 (J. A. García de Cortázar, ed.).
El fenómeno urbano medieval entre el Cantábrico y el Duero, Santander, 2002 (J. A. Solórzano Tellechea y B. Arízaga Bolumburu, eds.).
Repartiments a la Corona d'Aragó, Valencia, 2007 (E. Guinot y J. Torró, eds.).

La aportación de las investigaciones arqueológicas sobre paisajes y formas de poblamiento rural se ha intensificado mucho en los últimos años. Puede seguirse a través de publicaciones periódicas o frecuentes como *Castrum* (desde 1983, con participación habitual de la Casa de Velázquez, Madrid) y *Arqueología y territorio medieval* (Universidad de Jaén, desde 1994). A este respecto, tiene interés general T. F. Glick, *From Muslim Fortress to Christian Castle. Social and Cultural Change in Medieval Spain,* Manchester y Nueva York, 1995, y *Paisajes de conquista. Cambio cultural y geográfico en la España medieval,* Valencia, 2007 (referido especialmente a Valencia y Granada).

Ejemplos de coloquios misceláneos recientes: H. Kichner (ed.), *Por una arqueología agraria. Perspectivas de investigación sobre espacios de cultivo en las sociedades medievales hispánicas,* 2010, y F. Sabaté y J. Brufal (eds.), *Arqueologia medieval. Els espais del secà,* Lérida, 2011.

También se ha renovado el análisis antroponímico como fuente de estudio: M. Bourin y P. Martínez Soepna (eds.), *Anthroponimie et migrations dans la chrétienté médiévale,* Madrid, 2010.

Los asuntos tratados en este libro guardan relación o reclaman referencias que alcanzan a todos los aspectos de la historia medieval española. Comentarios y datos bibliográficos actualizados en *La historia medieval en España. Un balance historiográfico (1968-1998). XXV Semana de Estudios Medievales de Estella,* Pamplona, 1999. También hay que apelar a tratados o manuales de historia general; de entre ellos:

ALVAR EZQUERRA, A. (dir.), y NIETO SORIA, J. M. (coord.), *Historia de España,* Madrid, Istmo, 2002-2005 (vols. VII, VIII, IX, X: «Historia Medieval». Autores: M. P. Rábade Obradó, E. Ramírez Vaquero, J. F. Utrilla Utrilla, P. A. Porras Arboledas, F. Sabaté i Curull, C. de Ayala Martínez, E. Cantera Montenegro, B. Caunedo del Potro, C. Laliena Corbera, J. M. Nieto Soria e I. Sanz Sancho).
ÁLVAREZ PALENZUELA, V. (coord.), *Historia de España de la Edad Media,* Barcelona, 2002.
DOMÍNGUEZ ORTIZ, A. (dir.), *Historia de España,* Barcelona, Planeta, 1988 y ss., vols. 2, 3 y 4.
FONTANA J., y R. VILLARES (dir.), *Historia de España* (2. *Épocas medievales* por E. Manzano Moreno).

Bibliografía

GARCÍA DE CORTÁZAR, J. A., *Historia de España. II. La época Medieval*, Madrid, Alianza Editorial, 1988 1.ª ed., 1973.
GARCÍA DE VALDEAVELLANO, L., *Historia de España. De los orígenes a la baja Edad Media*, Madrid, Alianza Editorial, 1963 (3.ª ed.).
HERNÁNDEZ SANDOICA, E. (dir.), *Historia de España. 3ᵉʳ milenio*, Madrid, Síntesis, 2000-2002 (vols. VII y VIII. Autores: A. Isla Frez e I. Álvarez Borge).
IRADIEL, P., MORETA, S., y SARASA, E., *Historia Medieval de la España cristiana*, Madrid, Cátedra, 1988.
MAC KAY, A., *La España de la Edad Media. Desde la frontera hasta el Imperio (1000-1500)*, Madrid, Cátedra, 1980.
MARTÍN RODRÍGUEZ, J. L., *Manual de Historia de España. 2. La España Medieval*, Madrid, Historia 16, 1993 (1.ª ed, *La Península en la Edad Media*, Barcelona, 1976).
MENÉNDEZ PIDAL, R., y JOVER ZAMORA, J. M. (dirs.), *Historia de España*, vols. VII a XIII y XVII, Madrid, Espasa-Calpe, 1985-1999.
MÍNGUEZ FERNÁNDEZ, J. M., *La España de los siglos VI al XIII: guerra, expansión y transformaciones*, San Sebastián, 2004 (2.ª ed.).
MIRANDA GARCÍA, F., y GUERRERO NAVARRETE, Y., *Historia de España. III. Medieval. Territorios, sociedades y culturas*, Madrid, 2008.
MITRE FERNÁNDEZ, E., *La España medieval. Sociedades. Estados. Culturas*, Madrid, Istmo, 1979.
RIU, M., *Manual de Historia de España. Edad Media*, Madrid, Espasa Calpe, 1988.
SUÁREZ FERNÁNDEZ, L. (dir.): *Historia General de España y América*, Madrid, Rialp, 1981 y ss., vols. 3, 4 y 5.
SUÁREZ FERNÁNDEZ, L., y ÁLVAREZ PALENZUELA, V. A., *Historia de España*, Madrid, Gredos, vols. 5, 6, 7, 1985-1989.
TUÑÓN DE LARA, M. (dir.), *Historia de España*, Barcelona, Labor, 1980, vols. II a IV (autores: L. A. García Moreno, J. Valdeón Baruque, J. M. Salrach, J. Zabalo y R. Arié).

Es útil también apelar a obras de referencia tales como:

ARTOLA, M. (dir.), *Enciclopedia de Historia de España*, Madrid, Alianza Editorial, 1986-1988.
MARTÍNEZ RUIZ, E., y MAQUEDA, C. (coords.), *Atlas histórico de España. I*, Madrid, Istmo, 2000, en especial pp. 103-117 y 134-137 (M. Á. Ladero).
SABATÉ, F., *Atlas de la «Reconquista»: la frontera peninsular entre los siglos VIII y XV*, Barcelona, Península, 1998.

Para cuestiones de historia militar:

GARCÍA FITZ, F., *Castilla y León frente al Islam. Estrategias de expansión y tácticas militares (siglos XI-XIII)*, Sevilla, 1998, y *Relaciones políticas y guerra. La experiencia castellano-leonesa frente al Islam. Siglos XI-XIII*, Sevilla, 2002.

LADERO QUESADA, M. Á. (coord.), *Historia militar de España. 2. Edad Media*, en H. O'Donnell (dir.), *Historia Militar de España*, Madrid, Ministerio de Defensa, 2010.

Aspectos de historia social y económica:

BONNASSIE, P., et al., *Estructuras feudales y feudalismo en el mundo mediterráneo*, Barcelona, 1984.

DUFOURCQ, CH. E., y GAUTIER-DALCHÉ, J., *Historia económica y social de la España cristiana en la Edad Media*, Barcelona, 1983.

GARCÍA DE CORTÁZAR, J. A., *La sociedad rural en la España medieval*, Madrid, 1988.

LADERO QUESADA, M. Á., y QUINTANILLA RASO, M. C., «La investigación sobre historia económica medieval en España (1969-1989)», *Medievalismo. Boletín de la Sociedad Española de Estudios Medievales*, 1 (1991), 59-86 y 2 (1992), 69-85.

LADERO QUESADA, M. Á., «La historia económica medieval hispánica», en *Dove va la storia economica? Metodi e prospettive secc. XIII-XVIII*, Atti Della «Quarantaduesima Settimana di Studi», Istituto... F. Datini, Firenze University Press, 2011, pp. 105-141.

Les origines de la féodalité, Burdeos, 2000 (J. Pérez y S. Aguadé Nieto, eds.).

Los orígenes del feudalismo en el mundo mediterráneo, Granada, 1994 (A. Malpica y T. Quesada, eds.).

Señorío y feudalismo en la Península Ibérica (ss. XII-XIX), Zaragoza, 1993, 4 vols. (E. Sarasa Sánchez y E. Serrano Martín, eds.).

VARIOS AUTORES, *En torno al feudalismo hispánico*, León, Fundación Sánchez-Albornoz, 1989.

VARIOS AUTORES, *Señores, siervos y vasallos en la Alta Edad Media*, Pamplona, 2002.

Las ciudades:

GAUTIER-DALCHÉ, J., *Historia urbana de León y Castilla en la Edad Media*, Madrid, 1979.

LADERO QUESADA, M. Á., *Ciudades de la España medieval. Introducción a su estudio,* Madrid, Dykinson, 2010.
MAZZOLI GUINTARD, C., *Ciudades de Al-Ándalus. España y Portugal en la época musulmana (s. VIII-XV),* Granada, 2000.
PAVÓN MALDONADO, B., *Ciudades hispanomusulmanas,* Madrid, 1992,
TORRES BALBÁS, L., *Ciudades hispano-musulmanas,* Madrid, 1985 (2.ª ed.).

Leyes e instituciones:

BARRERO GARCÍA, A. M., y ALONSO MARTÍN, M. I., *Textos de derecho local español en la Edad Media. Catálogo de fueros y costums municipales,* Madrid, 1989.
GARCÍA DE VALDEAVELLANO, L., *Curso de historia de las instituciones españolas,* Madrid, 1973 (2.ª ed.).
LADERO QUESADA, M. Á., «Historia de la Iglesia en la España Medieval», en *La historia de la Iglesia en España y en el mundo hispano* (J. Andrés Gallego, ed.), Murcia, Universidad Católica de Murcia, 2001, pp. 121-190 (repertorio bibliográfico comentado).
LADERO QUESADA, M. Á., «Historia institucional y política de la Península Ibérica en la Edad Media (La investigación en la década de los 90)», *En la España Medieval,* 23 (2000), 441-481.
PÉREZ-PRENDES, J. M., *Curso de historia del derecho español. I,* Madrid, 1989 (3.ª ed.).

Bibliografía particular

Las investigaciones y estudios monográficos, e incluso las síntesis parciales sobre los aspectos tratados en este libro, se encuentran repartidas en muchos centenares de publicaciones, de modo que la única forma de citarlas adecuadamente es en nota al texto cuando guardan especial relación con su contenido. Así pues, la bibliografía más abundante y, en muchos casos, fundamental, revisada y actualizada en esta edición hasta el año 2013, se encuentra en las notas, repartidas por capítulos, que preceden a esta introducción bibliográfica general. De todos modos, puede ser útil mencionar aquí algunos títulos clásicos o principales, siguiendo el orden de los capítulos:

SÁNCHEZ ALBORNOZ, CL., *Despoblación y repoblación del valle del Duero,* Buenos Aires, 1966.
BARBERO, A., y VIGIL, M., *La formación del feudalismo en la Península Ibérica,* Madrid, 1978.

Bibliografía

GARCÍA DE CORTÁZAR, J. A., *Sociedad y organización del espacio en la España medieval*, Granada, 2005 (recopilación de estudios anteriores).

LARREA, J. J., *La Navarre du IVe au XIIe siècles: peuplement et société*, París, 1998.

MARTÍN DUQUE, A. J., *Pirenaica. Miscelánea*, Pamplona, 2002 (recopilación de estudios anteriores).

SÉNAC, Ph., *La frontière et les hommes (VIII-X siècles): le peuplement musulman au nord de l'Èbre et les débuts de la reconquête aragonnaise*, París, 2000.

BONNASSIÉ, P., *La Catalogne du milieu du Xe à la fin du XIe siècle. Croissance et mutations d'une société*, Toulouse, 1975.

FONT RIUS, J. M., *Cartas de población y franquicia de Cataluña*, Madrid-Barcelona, 1969-1984, 3 vols.

SABATÉ, F., *L'expansió territorial de Catalunya (s. IX-XII), conquesta o repoblació?*, Lleida, 1996.

BOLÒS, J., *Els orígens medievals del paisatge català. L'arqueologia del paisatge com a font per a conèixer la història de Catalunya*, Barcelona, 2004.

VÁZQUEZ DE PARGA, L., LACARRA, J. M., y URÍA, J., *Peregrinaciones a Santiago*, Madrid, 1949, 3 vols. (nueva edición, Pamplona, 1997 con suplemento bibliográfico a cargo de F. Miranda García).

VILLAR GARCÍA, L. M., *La extremadura castellano-leonesa. Guerreros, clérigos y campesinos (711-1252)*, Valladolid, 1986.

BARRIOS GARCÍA, A., *Estructuras agrarias y de poder en Castilla. El ejemplo de Ávila (1085-1320)*, Salamanca, 1983-1984, 2 vols.

GONZÁLEZ GONZÁLEZ, J., *Repoblación de Castilla la Nueva*, Madrid, 1975-1976, 2 vols.

MOLÉNAT, J. P., *Campagnes et Monts de Tolède du XIIe au XVe siècle*, Madrid, 1997.

BERNAL ESTÉVEZ, A., *Poblamiento, transformación y organización social del espacio extremeño (siglos XIII al XV)*, Mérida, 1998.

MONTAÑA CONCHIÑA, J. L. de la, *La Extremadura cristiana (1142-1350). Poblamiento, poder y sociedad*, Cáceres, 2002.

BOISSELLIER, St., *Le peuplement médiéval dans le sud du Portugal*, París, 2003.

LACARRA, J. M., *Colonización, parias, repoblación y otros estudios*, Zaragoza, 1981.

LACARRA, J. M., *Estudios dedicados a Aragón*, Zaragoza, 1987.

LEDESMA RUBIO, M. L., *Cartas de población del reino de Aragón en los siglos medievales*, Zaragoza, 1991.

LALIENA CORBERA, C., *Sistema social, estructura agraria y organización del poder en el Bajo Aragón en la Edad Media (siglos XII-XV)*, Teruel, 1987 (2.ª ed. revisada y ampliada, Teruel, 2009).

BURNS, R. I., *The Crusader Kingdom of Valencia. Reconstruction on a Thirteenth-Century Frontier*, Cambridge Mss., 1967, 2 vols.

BURNS, R. I., *Medieval Colonisalism. Postcrusade Exploitation of Islamic Valencia*, Princeton, 1975.
GUICHARD, P., *Les musulmans de Valence et la Reconquête (XIe-XIIIe siècles)*, Institut Français de Damas, Damasco, 1991-1992, 2 vols.
FERRER NAVARRO, F., *Conquista y repoblación del reino de Valencia*, Valencia, 1999.
GUINOT, E., *Cartes de poblament medievals valencianes*, Valencia, 1991.
GONZÁLEZ GONZÁLEZ, J., *Repartimiento de Sevilla*, Madrid, 1951, 2 vols.
GONZÁLEZ JIMÉNEZ, M., *En torno a los orígenes de Andalucía*, Sevilla, 1988.
BORRERO FERNÁNDEZ, M., *Mundo rural y vida campesina en la Andalucía medieval*, Granada, 2003 (recopilación de estudios anteriores).
TORRES FONTES, J., *Repartimiento y repoblación de Murcia en el siglo XIII*, Murcia, 1990.
MENJOT, D., *Murcie castillane. Une ville autemps de la frontière (1243-milieu du XVe siècle)*, Madrid, 2002, 2 vols.
PEINADO SANTAELLA, R. (ed.), *Historia del reino de Granada. I de los orígenes a la época mudéjar (hasta 1502)*, Granada, 2000.
AZNAR VALLEJO, E., *La integración de las Islas Canarias en la corona de Castilla, 1478-1526. Aspectos administrativos, sociales y económicos*, Sevilla, 1983 (3.ª ed. Santa Cruz de Tenerife, 2009).

Índice de mapas

26	Mapa 1. Avance de las conquistas hispano-cristianas
42	Mapa 2. España en torno a 1475
86	Mapa 3. La situación a mediados del siglo X
105	Mapa 4. Los dominios de Sancho Garcés III de Pamplona
124	Mapa 5. El Camino de Santiago
147	Mapa 6. León en 1230
150	Mapa 7. Castilla en 1214
161	Mapa 8. Villas medievales vascongadas
166	Mapa 9. El reino de Navarra en tiempos de Sancho VII
220	Mapa 10. Repoblación de Castilla la Nueva
253	Mapa 11. Señoríos de las órdenes militares
269	Mapa 12. Reparto jurisdiccional de Extremadura en el siglo XIII
301	Mapa 13. Portugal, siglos XII-XIII
316	Mapa 14. La conquista del valle del Ebro
346	Mapa 15. Cataluña a mediados del siglo XII
356	Mapa 16. El repartimiento de Mallorca
370	Mapa 17. Fueros de población del reino de Valencia
410	Mapa 18. Repoblación de Andalucía bética (h. 1280)
457	Mapa 19. Conquista del reino de Murcia
467	Mapa 20. Frontera de Granada en 1480
511	Mapa 21. Conquista y colonización de Gran Canaria, La Palma y Tenerife